U0863652

C语言程序设计与实训教程

主　编　李　嘉　蔡　红
副主编　包　斌　胡　悦
参　编　王伟卿　周　蒨

湖南大学出版社
· 长沙 ·

图书在版编目（CIP）数据

C语言程序设计与实训教程/李嘉，蔡红主编. —长沙：湖南大学出版社，2023.12
ISBN 978-7-5667-3288-0

Ⅰ.①C…　Ⅱ.①李…　②蔡…　Ⅲ.①C语言—程序设计—高等职业教育—教材
Ⅳ.①TP312.8

中国国家版本馆CIP数据核字(2023)第237333号

C语言程序设计与实训教程
C YUYAN CHENGXU SHEJI YU SHIXUN JIAOCHENG

主　　编：李嘉　蔡红
责任编辑：刘湘琦
印　　装：广东虎彩云印刷有限公司
开　　本：787 mm×1092 mm　1/16　　印　　张：23.5　　字　　数：598千字
版　　次：2023年12月第1版　　印　　次：2023年12月第1次印刷
书　　号：ISBN 978-7-5667-3288-0
定　　价：70.00元

出 版 人：李文邦
出版发行：湖南大学出版社
社　　址：湖南·长沙·岳麓山　　邮　　编：410082
电　　话：0731-88822559(营销部),88821327(编辑室),88821006(出版部)
传　　真：0731-88822264(总编室)
网　　址：http://www.hnupress.com
电子邮箱：395405867@qq.com

前　言

C语言具有功能丰富、表达能力强、使用灵活方便、目标程序效率高、可移植性好等特点，被广泛应用于事务处理、科学计算、工业控制及数据库等领域。C语言已成为世界上应用最广泛的计算机语言之一，很多系统软件和实用软件都使用C语言编写。

根据高职高专的课程设置体系，C语言被推荐为计算机各专业的程序设计必修语言。根据软件技术专业高本贯通五年制的培养目标，C语言程序设计课程在高本贯通课程体系和教学一体化设计中处于重要地位。为此，编者根据高职及高本贯通计算机类专业学生的具体情况，并结合自身丰富的C语言教学经验，编写了本书。

本书共分为10个任务，内容包括：C语言基础知识，顺序程序设计能力训练，选择程序设计能力训练，循环程序设计能力训练，数组程序设计能力训练，函数设计能力训练，构造型数据类型程序设计能力训练，指针程序设计能力训练，文件设计能力训练，综合设计能力训练。本书进行了以下创新：

1. 为任务建立知识卡片，概括知识点，建立知识目标、能力目标、素养目标，明确训练途径。

2. 通过"身临其境"的工作场景导入方式，由浅入深、循序渐进地系统介绍C语言的编程方法，场景实例贴合实际应用。

3. 结合工作场景编写"挑战环节"，对任务技能进行强化训练。

4. 在任务训练例题后设置"程序拓展"，使用Java语言、C++语言、C#语言等其他编程语言对本书中的部分例题进行复刻，或使用面向对象编程思想，通过C语言的结构体和函数指针来实现面向对象封装。

5. 任务训练例题分析时加入"提示与陷阱"，指出程序代码中的易错之处，引起学生重视。

6. 任务后编写"任务笔记"，总结提炼任务的知识技能点，开启速记通道。

7. 综合设计能力训练章节中设置大数据处理程序设计实训，使用C语言程序模拟完成大数据处理。

8. 钛唐信息系统(上海)有限公司、上海企顺信息系统有限公司参与对工作场景构建的指导，发挥了校企合作共建教材的作用。

本书由李嘉、蔡红担任主编，由包斌、胡悦担任副主编，王伟卿、周蒨参编。其中，任务 1 由蔡红编写，任务 2 到任务 5 由李嘉编写，任务 6 到任务 9 由包斌编写，任务 10 由胡悦编写，附录 1 和附录 2 由蔡红和胡悦编写，附录 3 和附录 4 由李嘉编写。王伟卿、周蒨作为企业工程师为整本书的程序设计及案例内容提供了很多有益的意见和建议。全书由李嘉、蔡红统稿、审核。

本书编写基于校企合作和产教融合背景。由于作者水平有限，书中疏漏错误之处在所难免。敬请读者提出意见和批评指正，以便做进一步的完善。

编　者

2023 年 9 月

目　录

任务1
初见C语言——C语言基础知识

知识卡片

程序	用某种计算机语言设计的用于解决问题的一系列计算机能执行的指令
数据结构	程序中对数据的类型和数据的组织形式的描述
算法	程序中对解决问题的具体方法和步骤的描述

知识目标

- ❑ 理解程序设计的基本概念；
- ❑ 掌握main函数，格式化输出函数printf，格式化输入函数scanf；
- ❑ 掌握基本数据类型；
- ❑ 掌握算术运算符；
- ❑ 掌握流程图的作用和绘制。

能力目标

- 能使用C语言编写简单的程序；
- 能通过编程实现输入输出功能；
- 能使用逻辑表达式判断变量关系；
- 能使用流程图分析、设计算法。

◆ 素养目标

➢ 激发对新事物的接受能力和学习兴趣；

➢ 培养自主学习能力。

◆ 训练途径

1.1 C语言程序简单应用一——输出图形

1.2 C语言程序简单应用二——输入数据

1.3 C语言程序简单应用三——计算称重传感器量程

1.4 程序与程序设计

1.5 算法的概念

1.6 能力拓展

1.7 任务笔记

什么是C语言？C语言是美国贝尔实验室的Ken Thompson、Dennis Ritchie等人开发的UNIX操作系统的“副产品”。C语言是一种底层语言，不仅提供了对机器级概念(例如，字节和地址)的访问，还提供了计算机内置指令紧密协调的操作，使得程序可以快速执行。C语言是一种小型语言，与其他许多编程语言相比，它提供了一套更有限的特性集合，为此，C语言在很大程度上依赖一个标准函数的“库”。C语言是一种包容性语言，提供了比其他许多编程语言更广阔的自由度。此外，C语言不像其他编程语言那样强制进行详细的错误检查。下面我们先运行几个小程序，就此揭开C语言的神秘面纱。

1.1 C语言程序简单应用一——输出图形

◆【导入】工作场景一

请使用C语言在屏幕上输出一颗小松树图形。

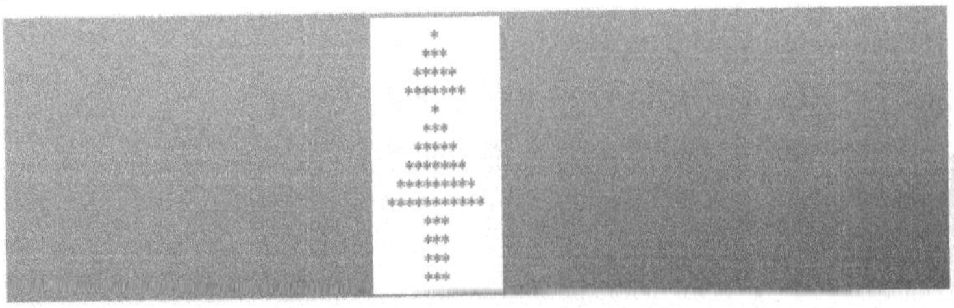

问题分析：一个 C 语言程序是由一个或多个具有独立功能的模块组成的，这些模块称为函数。在这些函数中，必须有一个名为 main 的函数，该函数称为主函数。输出小松树图形，可以使用 printf 函数实现。printf 函数是系统提供的标准输出函数，可在程序中直接调用。

涉及知识点

1.1.1 main 函数

C 语言程序是由一个或者多个函数组成的，其中必须有一个 main 函数。main 之后有一对圆括号，表示 main 是一个被称为函数的程序模块。所有的 C 语言程序都从 main 函数开始执行，函数在执行前可以通过圆括号接收一些信息；如果不需要接收信息，则圆括号中可为 void 或空。圆括号后面紧跟一对花括号，左花括号"{"表示 main 函数的函数体的开始；对应的右花括号"}"表示函数体的结束。一对花括号及位于其内的程序段被称为一个模块。模块是一种重要的 C 语言程序单元。

main 函数一般形式为：

int main(void)	关键字 int 表示 main 函数执行后将返回一个整数
void main(void)	main 后的关键字 void 表示 main 函数无接收信息
void main()	main 前的关键字 void 表示 main 函数无返回值

1.1.2 格式化输出 printf 函数

printf 函数的作用是显示字符串的内容，在字符串的指定位置插入需要的值。调用 printf 函数时需要提供字符串，字符串后的参数是将在显示时插入该串中的值。

printf 函数一般形式为：

printf(字符串，表达式 1，表达式 2，…)；

显示的值可以是常量、变量或者复杂的表达式，常量与变量的介绍见本任务后面的内容。printf 函数中表达式的个数没有限制，也可以没有表达式。

例如，显示一句话"Hello World!"，可写为：

```
printf("Hello World!");
```

字符串必须使用双引号进行着重说明，其中包含格式字符串和普通字符串。

在格式字符串的"%"后面跟有各种格式字符，以说明输出数据的类型、形式、长度、小数位数等。如"%d"表示按十进制整型输出，"%ld"表示按十进制长整型输出，"%c"表示按字符型输出等。具体的格式字符对应的数据类型见表 1-1。

普通字符串在输出时原样打印，在显示中起提示作用。例如：

```
printf("%c,%c\n",a,b);
```

语句中字符串为"%c,%c\n"，其中格式字符串有两个"%c"，普通字符串有","和控制符"\n"。

表 1-1 **printf 函数中的格式字符表**

格式字符	格式字符的意义
d	以十进制形式输出带符号整数(正数不输出符号)
o	以八进制形式输出无符号整数(不输出前缀 0)
x	以十六进制形式输出无符号整数(不输出前缀 0x)
u	以十进制形式输出无符号整数
f	以小数形式输出单、双精度实数
e	以指数形式输出单、双精度实数
c	输出单个字符
s	输出字符串

程序 printf 函数应用

【例 1-1】 无符号数据的输出。

unsigned.c:

```
#include <stdio.h>
main()
{    //定义整型变量a,b,并赋值
     int  a=65535,b=-3;
     //分别用%d,%o,%x,%u四种格式输出a的值
     printf("a=%d,%o,%x,%u\n",a,a,a,a);
     //分别用%d,%o,%x,%u四种格式输出b的值
     printf("b=%d,%o,%x,%u\n",b,b,b,b);
}
```

将标准输入输出头文件包含到程序中，用于调用printf函数

程序运行结果：

```
a=65535,177777,ffff,65535

b=-3,37777777775,fffffffd,4294967293
```

printf 函数用法小贴士

对于输出数据的宽度设定，可在“%”和格式字符之间加上一个整数。例如：显示一个整数 123，printf("%5d\n%d",123,123)，则先两个空格后跟一个“123”，换行之后从第一个字符开始显示“123”。

【例 1-2】 字符串的输出。

string.c:

```
#include <stdio.h>
main()
{ //"-"表示显示的字符串靠左对齐（适用于所有输出格式），
  //".3"则表示只显示该字符串的左端3位字符
  printf("%3s\n%7s\n%-5.3s\n","CHINA", "CHINA","CHINA");
}
```

程序运行结果：

```
CHINA
  CHINA
CHI
```

【例 1-3】 输出实数时指定小数位数。

dicimalnum.c:

```
#include <stdio.h>
main()
{
    float  f=123.456;
    //"10.2"表示f显示的宽度为10位，其中显示小数部分取2位
    //"-"表示显示的数字靠左对齐
    printf("%f\n%10f\n%10.2f\n%.2f\n%-10.2f",f, f, f, f, f);
}
```

程序运行结果：

```
123.456001
123.456001
    123.46
123.46
123.46
```

printf 函数用法小贴士

printf 函数可以使显示的数据格式标准化，但是在使用过程中必须注意以下几点：

(1)格式字符串中需要使用小写字符，例如“%d”，而不能是“%D”。

(2)在格式字符串中可以使用各种“转义字符”，如“\n”“\t”等。

(3)在“%”与格式字符之间只能添加整数或精度格式字符，否则该格式字符将成为普通字符而输出。

(4)若想显示“%”，则需连续使用两个“%”表示，如：

printf("%f\%%",0.33333)，显示为“0.33333%”。

◆ 返回工作场景一

问题分析：三角形、矩形等图案可以使用 printf 函数输出多个字符串，缩进可用空格或前面所讲的指定宽度来实现。

tree.c：

```c
#include<stdio.h>

main()
{
    printf("     *     \n");
    printf("    ***    \n");
    printf("   *****   \n");
    printf("  *******  \n");
    printf("     *     \n");
    printf("    ***    \n");
    printf("   *****   \n");
    printf("  *******  \n");
    printf(" ********* \n");
    printf("***********\n");
    printf("    ***    \n");
    printf("    ***    \n");
    printf("    ***    \n");
    printf("    ***    \n");
}
```

【挑战环节】 使用 printf 函数输出一朵花图形。

```
   *********
 **    **    **
**    *@@*    **
 **    **    **
   *********
       $
     **$**
       $
       $
```

1.2　C 语言程序简单应用二——输入数据

◆ 【导入】工作场景二

从温度传感器中分别读取室内气温和室外气温，输入两种气温值，然后输出哪里的气温高。

```
请输入室内和室外的气温：29 35
室外的气温高
```

问题分析：室内和室外的气温需要通过键盘输入程序中，从键盘输入数据可以使用 scanf 函数。scanf 函数是系统提供的标准输入函数，可在程序中直接调用。本例输入的数据需要存储在整型变量中，输入数据的大小比较需要使用关系运算符、判等运算符。

涉及知识点

1.2.1　变量概述

变量是指在程序运行过程中其值可以发生变化的量。其通常用来保存程序运行过程中的输入数据、计算中的中间结果和最终结果。变量有如下特征：

(1)变量就是程序数据的“容器”，被分配内存空间的大小决定了“容器”的大小。

(2)每个变量都有一个名字，称为变量名。变量中存放的数据称为变量值。变量名指定了程序中使用的一个存储单元，用以存放变量值。

(3)每个变量应属于一个特定的类型。

例如，定义一个整型变量 *a*，可写为：int a。

为变量命名要遵循 C 语言关于标识符的规定。标识符只能由字母、数字和下画线三种字符组成，且第一个字符必须为字母或下画线，下面分别是正确和错误的标识符命名形式。

正确形式	错误形式
count	3count(以数字开头)
test23	hi! There(含有非英文字母和空格字符)
high_balance	int(这是 C 语言的关键字)

下面是用标识符命名的一些原则：

(1)大写字母和小写字母被认为是两种不同的字符。注意 total 和 Total 是两个不同的标识符。通常变量名用小写字母表示，符号常量用大写字母表示，如 PI、MAX、MIN 等。

(2)当为变量命名时，最好使用“见名知意”的标识符，即变量的名字应该能够描述出它所存储的值的意义，如表示一位学生有关信息的变量名可用 name、sex、age、score 等，以增加可读性。

(3)用于命名的标识符不能和 C 语言的保留字相同，保留字是编辑程序本身所使用的标识符。为了避免产生误解，标识符不能和 C 语言库函数同名，否则将失去系统规定的原意。例如 sin、cos 等。

1.2.2　变量的定义

C 语言规定，任何变量都必须“先定义，后使用”，定义的内容包括：变量的类型、名字及初值。

变量的定义格式为：

类型说明符　变量名表；

其中，类型说明符包括 int、float、double、char 等，用来指定变量的数据类型；变量名表如果有多个变量，则彼此间要用逗号分隔开；分号是语句结束符。

下面是一些变量的声明语句的实例：

```
int a;                    /* 定义一个类型为整型的变量a，占2字节 */
long d,e,f;               /* 定义d,e,f三个变量同属于长整型，每个变量占4个字
                             节 */
int i=0,y=10,k=10;        /* 声明变量的同时为其设定初值，特别注意在设定初值的
                             时候，必须一个变量一个变量地分别设定，即使那些变量的
                             初值相同 */
```

1.2.3 整型变量

整型变量的基本类型符为int。基本类型可以通过加入一些限定词来改变数据类型的意义，以便更好地适应各种不同的情况。这些加上限定词的数据类型被称为派生数据类型。

根据数值的范围可以将整型变量分为基本整型、短整型、长整型和无符号型，具体如下所述。

(1)基本整型：类型说明符为int，在内存中占2个字节。

(2)短整型：类型说明符为short int或short，所占字节和取值范围均与基本整型相同。

(3)长整型：类型说明符为long int或long，在内存中占4个字节。

(4)无符号型：类型说明符为unsigned。无符号型又可与上述三种类型匹配而构成如下类型。

① 无符号基本整型：类型说明符为unsigned int或unsigned。

② 无符号短整型：类型说明符为unsigned short。

③ 无符号长整型：类型说明符为unsigned long。

在整型数据类型中，当数值不会出现负数的时候，即只能处理非负值，就可以声明为无符号整型变量。一个无符号整型变量中的可以存放的正数范围比一般整型变量中正数范围扩大一倍。例如在程序中定义 a 和 b 两个变量：

```
int a;                    /* 声明a为基本整型 */
unsigned int b;           /* 声明b为无符号基本整型 */
```

则变量 a 的取值范围为－32768～＋32767，而变量 b 的取值范围为0～65535。

表1-2列出了整型数据类型说明符及其含义，并列出数值的范围，用户可根据数值的范围来选用。

表1-2　**整型数据类型说明符**

数据类型	类型说明符	占用字节数	数值范围
基本整型	int	2	－32768～＋32767
短整型	short	2	－32768～＋32767
长整型	long	4	－2147483648～＋2147483647
无符号基本整型	unsigned int	2	0～65535
无符号短整型	unsigned short	2	0～65535
无符号长整型	unsigned long	4	0～4294967295

1.2.4　格式化输入 scanf 函数

scanf 函数是使用给定的格式输入信息。像 printf 函数的格式串一样，scanf 函数的格式串也包含格式字符串和普通字符串两部分。scanf 函数格式字符串的用法和 printf 函数格式字符串的用法本质上是一样的。

scanf 函数一般形式为：

scanf("格式控制字符串",地址列表)；

在许多情况下，scanf 函数的格式串只包含格式字符串，例如：

```
int i,j;
float a,b;
scanf("%d%d%f%f",&i,&j,&a,&b);
```

scanf 函数用法小贴士

(1)scanf 函数的格式控制字符串中没有转义字符。如“scanf("%d\n",&a);”是错误的。

(2)scanf 函数的格式控制字符串中的普通字符不是用来显示的，而是输入时要求按照普通字符输入的。

(3)scanf 函数的格式控制字符串中转换说明的数量应与输入变量的数量一致。

(4)scanf 函数中参数的第二部分必须是地址列表，不能是表达式，每个参数前要加取址运算符“&”。

程序

scanf 函数应用

【例 1-4】　输入整型值，并显示其值。

scanfint.c:

```
#include <stdio.h>
main()
{
    int a,b,c;
    printf("input a,b,c\n");
    //整型数用%d，输入数据要与控制格式相符
    scanf("%d%d%d",&a,&b,&c);
    printf("a=%d,b=%d,c=%d",a,b,c);
}
```

将标准输入输出头文件包含到程序中，用于调用scanf函数和printf函数

程序运行结果：

```
input a,b,c
15 38 97

a=15,b=38,c=97
```

1.2.5 逻辑表达式

可执行的C语言可以是执行操作(例如,数据的输入或输出,对数据进行运算),也可以是做出判断(例如,判断某位同学的成绩是否及格)。if语句能够判断一个条件语句是真还是假。若条件满足,即条件为真(True),则执行if语句体中的语句;若条件不满足,即条件为假(False),则不执行if语句体中的语句。

if语句中的条件通常是由关系运算符、判等运算符和逻辑运算符构成的表达式。

1. 关系运算符

C语言中的关系运算符(表1-3)用于比较运算,与数学中的<、>、≤和≥运算符相对应,不同的是在C语言中,关系表达式结果是1(真)或0(假)。例如,表达式4<5为真,结果为1;而表达式4>5为假,结果为0。

表1-3 关系运算符

符号	含义	示例
<	小于	x<y
>	大于	x>y
<=	小于等于	x<=y
>=	大于等于	x>=y

关系运算符的优先级低于算术运算符。例如,表达式“a * b>t+6”表示“(a * b)>(t+6)”。关系运算符都为左结合。

例如,判断某位同学的成绩是否为优,如果为优,则输出一句话“恭喜你!成绩为优”,用if语句可写为:

```
if(score>=90)
  printf("恭喜你!成绩为优");
```

2. 判等运算符

C语言中判等运算符(表1-4)用于判断两个表达式的结果是否相等。“等于”运算符是两个紧邻的“=”字符,“不等于”运算符是紧邻的“!”和“=”字符。

表1-4 判等运算符

符号	含义	示例
==	等于	x==y
!=	不等于	x!=y

和关系运算符一样,判等运算符也是左结合,产生1(真)或0(假)两种结果。从广义上来说,判等运算符也是关系运算符的一种。

例如,判断某位同学的学号是否是1001号,如果是1001号,则输出一句话“1001号同学的姓名为王林”,可写为:

```
if(id==1001)
  printf("1001号同学的姓名为王林");
```

常见编程错误

(1)如果运算符“<=”“>=”“==”“! =”双符号中间出现空格,将导致编译错误。

(2)判等运算符“==”和赋值运算符“=”混淆。语句 if(i==0)表示判断 i 是否等于 0;而语句 if(i=0)则是先把 i 的值赋为 0,然后判断表达式的结果是否为非零值,在这种情况下,判断结果总为 0(假)。

3. 逻辑运算符

逻辑运算符(表 1-5)包括逻辑非(!)、逻辑与(&&)和逻辑或(||),使用逻辑运算符可以用较简单的表达式构建出更加复杂的表达式。其中! 是一元运算符,&& 和||是二元运算符。

表 1-5 **逻辑运算符**

<table>
<tr><th>符号</th><th>含义</th><th>示例</th></tr>
<tr><td>!</td><td>逻辑非</td><td>! x</td></tr>
<tr><td>&&</td><td>逻辑与</td><td>x&&y</td></tr>
<tr><td>||</td><td>逻辑或</td><td>x||y</td></tr>
</table>

逻辑表达式产生的结果是 0 或 1,逻辑运算符将任何非零值作为真值进行处理,将零值作为假值处理。

逻辑运算符的操作结果如表 1-6 所示。

表 1-6 **逻辑运算符的操作结果**

<table>
<tr><th>X</th><th>Y</th><th>! X</th><th>X&&Y</th><th>X||Y</th></tr>
<tr><td>0</td><td>0</td><td>1</td><td>0</td><td>0</td></tr>
<tr><td>0</td><td>1</td><td>1</td><td>0</td><td>1</td></tr>
<tr><td>1</td><td>0</td><td>0</td><td>0</td><td>1</td></tr>
<tr><td>1</td><td>1</td><td>0</td><td>1</td><td>1</td></tr>
</table>

表 1-6 的运算总结如下:

(1)如果表达式的值为 0,则! 表达式的值为 1,反之亦然;

(2)只有表达式 1 和表达式 2 的值都是非零值时,表达式 1&& 表达式 2 的结果才是 1;

(3)只要表达式 1 或表达式 2 中有一个值是非零值,表达式 1||表达式 2 的结果就为 1。

例如,判断学号为 1001 的同学的成绩是否为优,如果两个条件同时满足,则输出“恭喜 1001 号同学王林,你的成绩为优”,可写为:

```
if(id==1001 && score>=90)
  printf("恭喜 1001 号同学王林,你的成绩为优");
```

◆ 返回工作场景二

问题分析:室内和室外的气温分别存放在整型变量 intemp 和 outtemp 中,使用 scanf 函数将室内和室外的气温通过键盘输入这两个变量中,注意在 scanf 函数中必须有地址运算符“&”。使用 if 语句判断两个变量的大小关系。

temperature.c:

```
#include<stdio.h>
main()
{
    //定义两个整型变量，分别存放室内和室外的气温
    int intemp,outtemp;
    printf("\n  请输入室内和室外的气温：");
    //输入室内、室外的气温，必须有地址运算符"&"
    scanf("%d%d",&intemp,&outtemp);
    //使用if语句判断两个整数的大小并输出
    if(intemp>outtemp)
        printf("\n  室内的气温高\n");
    if(intemp==outtemp)
        printf("\n  室内和室外气温相同\n");
    if(intemp<outtemp)
        printf("\n  室外的气温高\n");
}
```

【挑战环节】 输入三名同学 C 语言课程的成绩，输出最高分。

```
请输入三名同学C语言课程的成绩：78 83 89
最高分是：89
```

1.3　C 语言程序简单应用三——计算称重传感器量程

称重传感器是一种称量重量的装置，与普通的称重器不同，它是将物体的重量信号转换成电信号，通过电信号向人们显示物体重量的一种称重器。称重传感器的量程就是可以测量的最大重量值，当物体重量超过其量程时其将无法显示正确数值，因此正确计算称重传感器量程十分重要。

称重传感器量程的计算可依据秤的最大称重值、选用传感器的个数、秤体的自重、可能产生的最大偏载及动载等因素综合评价来确定。计算公式如下：

$$C=\frac{K_0K_1K_2K_3(W_{max}+W)}{N}$$

C：单个传感器的额定量程；

W：秤体自重；

W_{max}：被称重物体净重的最大值；

N：秤体所采用支撑点的数量(秤体有几个支撑点就选用几只传感器)；

K_0：保险系数，一般取值在 1.2～1.3 之间；

K_1：冲击系数，一般取值在 1～1.2 之间；

K_2：秤体的重心偏移系数，一般取值在 1～1.2 之间；

K_3：风压系数，一般取值在 0.3～1.2 之间。

请你设计一款称重传感器量程计算器。

```
&&&&&&&&&&&&&&&&&&&&&&&&&&&&&&&&&&&&&&&&&&&&&&&&&&&&&&&&&&&&&&&&&&&&&&&&&&&&&&&

                         称重传感器量程计算器
            计算公式：C=K0*K1*K2*K3*(Wmax+W)/N

            C：单个传感器的额定量程
               W：秤体自重
               Wmax：被称重物体净重的最大值
               N：秤体所采用支撑点的数量（秤体有几个支撑点就选用几只传感器）
               K0：保险系数，一般取值在1.2-1.3之间
               K1：冲击系数，一般取值在1-1.2之间
               K2：秤体的重心偏移系数，一般取值在1-1.2之间
               K3：风压系数，一般取值在0.3-1.2之间

&&&&&&&&&&&&&&&&&&&&&&&&&&&&&&&&&&&&&&&&&&&&&&&&&&&&&&&&&&&&&&&&&&&&&&&&&&&&&&&

        请输入秤体自重W（单位为吨）:1.5
        请输入被称重物体净重的最大值Wmax（单位为吨）:25
        请输入秤体所采用支撑点的数量N:4
        请输入保险系数K0:1.2
        请输入冲击系数K1:1.1
        请输入秤体的重心偏移系数K2:1.02
        请输入风压系数K3:1.03
        称重传感器的量程为:C=9.187496
```

问题分析：使用 printf 函数设计称重传感器量程的操作界面，使用 scanf 函数实现从键盘输入数据，进行称重传感器量程的计算，最后使用 printf 函数显示运算结果。

weight.c:

```c
#include <stdlib.h>
main(){
    int N;
    float K0,K1,K2,K3,Wmax,W,C;

    system("cls");
    printf("\n\n");
    printf("\t||--------------------------------------------------------------------------------||\n");
    printf("\t||&&&&&&&&&&&&&&&&&&&&&&&&&&&&&&&&&&&&&&&&&&&&&&&&&&&&&&&&&&&&&&&&&&&&&&&&&&&&&&&&||\n");
    printf("\t||--------------------------------------------------------------------------------||\n");
    printf("\t||                         称重传感器量程计算器                                   ||\n");
    printf("\t||           计算公式：C=K0*K1*K2*K3*(Wmax+W)/N                                   ||\n");
    printf("\t||--------------------------------------------------------------------------------||\n");
    printf("\t||--------------------------------------------------------------------------------||\n");
    printf("\t||           C：单个传感器的额定量程                                              ||\n");
    printf("\t||             W：秤体自重                                                        ||\n");
    printf("\t||             Wmax：被称重物体净重的最大值                                       ||\n");
    printf("\t||             N：秤体所采用支撑点的数量（秤体有几个支撑点就选用几只传感器）     ||\n");
    printf("\t||             K0：保险系数，一般取值在1.2-1.3之间                                ||\n");
    printf("\t||             K1：冲击系数，一般取值在1-1.2之间                                  ||\n");
    printf("\t||             K2：秤体的重心偏移系数，一般取值在1-1.2之间                        ||\n");
    printf("\t||             K3：风压系数，一般取值在0.3-1.2之间                                ||\n");
    printf("\t||--------------------------------------------------------------------------------||\n");
    printf("\t||&&&&&&&&&&&&&&&&&&&&&&&&&&&&&&&&&&&&&&&&&&&&&&&&&&&&&&&&&&&&&&&&&&&&&&&&&&&&&&&&||\n");
    printf("\t||--------------------------------------------------------------------------------||\n");

    printf("\t\t请输入秤体自重W（单位为吨）:");
    scanf("%f",&W);
    printf("\t\t请输入被称重物体净重的最大值Wmax（单位为吨）:");
    scanf("%f",&Wmax);
    printf("\t\t请输入秤体所采用支撑点的数量N:");
    scanf("%d",&N);
    printf("\t\t请输入保险系数K0:");
    scanf("%f",&K0);
    printf("\t\t请输入冲击系数K1:");
    scanf("%f",&K1);
    printf("\t\t请输入秤体的重心偏移系数K2:");
    scanf("%f",&K2);
    printf("\t\t请输入风压系数K3:");
    scanf("%f",&K3);

    C=K0*K1*K2*K3*(Wmax+W)/N;

    printf("\t\t称重传感器的量程为:C=%f",C);
}
```

【挑战环节】 设计一个简易计算器，实现加减乘除的简单功能。

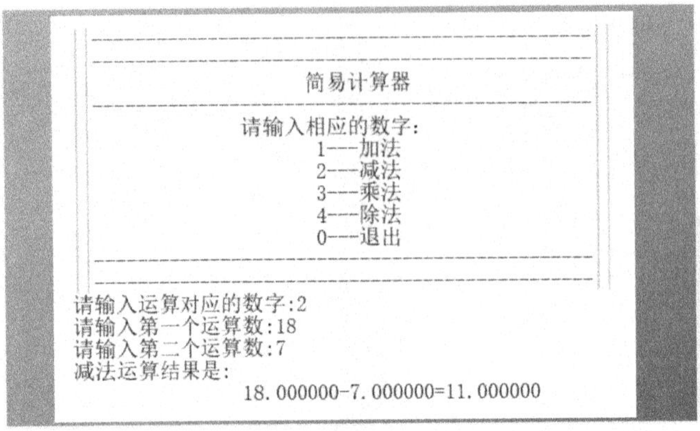

1.4 程序与程序设计

程序是对解决某个问题的各个对象、方法和步骤的描述，或者说程序是用某种计算机语言设计的用于解决问题的一系列计算机能执行的指令。著名计算机科学家沃思(Nikiklaus Wirth)提出程序＝数据结构＋算法，即说明了程序包含的两大要素。

1. 数据结构

数据结构是程序中对数据的类型和数据的组织形式的描述，即对数据的描述，是计算机的加工对象。

2. 算法

算法是程序中对解决问题的具体方法和步骤的描述，即对操作的描述，是程序的灵魂。

下面介绍一个简单的程序。

【例 1-5】 求一元二次方程 $ax^2+bx+c=0$(设 $a\neq0$)的实根。

求一元二次方程的实根的步骤如下。

步骤 1：获得系数 a,b,c。

步骤 2：计算 $d=b^2-4ac$。

步骤 3：若 $d>0$，

(1)计算：$x_1=\dfrac{-b+\sqrt{d}}{2a}$，$x_2=\dfrac{-b-\sqrt{d}}{2a}$；

(2)输出：x_1 和 x_2 分别是两个实根，转步骤 6；否则转步骤 4。

步骤 4：若 $d<0$，

输出：没有实根，转步骤 6；否则转步骤 5。

步骤 5：计算 $x_1=x_2=\dfrac{-b}{2a}$。

输出：x_1 和 x_2 为两个相同的实根，转步骤 6。

步骤 6：结束。

上述程序中包含了程序的两大要素：①对 a,b,c,d,x_1 及 x_2 等数据的描述，即数据结构；

②采用了数学上求一元二次方程实根的方法和六大步骤，即算法。此程序如果用计算机语言如 C 语言描述，就是一个完整的 C 语言程序。

1.5 算法的概念

算法是解决一个问题的具体方法和步骤。利用计算机处理各种问题，必须事先对各类问题进行分析，确定解决问题的具体方法和步骤，即算法；再根据算法，利用某种计算机语言编写计算机能执行的指令，即程序；最后让计算机按照编制指令序列有效地执行，即完成任务。

注意：算法一般不是唯一的，算法的好坏决定了程序的优劣。因此，算法的设计是程序设计的核心任务之一。

一个算法应该具有以下特点：

(1)有穷性。一个算法应包含有限的操作步骤，而不是无限的。

(2)确定性。算法中的每一个步骤都应当是确定的，而不是含糊的、模棱两可的，即每个步骤的含义应该是唯一的。

(3)有效性。算法中的每一个步骤都应当能有效地执行，并得到确定的结果。

(4)有零个或多个输入。在执行算法时，可以没有信息输入或有若干个必要的信息输入。

(5)有一个或多个输出。算法的目的是求出解决问题的结果，它必须有一个或多个输出，否则就没有意义。

算法的描述方法有多种，常用的有自然语言描述法、传统流程图描述法、N-S 流程图描述法、伪代码描述法、PAD 图描述法等。这里重点介绍几种主要的描述方法。

1. 自然语言描述法

该方法采用人类自然语言(如中文、英文)描述算法，同时插入一些程序设计语言中的语句来描述，这种方法也称为非形式算法描述。用自然语言描述算法，通俗易懂，但是直观性很差，容易产生歧义。例如，“如果 a 大于 b，把它赋给 max”这句话，在理解时可能认为是“把 a 赋给 max”，也可能认为是“把 b 赋给 max”。因此，除了很简单的问题以外，一般不用自然语言描述算法。

2. 传统流程图描述法

流程图是用一些图框表示各种操作。美国国家标准协会(American National Standards Institute，ANSI)规定了一些常用的流程图符号，如图 1-1 所示。用流程图描述算法直观形象，易于理解，已为程序员所普遍采用。

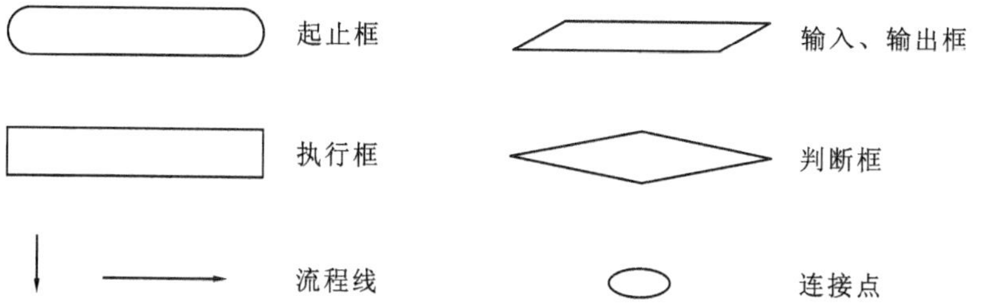

图 1-1 流程图符号

下面我们用流程图来描述例 1-5 的算法，如图 1-2 所示。

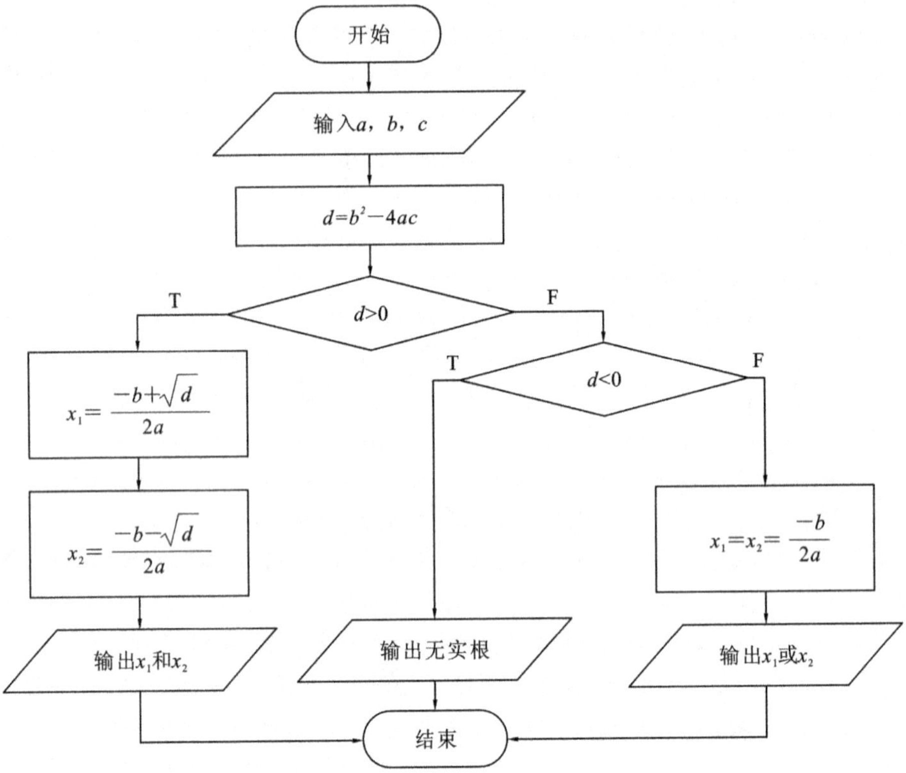

图 1-2　例 1-5 的算法流程图

3. N-S 流程图描述法

N-S 流程图是由美国学者 I. Nassi 和 B. Shneiderman 于 1973 年提出的，是用于描述三种基本结构的表示方法。按照 N-S 流程图方法，所有结构化的算法都可以写在一个矩形框内，在该框内还可以包含其他的框。

(1)顺序结构。如图 1-3 所示，A 和 B 两个框组成一个顺序结构，即执行 A 框所指的操作后，接着执行 B 框所指的操作。

(2)选择结构。选择结构也称为分支结构，该结构必须包含判断框，根据给定的条件是否成立，执行不同的操作。如图 1-4 所示，当条件 p 成立时，执行 A 操作；条件 p 不成立时，执行 B 操作。

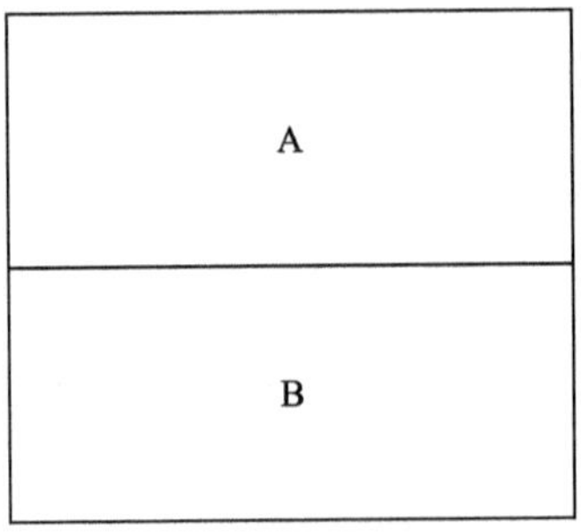

图 1-3　顺序结构

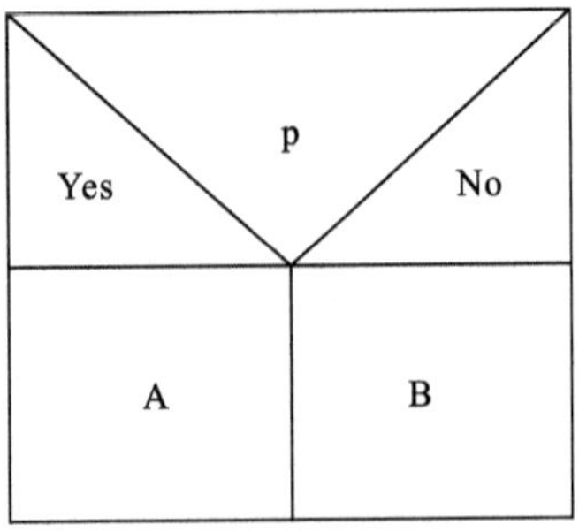

图 1-4　选择结构

(3)循环结构。循环结构也称为重复结构，即反复执行某一部分操作。循环结构可以分为两种：一种称为当型循环结构，如图 1-5 所示，当条件 p 成立时，执行 A 框，执行完 A 框后，判断条件 p 是否成立，如果成立，再执行 A 框，如此反复，直到条件 p 不成立，则不再执行 A 框。另一种称为直到型循环结构，如图 1-6 所示，先执行 A 框，然后判断条件 p 是否成立，如果条件 p 不成立，执行 A 框，然后判断条件 p 是否成立，如果条件 p 依然不成立，继续执行 A 框，如此反复，直到给定条件 p 成立时，则不再执行 A 框。

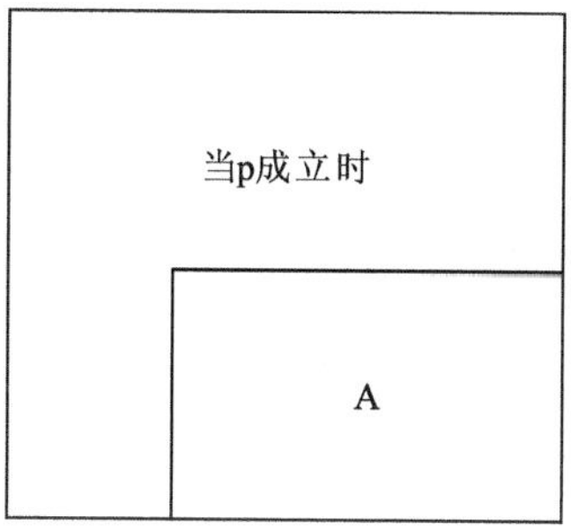

图 1-5　当型循环结构

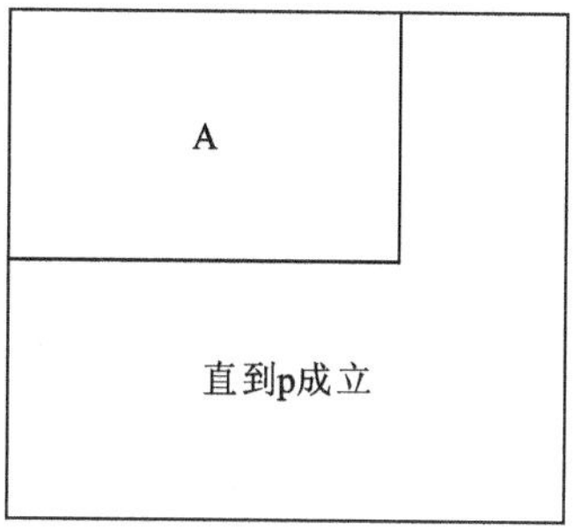

图 1-6　直到型循环结构

1.6　能力拓展

仿照工作场景一完成下列图形的输出，从中体会 C 语言程序设计的基本过程。

图形一：

```
    *
   ***
  *****
 *******
*********
 *******
  *****
   ***
    *
```

图形二：

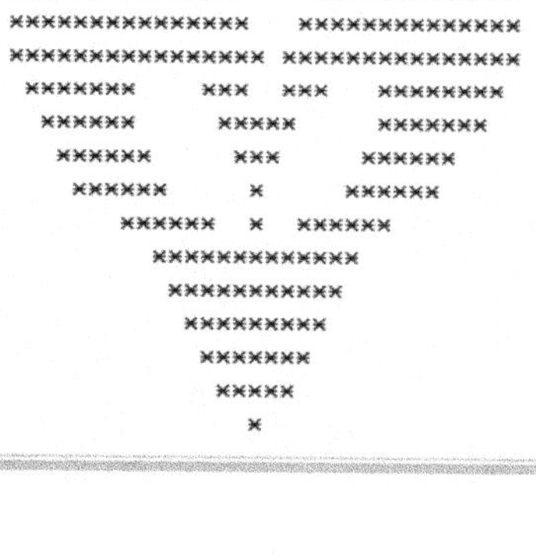

图形三：

```
|\-------------------------------/|
||            -                  ||
||           (\    -             ||
||          .-"`"-(\             ||
||         /  /    /`-._         ||
||        (0/  0/         `-.__. ||
||        /                      ||
||       /                       ||
||      /                        ||
||     /      ,                  ||
||    (_ _/  /  /`               ||
||     `-._ _/-"、、.             ||
||_______________________________||
|/_______________________________\|
```

1.7 任务笔记

(1)C 语言程序必须有一个 main 函数，从 main 函数开始执行。必须返回一个整数值：返回 0 表示程序运行成功，返回 1 表示程序运行失败。

(2)main 函数的一般形式：

①int main(void)

②void main(void)

③void main( )

(3)printf 函数和 scanf 函数中的格式字符串有%d、%f、%c，必须使用小写字母。

(4)printf 函数在格式字符串中可以使用转义字符，但 scanf 函数不可以。

(5)区分判等运算符==和逻辑运算符=。

实训题部分答案

实训题

1. 选择题

(1)设 a=3，b=4；执行“printf("%d，%d"，a，b)；”的输出是(　　)。

A. 3，4　　　　B. 4，3

C. 3，3　　　　D. 4，4

(2)使用“scanf("x=%f，y=%f"，&x，&y)”，要使 x，y 均为 1.25，正确的输入是(　　)。

A. y=1.25，x=1.25　　　　B. 1.25

C. x=1.25，y=1.25　　　　D. 1.25，1.25

(3)设 a,b 为字符型变量,执行"scanf("a=%c,b=%c",&a,&b)"后使 a 为'A',b 为'B',从键盘上的正确输入是(　　)。

A. 'A''B'　　　　B. 'A','B'

C. A=A,B=B　　　　D. a='A',b='B'

2. 填空题

(1)常用的格式化输入、输出函数有________和________。

(2)使用标准化函数需使用#________<头文件>,在程序中引用标准库函数。

3. 程序设计题

(1)用 scanf 函数输入以下数据:

a=10,b=20,x=1.5,y=-3.75,z=67.8。

(2)输入一个摄氏温度 C,要求输出华氏温度 F。公式为

$$F=1.8C+32$$

输出要求有文字说明,取 2 位小数。

任务2
行云流水的顺序流程——顺序程序设计能力训练

知识卡片

常量	程序执行过程中其值不变
变量	程序执行过程中其值可变
数据类型	根据数据的性质、表现形式、存储空间、构造特点划分的类型
运算符	表示各种不同运算的符号
操作数	参加运算的数据
表达式	用运算符把操作数连接起来的式子

知识目标

- 掌握常量的定义和使用；
- 掌握变量的定义和使用；
- 掌握表达式的定义和使用；
- 掌握运算符的定义和使用。

能力目标

- 具备在程序设计中合理地选择和使用常量、变量的能力；
- 能正确运用运算符和表达式编程解决实际问题。

素养目标

- 培养自主学习的习惯、兴趣和能力；
- 培养细致认真的工作和学习态度。

训练途径

通过任务 1 的学习，我们已经初步了解了 C 语言程序设计的相关概念，对 C 语言程序总体结构有了一定认识，并能运用开发工具编写、编译、运行简单的 C 语言程序。当使用计算机程序解决现实世界的各种问题时，如何在程序中存储和表示现实世界中的信息就成为我们首要考虑的问题。本任务中我们将学习如何编写顺序结构的程序，以及如何在程序中定义和使用常量、变量、表达式。

2.1　常量应用任务训练

【导入】工作场景一：烟雾报警

(1)问题描述：智能火灾报警监测系统的烟雾检测模块能实时监测环境烟雾数值，当检测到异常时，系统发出显示警告和鸣笛警告。需要编写一个简单的程序，实现警告显示并发出警报声。

(2)问题分析：我们可以使用字符常量和字符串常量，在控制台屏幕中输出警告语，并控制电脑发出警报声。

(3)演示执行：

涉及知识点

2.1.1　顺序结构

算法，即解决问题的方法和步骤，是计算机程序设计中最重要的部分。我们通过编写程序来指挥计算机完成各种任务,实质就是为解决特定问题设计相应算法的过程,设计好算法后可以将其转化为某种具体的计算机语言进行描述,最终转化为解决实际问题的程序。

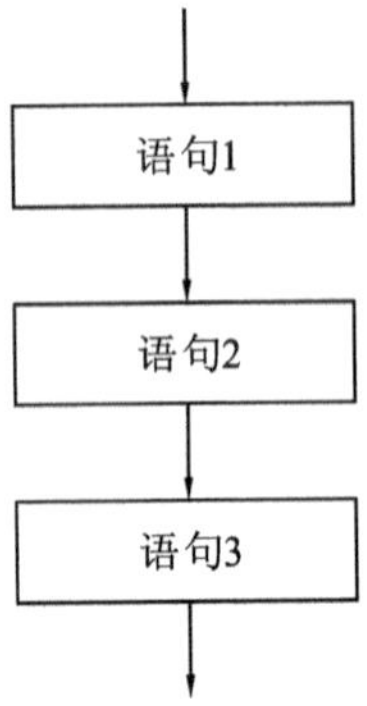

图 2-1　顺序结构流程图

在计算机语言中构成算法的基本结构有顺序结构、选择结构和循环结构三种。顺序结构使程序按照其定义的先后顺序依次执行;选择结构使程序能执行逻辑判断,在满足条件的情况下执行相应的语句段;循环结构使程序在满足条件的情况下,反复执行某个语句段落直至判断条件不成立。

通常情况下,计算机程序中的语句按照被编写的顺序逐条执行,这就是所谓的顺序结构。顺序结构是程序中最简单、最常用的基本结构。

图 2-1 给出了顺序结构的流程图,从图中可以看出,语句的执行就像一条流水线,按照语句的书写顺序依次执行。从语句 1 开始执行,语句 1 执行完毕后执行语句 2,最后执行语句 3。

程序　顺序结构使用示例

【例 2-1】　编写一个程序,在界面中输出一个由 6 行"*"组成的直角三角形。

问题分析:通过分析题意,我们只需要在界面中运用学过的 printf 函数依次输出直角三角形的每一行即可。

流程分析:流程图如图 2-2 所示。

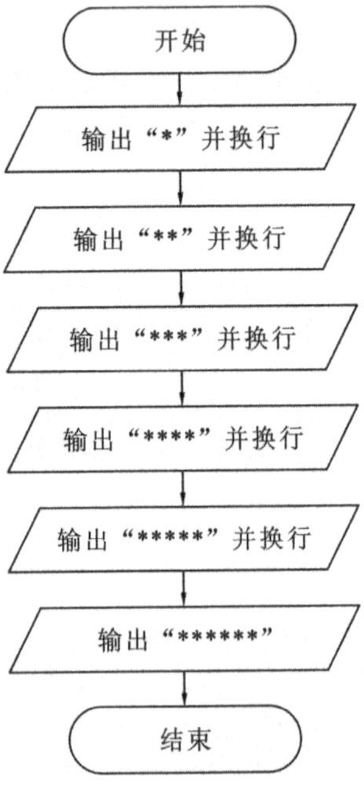

图 2-2　流程图

PrintStars.c:

```
1  #include <stdio.h>
2  void main()
3  {
4      printf("*\n");
5      printf("**\n");
6      printf("***\n");
7      printf("****\n");
8      printf("*****\n");
9      printf("******\n");
10 }
```

程序分析:

- 第 4 行,使用 printf 函数在屏幕中输出“*”,然后通过字符“\n”使屏幕输出换行。
- 第 5 行,使用 printf 函数在屏幕中输出“**”,然后通过字符“\n”使屏幕输出换行。
- 第 6～9 行,每次都使用 printf 函数在上一行输出“*”号的基础上多输出一个“*”。

程序运行结果:

```
*
**
***
****
*****
******
```

提示与陷阱

(1)程序将按照 printf 函数语句书写的顺序依次执行。

(2)试试去掉“\n”,看看输出结果有什么变化。

(3)试试改变 printf 函数语句的前后顺序,看看输出结果有什么改变。

2.1.2 C 语言数据类型

在现实世界中,数据拥有不同的类型,就如同在商店中出售的衣服有 S、M、L、XL、XXL 等尺码可以满足不同客户的身材。虽然数据在计算机中都是以二进制数来表示的,但是高级语言对数据的处理更加接近于数学语言,例如,数字 10 和数字 3.14 在数学意义上是两种类型的数据,10 是整数,而 3.14 是小数,这种分类更接近于现实生活。因此,当我们需要在计算机中存储、处理数据时,也要将数据分成不同的类型。

按照数据的性质、表示形式、存储空间的大小、构造特点可以将数据划分成不同的类型,每个数据都必须有确定的类型。

C 语言程序中使用的数据都属于特定的类型,没有类型的数据是不存在的。例如,职工的年龄和工资都可以进行加、减等算术运算,具有一般数值的特点,在 C 语言中称为数值型数据。其中年龄是整数,所以称为整型;工资一般为实数,所以称为实型。又如职工的姓名和性别,是不能进行加、减等算术运算的,这种数据具有文字特征。其中姓名是由多个字符组成的,在C语言中称为字符串；性别可以用单个字符表示（例如，用M表示男性，F表示女性），在C语言中称为字符型数据。我们把整型和实型合称为数值型，把数值型和字符型合称为基本数据类型。

C语言根据数据加工处理的特征，还设有其他复杂的数据类型，如图2-3所示。

- 数据类型
  - 基本类型
    - 基本整型
      - 带符号整型
        - 短整型(short int)
        - 基本整型(int)
        - 长整型(long int)
      - 无符号整型
        - 无符号短整型(unsigned short)
        - 无符号基本整型(unsigned int)
        - 无符号长整型(unsigned long)
    - 实型
      - 单精度型(float)
      - 双精度型(double)
      - 长双精度型(long double)
    - 字符型(char)
    - 枚举型(enum)
  - 构造类型
    - 数组型([])
    - 结构型(struct)
    - 共用型(union)
  - 指针类型(*)
  - 空类型(void)

图2-3　C语言数据类型

【课堂实践2-1】 请判断下列数据对应的数据类型并填入表格中。

数据示例	类型	数据示例	类型
15		A	
32768		Hello	
25.3		3E8	
M		−26	
3.14		3E-8	

2.1.3　常量概述

对于基本数据类型，按其取值在程序运行中是否可以改变，又可以分为常量和变量两种。

常量是在程序执行过程中其值保持不变的量，其特征是可以直接书写常量值，而不必为该常量值命名。例如："ch=12;"中的12即为常量，圆周率也是一个常量。常量不需要事先定义，在需要的地方直接写出该常量即可。

C语言中常量又分为直接常量和符号常量两类。

1. 直接常量

直接常量也称为字面量，即可以直接拿来使用，不需要任何说明的量。例如，10、3.14F、A、Hello。直接常量根据类型不同又可分为四种类型：整型常量、实型常量、字符常量和字符串常量。

2. 符号常量

符号常量是用一个标识符代表一个常量，从形式上看，符号常量是标识符，像变量；但实际上它是常量，其值在程序运行时不能被修改。必要时使用符号常量比使用直接常量可以使程序变得更清晰。

例如，当半径为 2.0 时，要计算圆的面积和周长可以使用表达式：

s=3.1415926 * 2.0 * 2.0;

c=2 * 3.1415926 * 2.0;

现在要把半径改为 5.0；而程序中有 3 个 2.0，只要漏改一处就会出错。使用符号常量不但能避免一一修改的麻烦，而且使程序更简洁，有助于快速调试程序。

符号常量在使用前，必须预先定义，通常在程序的开头先定义所要用的符号常量，然后在程序中使用这些常量时可以写成对应的标识符。

符号常量定义格式如下：

＃define 符号常量名　常量值

说明：符号常量定义属于宏定义语句，因此在语句后不需要使用分号。

程序　符号常量使用示例

【例 2-2】 符号常量在程序中的应用。

CaseSimpleDefine.c:

```
1  #include <stdio.h>
2  #define  PI  3.1415926             /*定义符号常量行后无分号*/
3  #define  R  5.0                    /*一般符号常量用大写字母*/
4  void main ( )
5  {
6      float  s, c;
7      s = PI * R * R;
8      c = 2 * PI * R;
9      printf ("当半径为%.2f时, 圆面积s = %.2f, 圆周长c = %.2f",R,s,c);
10 }
```

程序分析：

● 第 2 行，使用“＃define”语句定义符号常量 PI。

● 第 3 行，使用“＃define”语句定义符号常量 R，代表所要计算的圆半径。当需要将半径 R 修改为 8.0 时，只需将“＃define R 5.0”修改为“＃define R 8.0”即可。

● 第 6 行，定义了两个 float 类型的变量 s 和 c，分别用于存放圆面积和圆周长的计算结果。

● 第 7 行,“s=PI＊R＊R;”为圆面积计算公式,根据该公式计算半径为 R 的圆面积,并将计算结果存入变量 s 中。

● 第 8 行,“c=2＊PI＊R;”为圆周长计算公式,根据该公式计算半径为 R 的圆周长,并将计算结果存入变量 c 中。

● 第 9 行,使用 printf 函数将计算结果显示在屏幕中。

程序运行结果:

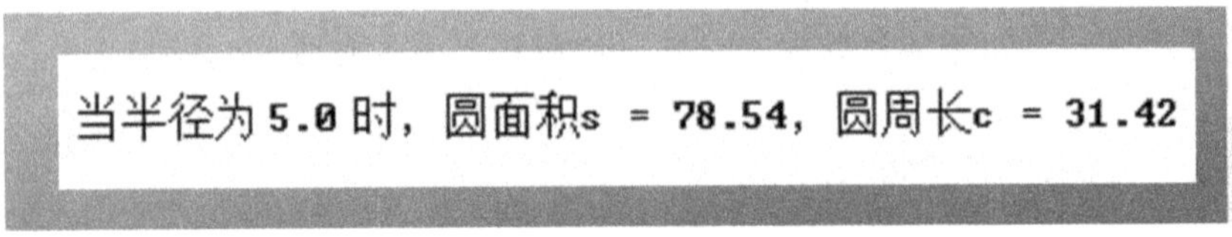

提示与陷阱

(1)通过例 2-2,我们不难看出,在程序中多处使用符号常量充分体现了“一改全改”的优越性,避免一个常量在多处修改中未能一致,而导致程序的最终结果发生错误。

(2)在代码第 3 行后插入语句＃define R 2.0,看看编译运行有没有问题。

2.1.4 整型常量

整型常量习惯上称为常数,即日常生活中所说的整数。例如,程序中使用的 5、－12、518 等不改变的数据都可以看作整型常量。

在 C 语言中,整型常量可以用三种形式来表示。

1. 十进制整数

十进制是整数的通常写法,由数字 0～9 和正负号表示。例如:437、－124、65535、3723 是合法的十进制整数;049、46A 是不合法的十进制整数。

2. 八进制整数

八进制整数必须以数字 0 开头(0 作为八进制整数的前缀),后跟数字 0～7。例如:0123、0101、－011 是合法的八进制整数;376、052B4、029 是不合法的八进制整数。

3. 十六进制整数

十六进制整数必须以 0X 或 0x 开头,后跟 0～9、A～F 或 a～f。例如:0X123、0xA0、－0X12是合法的十六进制整数;7A、0X8K 是不合法的十六进制整数。

程序 **整型常量使用示例**

【例 2-3】 以三种进制输出某整数。

IntegerType.c:

```
1  #include <stdio.h>
2  void main ( )
3  {
4      /*十进制19分别以八进制、十进制、十六进制打印输出*/
5      printf("\n 19的八进制数为：0%o",19);
6      printf("\n 19的十进制数为：%d",19);
7      printf("\n 19的十六进制数为：0X%x",19);
8      printf  ("\n %d",017);     /*八进制017以十进制打印输出*/
9      printf  ("\n %d",0x1c);    /*十六进制0x1c以十进制打印输出*/
10     printf  ("\n %ld \n",123456L);    /*长整型常量的打印输出*/
11 }
```

程序分析：

● 第 5 行，使用 printf 语句输出 19 的八进制数，使用占位符"%o"代表输出 19 的八进制数。

● 第 6 行，使用 printf 语句输出 19 的十进制数，使用占位符"%d"代表输出 19 的十进制数。

● 第 7 行，使用 printf 语句输出 19 的十六进制数，使用占位符"%x"代表输出 19 的十六进制数。

● 第 10 行，在 printf 语句中使用占位符"%ld"，输出长整型常量"123456L"。

程序运行结果：

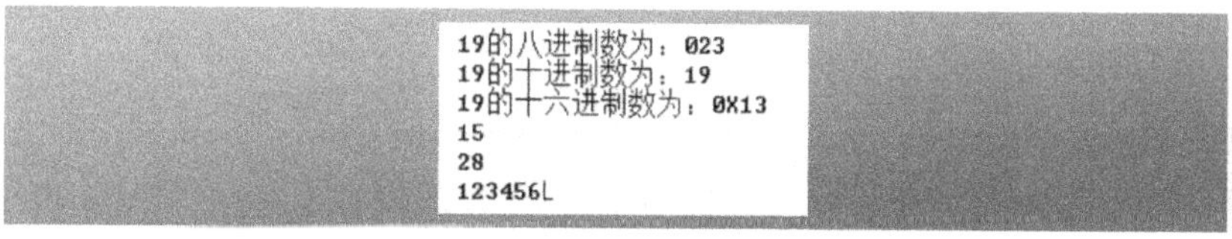

提示与陷阱

(1)程序中根据前缀来区分各种进制数，在书写常数时不要把前缀搞错，以免造成结果不正确。例如，数值 123 可以写成 123(十进制)、0173(八进制)、0x7B(十六进制)。x、a～f 可以写成大写也可以写成小写。

(2)为了扩大整型变量的数值范围，C 语言还提供了一种长整型常量，整型常量在一般微机中占用 2 个字节(数值范围－32768～＋32767)，而长整型常量在微机中占用 4 个字节(数值范围－2147483648～＋2147483647)。长整型常量的书写方法与整型常量的唯一不同是在数值的后面紧跟着一个小写字母 l 或大写字母 L，如 1234567L。

(3)试试将代码第 8 行、第 9 行的前缀数字 0 写成字母 O，观察程序是否还能正常运行。

(4)试试将代码第 9 行的"0x1c"改为 0X1C，观察程序是否还能正常运行；再将"\n%d"改为"\N%D"，看看程序能否正常运行。你能从中得到什么结论？

2.1.5 实型常量

实型常量也称为实数或者浮点数，即带小数点的实数。在 C 语言中，实数只采用十进制表示。其有两种书写形式：小数形式(也叫定点数形式)和指数形式(也叫浮点数形式)。

1. 小数形式

小数形式的实型常量由正负号、整数部分、小数点和小数部分组成。整数部分和小数部分由数字 0～9 组成，其中小数点是不能缺少的。例如：0.0、32.0、4.654 等均为合法的小数形式的实型常量，.02、－.234、18. 也是合法的小数形式的实型常量，可以看出.02 和－.234 省略了整数部分，而 18. 省略了小数部分。

2. 指数形式

指数形式的实型常量由整数部分、小数部分和指数部分组成。其中，前两部分用小数点连接，前两部分与指数部分之间用 e(或 E)连接。指数形式如 123e4 或 123E4 都表示 123×10^4，其中 e(或 E)代表底数 10。注意字母 e(或 E)之前必须有数字，且 e 后的指数必须为整数。例如 e3、1.2E1.2、e 就不是合法的指数形式的实型常量。

一般 C 语言编译系统将实型常量默认为双精度类型进行处理，如果要明确表示此时的常数为单精度浮点数，则可以在实数后使用后缀"f"或"F"表示该数为单精度浮点数。

程序 实型常量使用示例

【例 2-4】 以实数的形式输出三个数。

DoubleType.c:

```
1  #include <stdio.h>
2  void main()
3  {
4      printf("以小数形式输出单精度实数: %f\n",123.12);
5      printf("以小数形式输出双精度实数: %f\n",123.12345678);
6      printf("以指数形式输出单精度实数: %e\n",123.12);
7      printf("以指数形式输出双精度实数: %e\n",123.12345678);
8      printf("\n") ;
9      printf("默认实型常量所占位数: %d\n",sizeof(123.0));
10     printf("单精度实型常量所占位数: %d\n",sizeof(123.0f));
11     printf("\n") ;
12     printf("以浮点类型占位符输出整数: %f\n",8);
13 }
```

程序分析：

● 第 4～5 行，在 printf 语句中使用占位符"%f"，以小数形式输出实型常量。

● 第 6～7 行，在 printf 语句中使用占位符"%e"，以指数形式输出实型常量。

● 第 9 行，在 printf 语句中，使用 sizeof 函数计算实数 123.0 在内存中所占位数并输出。从程序运行结果中可以看到 123.0 占 8 个字节，说明 C 语言编译系统默认将实型常量当作双精度类型进行处理。

● 第 10 行，在 printf 语句中，使用 sizeof 函数计算实数 123.0f 在内存中所占位数并输出。由于 123.0 的数值后加入字符 f，明确地告诉编译器此处的数值是单精度实数，因此 123.0 在计算机中占 4 个字节。

● 第 12 行，在 printf 语句中，使用占位符"%f"输出整数 8，输出结果为"0.000000"。原因是单精度实型常量在内存中占 4 个字节，整型常量在内存中占 2 个字节。单精度实型常量 8 在内存中存储为 00000000 00000000 00000000 00000008，整型常量 8 在内存中存储为 00000000 00000008，当用整型取单精度实型常量 8 的值时，只取前两个字节 00000000 00000000。

程序运行结果：

```
以小数形式输出单精度实数: 123.120000
以小数形式输出双精度实数: 123.123457
以指数形式输出单精度实数: 1.231200e+002
以指数形式输出双精度实数: 1.231235e+002

默认实型常量所占位数: 8
单精度实型常量所占位数: 4

以浮点类型占位符输出整数: 0.000000
```

提示与陷阱

(1)一个实型常量可以有多种指数表示形式。例如：456.789 可以表示为 456.789e0、45.6789e1、4.56789e2、0.456789e3、0.0456789e4 等。其中，4.56789e2 称为“规范化的指数形式”，也就是在字母 e(或 E)之前的小数部分中，小数点左边应有且只有一位非零的数字。例如：2.5897462e3、6.0005e10 等都属于规范化的指数形式，而 45.3215e2、0.1235e2 则不属于规范化的指数形式。

(2)实型常量在用指数形式输出时是以规范化的指数形式输出的。例如，指定将实数 6584.9 以指数形式输出，则必然输出 6.5849e+003，而不会是 0.65849e+004 或 65.849e+002。

(3)将 printf 语句中的占位符%f、%e、%d 交换位置，看看这些数的输出结果有什么不同。

2.1.6 字符常量

字符常量是指仅包含单个 ASCII 码字符(见附录 2)的常量，其在内存中占 1 个字节，存放字符的 ASCII 码。字符常量的表示方法有两种：单引号表示法和转义字符表示法。

1. 单引号表示法

对于可显示的字符常量，可直接用单引号将该字符括起来，如'A'、'a'、'%'、'$'。其中单引号只是作为定界符使用，并不表示字符常量本身。也可用字符的 ASCII 码值表示字符，如十进制数 85 表示为大写字母 U，八进制数 0102 表示为大写字母 B。

2. 转义字符表示法

对于有些输出专用字符或者屏幕上无法显示的字符(这些无法显示的字符代表着某些特定的操作)，如警告声、换页、倒退一格，可以用转义字符来输出。转义字符是一种特殊的字符常量，以反斜线“\”开头，后面跟一个或几个字符。转义字符具有特定的含义，它不同于字符原有的意义，所以称为转义字符。

常用的转义字符及其含义如表 2-1 所示。

表 2-1　　　　**常用的转义字符**

转义字符	ASCII 码值(十进制)	意义
\0	000	空字符
\a	007	响铃
\b	008	退格,将当前位置移动到前一列
\t	009	水平制表,跳到下一个 Tab 位置
\n	010	换行,将当前位置移动到下一行开头
\v	011	垂直制表
\f	012	换页,将当前位置移动到下页开头
\r	013	回车,将当前位置移动到本行开头
\"	034	代表一个双引号字符
\'	039	代表一个单引号字符
\\	092	代表一个反斜线字符
\ddd		1～3 位八进制数所代表的任意字符
\xhh		1～2 位十六进制数所代表的任意字符

注:\ddd 和\xhh 没有十进制的表示。

程序　字符常量使用示例

【例 2-5】 字符常量使用演示。

CharType.c:

```
1  #include <stdio.h>
2  int main()
3  {
4      printf("以字符形式输出字符常量: %c\n",'A');
5      printf("以数值形式输出字符常量: %d\n",'A');
6      printf("输出八进制转义字符: \101\n");
7      printf("输出十六进制转义字符: \x41\n");
8      printf("I say: \"Hello!\" ");          //输出双引号
9  }
```

程序分析:

- 第 4 行,在 printf 语句中使用占位符"%c",以字符形式输出字符 A。
- 第 5 行,在 printf 语句中使用占位符"%d",以数值形式输出字符 A 的 ASCII 码值。
- 第 6 行,在 printf 语句中输出转义字符"\101",代表八进制数"101"表示字符 A。
- 第 7 行,在 printf 语句中输出转义字符"\x41",代表十六进制数"41"表示字符 A。

程序运行结果:

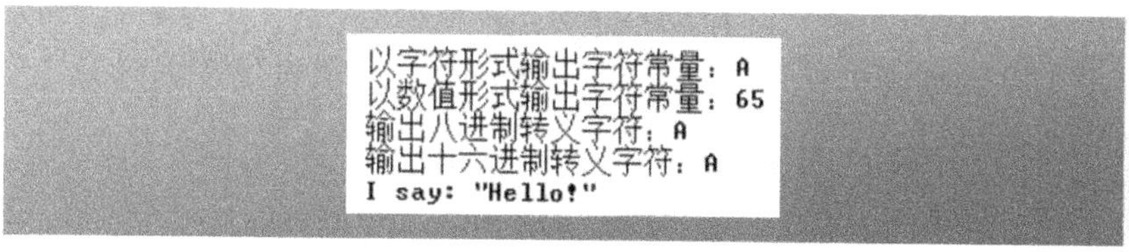

提示与陷阱

试试将代码中的斜线"/"与反斜线"\"互换，你有什么发现？

2.1.7 字符串常量

字符串常量也称字符串，是置于一对双引号内的字符序列。

例如："Hello"、"123456" 、"A"，其中双引号仅作为定界符使用，并不是字符串中的字符。

可以输出一个字符串，如：

printf("How do you do")；

特别要注意的是，在字符串中不能有双引号(" ")和反斜线(\)。

例如：

错误的表示："I Say ："Goodbye ！""

正确的表示："I Say ：\" Goodbye ！\""

在编写程序时需要特别注意，不要将字符串常量与字符常量混淆，例如：'A' 和 "A"，其中 'A' 代表一个字符 A，而"A" 则代表一个字符串。

C 语言规定，字符串常量与字符常量在内部存储上是不同的。字符串存储形式是在给定的字符序列后加入一个空字符"\0"，"\0"字符是系统自动加上用以标志字符串的结束，而字符常量结尾不加"\0"。因此字符串在内部存储所占的空间要比实际字符多一个字节。

以'A' 和 "A"为例，它们在计算机内部的实际存储形式如图 2-4 所示。

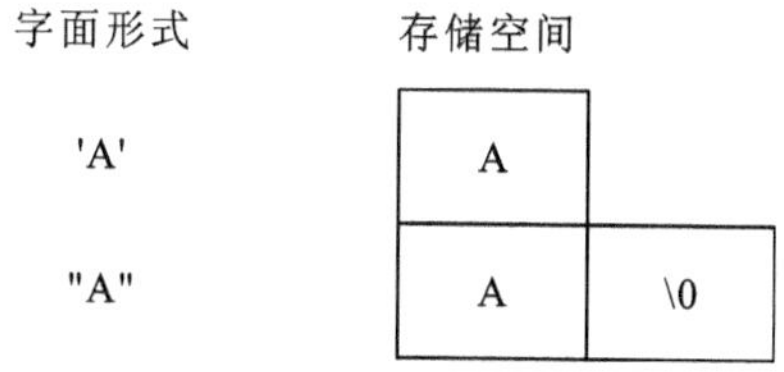

图 2-4 C 语言中的字符常量与字符串常量存储情况

由图 2-4 可以看出，'A '是字符常量，在内存中只占 1 个字节；"A" 是字符串常量，在内存中占 2 个字节。

字符常量和字符串常量是两种不同的量，它们之间的区别主要有以下几点：

(1)字符常量由单引号('')括起来，字符串常量由双引号("")括起来。

(2)字符常量除转义字符外只能是单个字符,字符串常量则可以含一个或多个字符。

(3)可以把一个字符常量赋予一个字符变量,但不能把一个字符串常量赋予一个字符变量。

例如:

正确的表示:　　char c;　　c='a';

错误的表示:　　char c;　　c="CHINA";

在C语言中没有相应的字符串变量(这与BASIC语言是不同的),但是可以用一个字符数组来存放一个字符串常量(详见任务5)。

提示与陷阱

(1)字符常量占一个字节的内存空间,字符串常量所占的内存字节数等于字符串中字节数加1。增加的一个字节用来存放空字符"\0"(ASCII码为0),这是字符串结束的标志。

(2)试试将字符常量的单引号和字符串常量的双引号互换,看看编译时有何提示。

◆ 返回工作场景一

问题分析:根据所学的知识,使用字符常量和字符串常量,完成在控制台屏幕中输出警告语,并控制电脑发出警报声。

alarm.c:

```
1  #include <stdio.h>
2  #include <windows.h>
3  int main()
4  {
5      printf("\t!!!!!!!!!!!!!!!!!!!!!!!!!!!!!!!!!!!!\n");
6      printf("\t!!                                !!\n");
7      printf("\t!!                                !!\n");
8      printf("\t!!     \"注意!烟雾检测异常! \"     !!\n");
9      printf("\t!!                                !!\n");
10     printf("\t!!                                !!\n");
11     printf("\t!!!!!!!!!!!!!!!!!!!!!!!!!!!!!!!!!!!!\n");
12     Beep(800,2000);
13     printf("\a");
14 }
```

程序分析:

- 第5行,在printf语句中使用ASCII码字符"\t",跳到下一个Tab位置。
- 第8行,在printf语句中为了在字符串前后输出双引号""",使用转义字符"\"进行转义输出。
- 第12行,使用Beep发音函数发出警报声,其中第一个参数指定发声的频率(单位为赫兹,Hz),第二个参数指定发声时长(单位为毫秒,ms)。
- 第13行,在printf语句中使用ASCII码字符"\a",使蜂鸣器发出警报声。

【挑战环节】 Beep函数又称为“哔”声函数，能在扬声器上发出声音，可以通过发声频率和节拍来演奏美妙的旋律。比如发“do”这个音，声音频率是523Hz，一拍相当于400ms，函数为Beep(523,400)。参考下面的音频表，使用Beep函数演奏一首《小星星》吧！

发音	do	re	mi	fa	so	la	si
频率	523	578	659	698	784	880	988

```
*************************************
***     '请欣赏乐曲《小星星》'      ***
*************************************
```

2.2　变量应用任务训练

【导入】工作场景二：米奇头立体花墙造价计算

(1)问题描述：迪士尼需要新建一个米奇头立体花墙(如图2-5所示)。立体花墙由两小一大三个圆柱体组成，每个圆柱体的侧面和上底面种植鲜花(下底面放置在地面，不种植鲜花)，每平方米造价随鲜花品种不同而变化。请编写一个程序计算米奇头立体花墙的总造价。该程序要求从键盘输入圆柱体的高与底面半径，以及立体花墙每平方米的造价，计算并输出米奇头立体花墙的总造价，结果保留两位小数。你能帮迪士尼公司编写这个程序吗？

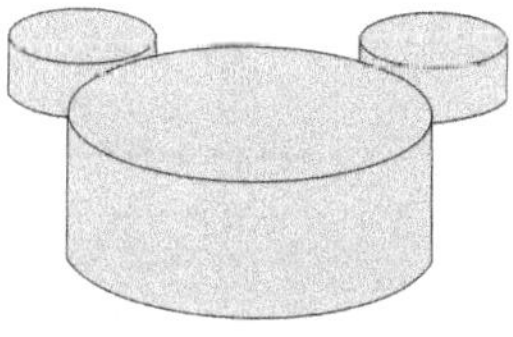

图2-5　米奇头立体花墙

(2)问题分析：首先分析题目要求，该程序需要从键盘接收用户输入的圆柱体高与底面半径；然后根据圆柱体侧面积公式和底面积公式得到米奇头立体花墙的总面积 $s=2\pi r(r+2h)+\pi R(R+2H)$，$r$ 和 h 分别为小圆柱体的底面半径和高，R 和 H 分别为大圆柱体的底面半径和高；最后用总面积 s 乘以每平方米造价 p，计算出总造价 c 并输出。

(3)演示执行：

```
请输入小圆柱体的高（单位 米）：1.6
请输入大圆柱体的高（单位 米）：1.2
请输入小圆柱体的半径（单位 米）：1.5
请输入大圆柱体的半径（单位 米）：2.6
请输入立体花墙每平方米造价（单位 元）：521
米奇头立体花墙总造价为（单位 元）：44333.97
```

涉及知识点

2.2.1 变量概述

C 语言程序在运行时，会给每个变量分配相应的存储空间和位置。程序从外部获取一个数据，其实质就是将通过键盘或其他方式输入的数据存放到由变量名所指定的存储空间中；而从程序中读取数据的过程，则是根据变量名找到内存中相应的存储空间，并从该空间中读取所需数据的过程。

程序 变量使用示例

【例 2-6】 编写一个程序，将变量 x 的内容及其内存地址输出到屏幕中。

SimpleVar.c:

```
1   #include <stdio.h>
2   int main()
3   {
4       int x ;
5       x = 5 ;
6       printf("x的值为: %d\n" , x);
7       printf("x的变量地址为:%x\n" , &x );
8
9       x= 10;
10      printf("x的值为: %d\n" , x);
11      printf("x的变量地址为:%x\n" , &x );
12      return 0;
13  }
```

程序分析：

- 第 4 行，定义整型变量 x。C 语言规定，变量在使用前必须先定义。
- 第 5 行，给变量 x 赋初始值为 5。
- 第 6 行，使用 printf 函数输出变量 x 中的内容。
- 第 7 行，使用 printf 函数和 & 运算符输出变量 x 所在的内存地址（& 符号表示获取变量的地址）。
- 第 9 行，再次将变量 x 赋值为 10。
- 第 10 行，使用 printf 函数输出变量 x 中的内容，由于上一句已经将变量 x 重新赋值为 10，因此该语句输出结果为 10。
- 第 11 行，使用 printf 函数和 & 运算符输出变量 x 所在的内存地址，此时，输出结果与第 7 行输出结果一致。程序一旦为某个变量分配内存空间后，在该变量的生命周期内，该变量所占用的内存地址不会改变，改变的仅是该内存地址中所存放的数据。

程序运行结果：

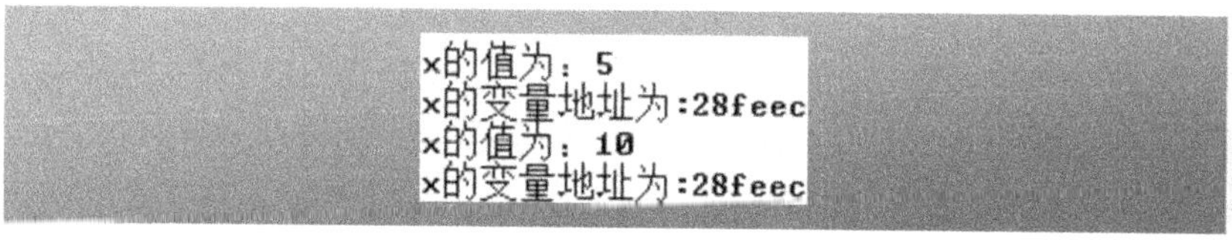

1. 变量定义

在多数编程语言中，在使用变量前都必须对变量进行定义，然后才能在后续的程序中使用该变量，C 语言也是如此。

变量定义主要包含两部分内容：一是变量所属的数据类型，二是变量名。不同数据类型的变量可以存放不同类型的数据，同时变量所属的数据类型会告诉编译器需要为该变量分配多大的内存空间，以及该变量能参加何种类型的运算；而变量名则可以区分不同的变量。

C 语言变量定义格式：

数据类型　变量名[，变量名[，…]]；

一句变量定义语句可以定义一个变量，也可以同时定义多个相同类型的变量。当定义多个相同类型的变量时，每个变量之间需要使用逗号隔开，在最后一个变量后使用分号表示语句结束。

例如：

(1)定义整型变量 num。

int num;

(2)同时定义两个浮点类型变量，变量名分别是 num1 和 num2。

float num1,num2;

2. 变量的初始化

变量定义告诉编译器应该为变量分配多大的内存空间，在分配好内存空间且程序没有正式运行前，该内存空间中存在一个不可预知的脏值，如果在程序中没有对该变量进行赋值就直接使用的话，势必会给程序带来不可预期的结果。所以，使用变量前必须对变量进行初始化。

变量的初始化包括两种方式：

(1)先定义变量，再给变量赋值，然后使用该变量内容。

(2)定义变量的同时给变量赋值，也就是我们说的变量的初始化。

C 语言变量定义同时进行初始化格式：

数据类型　变量名=初始值；

例如：

int　num1=10,num2=20;

在上面的语句中，定义整型变量 num1 和 num2，同时将 num1 初始值设为 10，num2 初始值设为 20。

【课堂实践 2-2】 判断下列语句是否相同，能否执行，如果可以执行，请在横线中写出该语句在执行后，各变量值分别是多少。

1. int　num1=10,num2=10,num3=10;

num1=＿＿＿＿＿＿＿＿＿＿＿＿＿＿

num2=＿＿＿＿＿＿＿＿＿＿＿＿＿＿

num3=＿＿＿＿＿＿＿＿＿＿＿＿＿＿

2. int　num1,num2,num3;
num1=num2=num3=10;
num1=＿＿＿＿＿＿＿＿＿＿＿＿＿＿
num2=＿＿＿＿＿＿＿＿＿＿＿＿＿＿
num3=＿＿＿＿＿＿＿＿＿＿＿＿＿＿
3. int　num1,num2,num3=10;
num1=＿＿＿＿＿＿＿＿＿＿＿＿＿＿
num2=＿＿＿＿＿＿＿＿＿＿＿＿＿＿
num3=＿＿＿＿＿＿＿＿＿＿＿＿＿＿
4. int　num1=num2=num3=10;
num1=＿＿＿＿＿＿＿＿＿＿＿＿＿＿
num2=＿＿＿＿＿＿＿＿＿＿＿＿＿＿
num3=＿＿＿＿＿＿＿＿＿＿＿＿＿＿
5. int　num1=10+20;
num1=＿＿＿＿＿＿＿＿＿＿＿＿＿＿
6. int　num1=10;
int　num2=num1+10;
num1=＿＿＿＿＿＿＿＿＿＿＿＿＿＿
num2=＿＿＿＿＿＿＿＿＿＿＿＿＿＿

2.2.2 实型变量

在大多数程序中，除了使用整数外，还经常会遇到需要使用小数的情况，例如处理财务数据时就可以使用C语言中的实型变量。

实型变量又称为浮点类型，在C语言中包含float(单精度)、double(双精度)、long double(长双精度)三种类型，如表2-2所示。一个实型变量在内存中一般占4～8个字节，数值按指数形式存储。由于实型变量是由有限的存储单元组成的，因此提供的有效位数是有限的，在有效位以外的数值是不准确的，会产生一定的误差。

表2-2　**实型变量分类与取值范围**

数据类型	类型标识符	字节数	取值范围	有效位数
单精度	float	4	−3.4e38～+3.4e38	6～7
双精度	double	8	−1.7e308～+1.7e308	15～16
长双精度	long double	10	−1.7e4932～+1.7e4932	18～19

提示与陷阱

(1)标准C语言并没有明确规定各种实型变量占用的内存和取值的范围，这些字节数和取值范围是由机器及编译器决定的，不同的编译器存放实型变量占用的字节数可能会有所不同。

(2)所有实型变量默认为 double 类型,使用指数形式表示时,E 前后必须有数字,且 E 后的数值必须是整数,E 与数值之间不能有空格。若实型变量小数点后位数较多,应选用 double 类型,以更精确地表示小数。

(3)尝试定义一个名称为 case 的变量,看这个变量能否正常使用,想想为什么。

(4)尝试定义一个整型变量 n,再使用赋值语句"N=10",看这个程序能否正常编译,想想为什么。

程序 实型变量使用示例

【例 2-7】 编写一个程序,检查当前计算机系统中各种实型变量所占空间大小。

FloatTypeVar.c:

```
1  #include <stdio.h>
2  #include <float.h>
3  int main()
4  {
5      printf("float类型\n");
6      printf("所占字节数:%d \n", sizeof(float));
7      printf("取值范围:%E ~ %E\n", FLT_MIN,FLT_MAX);
8      printf("有效位数:%d\n\n", FLT_DIG );
9  
10     printf("double类型\n");
11     printf("所占字节数:%d \n", sizeof(double));
12     printf("取值范围:%E ~ %E\n", DBL_MIN ,DBL_MAX );
13     printf("有效位数:%d\n\n", DBL_DIG );
14 
15     printf("long double类型\n");
16     printf("所占字节数:%d \n", sizeof(long double));
17     printf("取值范围:%LE ~ %LE\n", LDBL_MIN ,LDBL_MAX );
18     printf("有效位数:%d\n\n", LDBL_DIG );
19 
20     return 0;
21 }
```

程序分析:

- 第 2 行,引入头部文件 float.h,该文件中定义实型变量的边界值。
- 第 7 行,在 printf 函数中使用占位符"%E",以指数形式输出符号常量 FLT_MIN(float 类型最小值)、FLT_MAX(float 类型最大值)的内容。
- 第 16 行,对于 long double 类型,不同编译器的处理方式有所不同,此处编译器无法处理该类型的最大值,因此出现了-0.000000E+000 的结果。

程序运行结果:

```
float类型
所占字节数:4
取值范围:1.175494E-038 ~ 3.402823E+038
有效位数:6

double类型
所占字节数:8
取值范围:2.225074E-308 ~ 1.797693E+308
有效位数:15

long double类型
所占字节数:12
取值范围:-0.000000E+000 ~ -1.#QNAN0E+000
有效位数:18
```

提示与陷阱

(1)要避免对两个相差级别很大的数(一个数值特别大,而另一个数值特别小)执行加法或者减法运算,因为实型变量的舍入误差可能会导致与理论值不同的结果。

(2)删除第2行语句"#include<float.h>",编译后的结果是什么?

2.2.3 字符变量

字符变量可以用来存储字符常量,一个字符变量只能存储一个字符常量,而不能存放多个字符常量,其类型说明符是char。字符变量根据修饰符不同,可分为有符号字符变量和无符号字符变量。字符变量在机器中占一个字节,使用ASCII码存储,有符号字符变量取值范围为−128～+127,无符号字符变量取值范围为0～255,如表2-3所示。

表2-3 字符变量分类与取值范围

数据类型	类型标识符	字节数	取值范围
有符号字符变量	char	1	−128～+127
无符号字符变量	unsigned char	1	0～255

把一个字符常量存入一个字符变量中,实际上并不是将字符常量存储到对应的地址位置,而是将该字符对应的ASCII码值转化为二进制数存储到变量地址中。读取时,则是将二进制数转化为相应的字符输出即可。

提示与陷阱

(1)C语言中,可以将字符变量看成整型变量,允许对整型变量赋以字符值,此时相当于将该字符的ASCII码值赋值给整型变量。也允许对字符变量赋以整型值,此时相当于将该整型变量所对应的ASCII码字符赋值给字符变量。

(2)声明一个字符常量 health,三个赋值语句“health='H'”“health=H”“health="H"”,哪一个是正确的?

程序 字符变量使用示例

【例 2-8】 编写一个程序,检查当前计算机系统中字符变量所占空间的大小。

CharTypeVar.c:

```
1  #include <stdio.h>
2  #include <limits.h>
3  int main()
4  {
5      printf("char类型\n");
6      printf("所占空间大小:%dByte\n",sizeof(char));
7      printf("取值范围:%d ~ %d\n",CHAR_MIN,CHAR_MAX);
8      printf("\n");
9
10     printf("unsigned char类型\n");
11     printf("所占空间大小:%dByte\n",sizeof(unsigned char));
12     printf("取值范围:%d ~ %d\n",0,UCHAR_MAX);
13     printf("\n");
14
15     printf("以字符形式输出字符类型数据:%c\n",'A');
16     printf("以数值形式输出字符类型数据:%d\n",'A');
17
18     return 0;
19 }
```

程序分析:

- 第 2 行,引入头部文件 limits. h,该文件定义字符变量的边界值。
- 第 15 行,在 printf 函数中使用占位符“%c”,将字符变量输出。
- 第 16 行,在 printf 函数中使用占位符“%d”,将字符变量的 ASCII 码值输出。

程序运行结果:

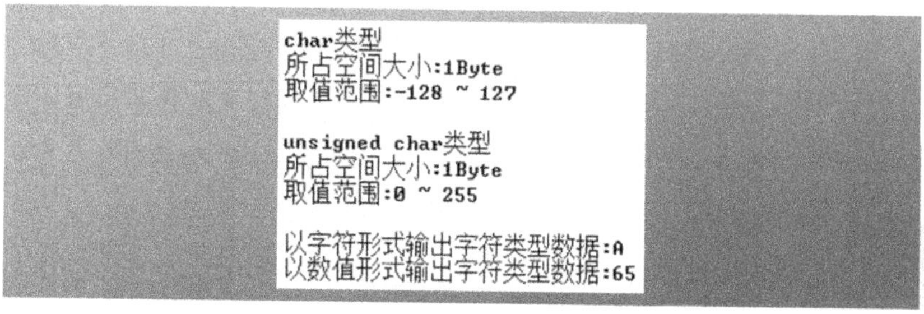

返回工作场景二

问题分析:根据所学知识,分析题意后可知,需要使用变量存放用户输入的圆柱体的半径、高和立体花墙每平方米造价,进行相应的运算后在界面输出运算结果。由于用户输入的圆柱体的半径、高和立体花墙每平方米造价可能带有小数点,因此需定义实型变量接收用户输入的数据。

cost.c:

```
1   #include <stdio.h>
2   #define PI 3.14
3   int main() {
4       float H,h;          //大、小圆柱体高
5       float R,r;          //大、小圆柱体半径
6       float s;            //立体花墙面积
7       float p;            //立体花墙每平方米造价
8       float c;            //立体花墙总造价
9
10      printf("请输入小圆柱体的高（单位 米）：");
11      scanf("%f",&h);
12      printf("请输入大圆柱体的高（单位 米）：");
13      scanf("%f",&H);
14      printf("请输入小圆柱体的半径（单位 米）：");
15      scanf("%f",&r);
16      printf("请输入大圆柱体的半径（单位 米）：");
17      scanf("%f",&R);
18      printf("请输入立体花墙每平方米造价（单位 元）：");
19      scanf("%f",&p);
20
21      //计算立体花墙面积
22      s = 2*PI*r*(r+2*h)+PI*R*(R+2*H);
23
24      //计算立体花墙总造价
25      c = p*s;
26
27      printf("米奇头立体花墙总造价为（单位 元）：%.2f",c);
28
29      return 0;
30  }
```

程序分析：

● 第 2 行，定义字符常量 PI。

● 第 22 行，运用表达式“$s=2\pi r(r+2h)+\pi R(R+2H)$”，计算立体花墙总面积。

● 第 25 行，运用表达式“$c=ps$”，计算立体花墙总造价。

● 第 27 行，使用精度限定符“%.2”设置保留两位小数。

【挑战环节】 某农场需要建一个圆柱形的储水罐，需要根据圆柱体的体积计算储水量。为防止在寒冷季节水罐结冰，要在圆柱体的外表面涂上防寒涂料，因此需要计算圆柱体的表面积。请编程实现从键盘输入圆柱体的高与底面半径，计算并输出圆柱体的表面积与体积。

```
请输入圆柱体的高：2.0
请输入圆柱体的半径：2.0
圆柱体表面积为：50.24
圆柱体体积为：25.12
```

2.3　表达式/运算符应用任务训练

【导入】工作场景三：居民生活用水收费计算

（1）问题描述：为了增强公民节水意识，某城市制定居民生活用水阶梯收费标准，分为两档，包含水费和污水处理费。具体如表 2-4 所示：

表 2-4　**居民用水收费标准**

每户每月用水量	不超过 $20m^3$ 部分	超过 $20m^3$ 部分
水费(元/m^3)	2.2	3.8
污水处理费(元/m^3)	2	2.2

定义分段函数，y 为当月水费，x 为当月用水量。请编程计算某户居民当月应缴水费，结果保留两位小数。

$$y=\begin{cases}(2.2+2)x & x\leqslant 20\\(2.2+2)\times 20+(3.8+2.2)(x-20) & x>20\end{cases}$$

（2）问题分析：对于此类分段函数，我们首先需要判断 x 值所在的范围，然后选取对应的表达式进行求解。此时我们将综合运用多种运算符所组成的表达式进行运算。

（3）演示执行：

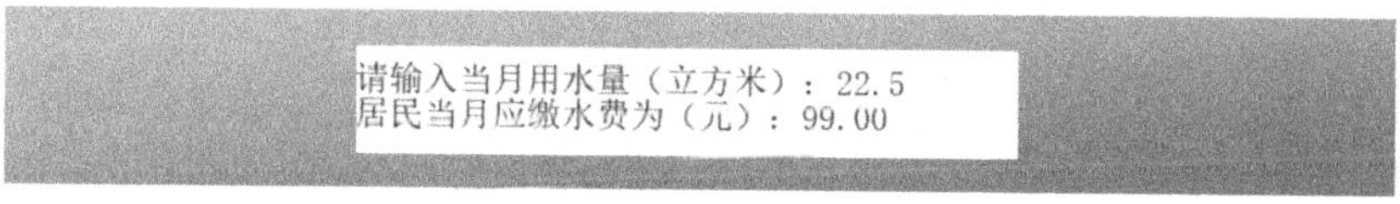

涉及知识点

2.3.1　运算符与表达式概述

运算是对数据进行加工的过程，用来表示各种不同运算的符号称为运算符。参加运算的数据称为运算对象或操作数。操作数可以是常量、变量或者函数，用运算符把操作数连接起来的式子称为运算表达式，简称表达式。

C 语言中的运算符可以分为以下几类。

（1）算术运算符：用于执行各类数值算术运算，包括加（+）、减（-）、乘（*）、除（/）、模（%）、自增（++）、自减（--），共 7 种。

（2）关系运算符：用于两个操作数之间的比较运算，包括大于（>）、小于（<）、大于等于（>=）、小于等于（<=），共 4 种。

（3）判等运算符：用于判断两个表达式的结果是否相等，包括等于（==）、不等于（!=），共 2 种。

（4）逻辑运算符：用于执行逻辑判断，判断其结果是真或者假，包括与（&&）、或（||）、非（!），共 3 种。

(5)赋值运算符:用于执行赋值运算,分为基本赋值运算符(=)、复合赋值运算符(+=、-=、*=、/=、%=),2 大类共 6 种。

(6)条件运算符(?:):唯一一个三目运算符,用于根据条件判断求值。

(7)逗号运算符(,):用于将多个表达式组合成为一个表达式。

(8)求字节数运算符(sizeof):用于计算数据类型或变量所占的内存字节数。

(9)位运算符:参与运算的操作数以二进制位进行运算,分为位逻辑运算符(~、&、|、^)、位移运算符(>>、<<)、位自反赋值运算符(&=、|=、^=、>>=、<<=),共 3 大类。

(10)指针运算符:用于执行指针运算,包括取指针所指向的空间内容(*)和取变量地址(&),共 2 种。

(11)特殊运算符:包括改变表达式优先级的括号()、数组下标[]、成员选择(->、.)等。

根据表达式中运算符与连接运算符的操作数的个数之间的关系,又可以按照目数对运算符进行分类。

(1)单目运算符:也称一元运算符,单目运算符只需要有一个操作数即可,例如,!x、-10 等都属于单目运算。

(2)双目运算符:也称二元运算符,双目运算符需要两个操作数才能进行运算,例如,x+y、x||y 等都属于双目运算。

(3)三目运算符:也称三元运算符,三目运算符需要三个操作数才能进行相应的运算,C 语言中仅一个三目运算符(?:)。

2.3.2 算术运算符与算术表达式

1. 基本算术运算符

基本算术运算符(表 2-5)接近于数学意义上的算术运算,主要包括“+”“-”“*”“/”“%”等,这些运算符都属于双目运算符。基本算术运算符中“*”“/”“%”的优先级高于“+”“-”,当一个表达式中有多个同级的算术运算符时,运算从左向右执行。

表 2-5　　基本算术运算符

算术运算符	功能	操作	示例	结果
*	乘法	第一个操作数乘第二个操作数	3*2	6
/	除法	第一个操作数除以第二个操作数	3/2	1
%	求模	第一个操作数除以第二个操作数所得的余数	3%2	1
+	加法	第一个操作数加上第二个操作数	3+2	5
-	减法	第一个操作数减去第二个操作数	3-2	1

在使用这些双目运算符时,需要注意以下几点。

(1)%(模运算符):要求参与运算的量均为整数,其结果为两数相除后的余数。

(2)/(除法运算符):当参与运算的量均为整数时,其运算结果也为整数,舍去小数部分。只要参与运算的量中有一个为浮点型,则运算结果为双精度浮点型。

2. 自增、自减运算符

自增、自减运算符(表 2-6)属于单目运算符,自增运算符(++)的作用是使变量值增加 1,

自减运算符(——)的作用是使变量值减去1。但根据运算符在变量前后的位置不同,其表达的含义是不一样的。

表 2-6　**自增、自减运算符**

示例	运算步骤(假设 n=5)	结果	说明
m=++n;	n=n+1; m=n;	m=6; n=6;	先使变量 n 的值加 1,再使用变量 n 的值
m=n++;	m=n; n=n+1;	m=5; n=6;	先使用变量 n 的值,再使变量 n 的值加 1
m=−−n;	n=n−1; m=n;	m=4; n=4;	先使变量 n 的值减 1,再使用变量 n 的值
m=n−−;	m=n; n=n−1;	m=5; n=4;	先使用变量 n 的值,再使变量 n 的值减 1

从表 2-6 中可以得出如下结论。

(1)自增(++):将变量的值加 1,++在变量前,是先将变量的值加 1,再使用变量的值;++在变量后,是先使用变量的值,再将变量的值加 1。

(2)自减(——):将变量的值减 1,——在变量前,是先将变量的值减 1,再使用变量的值;——在变量后,是先使用变量的值,再将变量的值减 1。

3. 算术表达式

将算术运算符、括号与操作数组合起来的式子称为算术表达式,其中操作数可以是常量、变量、函数等。

与一般的数学运算一样,C 语言中的算术表达式也具有一定的运算规则,在表达式求解时,按运算符的优先级进行运算。

基本运算规则:

(1)当表达式中有括号时,先计算括号内的运算,再计算括号外的运算。

(2)单目运算符的优先级高于双目运算符。

(3)当操作数两侧的运算符优先级不同时,先执行优先级高的运算,后执行优先级低的运算。当操作数两侧的运算符优先级相同时,按运算符结合性所规定的方向运算。

【例 2-9】 计算当 a=3,b=4,c=10 时表达式“−a+b*2−c/5”的结果。

运算过程如下。

步骤 1:由于“−”属于单目运算符,因此其运算级别最高。将数值代入表达式后,整个表达式变为“−3+4*2−10/5”。

步骤 2:由于运算符“*”优先级高于“+”“−”,因此先计算此处的“4*2”,整个表达式变为“−3+8−10/5”。

步骤 3:由于运算符“/”优先级高于“+”“−”,因此先计算此处的“10/5”,整个表达式变为“−3+8−2”。

步骤 4:在余下的式子中由于“+”“−”优先级别相同,按照运算符结合性从左至右运算,因此先计算此处的“−3+8”,整个表达式变为“5−2”。

步骤5：最后运算“5－2”，结果为3。

【课堂实践 2-3】 请写出下列数学表达式的C语言表达式并填入表格中。

数学表达式	C语言表达式
$x=\frac{a+c}{3+d}$	
$y=a^3+b^3$	
$x=\frac{a+b+c}{3}$	

提示与陷阱

警惕陷阱：使用自增运算符“＋＋”和自减运算符“－－”时，放在变量前后的效果一样吗？想想是先使用变量的值，还是先对变量的值做增减。

2.3.3 关系运算符与关系表达式

关系运算符(表2-7)又称为比较运算符，是逻辑运算的一种简单形式，使用关系运算符将两个操作数或表达式连接起来的式子称为关系表达式，关系表达式的运算结果分为成立、不成立两种。如果成立，则结果为逻辑值“真”，返回值用整数“1”表示；如果不成立，则结果为逻辑值“假”，返回值用整数“0”表示。

表2-7 关系运算符

关系运算符	含义	示例(a=3,b=6,c=3)	运算结果(1真,0假)
＜	小于	a＜b	1
＜＝	小于等于	a ＜＝c	1
＞	大于	a ＞b	0
＞＝	大于等于	a ＞＝c	1
＝＝	等于	a＝＝c	1
！＝	不等于	a ！＝c	0

提示与陷阱

(1)关系运算符为双目运算符，运算符结合性为左结合。其中“＜”“＜＝”“＞”“＞＝”优先级相同且高于“＝＝”和“！＝”。而“＝＝”和“！＝”优先级相同。

(2)关系运算符优先级低于算术运算符，高于赋值运算符。

2.3.4 逻辑运算符与逻辑表达式

关系运算符只能对单一条件进行判断，如果在一个语句中存在多个条件判断，就需要使用逻辑运算符将多个条件连接在一起。逻辑运算符(表 2-8)中，&& 和||属于双目运算符，其作用是对两个关系式或逻辑值进行运算，运算结果仍是逻辑值。! 属于单目运算符，其作用是对逻辑值取反。

例如，在描述闰年的判断条件中的第一个条件是“年份能被 4 整除且不能被 100 整除”，可使用语句“year % 4==0 && year % 100 ! =0”表示。

表 2-8 **逻辑运算符**

<table>
<tr><th>逻辑运算符</th><th>含义</th><th>示例(a=3,b=6,c=3)</th><th>运算结果(1 真,0 假)</th></tr>
<tr><td>&&</td><td>逻辑与(AND)</td><td>a>b && b>c</td><td>0</td></tr>
<tr><td>||</td><td>逻辑或(OR)</td><td>a>b || b>c</td><td>1</td></tr>
<tr><td>!</td><td>逻辑非(NOT)</td><td>! (a>b)</td><td>1</td></tr>
</table>

说明如下。

(1)&&(逻辑与)：仅当两个操作数的结果都为真时，运算结果才为真。

(2)||(逻辑或)：只要两个操作数中有一个为真，运算结果即为真。

(3)! (逻辑非)：将操作数取反，若原来操作数为真，取非之后变为假；若原来操作数为假，取非之后变为真。

(4)逻辑运算符优先级排序：! (逻辑非)>&&(逻辑与)>||(逻辑或)。

提示与陷阱

(1)当逻辑运算符与其他运算符在同一个表达式中时，其优先级将按照如下规则：! (逻辑非)>算术运算符>关系运算符>&&(逻辑与)>||(逻辑或)。

(2)警惕陷阱：运算符“&”和“&&”有区别吗？“&”是位运算符，表示将两个二进制的数逐位相与，另外它也是取地址符。“&&”是逻辑运算符，表示判断两个表达式的真假性，只有两个表达式同时为真结果才为真，有一个为假结果则为假，具有短路性质。

2.3.5 赋值运算符与赋值表达式

赋值运算符用于给变量赋值，它属于双目运算符，可以将等号右侧表达式的值赋值给等号左侧的变量。在 C 语言中最基本的赋值运算符就是等号“=”，赋值运算符和操作数构成赋值表达式，其语法结构如下：

变量名=表达式；

【例 2-10】 赋值运算符使用示例。

```
a=3;              /* 将常量 3 赋值给变量 a */
y=a+3;            /* 先计算表达式 a+3 的结果，然后将结果赋值给变量 y */
x=x+1;            /* 先取出变量 x 的值，将该值加 1 后，再把结果赋值给变量 x */
x=y=z=0;          /* 按照运算符右结合性依次赋值，该语句相当于 x=(y=(z=0)) */
```

提示与陷阱

(1)C语言是强类型语言，因此在进行赋值运算时要求等号两边的类型必须匹配。当赋值运算符两边的数据类型不同时，将由系统自动进行类型转换。

(2)类型转换的原则：赋值运算符右边的数据类型转换成左边的变量类型。当类型匹配时，转换将自动完成；当类型不匹配时，将出现语法错误。

(3)警惕陷阱：注意“＝”和“＝＝”的区别。“＝”是赋值运算符，“＝＝”是关系运算符，在表达式中表示相等的判断应该用哪个呢？

赋值运算符还能与其他运算符一起使用，组成复合赋值运算符，如表2-9所示。

表2-9　**复合赋值运算符**

复合赋值运算符	含义	示例(num＝10)	运算结果
＋＝	x＋＝y；数学意义为 x＝x＋y；	num＋＝5；	num＝15
－＝	x－＝y；数学意义为 x＝x－y；	num－＝5；	num＝5
＊＝	x ＊＝y；数学意义为 x＝x＊y；	num ＊＝5；	num＝50
/＝	x /＝y；数学意义为 x＝x / y；	num /＝5；	num＝2
%＝	x %＝y；数学意义为 x＝x % y；	num %＝5；	num＝0

2.3.6 其他运算符

1. 条件运算符

条件运算符是C语言中唯一的三目运算符，该运算符用于连接三个操作数。用条件运算符将操作数连接起来的表达式称为条件表达式。

条件运算符语法格式如下：

表达式1？表达式2：表达式3

其执行步骤如下：

(1)计算条件表达式1的值。

(2)若条件表达式1的值不为0(即条件表达式1的运算结果为真)，则运算条件表达式2的值，并将条件表达式2的值作为整个条件表达式的值。

(3)若条件表达式1的值为0(即条件表达式1的运算结果为假)，则运算条件表达式3的值，并将条件表达式3的值作为整个条件表达式的值。

程序　条件运算符使用示例

【例2-11】 编写程序，判断用户输入的数据是否为偶数，若为偶数则在屏幕中提示“您输入的是偶数”，否则提示“您输入的是奇数”。

问题分析：题目要求对用户输入的数据进行判断，并根据判断结果输出相应的提示信息，根据所学知识我们知道此处可以使用条件运算符求解。

ConditionalOP.c:

```
1  #include <stdio.h>
2  void main()
3  {
4      int num;                /*定义int类型数据接收用户输入的数据*/
5
6      printf("请输入一个数值：");
7      scanf("%d",&num);
8
9      printf("您输入的是%s",num%2==0?"偶数":"奇数");
10 }
```

程序分析：

● 第 4 行，定义 int 类型变量 num 用于存放用户输入的数据。

● 第 6 行，使用 printf 函数，在屏幕中输出一句提示语句，提示用户输入一个数值。

● 第 7 行，使用 scanf 函数接收用户输入的数据，并存入变量名 num 引用的内存空间中。

● 第 9 行，使用 printf 函数输出提示语句，根据条件表达式中的表达式 1(num%2==0)的运算结果，将“偶数”或“奇数”代入占位符“%s”所在位置。如果 num 中的数据能被 2 整除，则使用字符串“偶数”代入，否则使用字符串“奇数”代入。

程序运行结果：

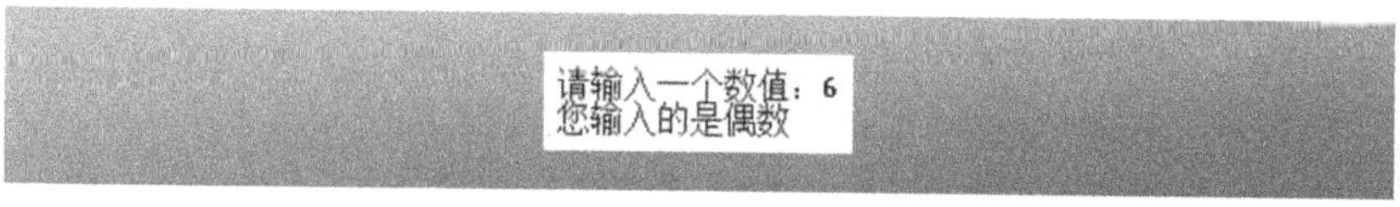

提示与陷阱

(1)条件运算符的结合性为右结合，它的优先级低于算数运算符、关系运算符和逻辑运算符。

(2)条件运算符的两个符号“?”和“:”可以分开使用吗？

2. 逗号运算符

在 C 语言中，逗号“,”既可以作为函数参数列表的分隔符使用，也可以作为运算符使用。当其作为运算符使用时，可将若干个表达式连接在一起组成一个逗号表达式，该表达式的值是组成它的最后一个表达式的值，运算结果的类型也是最后一个表达式的值的类型。

逗号运算符在所有运算符中优先级是最低的，其一般语法格式如下：

表达式 1，表达式 2

逗号表达式的执行步骤：首先计算表达式 1 的值，然后计算表达式 2 的值，最后将表达式 2 的值作为整个逗号表达式的运算结果。

程序 逗号运算符使用示例

【例 2-12】 逗号运算符的应用。

CommaOP.c:

```
1  #include <stdio.h>
2  void main()
3  {
4      int result;
5      int x;
6      int y;
7
8      result = (x=2+4,y=6+8);
9
10     printf("x=%d\n",x);
11     printf("y=%d\n",y);
12     printf("result=%d",result);
13 }
```

程序分析：

- 第 4 行，定义 int 类型变量 result 用于存放逗号表达式的计算结果。
- 第 5～6 行，定义 int 类型变量 x 和 y 分别用于存放逗号表达式中逗号前后两个表达式的运算结果。
- 第 8 行，将逗号表达式“x＝2＋4 ，y＝6＋8”的运算结果赋值给变量 result，由于逗号运算符的优先级低于赋值运算符，因此，使用括号改变运算符优先级。
- 第 12 行，使用 printf 函数将 result 中的数据输出在屏幕中。

程序运行结果：

```
x=6
y=14
result=14
```

3. sizeof 运算符

sizeof 是 C 语言中一个比较特殊的运算符，通过前面的示例，我们已经知道 sizeof 运算符的作用是计算某个数据类型所占用的内存字节数。

其语法格式如下：

sizeof(变量名)

或

sizeof(类型名)

2.3.7 运算符的优先级和结合性

C 语言中，运算符的优先级共分为 15 级，其中 1 级最高，15 级最低。在表达式中优先级较高的先于优先级较低的进行运算。当一个操作数两侧的运算符优先级相同时，则按照运算符的结合性所规定的结合方向进行处理。

前面我们已经介绍了一些常用的运算符的书写形式和使用方法，下面我们将按照级别高低依次列出 C 语言中所有的运算符，如表 2-10 所示。

表 2-10 运算符的优先级

运算符类型	运算符	含义	书写形式	优先级	结合性
特殊	[]	数组下标	数组名[整型表达式]	1	左到右
	()	圆括号	(表达式)或函数名(参数列表)		
	.	成员选择	对象.成员名		
	->	成员选择	对象指针->成员名		
算术	-	负号	-表达式	2	右到左
	++	自增	++变量名或变量名++		
	--	自减	--变量名或变量名--		
指针	*	取值	*指针变量名		
	&	取地址	&变量名		
逻辑	!	逻辑非	!表达式		
位取反	~	按位取反	~表达式		
求字节数	sizeof	内存空间长度	sizeof(类型)或 sizeof(变量名)		
算术	/	除	表达式/表达式	3	左到右
	*	乘	表达式*表达式		
	%	取余	整型表达式%整型表达式		
	+	加	表达式+表达式	4	左到右
	-	减	表达式-表达式		
位移	<<	左移	表达式<<表达式	5	左到右
	>>	右移	表达式>>表达式		
关系	>	大于	表达式>表达式	6	左到右
	>=	大于等于	表达式>=表达式		
	<	小于	表达式<表达式		
	<=	小于等于	表达式<=表达式		
判等	==	等于	表达式==表达式	7	左到右
	!=	不等于	表达式!=表达式		

续表

运算符类型	运算符	含义	书写形式	优先级	结合性
位逻辑	&	按位与	整型表达式 & 整型表达式	8	左到右
	^	按位异或	整型表达式^整型表达式	9	左到右
	|	按位或	整型表达式|整型表达式	10	左到右
逻辑	&&	逻辑与	表达式 && 表达式	11	左到右
	||	逻辑或	表达式||表达式	12	左到右
条件	?:	条件运算	表达式 1? 表达式 2:表达式 3	13	右到左
赋值	=	赋值运算	变量=表达式	14	右到左
	/=	复合算术赋值	变量/=表达式		
	*=		变量 *=表达式		
	%=		变量%=表达式		
	+=		变量+=表达式		
	-=		变量-=表达式		
位自反赋值	<<=	复合位运算赋值	变量<<=表达式		
	>>=		变量>>=表达式		
	&=		变量 &=表达式		
	^=		变量^=表达式		
	|=		变量|=表达式		
逗号	,	逗号运算	表达式 1,表达式 2,…	15	左到右

2.3.8　类型转换

关系表达式的运算结果在表达式中进行计算时，通常可能遇到不同类型数据混合使用的情况，此时就会涉及数据类型转换的问题。

1. 隐式类型转换

在同一个表达式中，当混合使用不同的数据类型时，C 语言将进行自动类型转换，这种转换一般是从占用存储空间小的数据类型向占用存储空间大的数据类型转换。

隐式类型转换规则：

(1)非赋值运算时，运算前，先对运算符两边的操作数类型进行比较，将两个操作数都转换为同一类型后再进行运算。

(2)赋值运算时，将等号右边的数值转换为与等号左边相同的数据类型，再将值赋予等号左边的变量。当等号右边的数值超过等号左边的变量所能容纳的大小时，对等号右边的数值进行截取处理后再进行赋值。

2. 强制类型转换

编写计算机程序，当需要将表达式的值从一个数据类型转换到某个特定的数据类型时，需要使用强制类型转换完成操作。

强制类型转换语法格式如下：

(类型名)操作数

将“类型名”使用圆括号括起来，代表要转换成的类型，其作用是将括号后的操作数转换成为括号中所指定的数据类型。

程序 类型转换使用示例

【例 2-13】 类型转换应用。

TypeConvert.c:

```
1  #include <stdio.h>
2  void main()
3  {
4      int num1,num2;
5      float num3=4.4,num4=2.2;
6  
7      printf("隐式类型转换：\n");
8      num1 = 12.2/2;
9      printf("num1=%d\n\n",num1);
10 
11     printf("强制类型转换：\n");
12     num2 = (int)num3%2;
13     printf("num1=%d\n",num1);
14 
15     num2 = (int)num3/num4;
16     printf("num2=(int)num3/num4 运算结果为：%d\n",num2);
17 
18     num2 = (int)(num3/num4);
19     printf("num2=(int)(num3/num4) 运算结果为：%d\n",num2);
20 }
```

程序分析：

- 第 4 行，定义 int 类型变量 num1 和 num2 用于存放运算结果。
- 第 5 行，定义 float 类型变量 num3 和 num4 并分别赋初始值 4.4 和 2.2。
- 第 8 行，计算表达式 12.2/2 的值，被除数 12.2 为 double 类型，除数 2 为 int 类型，按照隐式类型转换规则，其运算结果为 double 类型，但等号左边的变量 num1 的类型为 int，因此将 double 类型计算结果再次进行隐式类型转换，截去小数部分后，赋值给变量 num1。
- 第 12 行，表达式“(int)num3%2”中使用“%”进行模运算，%运算符要求运算的操作数必须是整型，而此处的 num3 为 float 类型，因此使用强制类型转换将 num3 转换为 int 类型再执行模运算，并将运算结果赋值给变量 num2。
- 第 15 行，表达式“(int)num3/num4”，首先使用强制类型转换将变量 num3 的类型转换为 int 类型，然后用转换后的数据除以 num4，其运算结果为浮点类型。再将浮点类型结果赋值给 int 类型变量 num2，系统将进行隐式类型转换，截去小数部分，运算结果为 1。

● 第 18 行，表达式“(int)(num3/num4)”，首先计算 num3/num4 的结果，其类型为浮点类型，然后通过“(int)”进行强制类型转换，将上一步的计算结果转换为 int 类型，截去小数部分，再赋值给变量 num2。

程序运行结果：

```
隐式类型转换：
num1=6

强制类型转换：
num1=6
num2=(int)num3/num4 运算结果为：1
num2=(int)(num3/num4) 运算结果为：2
```

提示与陷阱

(1)强制类型转换仅对其后的第一个操作数有效，因此，当我们需要对某个表达式的运算结果进行强制类型转换时，要使用括号将需要转换的表达式括起来。

(2)表达式“(int)x＋y”与“(int)(x＋y)”是否相同？

◆ 返回工作场景三

问题分析：首先，需要定义适当类型的变量用于存放从用户处接收的数据和程序执行的运算结果。其次，使用三目运算符完成对 x 数值的判断，根据判断为变量 y 赋值不同的数据。最后，将计算的结果输出在屏幕中。

water.c:

```
1   #include <stdio.h>
2   int main()
3   {    double y;    //存放水费计算结果
4        float x;     //获取用户输入的用水量
5
6        printf("请输入当月用水量（立方米）：");
7        scanf("%f",&x);
8
9        y = x<=20? (2.2+2)*x : (2.2+2)*20+(3.8+2.2)*(x-20);
10
11       printf("居民当月应缴水费为（元）：%.2f\n",y);
12       return 0;
13  }
```

程序分析：

● 第 9 行，此处使用三目运算符对 x 的值进行判断，然后根据判断结果执行不同的运算。

【挑战环节】 编写程序计算如下函数的结果。

$$y=\begin{cases}-b(a+x) & x\geqslant 5\\ \dfrac{3}{(a^3+b^3)x} & x<5\end{cases}$$

该函数中 $a=1,b=2$。

2.4　能力拓展

(1)编写程序,要求用户输入两个整数,然后计算这两个数的和、差、积、商、余,并将计算结果输出在屏幕。

(2)编写程序,要求输入一个摄氏温度,将其转换为华氏温度后输出在屏幕。

【提示】 转换公式:$F=1.8C+32$(摄氏温度 C,华氏温度 F)。

(3)编写程序,输入一个年份,判断其是否为闰年,若为闰年则输出"×年是闰年",否则输出"×年不是闰年"(×为用户输入的年份)。

【提示】 闰年判断条件,年份数字可以被 4 整除但不能被 100 整除,或年份数字能被 400 整除,则该年为闰年。

(4)编写程序,从键盘接收用户输入的 3 个数,然后输出 3 个数中最大的数。

2.5　任务笔记

(1)C 语言的基本数据类型:整型、实型、字符型。

(2)常量:文字值,无法修改;变量:标识符,可以修改。

(3)字符常量用单引号括起来,字符串常量用双引号括起来。

(4)变量声明和赋值可以组合在一起。

(5)自增、自减运算符放在变量前还是放在变量后,取决于是先做加、减还是先用变量。

(6)运算符"/"产生商,运算符"%"产生余数。

(7)常用运算符优先级排序:"*,/,%"大于"+,-"大于"="。可用圆括号()改变优先级。

(8)强制数据类型转换的语法格式:(类型名)操作数。

实训题部分答案

实训题

1. 选择题

(1)下列数据中属于字符串常量的是(　　)。

A. ABC　　　　B. "ABC"

C. 'abc'　　　　D. 'a'

(2)表达式"0123&0234"的结果不是(　　)。

A. 020　　　　B. 000010000B

C. 0x10　　　　D. 32

(3)在 C 语言中,合法的长整数是(　　)。

A. 0L　　B. 4962710

C. 0.054838743　　D. 2.1869e10

(4)设以下变量均为 int 类型,则值不等于 7 的表达式是(　　)。

A. (x=y=6,x+y,x+1)　　B. (x=y=6,x+y,y+1)

C. (x=6,x+1,y=6,x+y)　　D. (y=6,y+1,x=y,x+1)

(5)合法的常量有(　　)。(多选题)

A. 3e2.5　　B. -e-3

C. -.1e-1　　D. 'BASIC'

E. '\045'　　F. 0fd

G. 0xfdaL　　H. e8

I. '\'　　J. "\"

(6)合法的变量名有(　　)。(多选题)

A. auto　　B. _auto_

C. -auto-　　D. 2_and

E. Turbo_C　　F. register

G. _123　　H. e8

(7)下列表达式的值,等于 0 的有(　　)(设 int a=3)。(多选题)

A. 5%6　　B. 5 / 6

C. 5 / 6.0　　D. 5 > 6

E. ~a|a　　F. ~a

G. 0^a　　H. ! a

(8)下列表达式的值,等于 1 的有(　　)(设 int b=2)。(多选题)

A. ~b&b　　B. ~b || b

C. b>b　　D. b! =b

E. b>>1　　F. (b|1)&1

(9)下面的变量说明正确的有(　　),不正确的有(　　)。(多选题)

A. double a;　　B. char : ch,chl;

C. i,j: int;　　D. int i=j=1;

E. double float f,d;

(10)使 i 的运行结果为 4 的表达式是(　　)。

A. int i=0,j=0;
　(i=3,(j++)+i);

B. int i=1,j=0;
　j=i=((i=3) * 2);

C. int i=0,j=1;
　(j==1)? (i=1):(i=3);

D. int i=1,j=1;
　i+=j+=2;

(11)设有语句 int a=3;则执行语句 a+=a-=a * a 以后,变量 a 的值是(　　)。

A. 3　　B. 0

C. 9　　D. -12

(12)设整数变量 m,n,a,b,c,d 均为 1,执行“(m=a>b)&&(n=a>b)”后 m,n 的值是(　　)。

A. 0,0　　　　B. 0,1

C. 1,0　　　　D. 1,1

(13)在以下运算符中,优先级最高的运算符是(　　)。

A. <=　　　　B. =

C. %　　　　D. &&

(14)设 a=1,b=2,c=3,d=4,则表达式 a<b?a:c<d?a:d 的结果为(　　)。

A. 4　　　　B. 3

C. 2　　　　D. &1

(15)设 a 为整型变量,不能正确表达数学关系 10<a<15 的 C 语言表达式是(　　)。

A. 10<a<15　　　　B. a==11||a==12||a==13|| a==14

C. a>10&&a<15　　　　D. ! (a<=10)&&! (a>=15)

2. 填空题

(1)在 C 语言中用__________来表示逻辑为真;用__________来表示逻辑为假。

(2)-12345E-3 代表的十进制实数是__________。

(3)能表述“20<x<30 或 x<-100”的 C 语言表达式是________。

(4)执行下面程序段:

```
int a=1,b=1,c=1;
a=a+++b+++c++;
printf("%d,%d,%d",a ,++b ,c++);
```

输出结果为______________。

(5)设有下列运算符:<<、+、++、--、&&、-、<=。其中优先级最高的是__________,优先级最低的是__________。

(6)设 a=3,b=2,c=1,则 a>b 的值为__________,a>b>c 的值为__________。

(7)设整型变量 x,y,z 均为 5:

执行“x-=y-z”后 x=______________。

执行“x%=y+z”后 x=______________。

执行“x=(y>z)?x+2:x-2,3,2”后 x=______________。

(8)执行下面程序段:

```
#include <stdio.h>
void main()
{
  int x,y,z;
  x=(9+6)%5>=9%5+6%5;
  printf("%d\n",x);
  z=x?(y=x):(y=++x);
  printf("%d\t%d\t%d\n",x,y,z);
  printf("%d\n",--x&&++y||z++);
```

```
    printf("%d\t%d\t%d\n",x,y,z);
    printf("%d\n",z*=y+=(x+=5)==5);
    printf("%d\t%d\t%d\n",x,y,z);
    printf("%d\n",z+=-x+++++y);
    printf("%d\t%d\t%d\n",x,y,z);
}
```

输出结果为＿＿＿＿＿＿＿＿＿＿＿＿＿。

3.程序设计题

(1)编写程序,已知 a=5,计算 a×15÷6 的结果,并将结果输出在屏幕中。

(2)编写程序,从键盘输入一个学生的 5 门课程成绩,计算该学生的平均成绩并输出在屏幕中。

(3)编写程序,从键盘输入半径 r,求圆的面积和球的体积并输出在屏幕中。

$$S = \pi r^2$$

$$V = \frac{4}{3}\pi r^3$$

(4)编写程序,从键盘输入长方形的边长 a 和 b,输出长方形的面积 S 和周长 C。

$$S = ab$$

$$C = 2(a + b)$$

任务3
向左走还是向右走——选择程序设计能力训练

知识卡片

单分支	if
双分支	if…else
多分支	if…else 嵌套，switch…case…break

知识目标

- 了解程序的三种基本结构；
- 掌握 if 语句、if…else 语句和 switch 语句的使用。

能力目标

- 能判断在基本问题的求解过程中应该选择哪种基本结构；
- 能使用 if 语句、if…else 语句和 switch 语句实现满足不同条件的操作；
- 能使用 if…else 语句嵌套实现复杂条件的选择操作；
- 具备在程序设计中合理使用选择结构解决问题的能力。

素养目标

- 培养基本的程序设计思维能力；
- 提升逻辑思维能力。

训练途径

3.1　单分支算法设计任务训练
3.2　双分支算法设计任务训练
3.3　多分支算法设计任务训练
3.4　能力拓展
3.5　任务笔记

在任务 2 中我们学习了 C 语言基础知识，知道了程序中用到的一些基本要素（常量、变量、运算符、表达式等），它们是构成程序的基本成分。本任务主要是在此基础上学习选择结构程序设计方法。有时我们需要程序对需求进行判断，当满足一定条件时，程序会执行相应的命令，不满足条件时，则不执行，这就是选择结构。选择结构是 C 语言程序三种基本结构之一，大多数程序都会包含选择结构语句，下面我们就开始学习选择结构的程序设计。

3.1　单分支算法设计任务训练

【导入】工作场景一：我国干湿地区划分

（1）问题描述：我国干湿地区的划分依据是年降水量。年降水量大于 800mm 的地区为湿润地区（主要指秦岭—淮河以南的我国南方地区）；年降水量大于 400mm 但小于 800mm 的地区为半湿润地区（主要指秦岭—淮河以北的我国北方地区）；年降水量大于 200mm，小于 400mm 的地区为半干旱地区（主要指贺兰山以东的西北地区）；年降水量小于 200mm 的地区为干旱地区（主要指贺兰山以西的西北地区）。可使用翻斗式雨量传感器进行降水量的测量，自动生成降水记录。需要编写一个简单的程序，根据翻斗式雨量传感器测量的记录数据判断当地属于哪类干湿地区。

（2）问题分析：根据年降水量进行干湿地区划分的判断，需要分为多种情况，可以使用选择结构进行程序设计。

（3）演示执行：

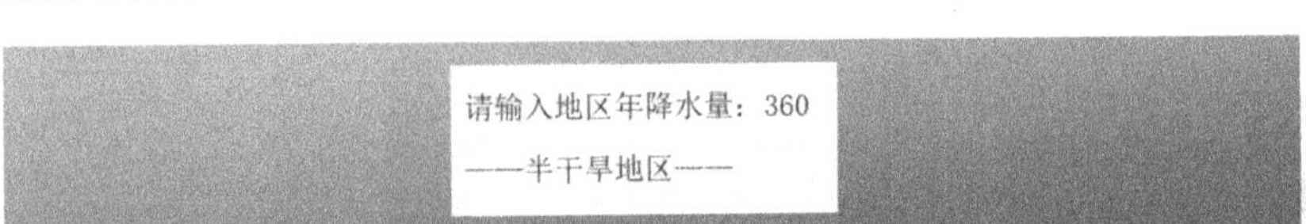

涉及知识点

3.1.1 选择结构

选择结构也称为分支结构，选择结构程序与顺序结构程序不同，其执行是依据一定的条件选择执行路径，而不是严格按照语句编写的先后顺序。

在任务 2 中我们已经学习了逻辑表达式和关系表达式，选择结构就是基于这两种表达式进行判断和计算的，设计这类程序时往往都要先绘制其程序流程图，选择结构的基本程序流程图如图 3-1 所示。

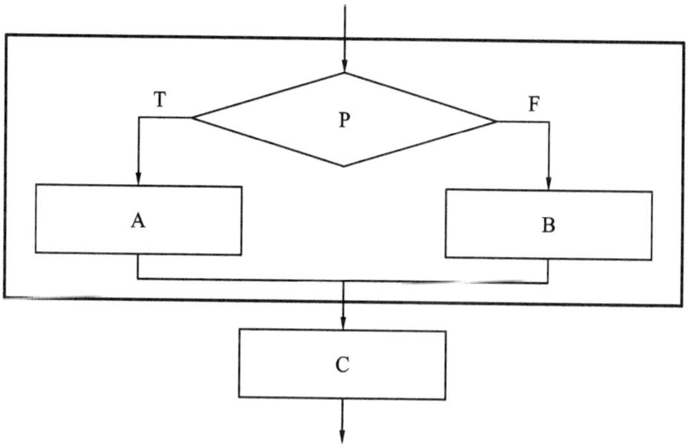

图 3-1 选择结构的基本程序流程图

程序首先根据逻辑表达式或关系表达式 P 判断对错，如果表达式成立即为非 0，则执行 A 操作，继而执行 C 操作；如果表达式不成立即为 0，则执行 B 操作，继而执行 C 操作。

其中 P、A、B 组成了程序的选择结构，即图 3-1 中粗体框中内容，C 操作则是程序后续的操作内容。

例如，现要求判断一个整数 x 是否为正数，若是正数则 x 加 1，若不是正数则 x 减 1。选择条件 P 应为判断 x 大于 0 是否成立，即 x>0 则执行 A 操作 x=x+1；x! >0则执行 B 操作 x=x-1。如图 3-2 所示。

分析了上述关系之后，我们就可以通过 C 语言的 if 语句来实现单分支选择结构的程序设计，但是在学习 if 语句之前，我们需要了解选择条件的表达与判定，即完成逻辑表达式的学习。

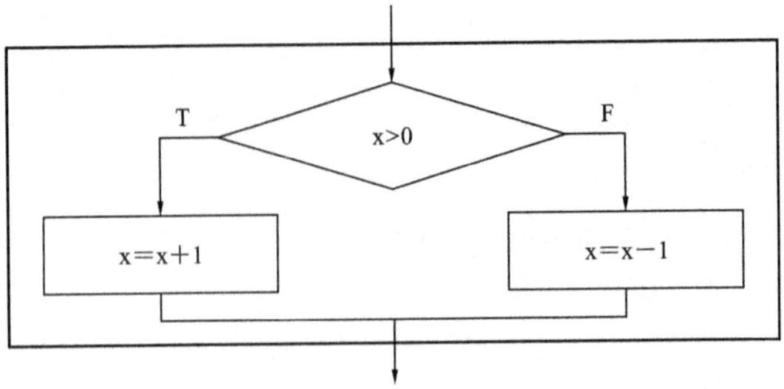

图 3-2 分段函数计算流程

3.1.2 单分支 if 语句

用 if 语句可以构成单分支选择结构。它首先需要判断给定的条件是否成立，根据判断结果正确与否决定执行两个程序段之一。

单分支 if 语句形式：

```
if(表达式)
    语句;
```

其功能为：先计算表达式的值，如果表达式的值为真，则执行其后的语句，否则不执行该语句。

例如，判断 x 是否是正数，若是正数则显示该数字。

```
if(x>0)
   printf("%d",x);
```

单分支 if 语句用法小贴士

(1)表达式一般是逻辑表达式或关系表达式，也可以是其他表达式或任意的数值类型(常量、变量、任何类型表达式、函数、指针等)。执行 if 语句时先求解表达式，若表达式的值为 0，则按不成立处理；若表达式的值为非 0，则按成立处理。如下面的 if 语句均为合法的语句：

```
if(5)
   printf("Hello World");
if('e')
   printf("%d",e);
```

(2)表达式后面的语句可以是一个单语句，也可以是用花括号"{ }"括起来的多条语句，形成一个复合语句。花括号"}"外面不需要加分号。

为了说明如何利用逻辑表达式和 if 语句来实现简单分支情况的程序设计，下面我们通过几个程序示例进行练习。

单分支 if 语句使用示例

【例 3-1】 从键盘输入两个数 *a*、*b*，进行数值比较，输出较大的数。

问题分析：定义变量 max、a、b，给变量 a、b 赋值。然后将 a 的值赋给 max，根据 if 语句构成的选择结构，将 max 与变量 b 的值进行比较，若 max 比 b 小，把 b 的值赋给 max，使 max 保持最大值，否则 max 中存放的 a 的值即为大者，最后输出 max 的值。

compmax.c:

```c
#include <stdio.h>
main()
{
      int a,b,max;
      printf("\n input two numbers: ");
      scanf("%d%d",&a,&b);
      //max首先存放a的值
      max=a;
      //如果a<b,则将b的值赋给max
      if (max<b)
         max=b;
      //此时max中存放的是a,b中大者的值
      printf(" the max is:%d",max);
}
```

程序运行结果：

```
input two numbers: 89 34
the max is:89
```

【例 3-2】 输入三角形的三条边的长度，判断这三条边能否构成三角形，如果可以，输出提示语句。判断三角形构成的条件为：任意两条边的和大于第三边。

问题分析：定义变量 a、b、c 用于存放三角形三条边的长度值，将三条边的长度值赋给 a、b、c，使用 if 语句判定构成条件，三种组合条件需要同时满足。

triangle.c:

```c
#include <stdio.h>
main()
{
    float a,b,c;
    printf("\n 请输入三角形的三条边的长度:");
    scanf("%f%f%f",&a,&b,&c);
    //构成三角形需要同时满足三个条件
    if(a+b>c && b+c>a && a+c>b)
        printf("\n 此三条边能够构成三角形\n");
}
```

程序运行结果：

```
请输入三角形的三条边的长度：3.0 4.0 5.0
此三条边能够构成三角形
```

【例 3-3】 计算一元二次方程 $ax^2+bx+c=0$ 的实根，其中 a,b,c 由键盘输入，要求 $a\neq 0$，且 $b^2-4ac\geqslant 0$，实根的计算公式：$x=\dfrac{-b\pm\sqrt{b^2-4ac}}{2a}$。

问题分析：定义变量 a、b、c 和存放两个实根结果的变量 x1、x2，通过键盘给 a、b、c 赋值，判断存在实根的条件 $a\neq 0$，且 $b^2-4ac\geqslant 0$，如果条件满足，根据公式计算两个实根的值。

realroot.c:

```c
#include<stdio.h>
#include<math.h>
main()
{
    float a,b,c,disc,x1,x2;
    printf("输入a,b,c的值\n");
    scanf("%f%f%f",&a,&b,&c);
    //先计算b*b-4ac的值，存放在disc中
    disc=pow(b,2)-4*a*c;
    //条件a!=0和disc>=0要同时满足，如果满足计算实根的值
    if(a!=0 && disc>=0)
    {   //sqrt(disc)计算disc的平方根
        x1=(-b+sqrt(disc))/(2*a);
        x2=(-b-sqrt(disc))/(2*a);
        printf("x1=%f,x2=%f\n",x1,x2);
    }
    //如果任意一个条件不满足，则没有实根值
    if(a==0 || disc<0)
        printf("输入错误\n");
}
```

数学函数库，用于调用pow( )和sqrt( )函数

程序运行结果：

```
输入a,b,c的值:4.0 9.0 2.0
x1=-0.250000,x2=-2.000000
```

【课堂实践 3-1】 输入 3 个数 *a*、*b*、*c*，请将最大的数输出。

问题分析：先将 a 存放在 max 中，然后比较 a 与 b 的大小，若 a＜b，则将 b 存放在 max 中，否则将 a 存放入 max 中，最后比较 max 与 c，若 max＜c，则将 c 存放入 max，否则说明 max 中存放的值即为 3 个数中的最大值。流程图如图 3-3 所示。

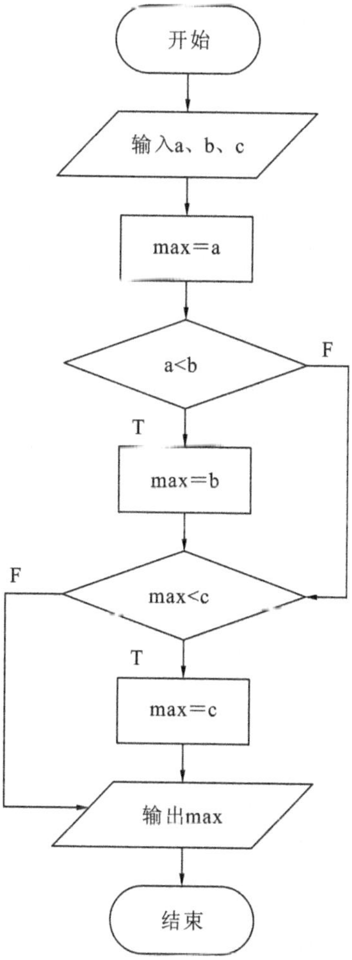

图 3-3　课堂实践 3-1 流程图

comparethree.c:

```
#include <stdio.h>
main()
{
    int a,b,c,max;
    printf("请输入3个数：");
    scanf("%d%d%d",&a,&b,&c);
    //先将a的值存放在max中
    max=a;
    //a与b比较后，max中存放的是a，b中大者的值
    if(a<b)
        max=b;
    //max与c比较后，max中存放的是a，b，c中大者的值
    if(max<c)
        max=c;

    printf("最大值为：%d\n",max);
}
```

程序运行结果：

```
请输入3个数：89 65 91
最大值为：91
```

◆ 返回工作场景一

问题分析：可以使用单分支 if 语句实现该工作场景，共分为 3 步完成。第 1 步，使用 scanf() 函数从键盘输入该地区年降水量；第 2 步，使用单分支 if 语句判断年降水量的所在区间；第 3 步，输出干湿地区划分。

rainfall.c:

```
1  #include <stdio.h>
2  main()
3  {
4      int rainfall;
5      printf("\n 请输入地区年降水量：");
6      scanf("%d",&rainfall);
7      if(rainfall<200)
8          printf("\n - - 干旱地区- - \n");
9      if(rainfall>=200&&rainfall<400)
10         printf("\n - - 半干旱地区- - \n");
11     if(rainfall>=400&&rainfall<800)
12         printf("\n - - 半湿润地区- - \n");
13     if(rainfall>=800)
14         printf("\n - - 湿润地区- - \n");
15 }
```

程序分析：

● 第 7～14 行，使用单分支 if 语句处理多种情况，判断地区降水量所在区间。

【挑战环节】 台风是热带气旋的一个类别，按等级可分为一般台风（最大风力 12～13

级)、强台风(最大风力 14～15 级)、超强台风(最大风力≥16 级)。可用专门测量风速的仪器——风速仪测量台风眼周围的风力,预测台风等级。请编程实现。

```
请输入风力等级: 15
* * 强台风 * *
```

3.2 双分支算法设计任务训练

【导入】工作场景二:东方明珠门票

(1)问题描述:上海东方明珠广播电视塔是上海重要的标志景观之一,是全国首批 5A 级旅游景区。二球联票成人价格为 199 元,儿童票(限制身高 1～1.4m)价格为 99 元。请输入儿童身高,计算并输出两大一小的门票总额。

(2)问题分析:首先判断儿童身高值(设定≥1m)所在的范围,如果在 1～1.4m 之间,则需购买 2 张成人票和 1 张儿童票;否则,需购买 3 张成人票。本问题可以使用双分支 if 语句解决。

(3)演示执行:

```
请输入儿童的身高(米): 1.36
三人门票总额为(元): 497
```

涉及知识点

用 if...else 语句可以构成双分支选择结构。它首先判断给定的条件是否成立,根据判断结果正确与否决定执行两个程序段之一。

双分支 if 语句形式:

```
if(表达式)
    语句 1;
else
    语句 2;
```

其功能为:如果表达式的值为真,则执行语句 1,否则执行语句 2。

例如,判断 a 与 b 的大小,如果 $a>b$,输出 a 的值;否则,输出 b 的值。

```
if(a>b)
  printf("%d",a);
else
  printf("%d",b);
```

双分支 if 语句用法小贴士

if 表达式和 else 语句之间只能有一个语句，当 if 和 else 之间的语句不止一句时，应用一对花括号“{}”将语句括起来。如下面的语句：

```
if(a>b)
  {     a++;
        b++;
  }
else
  {     a=0;
        b=10;
  }
```

结合前面所学的逻辑表达式，下面我们通过几个示例学习双分支 if 语句的使用方法。

程序 双分支 if 语句使用示例

【例 3-4】 判断某年是否为闰年。

问题分析：判断闰年的条件是，年份数字能够被 4 整除但不能被 100 整除，或者能够被 400 整除。若将年份数字赋予变量 year，根据判断条件可以写出 if 语句为：

if(((year%4)==0)&&((year%100)! =0)||((year%400)==0))

leapyear.c:

```
#include <stdio.h>
main()
{
        int year;
        printf("请输入年份: ");
        scanf("%d",&year);
        //闰年判断条件, 请注意 () 的结合, 不要有遗漏
        if ( ((year%4)==0)&&((year%100)!=0) || ((year%400)==0) )
            printf("%d年是闰年\n",year);
        else
            printf("%d年不是闰年\n",year);
}
```

程序运行结果：

```
请输入年份：2012
2012年是闰年
```

【例 3-5】 判断一个学生的考试成绩是否及格，如果及格输出“passed”，否则输出“failed”。

问题分析：通过键盘输入考试成绩，使用 if 语句判断成绩是否大于等于 60，如果是，则输出“psssed”，否则输出“failed”。

passscore.c:

```c
#include <stdio.h>
main()
{
    float score;
    printf("请输入同学的成绩：");
    scanf("%f",&score);
    if(score>=60)
        printf("passed\n");
    else
        printf("failed\n");
}
```

程序运行结果：

```
请输入同学的成绩：92.5
passed
```

【例 3-6】 输入一个英文字符，若是小写字符，则转换为大写字符；若是大写字符，则转换为小写字符。

问题分析：对照附录 2 中的 ASCII 码字符表可以看出，小写字符的 ASCII 值比大写字符的 ASCII 值大 32，小写字符减 32 即为大写字符，大写字符加 32 即为小写字符。

setchar.c:

```c
#include <stdio.h>
main()
{
    char a;
    printf("请输入一个英文字符");
    //从键盘上读取一个键，并返回该键的键值
    a=getchar();
    //判断是否属于小写字符范围，否则属于大写字符范围
    if(a>='a' && a<='z')
        //在屏幕上显示大写字符
        putchar(a-32);
    else
        //在屏幕上显示小写字符
        putchar(a+32);
}
```

程序运行结果：

```
请输入一个英文字符:s
S
```

程序改进

问：例 3-6 中，如果能够判断所输入的字符是否为英文字符，那么程序就会更加完善，请尝试将此判断加入。

【例 3-7】 求一个数的绝对值。

问题分析：定义变量 x、y，为 x 赋值，首先判断 x 的值是否为正数，如果为正数，则直接将 x 的值赋给 y，否则将 −x 的值赋给 y。

absolute.c:

```c
#include <stdio.h>
main()
{
    int x,y;
    printf("请输入一个数:");
    scanf("%d",&x);
    if(x>=0)
        y=x;
    else
        y=-x;
    printf("%d的绝对值为: %d\n",x,y);
}
```

程序运行结果：

```
请输入一个数:-89
-89的绝对值为: 89
```

【课堂实践 3-2】 课堂实践 3-1 也可以使用双分支 if 语句实现，请思考如何输出 3 个数中最大的值。

问题分析：先比较 a、b 的大小，求出 a、b 中的大者，存放在 max 中，然后将 max 与 c 比较，若 max 比 c 小，则将 c 存放在 max 中，否则说明 max 中存放的值就是 3 个数中的最大值。其流程图如图 3-4 所示。

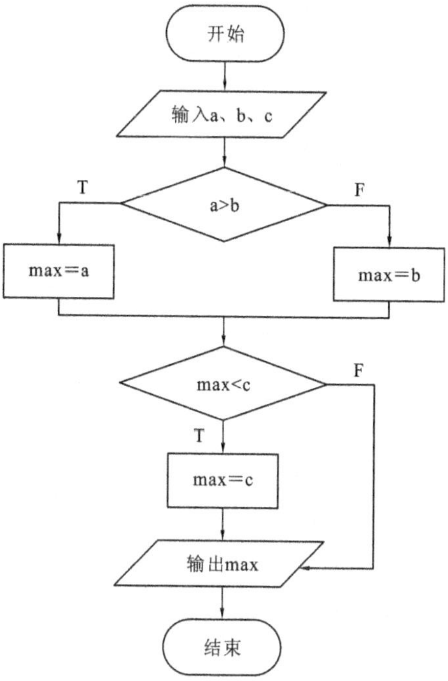

图 3-4 课堂实践 3-2 流程图

sphere.c:

```
#include <stdio.h>
main()
{
        int a,b,c,max;
        printf("\n  请输入3个整数: ");
        scanf("%d%d%d",&a,&b,&c);
        //首先比较a与b, 在max中存放a, b中大者的值
        if (a>b)
           max=a;
        else
           max=b;
      //然后比较max与c, 在max中存放max, c中大者的值
      if(max<c)
           max=c;
      printf("\n  最大值为: %d\n",max);
}
```

程序运行结果:

```
请输入3个整数: 89 56 14

最大值为: 89
```

程序拓展

Java 中的 Math 类是一个工具类,包含了用于执行基本数学运算的属性和方法。例如,常用的算术计算方法:

①Math. abs():取绝对值。

②Math. max(,):计算最大值。

③Math. min(,):计算最小值。

这三种方法的使用示例源代码如下:

```
import java.util.Scanner;
public class MathDemo {

    public static void main(String[] args) {
      // TODO Auto-generated method stub
      int x, y;
      Scanner input = new Scanner(System.in);
      System.out.println("请输入一个整数:");
      x = input.nextInt();
      y = Math.abs(x); // 返回 int 值的绝对值
      System.out.println(x + "的绝对值是" + y);

      int a, b, max, min;
      System.out.println("请输入两个整数:");
      a = input.nextInt();
      b = input.nextInt();
      max = Math.max(a, b); // 返回两个 int 值中较大的一个
      min = Math.min(a, b); // 返回两个 int 值中较小的一个
      System.out.println(a + "、" + b + "两个数中较大的是" + max + ",较小的是"
+ min);
    }
}
```

上述 Java 程序运行结果如下:

```
请输入一个整数:
-7
-7的绝对值是7
请输入两个整数:
3 9
3、9两个数中较大的是9, 较小的是3
```

◆ 返回工作场景二

问题分析：完成了上面示例的学习，现在我们可以很轻松地使用双分支 if 语句实现工作场景二，请先画出流程图，然后根据流程图编程。

ticket.c:

```
#include <stdio.h>
main()
{
    float height;
    int price;
    printf("\n  请输入儿童的身高（米）：");
    scanf("%f",&height);
    if(height>=1&&height<=1.4)
        price=199*2+99;
    else
        price=199*3;
    printf("\n  三人门票总额为（元）：%d\n",price);
}
```

【挑战环节】 当 $x>0$ 时，y 的值为 $x-1$；当 $x\leqslant 0$ 时，y 的值为 $x+1$。编程计算 y 的值。

$$y=\begin{cases}x-1 & x>0\\ x+1 & x\leqslant 0\end{cases}$$

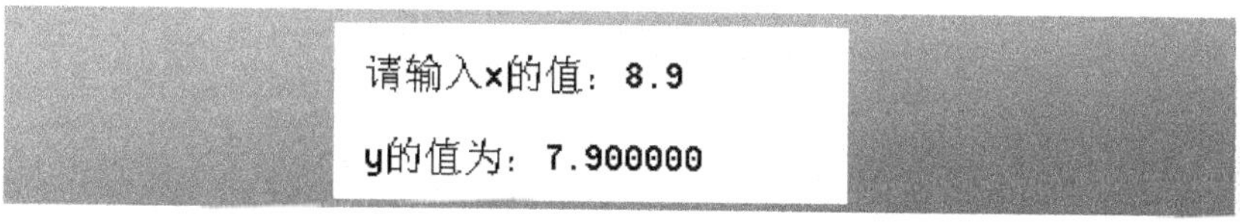

3.3 多分支算法设计任务训练

◆ 【导入】工作场景三：居民生活用电收费计算

(1)问题描述：上海市居民生活用电采用阶梯用电标准，分为三档，并且峰、谷时段收费不同。具体如图 3-5 所示：

定义分段函数，y 为全年电费，x 为全年用电总量，a 为峰时用电量占用电总量的百分比(取值为 0～1)。请编程计算某户居民全年应缴电费，结果保留两位小数。

$$y=\begin{cases}0.617\times a\times x+0.307\times(1-a)\times x & x\leqslant 3120\\ [0.617\times(a\times 3120)+0.307\times(1-a)\times 3120]+\\ \quad[0.677\times a\times(x-3120)+0.337\times(1-a)\times(x-3120)] & 3120<x\leqslant 4800\\ [0.617\times(a\times 3120)+0.307\times(1-a)\times 3120]+\\ \quad[0.677\times a\times(4800-3120)+0.337\times(1-a)\times(4800-3120)]+\\ \quad[0.977\times a\times(x-4800)+0.487\times(1-a)\times(x-4800)] & x>4800\end{cases}$$

(2)问题分析：对于此类分段函数求解，我们首先需要判断 x 所在的范围，然后选取对应的表达式进行求解。此时我们将综合运用多种运算符所组成的表达式进行运算。

用户分类	分档	用电量水平（千瓦时/户·年）	电价水平（元/千瓦时）		
			未分时	分时	
一户一表居民用户	第一档	0～3120（含）	0.617	峰时段	0.617
				谷时段	0.307
	第二档	3120～4800（含）	0.667	峰时段	0.677
				谷时段	0.337
	第三档	4800 以上	0.917	峰时段	0.977
				谷时段	0.487
非居民用户（学校、养老院、居民公建设施等）	不满 1 千伏		0.641	—	
	10 千伏		0.636	—	
注：	一、居民用户用电峰谷时段划分为：峰时段（6 — 22 时），谷时段（22 时一次日 6 时）。				
	二、居民累计用电量在第二或第三档临界点的月份，由于当月超基数部分的峰谷用电量数据无法准确区分，具体执行时，该月第二档、第三档的加价按照峰、谷均为 0. 05 元或 0. 30 元的加价水平执行，次月起再按峰、谷不同加价水平执行。				

图 3-5　上海市居民生活用电电价

(3)演示执行：

```
请输入居民全年用电总量（千瓦时）：4268
请输入峰时用电量百分比，取值范围0~1：0.75
居民全年应缴电费为（元）：2362.86
```

涉及知识点

多分支程序设计可以实现更复杂情况的分支选择，我们可以使用多分支 if 语句、if 语句嵌套，也可以使用 switch 语句完成多分支程序设计。

3.3.1　多分支 if 语句

多分支 if 语句是一种对 if...else 语句的扩充，可以对多个条件进行判断，同时这些条件之间先后依次判断。

多分支 if 语句形式：

```
if(表达式 1)
   语句 1;
else if(表达式 2)
   语句 2;
else if(表达式 3)
   语句 3;
...
else(表达式 n)
   语句 n;
```

例如，多分段函数 $y=\begin{cases} x-1 & x>0 \\ x & x=0 \\ x+1 & x<0 \end{cases}$，实现代码如下。

```
if(x>0)
   y=x-1;
else if(x==0)
   y=x;
else
   y=x+1;
```

多分支 if 语句用法小贴士

(1)当 if 语句中出现多个“if”与“else”的时候，要特别注意它们之间的匹配关系，否则就可能导致程序逻辑错误。“else”与“if”的匹配原则是“就近原则”，即“else”总是与它前面最近的“if”相匹配。

(2)if 语句中条件的写法应尽量简洁。

程序 多分支 if 语句使用示例

【例 3-8】 输入圆的半径 r 和一个整数参数 k，若 $k=1$，则计算并输出圆的周长；若 $k=2$，则计算并输出圆的面积；若 $k=3$，则计算并输出圆的周长和面积；若 k 为其他值，则显示输入有误。

问题分析：定义变量 r、k，通过键盘输入 r 与 k 的值，使用多个 if...else 语句完成多种 k 值的判断，流程图如图 3-6 所示。

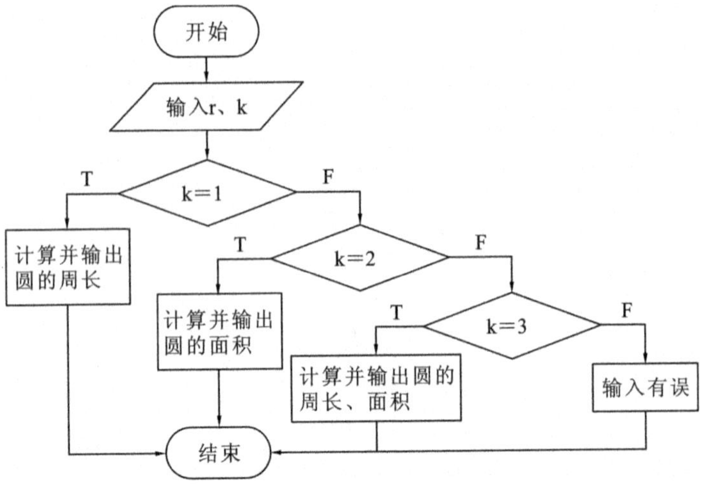

图 3-6　例 3-8 流程图

compcircle.c:

```
#include <stdio.h>
#include <math.h>
main()
{
    float r;
    int k;
    printf("请输入圆的半径r和整数k的值：");
    scanf("%f%d",&r,&k);
    //k=1的情况
    if(k==1)
        printf("圆的周长为：%f\n",2*M_PI*r);
    //k!=1,k=2的情况
    else if(k==2)
        printf("圆的面积为：%f\n",M_PI*pow(r,2));
    //k!=1,k!=2,k=3的情况
    else if(k==3)
        printf("圆的周长为：%f，面积为：%f\n",2*M_PI*r,M_PI*pow(r,2));
    //k!=1,k!=2,k!=3时输入有误
    else
        printf("很抱歉，k输入有误\n");
}
```

数学函数库，用于调用M_PI和pow()函数

程序运行结果：

```
请输入圆的半径r和整数k的值：3.0 3
圆的周长为：18.849556，面积为：28.274334
```

【例 3-9】 判断一件货物的价值，如果价值大于等于 500，则税费为 15%；如果价值大于等于 300 而小于 500，则税费为 10%；如果价值大于等于 100 而小于 300，则税费为 5%；价值小于 100 的货物不需要缴纳税费。

问题分析：本程序的设计思路同例 3-8，请尝试画出流程图，再根据流程图编程。

程序代码如下：

tax.c:

```
#include <stdio.h>
main()
{
    float value;
    float tax;
    printf("\n请输入货物的价值:");
    scanf("%f",&value);
    if(value>=500)
        tax=0.15;
    else  if(value>=300)
        tax=0.1;
    else  if(value>=100)
        tax=0.05;
    else
        tax=0;

    printf("货物需缴纳的税率为: %f, 税费为: %f\n",tax,tax*value);
}
```

程序运行结果：

```
请输入货物的价值:821.5
货物需缴纳的税率为: 0.150000, 税费为: 123.225000
```

【例 3-10】 根据体重和身高，计算体指数 t = 体重 w/(身高 h)^2(w 单位为 kg，h 单位为 m)，标准如下：

当 $t<18$ 时，为低体重；

当 $18\leqslant t<25$ 时，为正常体重；

当 $25\leqslant t<27$ 时，为超重体重；

当 $t\geqslant 27$ 时，为肥胖。

问题分析：本程序的设计思路同样与例 3-8 类似，不过需要先获取体重 w 和身高 h 的值，再根据公式计算出 t 的值。

weight.c

```
#include <stdio.h>
main()
{
    float w,h,t;
    printf("\n请输入体重（kg）和身高（m）: ");
    scanf("%f%f",&w,&h);
    t=w/(h*h);
    //t<18的情况
    if(t<18)
        printf("体指数为: %f, 低体重\n",t);
    //t>=18并且t<25的情况
    else if(t<25)
        printf("体指数为: %f, 正常体重\n",t);
    //t>=25并且t<27的情况
    else if(t<27)
        printf("体指数为: %f, 超重体重\n",t);
    //t>=27的情况
    else if(t>=27)
        printf("体指数为: %f, 肥胖\n",t);
}
```

程序运行结果：

```
请输入体重（kg）和身高（m）：55 1.7
体指数为：19.031141，正常体重
```

【课堂实践 3-3】 工作场景一使用单分支结构设计不够简练，请使用多分支 if 语句重新设计实现。

问题分析：请借鉴例 3-8～例 3-10 的设计思路。

rainfall2.c：

```c
#include <stdio.h>
main()
{
    int rainfall;
    printf("\n 请输入地区年降水量：");
    scanf("%d",&rainfall);
    if(rainfall<200)
        printf("\n - - 干旱地区- - \n");
    else if(rainfall<400)
        printf("\n - - 半干旱地区- - \n");
    else if(rainfall<800)
        printf("\n - - 半湿润地区- - \n");
    else
        printf("\n - - 湿润地区- - \n");
}
```

程序运行结果：

```
请输入地区年降水量：658
——半湿润地区——
```

3.3.2 if 语句的嵌套

当 if 语句中包含多个 if 语句，或当 if 语句中的执行语句又是 if 语句时，就构成了 if 语句的嵌套。

if 语句的嵌套形式：

```
if(表达式 1)
    { if(表达式 2)
        语句 1；
      else
        语句 2；
    }
```

```
else if(表达式 3)
   语句 3;
else
   语句 4;
```

if 语句嵌套用法小贴士

在 if 语句嵌套中，将出现多个 if 和多个 else 重叠的情况，特别需要注意 if 和 else 的配对问题。如下面的语句：

```
if(表达式 1)
   if(表达式 2)
      语句 1;
else
      语句 2;
```

在程序编写中，第一个 if 与 else 写在同一列，这两者是否相匹配呢？为了避免产生歧义，C 语言规定，else 总是与它前面最近的 if 配对，因此在上例中的 else 与第二个 if 相匹配。

但是如果上例中，希望 else 与第一个 if 相匹配，则需要用到花括号"{}"来完成配对关系。如：

```
if(表达式 1)
   {  if(表达式 2)
         语句 1;
   }
else
   语句 2;
```

良好的编程习惯

正确使用缩进能够更好地突出程序的结构，增加程序的可读性。Tab 键是一个很好的实现缩进的工具，也可以自定义 Tab 键的跳跃距离，推荐每一级的缩进量为三个空格。

【例 3-11】 有一个分段函数：

$$y=\begin{cases}-1 & x<0\\ 0 & x=0\\ 1 & x>0\end{cases}$$

编写一个程序，输入一个 x 值，输出 y 值。用程序流程图表示，如图 3-7 所示。

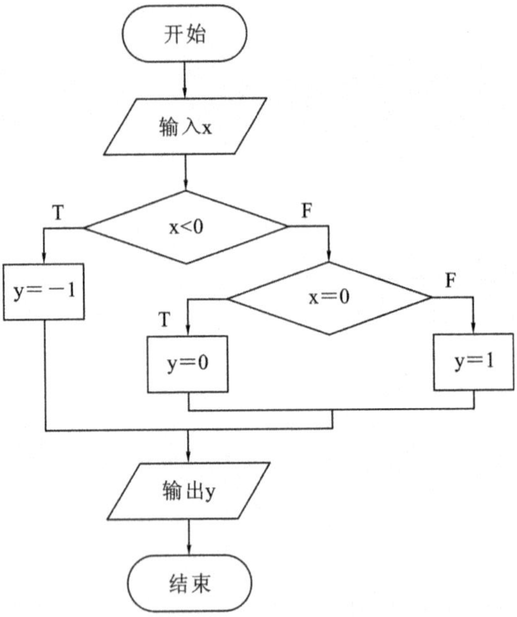

图 3-7　分段函数 if 嵌套计算流程图

section2.c：

```
#include  <stdio.h>
main()
{
      int x,y;
      printf("\ninput x: ");
      scanf("%d",&x);
      if(x<0)
         y=-1;
      else
      {
         if(x==0)
            y=0;
         else
            y=1;
      }

      printf("x=%d,y=%d",x,y);
}
```

程序运行结果：

```
input x: 100

x=100,y=1
```

【例 3-12】 输入 3 个边长值(设为三个整数)后，首先判断它们能否构成三角形，若不能构成三角形，则输出 0；若能构成三角形，再判断能否构成等腰三角形，若不能构成等腰三角形，则输出 1；若能构成等腰三角形，则输出 2。

问题分析：首先判断三条边能否构成三角形，如果能构成三角形，继续判断能否构成等腰三角形，使用 if 语句的嵌套完成。

triangle2.c:

```
#include  <stdio.h>
main()
{
      float a,b,c;
      printf("\n  请输入3个边长值: ");
      scanf("%f%f%f",&a,&b,&c);
      //判断能否构成三角形
      if(a+b>c && b+c>a && a+c>b)
      {  //判断能否构成等腰三角形
         if(a==b || a==c || b==c)
             printf("\n  2");
         else
             printf("\n  1");
      }
      else
         printf("\n  0");
 }
```

程序运行结果：

```
请输入3个边长值: 9.1 10.6 9.1

2
```

【例 3-13】 根据输入的两个时间，计算并显示时间差。

问题分析：需要考虑分钟不够减时，小时数需减 1，分钟数需加 60 的情况。

timespan.c:

```
#include <stdio.h>
main()
{    int h,m,h1,m1,h2,m2;
     printf("输入第一个时间 (hh:mm) :");
     //注意输入格式，小时与分钟之间有：字符
     scanf("%d:%d",&h1,&m1);
     printf("输入第二个时间 (hh:mm) :");
     //注意输入格式，小时与分钟之间有：字符
     scanf("%d:%d",&h2,&m2);
     //判断两个时间的大小，应该是大的时间减去小的时间
     if(h1>h2)
     {    h=h1-h2;
          //判断分钟是否够减
          if(m1>=m2)
              m=m1-m2;
          else
          {   //时间不够减，则小时数减一，分钟数加60
              m=m1-m2+60;
              h--;
          }
     }
```

timespan.c:

```
    else  if(h1<h2)
    {   h=h2-h1;
        //判断分钟是否够减
        if(m2>=m1)
            m=m2-m1;
        else
        {   //时间不够减，则小时数减一，分钟数加60
            m=m2-m1+60;
            h--;
        }
    }
    else
    {   //小时数相同，只计算分钟数差即可
        h=0;
        m=m1>m2?m1-m2:m2-m1;
    }
     printf("时间差为%d:%d",h,m);
}
```

程序运行结果：

```
输入第一个时间（hh:mm）:15:23
输入第二个时间（hh:mm）:20:15
时间差为4:52
```

3.3.3 switch 多重选择语句

实际情况中我们常常需要用到多分支的选择，如学生成绩根据分值确定为优秀、良好、中等、及格、不及格等。虽然这些情况都可以用 if 语句的嵌套来处理，但是若分支太多，if 语句层数就多，导致程序冗长，可读性低，程序效率也低，所以 C 语言还提供 switch 多重选择语句来解决这一问题。

switch 多重选择语句形式为：

```
switch(表达式)
{
    case 常量表达式 1:语句 1;break;
    case 常量表达式 2:语句 2;break;
    …
    case 常量表达式 n:语句 n;break;
    default:语句 n+1;
}
```

执行过程：先对 switch 后括号内的表达式进行计算，将计算结果与 case 后的常量表达式进行比较，如果与某一个相符，则执行该 case 后的语句，然后通过 break 语句“跳”出整个 switch

语句；若计算结果与任何一个 case 后的常量表达式都不相符，则执行 default 后的语句。

switch 多重选择语句用法小贴士

（1）常量表达式中不能包含变量，因此，1 是常量表达式，1+10 也是常量表达式，但是 n+10 不是常量表达式（除非 n 是表示常量的宏）。

（2）常量表达式的值必须是整数或字符，并且任意两个常量表达式的值不能相同，否则会出现互相矛盾的错误。

（3）在 case 后，允许有多个语句，而且可以不用花括号"{}"括起来。因为在 switch 语句中，程序将在读到 break 或 switch 最后一条语句时"跳"出整个 switch 语句。如果没有 break 语句，程序将按顺序依次执行 switch 中每条语句。

（4）各 case 和 default 子句的先后顺序可以变动，而不会影响程序执行结果。

（5）default 子句可以省略不用，但是设置 default 子句，可以使程序员关注异常情况的处理。

break 语句的作用

switch 语句是一种"基于计算的跳转"，执行 break 语句时会导致程序"跳"出 switch 语句，继续执行 switch 语句后面的语句。具体执行过程是：首先对表达式求值，然后"跳转"到与 switch 表达式的值相匹配的分支标号处。分支标号只是一个说明 switch 内部位置的标记。在执行完分支中的最后一条语句后，如果有 break 语句，程序会"跳"出 switch 语句；如果没有 break 语句，程序会"跳转"到下一个分支标号处，执行下一个分支。思考下面的 switch 语句：

```
switch(age)
  {  case 1:
     case 2: printf("婴儿!");
     case 10:
     case 12:printf("少年!");
     case 20:
     case 22:printf("青年!");
     case 40:
     case 42:printf("中年!");
     default:printf("输入有误!");
  }
```

如果 age 的值为 10，那么显示的结果为：

少年！青年！中年！输入有误！

常见编程错误

在 switch 多重选择语句中，在需要 break 语句的地方忘记写 break 语句，会出现逻辑错误。

良好的编程习惯

尽管 case 子句和 default 子句可以任意顺序出现在 switch 多重选择语句中，但是 default 子句放在最后是一个很好的编程习惯。

下面我们通过几个示例，进一步理解 switch 语句的应用。

程序 switch 语句使用示例

【例 3-14】 根据输入的 1～7 中任意一个整数，判断该数字对应的是星期几。

day.c:

```
#include <stdio.h>
main()
{
      int a;
      printf("\n input number: ");
      scanf("%d",&a);
      //若a=1, 执行case 1后面的语句, 若a=2或其他值, 执行相应case后面的语句,
      //若a不为1~7之间的值, 执行default语句
      switch (a)
       {
        case 1:printf("Monday\n");break;
        case 2:printf("Tuesday\n"); break;
        case 3:printf("Wednesday\n");break;
        case 4:printf("Thursday\n");break;
        case 5:printf("Friday\n");break;
        case 6:printf("Saturday\n");break;
        case 7:printf("Sunday\n");break;
        default:printf("error\n");
      }
}
```

程序运行结果：

```
input number: 6

Saturday
```

【例 3-15】 根据输入的学生成绩，评定学生成绩的等级。评定标准：0～59 分为不及格，60～69 分为及格，70～79 分为中等，80～89 分为良好，90～100 分为优秀。

问题分析：因为有多个成绩段取值情况，所以推荐使用 switch 语句。但是每个成绩段至少有 10 个取值，若以一一对应的方式进行分级，程序太过繁杂。所以可将学生成绩除以 10 并取整，得到学生成绩的整数部分，这样 0～100 个分数可以简化为 0～10 种情况，即 0～5 对应 0～59 分，6 对应 60～69 分，7 对应 70～79 分，8 对应 80～89 分，9～10 对应 90～100 分，这样，算法就得到了简化。再将不及格等级，也就是整除后结果为 0～5 分配到 default 中执行，

可以方便地写出程序。流程图如图 3-8 所示。

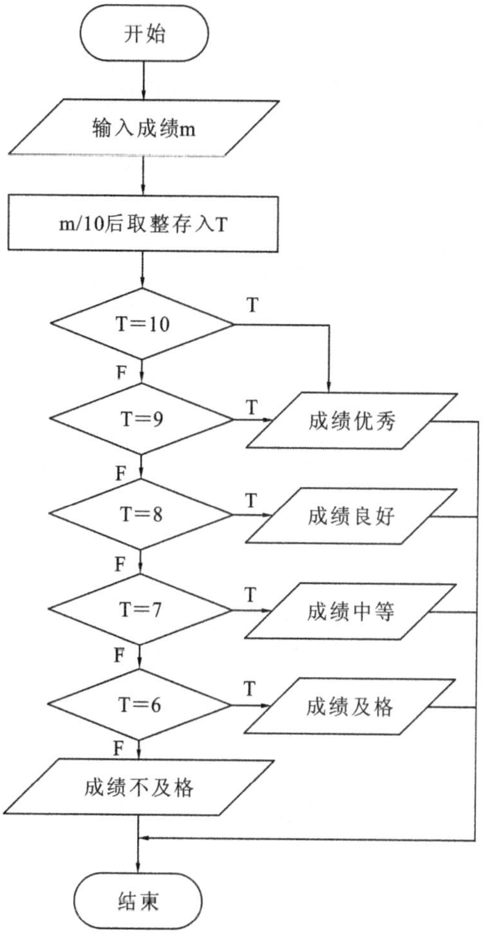

图 3-8 例 3-15 流程图

score2.c:

```
#include <stdio.h>
main()
{
  int m,T;
   printf("\n请输入成绩: ");
   scanf("%d",&m);
   T=(int)(m/10);
   switch(T)
   { //100分也为优秀，同90分以内的成绩处理相同，因此不做出处理，直接进入case 9处理
     case 10:
     case 9:
       printf("成绩等级为优秀\n"); break;
     case 8:
       printf("成绩等级为良好\n"); break;
     case 7:
       printf("成绩等级为中等\n"); break;
     case 6:
       printf("成绩等级为及格\n"); break;
     default:
       printf("成绩等级为不及格\n");
   }
}
```

程序运行结果：

```
请输入成绩：85.5
成绩等级为良好
```

【例 3-16】 运输公司计算用户运费。路程(s)越远，每公里运费越低。标准如下：$s<250$，没有折扣；$250\leqslant s<500$，2%折扣；$500\leqslant s<1000$，5%折扣；$1000\leqslant s<2000$，8%折扣；$2000\leqslant s<3000$，10%折扣；$s\geqslant 3000$，15%折扣。设每公里每吨货物的基本运费为 p，货物重为 w，距离为 s，折扣为 d，则总运费 f 的计算公式为：$f=p\times w\times s\times(1-d)$。

问题分析：折扣的变化是有规律的，折扣的转折点都是 250 的倍数，利用这一特点，表达式可以为 $s/250$，并分别计算出相应的值。

charge.c:

```c
#include  <stdio.h>
main()
{
    int c,d;
    float p,w,s,f;
    printf("\n  请输入基本运费p，货物重量w，路程s：");
    scanf("%f%f%f",&p,&w,&s);
    //3000km以上折扣固定
    if (s>=3000) c=12;
    else c=s/250;
    switch(c)
    {       //250km范围内折扣为0
            case 0: d=0;break;
            //250~500km范围内折扣为2
            case 1: d=2;break;
            //500~1000km范围内折扣为5
            case 2:
            case 3: d=5;break;
            //1000~2000km范围内折扣为8
            case 4:
            case 5:
            case 6:
            case 7: d=8;break;
            //2000~3000km范围内折扣为10
            case 8:
            case 9:
            case 10:
            case 11: d=10;break;
            //3000km以上折扣为15
            case 12: d=15;break;
     }
   f=p*w*s*(1-d/100.0);
   printf("折扣为%d，总运费为%f\n",d,f);
}
```

程序运行结果：

```
请输入基本运费p，货物重量w，路程s：2 20 2500
折扣为10，总运费为90000.000000
```

◆ 返回工作场景三

问题分析：可以使用多分支 if 语句编写代码，请先画出流程图，再根据流程图编程。

electric.c：

```c
#include <stdio.h>
int main() {
    double y;   //存放电费计算结果
    float x;    //获取用户输入的全年用电总量
    float a;    //获取用户输入的峰时用电量百分比，取值范围0~1

    printf("请输入居民全年用电总量（千瓦时）：");
    scanf("%f",&x);
    printf("请输入峰时用电量百分比，取值范围0~1：");
    scanf("%f",&a);

    if(x<=3120)
        y=0.617*a*x+0.307*(1-a)*x;
    else if(x<=4800)
        y=0.617*a*3120+0.307*(1-a)*3120
          +0.667*a*(x-3120)+0.337*(1-a)*(x-3120);
    else
        y=0.617*a*3120+0.307*(1-a)*3120
          +0.667*a*(4800-3120)+0.337*(1-a)*(4800-3120)
          +0.977*a*(x-4800)+0.487*(1-a)*(x-4800);

    printf("居民全年应缴电费为（元）：%.2f\n",y);
    return 0;
}
```

【挑战环节】 某电商平台周一到周日购物有不同的促销折扣：周一，全场商品 9 折；周二，牛奶乳品 8 折；周三，水果蔬菜两件 7 折，三件 6 折；周四，肉类 8 折；周五，粮油两件 8 折；周六，饮料零食三件 7 折；周日，海鲜水产 8.5 折。要求输入今天是周几，输出相应的促销信息。请使用 switch 语句编程实现。

```
----------------------------------------
今天是周几：6
----------------------------------------
大促销：饮料零食三件7折!!!
```

3.4　能力拓展

（1）输入一个整数，如果该整数是偶数，则输出该整数与 2 的乘积；如果该整数是奇数，则输出该整数与 3 的乘积。

（2）输入学生成绩等级，并打印出成绩分数段。

（3）从键盘输入一个字符，若输入的字符为大写英文字母，则输出其对应的小写英文字母；若输入的字符为小写英文字母，则输出其对应的大写英文字母；若输入的字符为非英文字母，则原样输出。

请使用 if 语句或 switch 语句完成以上 3 个题目，有些题目可尝试同时用 if 语句和 switch 语句完成。

3.5 任务笔记

(1)三种方式实现选择:条件运算符“?:”;if 语句;switch 语句。

(2)单分支:if;双分支:if...else、条件运算符;多分支:if...else 嵌套、switch。

(3)if 可以没有 else,但 else 一定有与之匹配的 if。

(4)else 与 if 的匹配遵循就近原则。

(5)if 或 else 后有多条语句要执行时,必须使用花括号。建议 if 或 else 后的语句(一条或多条)都使用花括号括起来。

(6)在选择结构的条件中,非零值表示真,零表示假。

(7)switch 语句的层数较少,更适合在多分支选择结构中使用。使用时注意 break 和 default语句的作用。

实训题部分答案

实训题

1. 选择题

(1)已知:int x,a,b;以下错误的 if 语句是(　　)。

A. if(a=g)x++;　　B. if(a=<b)x++;

C. if(a-b)x++;　　D. if(x)x++;

(2)下列语句中与其他语句不等价的是(　　)。

A. if(a)x++;else y--;　　B. if(a==0)y--;else x++;

C. if(a! =0)x++;else y--;　　D. if(a==0)x++;else y--;

(3)以下程序的输出结果是(　　)。

```
main()
  {  int a,b;
     a=1;
     switch(a)
     {  case 1:a=a+1,b=a;
        case 2:a=a+2,b=a;
        case 3:a=a+3,b=a;break;
        case 4:a=a+4,b=a;
      }
```

```
    printf("\n%d",b);
  }
```

A. 5　　　　B. 6

C. 7　　　　D. 8

(4)以下程序的输出结果是(　　)。

```
main()
{  int x=5;
   if(x>5)printf("%d",x>5);
   else if(x==5)printf("%d",x==5);
   else printf("%d",x<5);
  }
```

A. 4　　　　B. 3

C. 2　　　　D. 1

2. 填空题

(1)在程序设计中,共有三类程序控制结构:________、________和________。

(2)switch 语句中关键字 default 的作用是__________。

(3)对于嵌套的 if...else 语句,C 语言语法规定,else 总是与________的 if 匹配。

3. 程序设计题

(1)从键盘输入一个数,判断该数能否被 3 和 5 整除,并相应显示出以下结果:

能被 3 整除,但不能被 5 整除;

能被 5 整除,但不能被 3 整除;

能被 3 整除,也能被 5 整除;

不能被 3 整除,也不能被 5 整除;

提示:用 if 语句分别判断四种情况。

(2)已知如下分段函数:

$$y=\begin{cases}\sin x & x>0\\ 0 & x=0\\ \cos x & x=0\end{cases}$$

输入浮点数 x,求出 y 的值。

提示:用 if 语句分别判断,使用 math. h 库中的 sin(),cos()计算 y 值。

(3)用 switch 语句编写一个程序,用户输入一个两位数,然后输出该数的英文单词。

请输入一个两位数:36

你输入的数为:thirty-six

提示:把数分解为两个数字。用一个 switch 语句显示第一个数字对应的单词,用第二个 switch 语句显示第二个数字对应的单词。注意 11～19 的英文单词需要特殊处理。

任务4
绕圈圈的循环流程——循环程序设计能力训练

知识卡片

循环三要素	循环体、循环条件、循环变量
循环体	反复执行的代码段
循环条件	给定条件成立时执行循环
循环变量	控制循环的变量

知识目标

- 掌握 for 语句循环语法和运用；
- 掌握 while 语句循环语法和运用；
- 掌握 do...while 语句循环语法和运用；
- 掌握循环嵌套和循环控制语句的使用。

能力目标

- 具备在程序设计中合理地使用循环结构的能力；
- 能熟练使用循环嵌套解决比较复杂的循环问题。

素养目标

- 培养脚踏实地的实践精神；
- 训练敏锐的观察能力和严谨的逻辑思维能力。

训练途径

通过任务 3,我们已经学习了 C 语言的选择结构,能运用 if 语句和 switch 语句有条件地选择执行程序中的部分语句。如果程序中出现要多次重复执行的语句,顺序结构和选择结构就无法完成这样的任务,只能使用循环结构进行处理。

循环结构是在给定条件成立的情况下,反复执行某段程序代码,直至条件不成立为止。其中给定的条件就称为循环条件,反复执行的某段程序代码就称为循环体。C 语句提供了三种循环语句:for 语句、while 语句、do…while 语句。在本任务中,我们将分别学习这三种循环结构语句。

4.1 for 语句循环设计任务训练

【导入】工作场景一:忙碌的采摘机器人

(1)问题描述:在农业领域中机器人的应用越来越广泛,比如某农场在大棚中使用番茄自动化采摘 AI 机器人,利用视觉相机识别番茄并进行采摘。机器人沿着铺设在大棚中的导轨移动,使用视觉识别系统可以自动识别番茄的颜色,并将其与农场生产的成熟番茄的颜色样本进行比较以确定其成熟程度。颜色样本范围可以自由设置。如果要降低采摘的成熟度以增加产量,则只需更改设置,使颜色样本其比正常情况更接近绿色范围即可。目前机器人采摘番茄的速度是每个 6 秒,而人工是 2～3 秒。虽然人工速度更快,但人只能连续工作 3～4 个小时,而机器人可以连续工作 10 个小时或更长时间,而且可以在晚间工作,因此机器人采摘更高效。假设机器人第 1 天在大棚内按路线完成一次工作可采摘 20000 千克,由于每天成熟的番茄数量不同,之后每天采摘量为前一天的三分之二。请计算:机器人工作 15 天后,共采摘了多少千克番茄?第 15 天采摘了多少千克?(结果保留两位小数)

(2)问题分析：假设机器人第 1 天的采摘量为 W_1，第 2 天的采摘量 $W_2=\frac{2}{3}W_1$，第 3 天的采摘量 $W_3=\frac{2}{3}W_2=\frac{2}{3}\times\frac{2}{3}W_1$……第 15 天的采摘量 $W_{15}=\frac{2}{3}W_{14}=\cdots=\left(\frac{2}{3}\right)^{14}W_1$。采摘量为等比数列，可以使用 C 语言中的 for 循环求解。

(3)演示执行：

涉及知识点

4.1.1 for 语句语法基础

for 语句是计算机程序中最常见、应用最多的一种循环语句。在程序中，循环一般是有固定次数的，如果没有设置循环次数，会造成程序代码的死循环，导致程序出现问题。for 语句既可用于已知循环次数的情况，也可用于循环次数不确定的情况。

通常对于已知执行次数的循环，需要进行以下 4 个步骤的操作：

(1)声明并初始化一个计数器变量，由该变量完成对执行次数的统计操作。

(2)判断计数器变量是否符合循环要求。

(3)执行循环体。

(4)修改计数器变量内容。

以上 4 步可以简化为：循环变量初始化、循环条件判断、执行循环体、修改循环变量。

for 语句语法结构：

```
for(表达式 1;表达式 2;表达式 3)
{
   循环体语句;
}
```

说明如下。

(1)表达式 1：用于初始化循环计数器，一般由赋值表达式构成，该表达式在进入循环时仅执行一次。

(2)表达式 2：循环条件的判断，判断循环计数器中的值是否满足循环条件，若满足(返回 True)，则继续执行循环体；若不满足循环条件(返回 False)，则退出循环。每次执行完循环体，循环计数器内容发生变化后都会再次执行表达式 2，以确定循环是否继续。

(3)表达式 3:用来修改循环计数器的值,每次执行完循环体,就会执行表达式 3,通过修改循环计数器中的数据使循环能在执行有限步骤后终止。

(4)循环体语句:循环需要执行的语句段,如果此时循环语句段中仅一句语句,可以将 for 语句后的花括号去除,直接写入要执行的循环语句。

提示与陷阱

表达式之间使用“;”隔开,假如需要省略其中的某个表达式,“;”也必须保留,否则编译器会提示语法错误。

for 语句流程图如图 4-1 所示。

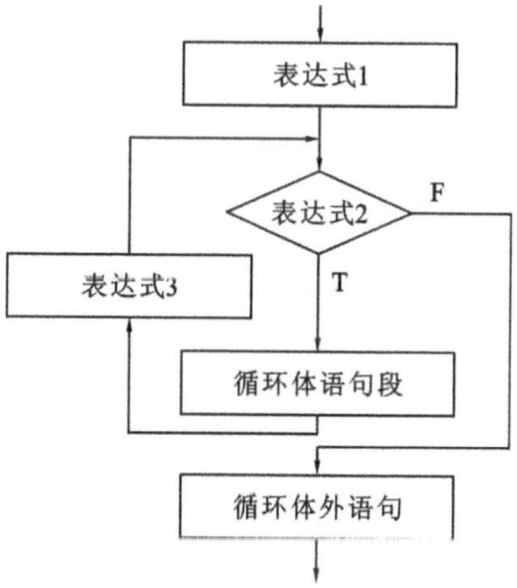

图 4-1 for 语句流程图

程序 for 循环使用示例

【例 4-1】 编写程序求 1+2+3+4+…+100 的值,并将结果输出在屏幕中。

问题分析:

(1)仔细观察所给的表达式“1+2+3+4+…+100”,不难发现,式中的某位数(第一位数除外)是在前一位数的基础上增加 1,我们假设第一位 $a_1=1$,则第二位 $a_2=a_1+1$,而第三位 $a_3=a_2+1$,依此类推,$a_{100}=a_{99}+1$。对于此类有规则变化的程序,可以使用循环来简化计算,循环变量从 1 开始,每次递增 1 就可以模拟出数列的变化,而循环的终止值为数列中的最后一个值 100。

(2)程序需要完成 100 个数值的累加,因此需要使用一个变量存放最终的累加结果。

流程分析:流程图如图 4-2 所示。

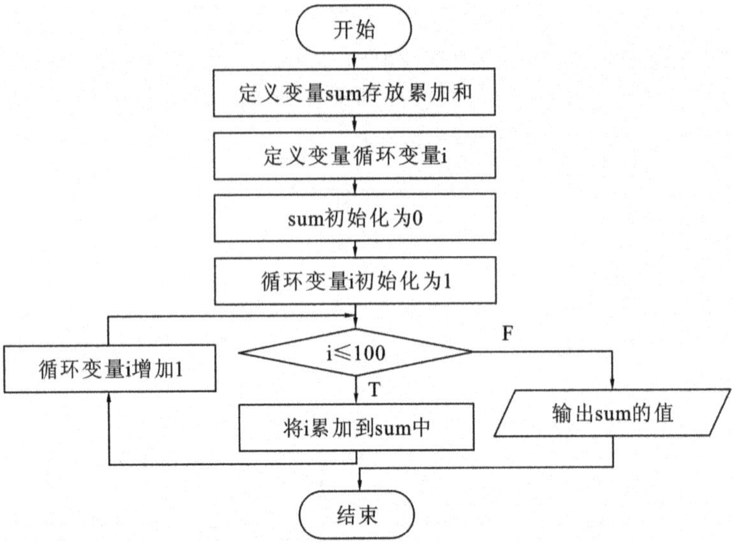

图 4-2　例 4-1 流程图

Summation.c:

```
1  #include <stdio.h>
2  void main()
3  {
4      int sum;
5      int i;
6  
7      sum = 0;
8      for(i=1 ; i<=100 ; i++)
9      {
10         sum=sum+i;
11     }
12     printf("1+2+3+4+ … +100 = %d\n",sum);
13 }
```

程序分析：

● 第 4 行，定义 int 类型变量 sum 用于存放累加和。

● 第 5 行，定义循环变量 i，该变量作为循环计数器使用。

● 第 7 行，将变量 sum 初始化为 0，以保存后续计算的累加和。

● 第 8 行，for 循环语句体，表达式 1“i＝1”将循环变量 i 初始化为 1；表达式 2“i＜＝100”为循环判断条件，当“i＜＝100”时执行循环体，当 i＞100 时则退出循环不再执行；表达式 3“i＋＋”为循环变量变化语句，在本例中将循环计数器每次累加 1，实现序列后一位数在前一位数基础上增加 1。

● 第 10 行，“sum＝sum＋i;”，将 i 的值累加到变量 sum 中。

● 第 12 行，将结果输出到屏幕中。

程序运行结果：

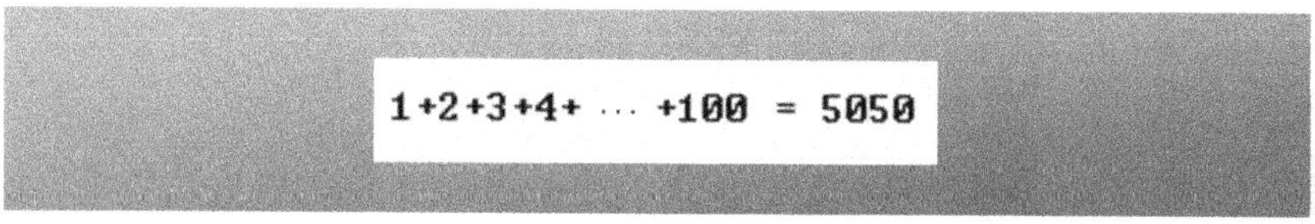

【例 4-2】 编写程序求 $n!$（即 $1\times2\times3\times\cdots\times n$ 的值），并将结果输出到屏幕中。

问题分析：仔细观察所给的表达式“$1\times2\times3\times\cdots\times n$”，不难发现，在数列中的某位数（第一位数除外）是在前一位数的基础上增加 1，我们假设第一位 $a_1=1$，则第二位 $a_2=a_1+1$，第三位 $a_3=a_2+1$……依此类推 $a_n=a_{n-1}+1$。对于此类有变化规律的程序，可以使用循环来简化计算，循环变量从 1 开始，每次递增 1 就可以模拟出数列的变化，而循环的终止值为数列中的最后一个值 n。

程序需要完成 n 个数值的阶乘，因此需要使用一个变量存放最终的运算结果。

需要用户输入 n，代表要求数值 n 的阶乘，因此需要在程序中定义变量来存放该值。

流程分析：流程图如图 4-3 所示。

Factorial.c:

```c
#include <stdio.h>
void main()
{
    int sum;                            //存放阶乘乘积
    int i;                              //循环变量
    int num;                            //存放用户输入的n

    printf("**********求n! **********\n\n");
    printf("请输入数值n:");
    scanf("%d",&num);

    for(i=1,sum=1; i<=num ; i++)              //利用循环求n!
    {
        sum *=i;
    }

    printf("\n%d!=%d",num,sum);
}
```

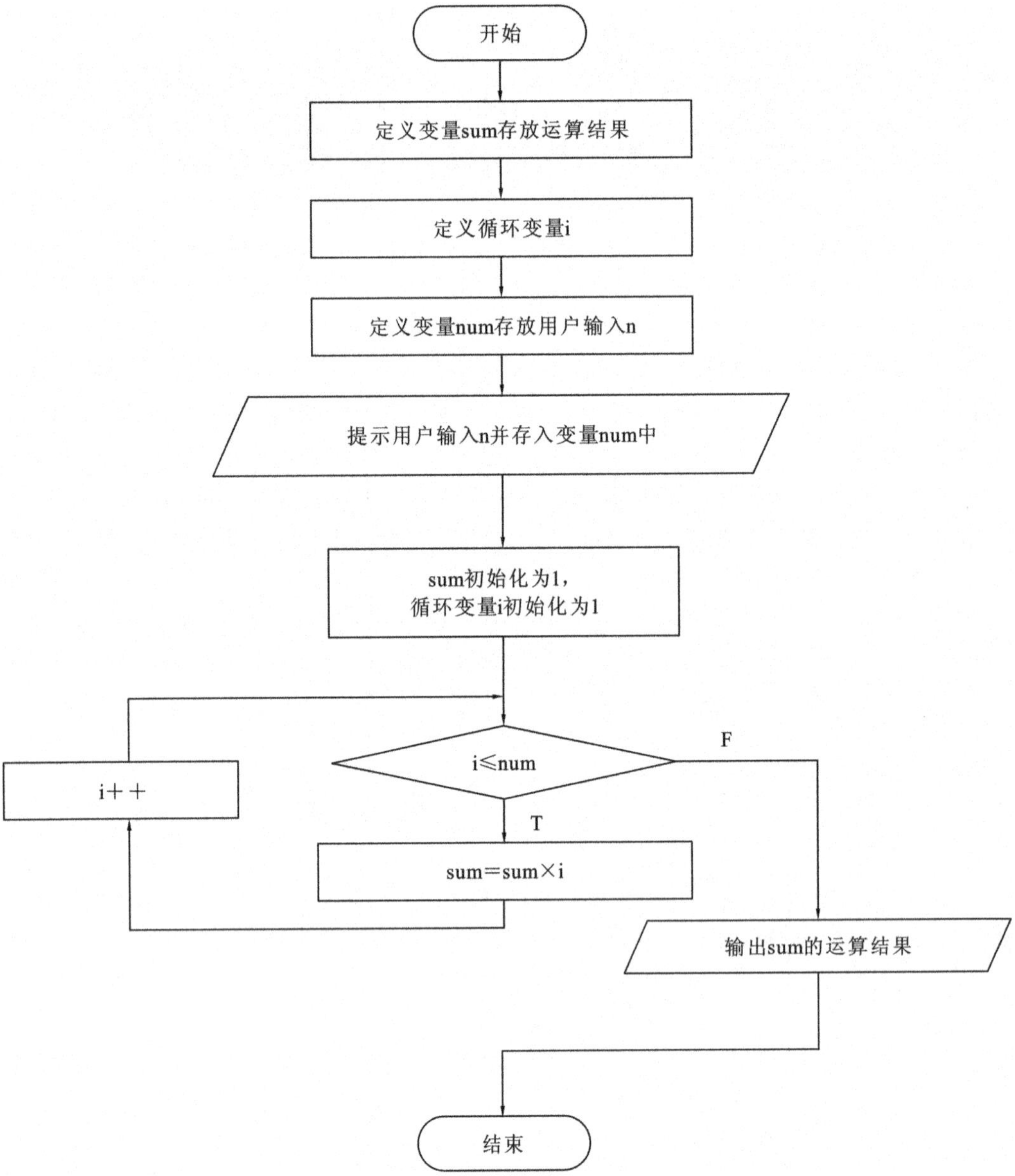

图 4-3　例 4-2 流程图

程序分析：

● 第 10 行，将用户输入的数值存入变量 num 所指定的内存空间中。

● 第 12 行，for 循环语句体，表达式 1 为"i=1，sum=1"，在此处使用逗号表达式，同时初始化循环变量 i 和存放结果的变量 sum，由于要完成乘积运算，因此不能将此处的 sum 初始化为 0，需初始化为 1。表达式 2"i<=num"为循环判断条件，将用户输入的 num 数值作为循环终止条件，当 i 小于等于 num 则执行循环体完成乘积运算，若 i 大于 num 则终止循环，跳转到循环后的第 17 行语句继续执行。表达式 3"i++"为循环变量变化语句，此处每次执行完循环体则将循环变量自增 1。

● 第 14 行，"sum *=i;"，通过复合赋值运算符"*="计算第 i 次循环 sum*i 的结果并赋值给变量 sum。

程序运行结果：

```
***********求n! ***********
请输入数值n:5
5!=120
```

【课堂实践 4-1】

1. 编写程序，求自然数 100 以内所有偶数的和，即计算 2+4+6+…+100 的值。

2. 编写程序，求 1×2+2×3+3×4+4×5+…+100×101 的值。

4.1.2　for 语句语法进阶

for 语句在 C 语言中是非常灵活的，可以有各种各样的用法，下面我们将以例 4-1 为基础进行介绍。

1. 省略表达式 1

for 语句中，表达式 1 用来初始化计数器变量，即循环变量的初始化。此处既可以使用逗号表达式初始化多个变量，也可以省略此处的表达式 1，而将变量的初始化放在 for 循环语句之前。注意在省略表达式 1 后，其后用来分隔表达式 1 和表达式 2 的“;”不能省略。

程序

for 循环进阶使用示例 1

【例 4-3】　用省略表达式 1 的写法改写例 4-1。

SummationV1.c:

```c
#include <stdio.h>
void main()
{
    int sum;
    int i;

    sum = 0;
    i=1 ;
    for(; i<=100 ; i++)
    {
        sum=sum+i;
    }
    printf("1+2+3+4+ … +100 = %d\n",sum);
}
```

程序分析：

● 第 8 行，将表达式 1 的循环变量初始化语句放到 for 循环之前。

● 第 9 行，由于变量 i 在进入 for 循环前已经在第 8 行初始化，因此在 for 语句中可以省略表达式 1，此时循环定义语句变为“for(;i<=100;i++)”。虽然省略了表达式 1；但表达式 1 与表达式 2 之间的“;”不能省略，否则将引发语法错误。

2. 省略表达式 2

for 语句中，表达式 2 作为循环条件的判断语句，决定了是否执行循环体。C 语言中规定，表达式 2 可以省略。若省略表达式 2，则 for 语句的判断条件默认为 1，即循环条件永远成立，此时将构成死循环。

为避免死循环发生，应该在循环体中使用 if 和 break 语句“跳”出循环。

程序 for 循环进阶使用示例 2

【例 4-4】 用省略表达式 2 的写法改写例 4-1。

SummationV2.c:

```
1  #include <stdio.h>
2  void main()
3  {
4      int sum;
5      int i;
6  
7      sum = 0;
8      for(i=1; ; i++)
9      {
10         if (i<=100)
11         {
12             break;
13         }
14         sum=sum+i;
15     }
16     printf("1+2+3+4+ … +100 = %d\n",sum);
17 }
```

程序分析：

● 第 8 行，省略表达式 2 的循环条件判断语句，循环定义语句变为“for(i=1;;i++)”，此时必须在循环体中使用适当语句“跳”出循环，否则将构成死循环而引发逻辑错误。当省略表达式 2 时，表达式 1 与表达式 2，表达式 2 与表达式 3 之间的“;”都不能省略。

● 第 10～13 行，使用 if 语句进行判断，当“i<=100”为真时，执行 break 语句“跳”出循环体，执行循环体后的第 16 行语句。

3. 省略表达式 3

for 语句中，表达式 3 用来进行循环变量的变化，通过修改循环变量的值使循环在执行有限次数后能够趋于终止。C 语言中规定，表达式 3 可以省略。若省略表达式 3，则 for 语句的循环计数器将保持初始值，此时循环条件永远成立，将构成死循环。

省略表达式 3，需要在循环体中增加语句修改循环计数器的值，使循环能在执行有限次数后结束。

程序 for 循环进阶使用示例 3

【例 4-5】 用省略表达式 3 的写法改写例 4-1。

SummationV3.c:

```
1  #include <stdio.h>
2  void main()
3  {
4      int sum;
5      int i;
6  
7      sum = 0;
8      for( i=1;i<=100; )
9      {
10         sum=sum+i;
11         i++;
12     }
13     printf("1+2+3+4+ … +100 = %d\n",sum);
14 }
```

程序分析：

● 第 8 行，省略表达式 3 的循环计数器变化语句，循环定义语句变为“for(i=1;i<=100;)”，此时必须在循环体中使用适当语句使循环计数器的值发生变化，否则将构成死循环。

● 第 11 行，添加语句“i++;”使循环计数器的值发生变化，实现原来表达式 3 的功能。

◆ 返回工作场景一

问题分析：分析发现，每天的采摘量是前一天的 2/3，因此采摘量为等比数列。可以使用 for 循环计算当天的采摘量并将当天的采摘量累加到采摘总量中。注意第一天的采摘量已确定，所以循环次数为 14 次。

流程分析：流程图如图 4-4 所示。

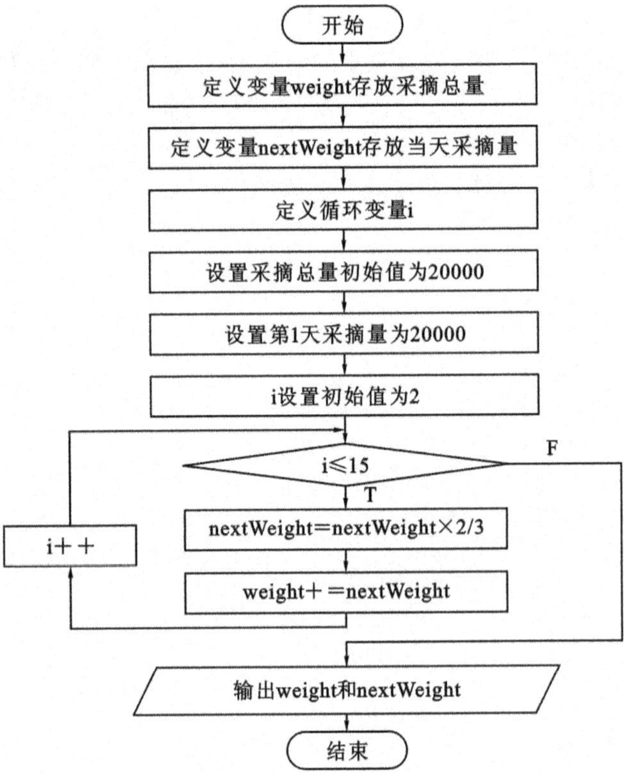

图 4-4 “番茄采摘”流程图

程序分析：

tomato.c:

```
1  # include<stdio.h>
2  void main()
3  {
4      double weight;              //采摘n天的总量
5      double nextWeight;          //当天的采摘量
6      int i;
7
8      weight = 20000;
9      nextWeight = weight;
10     for (i = 2; i <= 15; i++)
11     {
12         nextWeight = nextWeight*2/3;
13         weight += nextWeight;
14     }
15
16     printf("计算机器人工作15天后，共采摘番茄总量%.2f千克\n", weight);
17     printf("第15天采摘%.2f千克\n",nextWeight);
18 }
```

● 第 4 行，定义变量 weight 为 double 类型，存放采摘总量。由于后续当天的采摘量为前一天的 2/3，因此将该变量定义为 double 类型。

● 第 5 行，定义变量 nextWeight 为 double 类型，存放当天的采摘量。

● 第 8 行，已知第 1 天的采摘量为 20000 千克，因此将其设为初始采摘总量。

● 第 9 行，因为第 1 天采摘量为 weight，所以将 nextWeight 初始值设为 weight。

● 第 10 行，在“for(i＝2;i＜＝15;i＋＋)”语句之前，已经将第 1 天的采摘量设置为 weight 和 nextWeight 的初始值，因此循环变量 i 应该从第 2 天计算到第 15 天。

● 第 12 行，“nextWeight＝nextWeight * 2/3;”，求出当天的采摘量。

● 第 13 行，“weight＋＝nextWeight;”，将当天的采摘量累加到采摘总量中。

【挑战环节】 编写程序，计算一个小球从 100 米高度自由落下，每次落地后反弹回原高度的一半，再落下……求此球在第 10 次落地时，共经过多少米？第 10 次反弹多高？根据题意假设小球初始高度为 H：

第 1 次落地，反弹高度为 $H_1=H/2$；

第 2 次落地，反弹高度为 $H_2=H_1/2=(H/2)/2=H/2^2$

第 3 次落地，反弹高度为 $H_3=H_2/2=(H_1/2)/2=[(H/2)/2]/2=H/2^3$

…………

第 10 次落地，反弹高度为 $H_{10}=H_9/2=\cdots=H/2^{10}$

小球弹跳的规律为等比数列，可以使用 C 语言中的 for 语句进行求解。流程图如图 4-5 所示。

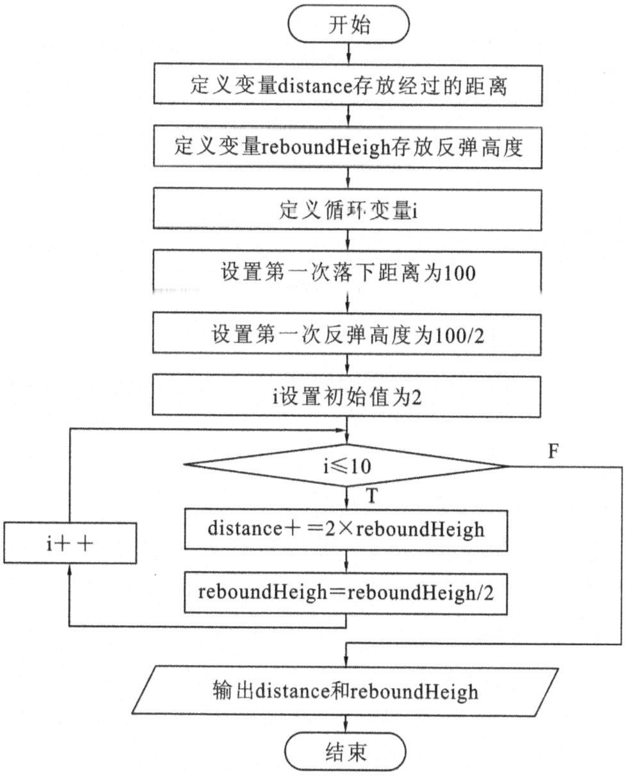

图 4-5 “小球落地案例”流程图

良好的编程习惯

当以后遇到此类问题时，不要急于编写程序，而是应该先静下心来理清思路，找到其中的规律再去编写程序。

4.2 while 语句循环设计任务训练

◆【导入】工作场景二：聪明的果实分拣机器人

(1)问题描述：在农业生产中，将各种果实分拣归类是一项必不可少的农活，往往需要投入大量的劳动力。果实分拣机器人采用光电图像辨别和提升分拣机械组合装置，实现了果实的自动化分拣。它能把大个西红柿和小粒樱桃加以区别，然后分拣装运，也能将不同大小的土豆分类，并且不会擦伤果实的外皮。为了检测它的分拣效果，采用逐渐增加工作量的方式进行。第一天分拣土豆 100 千克，从第二天开始每天的分拣量为前一天的 1.5 倍，直到当天的分拣量达到不超过 2000 千克的最大值。请编程计算：果实分拣机器人一共分拣了多少天？平均每天分拣土豆多少千克？(结果保留两位小数)

(2)问题分析：假设总分拣量为 total，初始值为 0，当天的分拣量为 m，初始值为第一天的 100 千克，第二天开始每天的分拣量为前一天的 1.5 倍。截止到当天的总分拣量为 total+m，再除以天数则为平均每天的分拣量。可以使用循环结构进行求解，但不知循环次数，仅知道循环结束条件为"当天的分拣量达到不超过 2000 千克的最大值"，因此适合用 while 语句实现。

(3)演示执行：

```
一共分拣了8天土豆，总分拣量为4925.78千克；
每天平均分拣土豆615.72千克；
```

涉及知识点

在使用循环语句编写程序时，当事先就能够确定循环需要执行的次数时，一般使用 for 语句来编写程序。但在只知道循环初始条件和结束条件，且不能预先确定循环次数的情况下，一般使用 while 语句编写程序。在 while 循环中，只要循环条件成立(条件表达式判断结果为真)，就可以重复执行循环体中的语句。

while 循环语法结构：

```
[循环变量初始化]；
while(表达式)
{
    循环体语句；
```

```
    [循环变量变化];
}
```

说明如下。

(1)循环变量初始化:用于初始化存放循环判断条件的变量内容,一般由赋值表达式构成,该语句的作用与 for 循环中的表达式 1 一致。

(2)表达式:循环条件的判断,判断 while 循环条件是否成立,若满足循环条件(返回 True),则继续执行循环体;若不满足循环条件(返回 False),则退出循环。

(3)循环体语句段:循环需要执行的语句段落,可以由一句或多句语句构成。

(4)循环变量变化:用来修改循环变量的值,每次执行完循环体语句段后需要修改循环变量的内容,使循环能在执行有限次数后终止。

提示与陷阱

在标准 C 语言语法结构中,并没有“[循环变量初始化]”和“[循环变量变化]”这两句语句,其一般形式为“while(表达式)语句”,但为方便同学们记忆和避免死循环的出现,我们将循环变量初始化和循环变量变化的语句也列在语法结构中。

while 循环流程图如图 4-6 所示。

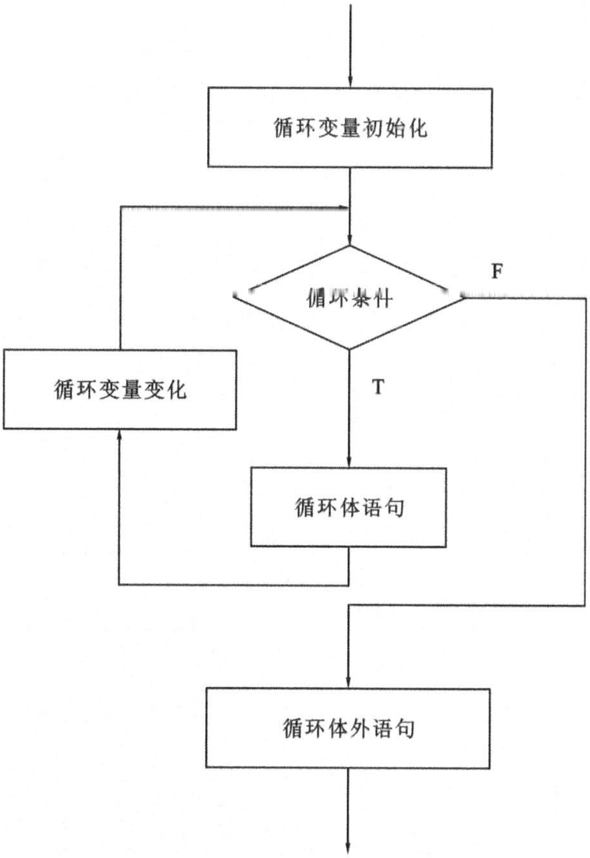

图 4-6 while 循环流程图

“循环变量初始化”的作用是在进入 while 循环前，将控制循环是否执行的循环变量赋初始值。

“循环条件”的作用是设置循环的终止条件，一般是由循环变量和终止条件构成的关系表达式。当循环变量中的数据不满足循环终止条件时，则继续执行循环体。当循环变量中的数据满足循环终止条件时，则退出循环，执行循环体外的语句。

“循环变量变化”的作用是当循环体执行完毕后，对循环变量中的数据进行修改，使循环能够在执行有限次数后终止。

程序 while 循环使用示例

【例 4-6】 编写程序求 100 以内所有偶数和，并将结果输出到屏幕中。

问题分析：通过前面的学习，我们已经知道本题可以使用 for 循环完成，但在此为了帮助理解 while 循环的使用方式，我们将使用 while 循环完成。“求 100 以内所有偶数和”，从题意中可以分析得出循环的初始条件为 2，而循环的终止条件为 100。同时需要定义一个变量存放最终的累加结果。

流程分析：流程图如图 4-7 所示。

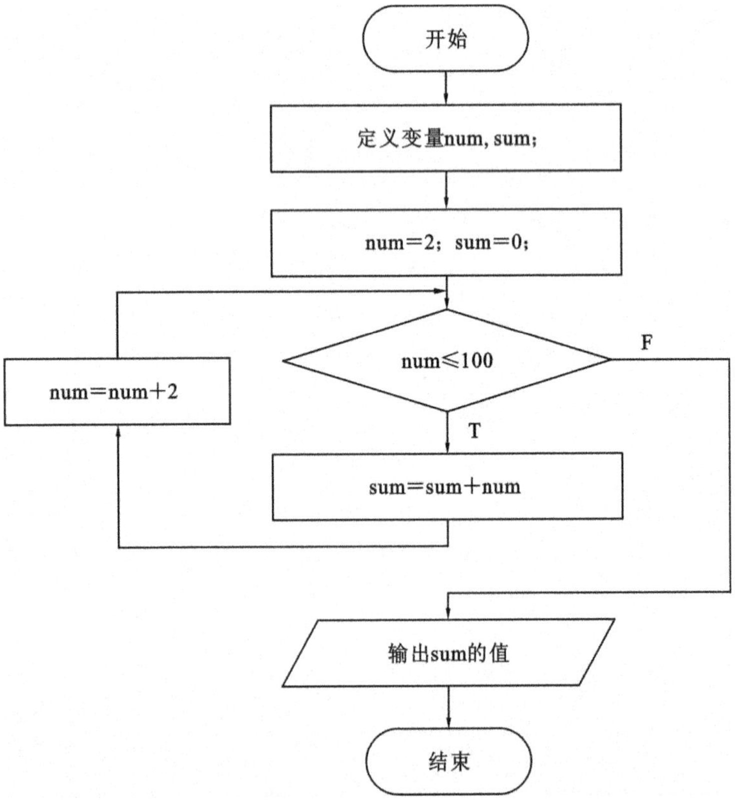

图 4-7　例 4-6 流程图

Even.c:

```c
1  #include <stdio.h>
2  void main()
3  {
4      int num;
5      int sum;
6
7      num = 2;
8      sum = 0;
9
10     while(num<=100)
11     {
12         sum += num;
13         num += 2;
14     }
15     printf(" 100以内所有偶数和为:%d\n" , sum);
16 }
```

程序分析：

- 第 4 行，定义 int 类型循环变量 num，该变量用于判断循环是否执行。
- 第 5 行，定义 int 类型变量 sum，用于存放累加结果。
- 第 7 行，将循环变量 num 初始化为 2，因为偶数求和可从自然数 2 开始。
- 第 8 行，sum 变量初始化为 0。
- 第 10 行，“while(num<=100)”，循环终止的判断条件为“num<=100”，只要当前 num 变量的值小于等于终止条件 100，则执行循环体，当 num 大于 100 时终止循环。
- 第 12 行，“sum+=num;”将当前的 num 值累加到变量 sum 中，以得到 100 以内的偶数和。
- 第 13 行，“num+=2;”修改循环变量，由于要求偶数和，因此该处使用“+2”的方式，取得下一个偶数。

程序运行结果：

```
100以内所有偶数和为:2550
```

【例 4-7】 编写程序，接收用户从键盘中输入的两个整数，计算这两个整数的最大公约数和最小公倍数。

问题分析：两个整数的最大公约数是能够同时整除它们的最大的正整数，最大公约数可以采用辗转相除法进行求解。设两个整数 m 和 n，m 对 n 求余为 a，若 a 不等于 0，则将 n 赋值给 m，将 a 赋值给 n，继续求余。否则 n 为最大公约数。最小公倍数=两个数的积/最大公约数。

流程分析：流程图如图 4-8 所示。

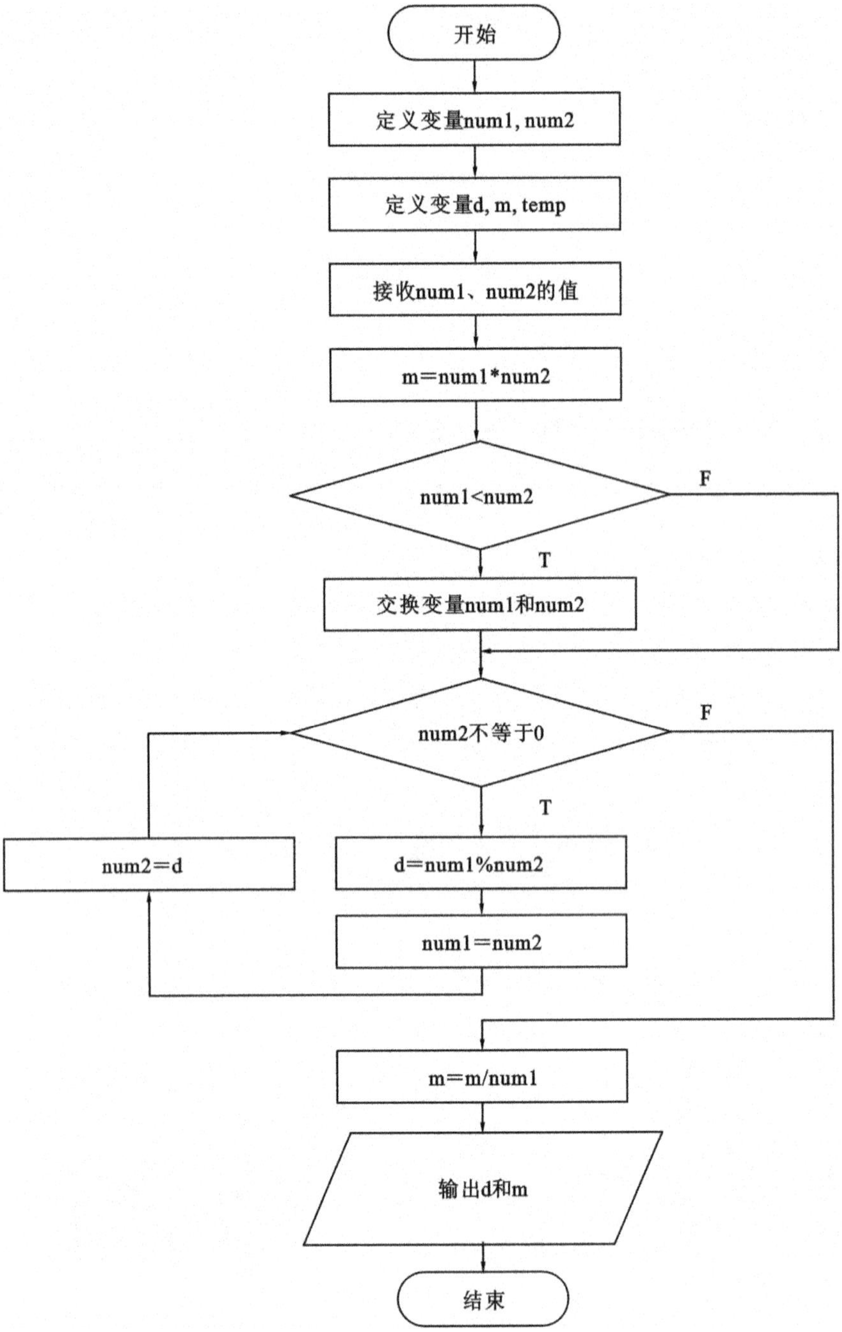

图 4-8　例 4-7 流程图

CommonDivisor.c:

```
1  #include <stdio.h>
2  void main()
3  {
4      int num1;                           //存放用户输入的第一个数
5      int num2;                           //存放用户输入的第二个数
6      int d;                               //存放两数相除的余数
7      int m;                              //存放公倍数
8      int temp;                           //临时变量
9
10     printf("\n请输入第一个整数:");
11     scanf("%d",&num1);
12
13     printf("\n请输入第二个整数:");
14     scanf("%d",&num2);
15
16     m = num1*num2;
17
18     if (num1<num2)
19     {
20         temp = num1;
21         num1 = num2;
22         num2 = temp;
23     }
24
25     while(num2!=0)
26     {
27         d = num1%num2;
28         num1 = num2;
29         num2 = d;
30     }
31
32     m= m/num1;
33
34     printf("\n最大公约数为: %d\n",num1);
35     printf("\n最小公倍数为: %d\n",m);
36 }
```

程序分析：

● 第 16 行，由于 num1 和 num2 变量在循环中会被不断赋值覆盖，因此先根据公约数公式，将 num1 乘 num2 的结果存入 m 中。

● 第 18～23 行，为保证被除数大于除数，需要判断 num1 和 num2 的大小，如果 num1 小于 num2，则交换 num1 和 num2 中的数据。在 C 语言中，要交换两个变量的内容，需要借用第三个临时变量。就如同要交换两个杯子中的水，要借用另一个杯子才能完成。首先将 A 杯中的水倒入空杯 C 中，然后将 B 杯中的水倒入 A 杯中，再将 C 杯中的水倒入 B 杯中，才能完成整个交换过程，程序中交换两个变量的内容与生活中交换两个水杯中的水的操作步骤一致。

● 第 25 行，“while(num2! ＝0)”，此时判断条件是两数相除后的余数为 0 则停止循环，否则将继续执行循环体中的除法操作。

● 第 27 行，“d＝num1％num2；”，num1 对 num2 求余数，并将余数赋值给变量 d。

● 第 28 行，“num1＝num2；”，将 num2 赋值给 num1，作为下一轮运算的被除数。

● 第 29 行，“num2＝d；”，将本次的余数 d 赋值给 num2，作为下一轮运算的除数。

● 第 32 行，“m＝m/num1；”，根据公式计算最小公倍数，最小公倍数为“两个数的积/最大公约数”，在第 16 行中 m 已经保存了 num1 和 num2 的乘积，此时 m 只要除以刚才求得的最大公约数 num1 就可以得到最小公倍数。

程序运行结果：

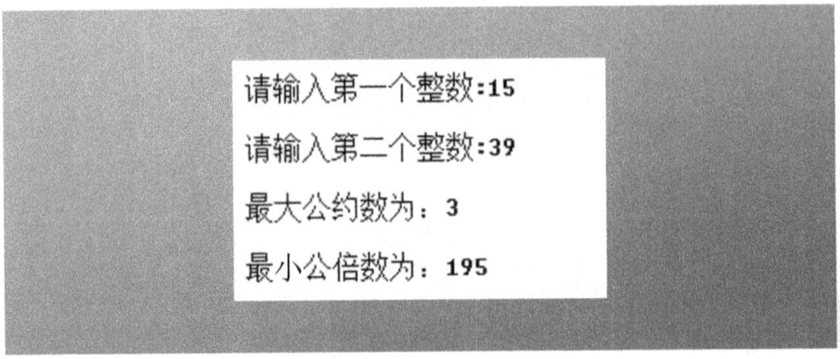

【例 4-8】 编写程序，接收用户从键盘中输入的一行字符，统计并输出字符个数。

问题分析：根据题意“接收用户从键盘输入的一行字符”可知，事先并不知道用户会输入多少个字符，但不论用户输入多少个字符，最终都是以结束字符“\n”作为输入截止的标识。因此可以采用 while 循环进行操作，只要依次读取用户输入的字符即可，而终止的条件为行尾(即输入回车“\n”为止)即退出循环。

流程分析：流程图如图 4-9 所示。

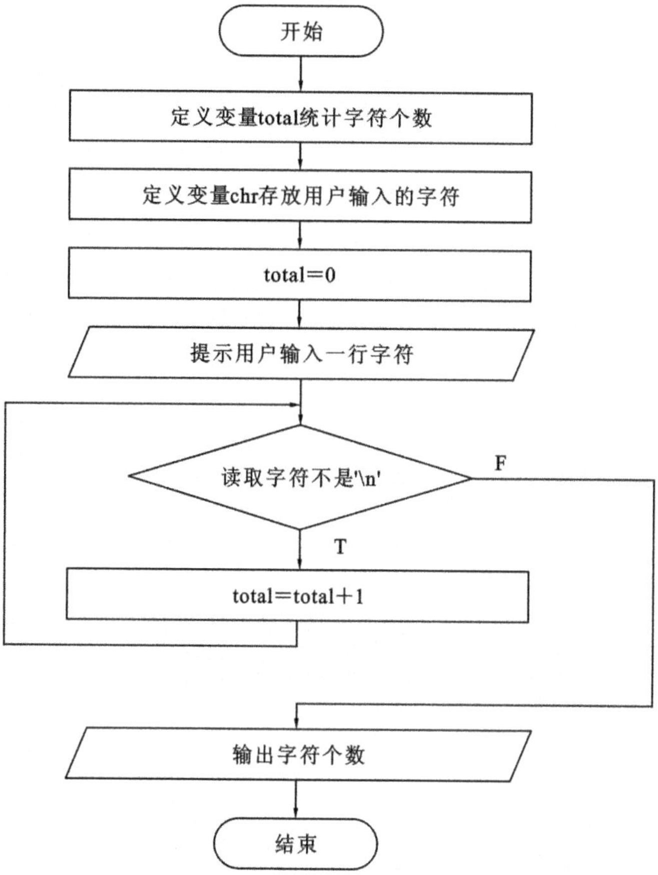

图 4-9 例 4-8 流程图

CountCharacters.c:

```
#include <stdio.h>
void main()
{
    int total=0;              //统计字符个数
    char chr;              //存放用户输入的字符

    printf("\n请输入一行字符以回车结束: \n\n ");

    while((chr=getchar())!='\n')
    {
        total++;
    }

    printf("\n您一共输入了%d个字符。\n",total);
}
```

程序分析：

● 第 4 行，定义变量 total 存放统计的字符个数，此处使用定义变量的同时初始化的方式，将 total 变量初始化为 0。

● 第 9 行，“while((chr=getchar())! ='\n')”，首先通过 getchar 函数从控制台中读取一个字符存入变量 chr 中，然后判断 chr 变量中的内容是否是结束字符“\n”，如果不是“\n”则执行循环体中的“total++；”，否则“跳”出 while 循环执行后面 printf 语句。此处符合 C 语言程序中最基本的语法，没有将循环变量赋初始值，也没有在循环体中改变循环变量，而是在判断语句这里进行了操作，每次读取循环变量之后改变循环变量的值。

程序运行结果：

```
请输入一行字符以回车结束：
A c-language application programming based capacity.
您一共输入了52个字符。
```

良好的编程习惯

我们也可以使用“while((chr=getchr())! ='\n')total++”，代替第 9～12 行的代码，但代码的可读性和可维护性会降低。

【课堂实践 4-2】 编写程序，解决以下问题：有一堆桃子，不知数目，猴子第一天吃掉一半，觉得不过瘾，又多吃了一个，第二天照此办法，吃掉剩下桃子的一半另加一个，往后天天如此。到第十天早上，猴子发现只剩一个桃子了，问这堆桃子原来有多少个？（分别用 for 循环和 while 循环实现）。

◆ 返回工作场景二

问题分析：分析发现，循环的初始条件为第一天分拣土豆 100 千克，结束条件为当天的分拣量达到不超过 2000 千克的最大值。无法预知需要分拣几天，因此使用 while 循环编写，循环变量的增加条件为当天分拣量是前一天分拣量的 1.5 倍。

potato.c:

```
# include<stdio.h>
void main()
{
    double total=0;              //存放总分拣量
    double m = 100;              //存放当天的分拣量，初始值为第1天的分拣量
    int day=0;                   //分拣的天数
    double ave=0;                //平均每天的分拣量

    while(m<=2000)
    {
        total =total+m;
        m*=1.5;
        day++;
    }

    ave=total/day;

    printf("一共分拣了%d天土豆，总分拣量为%.2f千克;\n\n",day,total);
    printf("每天平均分拣土豆%.2f千克;\n",ave);
}
```

【挑战环节】 每个苹果 0.8 元，第一天买 2 个苹果，从第二天开始每天买的数量为前一天的 2 倍，直到购买的苹果个数达到不超过 100 的最大值。请编写程序，求一共买了几天苹果，平均每天花多少钱。流程图如图 4-10 所示。

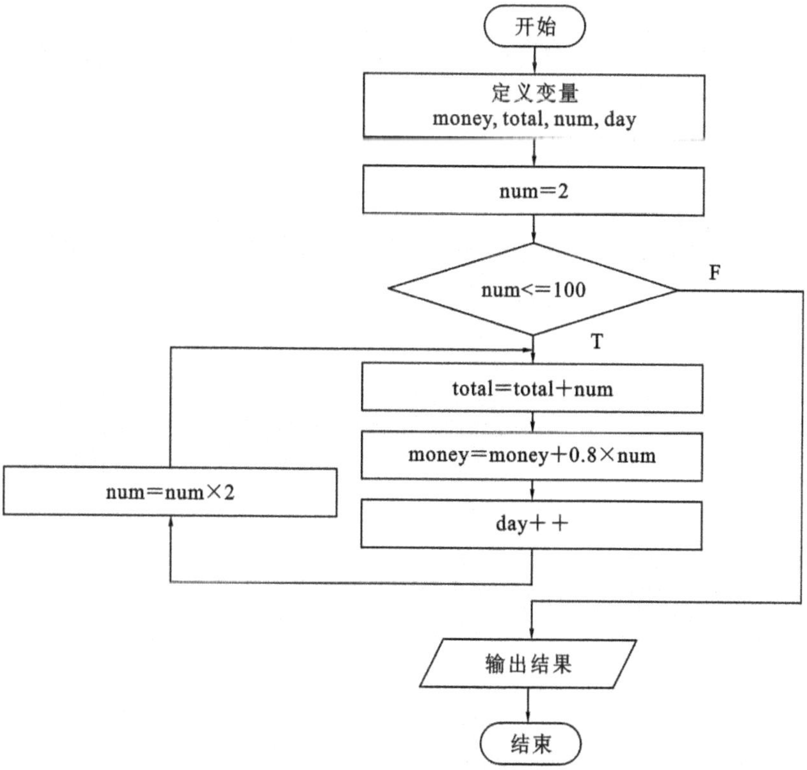

图 4-10　“买苹果案例”流程图

```
一共买了6天苹果共126个;
平均每天花钱16.80元;
```

提示与陷阱

while 循环执行条件符合语法格式"当……就……",因此 while 循环又称为当型循环。

4.3 do...while 语句循环设计任务训练

【导入】工作场景三:智能温室控制系统

(1)问题描述:智能温室控制系统通过在温室大棚内部安装摄像头、控制云台和各类数据传感器,实时远程获取温室大棚内部的空气温度、空气湿度、光照强弱、土壤湿度和二氧化碳浓度等环境参数及视频图像;通过模型分析,自动控制湿帘风机、喷淋滴灌、内外遮阳、顶窗侧窗、加温补光等设备,保证温室大棚内的环境最适宜作物生长,进而提高农作物产量,改善农作物质量。当系统运行时在界面中显示功能菜单,然后根据用户输入的菜单编号读取相应的传感器数据并进行智能控制。

①当用户输入"1",读取空气温度。当空气温度小于 18℃时,开启低温警报并启动加温设备;当空气温度大于 28℃时,开启高温警报并展开遮阳卷帘、启动降温设备。

②当用户输入"2",读取空气湿度。当空气湿度小于 45%时,开启湿度过低警报并启动雾化设备;当空气湿度大于 65%时,开启湿度过高警报并启动通风设备。

③当用户输入"3",读取土壤湿度。当土壤湿度小于 17%时,开启干旱警报并启动节能灌水设备;当土壤湿度大于 44%时,开启潮湿警报并启动通风设备。

④当用户输入"4",读取二氧化碳浓度。当二氧化碳浓度小于 400ppm 时,开启二氧化碳浓度过低警报并启动通风设备和二氧化碳发生器装置。

⑤当用户输入"5",读取光照度。当光照度小于 40klx 时,开启光照不足警报并收起遮阳卷帘、启动光照设备;当光照度大于 80klx 时,开启光照过强警报并展开遮阳卷帘。

⑥当用户输入"0",显示"欢迎下次继续使用本系统!"提示语句,并退出该系统。

⑦当用户输入的菜单编号不存在,则提示"输入错误,必须输入 0~5 之间,请重新输入!"。

每个功能模块执行完毕后,必须退回主界面,再次显示系统功能菜单,直至用户输入"0"退出系统。请编程模拟实现该智能温室控制系统。

(2)问题分析:分析发现,目前需要完成的功能是系统功能菜单的显示,当显示系统功能菜单后,用户输入所需调用功能模块的编号,需要接收编号并根据编号调用相应的功能模块,调用完毕后将再次显示系统功能菜单以接收用户下一个操作,直至用户输入"0"退出系统为止。当用户输入的编号不在当前菜单中时,还需要提示用户重新输入,并再次显示系统功能菜单。系统功能菜单的显示和用户的输入需要使用循环结构,可以使用 do...while 语句实现。

(3)演示执行：

```
          智能温室控制系统
*********************************
*                               *
*        1 空气温度             *
*                               *
*        2 空气湿度             *
*                               *
*        3 土壤湿度             *
*                               *
*        4 二氧化碳浓度         *
*                               *
*        5 光照度               *
*                               *
*        0 退出系统             *
*                               *
*********************************

请选择您要的功能(0~5)：1

输入空气温度（℃）：
30

*****高温警报！展开遮阳卷帘，启动降温设备！
```

涉及知识点

do...while 语句与 while 语句类似，都是在事先不知道循环要执行多少次时使用。但 while 语句先执行条件判断然后执行循环体，而 do...while 语句则将条件判断语句放在循环体语句后，因此 do...while 语句先执行循环体，然后判断循环条件是否满足。

do...while 循环语法结构：

```
do {
    循环体语句;
} while(表达式);
```

说明如下。

(1)循环体语句：循环需要执行的语句，可以由一句或多句语句构成。在 do...while 的循环中，如果循环体仅一句语句，此处的“{”“}”是可以省略的，直接在 do 后写入循环体语句即可。如果没有在循环体中改变循环变量的内容，循环将变为始终执行的死循环。

(2)表达式：判断循环条件，即判断 do...while 循环条件是否成立。若满足循环条件(返回 True)，则返回到 do 后继续执行循环体语句；若不满足循环条件(返回 False)，则退出循环，执行循环体外的表达式。在 do...while 语句中，while(表达式)后必须跟“;”，否则会引发语法错误。

提示与陷阱

do...while 循环中，执行条件符合语法格式“直到……就……”，因此 do...while 循环又称为直到型循环。

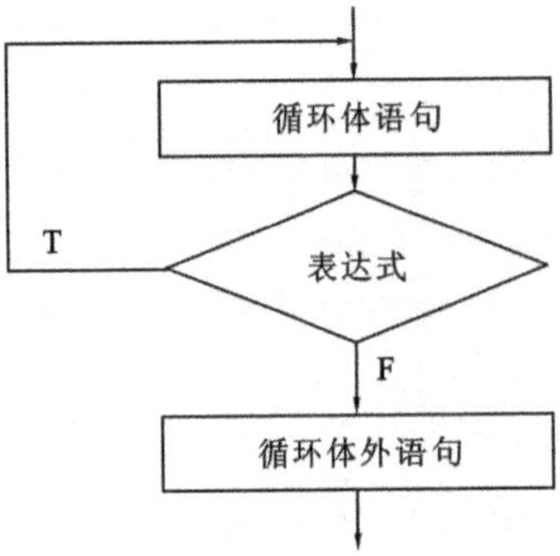

图 4-11 do…while 循环流程图

do…while 循环是从 do 开始执行，先执行一次循环体语句，然后判断 while 中的表达式是否满足，如果表达式的值为真(返回 True)，则再次执行循环体，如此反复，直到表达式的值为假(返回 False)，循环结束。

do…while 循环流程图如图 4-11 所示。根据流程图可以看出，程序执行的先后顺序是先执行循环体语句，然后判断表达式的值，并根据表达式所返回的结果决定是继续执行循环体语句，还是退出循环执行循环体外语句。

程序 do…while 循环使用示例

【例 4-9】 改写例 4-8，使用 do…while 语句编写程序，接收用户从键盘中输入的一行字符，统计其中字母字符个数、数字字符个数以及非字母数字字符个数，并将其结果输出在屏幕中。

问题分析：在此使用 do…while 循环进行改写，在循环体中依次读取用户输入的字符，并统计到各计数变量中，当读入回车"\n"时，循环终止，并在屏幕中显示用户输入的字符个数。

流程分析：流程图如图 4-12 所示。

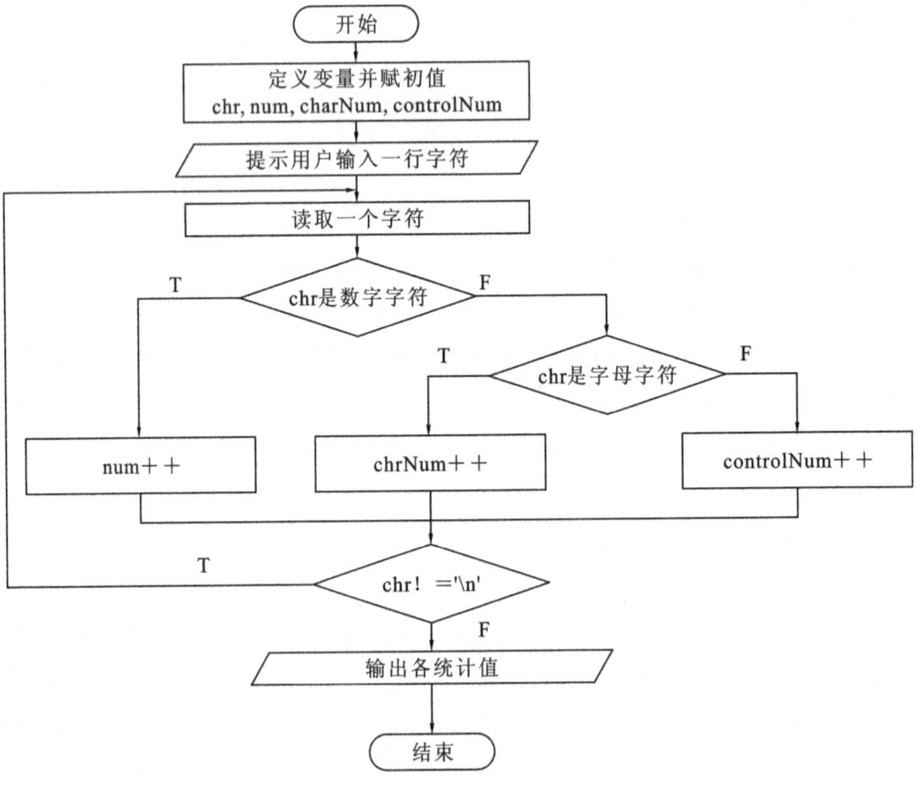

图 4-12 例 4-9 流程图

CalcCharacters.c:

```
1  #include <stdio.h>
2  void main()
3  {
4      char chr;               //接收用户输入的字符
5      int num=0;              //统计数字字符个数
6      int chrNum=0;           //统计字母字符个数
7      int controlNum=0;       //统计非字母数字字符个数
8
9      printf("\n\n请输入一行字符以回车代表结束：\n\n");
10     do{
11         chr=getchar();
12
13         if(chr>='0'&&chr<='9')
14         {
15             num++;
16         }
17         else if(chr>='A'&&chr<='Z'||chr>='a'&&chr<='z')
18         {
19             chrNum++;
20         }
21         else
22         {
23             controlNum++;
24         }
25     }while(chr!='\n');
26
27     controlNum--;
28
29     printf("\n\n字母个数：%d个。",chrNum);
30     printf("\n\n数字个数：%d个。",num);
31     printf("\n\n非字母数字个数：%d个。\n",controlNum);
32 }
```

程序分析：

● 第 11 行，使用“chr=getchar();”读取用户输入的一个字符。

● 第 13～24 行，使用阶梯状的 if 判断，首先在第 13 行中，使用条件“chr>='0'&&chr<='9'”判断用户输入的字符是否在数字字符 0～9 之间。如果是，则当前字符为数字字符，将 num(统计数字字符)变量自增。如果不是，则继续使用第 17 行条件“chr>='A'&&chr<='Z'||chr>='a'&&chr<='z'”判断用户输入的字符是否是大写字母 A～Z 或者小写字母 a～z，如果是，则 chrNum(统计字母字符)变量自增，否则将 controlNum(统计控制字符)变量自增。

● 第 27 行，由于结束符'\n'也被统计到控制字符中，因此此处将 controlNum 减 1，去掉最后统计上的结束字符。

程序运行结果：

```
请输入一行字符以回车代表结束：
This is simple test for 123456789.

字母个数：19个。
数字个数：9个。
非字母数字个数：6个。
```

【课堂实践 4-3】 编写程序，接收用户从键盘中输入的一组数据，当用户输入为 0 时，代表输入结束，在屏幕中分别输出这组数据的累加和与平均值（分别使用 while 循环和 do...while 循环完成）。

◆ 返回工作场景三

问题分析：在程序开始运行时首先显示系统功能菜单，当菜单显示完成后接收用户输入的信息并根据输入的信息判断要调用的功能模块，当功能模块执行完毕后要再次显示系统功能菜单。在功能选择时使用 switch 语句判断用户的选择。进入不同功能模块后，再进行数据判断和执行相应操作。

greenhouse.c：

```c
#include <stdio.h>
void main() {
    char choice;    //存放用户输入的菜单选项
    double airTemperature,airHumidity,soilHumidity,co2Concentration,illuminance;

    do {

        printf("\n\t智能温室控制系统\n");
        printf("**********************************\n");
        printf("*                                *\n");
        printf("*       1 空气温度               *\n");
        printf("*                                *\n");
        printf("*       2 空气湿度               *\n");
        printf("*                                *\n");
        printf("*       3 土壤湿度               *\n");
        printf("*                                *\n");
        printf("*       4 二氧化碳浓度           *\n");
        printf("*                                *\n");
        printf("*       5 光照度                 *\n");
        printf("*                                *\n");
        printf("*       0 退出系统               *\n");
        printf("*                                *\n");
        printf("**********************************\n\n");
        printf("请选择您要的功能(0~5): ");
        fflush(stdin);
        scanf("%c",&choice);
        switch(choice) {
            case '0':
                printf("\n退出：欢迎下次继续使用本系统！\n");
                break;
            case '1':
                printf("\n输入空气温度（□）：\n");
                scanf("%lf",&airTemperature);
                if (airTemperature<18) {
                    printf("\n*****低温警报！启动加温设备！\n\n");
                }
                if (airTemperature>28) {
                    printf("\n*****高温警报！展开遮阳卷帘，启动降温设备！\n\n");
                }
                break;
            case '2':
                printf("\n\n*****输入空气湿度（%%）：***\n");
                scanf("%lf",&airHumidity);
```

greenhouse.c:

```
44            if (airHumidity<45) {
45                printf("\n\n*****湿度过低警报！启动雾化设备！\n");
46            }
47            if (airHumidity>65) {
48                printf("\n\n*****湿度过高警报！启动通风设备！\n");
49            }
50            break;
51        case '3':
52            printf("\n\n*****输入土壤湿度（%%）：***\n");
53            scanf("%lf",&soilHumidity);
54            if (soilHumidity<17) {
55                printf("\n\n*****干旱警报！启动节能灌水设备！\n");
56            }
57            if (soilHumidity>44) {
58                printf("\n\n*****潮湿警报！启动通风设备！\n");
59            }
60            break;
61        case '4':
62            printf("\n\n***输入二氧化碳浓度（ppm）：***\n");
63            scanf("%lf",&co2Concentration);
64            if (co2Concentration<400) {
65                printf("\n\n***二氧化碳浓度过低警报！启动通风设备，启动二氧化碳发生器装置！***\n");
66            }
67            break;
68        case '5':
69            printf("\n\n***输入光照度（klux）：***\n");
70            scanf("%lf",&illuminance);
71            if (illuminance<40) {
72                printf("\n\n***光照不足警报！收起遮阳卷帘，启动光照设备！***\n");
73            }
74            if (illuminance>80) {
75                printf("\n\n***光照过强警报！展开遮阳卷帘！***\n");
76            }
77            break;
78        default:
79            printf("\n\n输入错误,必须输入(0~5)之间,请重新输入!\n");
80        }
81    } while(choice!='0');
82 }
```

程序分析：

● 第 25 行，"fflush(stdin);"，在读入用户输入的字符类型数据时，由于用户输入一个字符后按回车确认，因此此处会读入两个字符。为保证下一次能读入正确，使用该函数清空输入缓冲区中存储的"\n"字符。

● 第 33 行，"scanf("%lf",&airTemperature);"，airTemperature 是 double 类型的变量，因此输入时使用格式控制字符串"%lf"。

● 第 42 行，"printf("\n\n*****输入空气湿度(%%)：***\n");"，使用转义字符"%%"输出一个"%"。

【挑战环节】 编写一个程序，读取输入的整数，直到输入 0 为止。输入结束后，输出用户输入的奇数个数以及奇数的平均值。

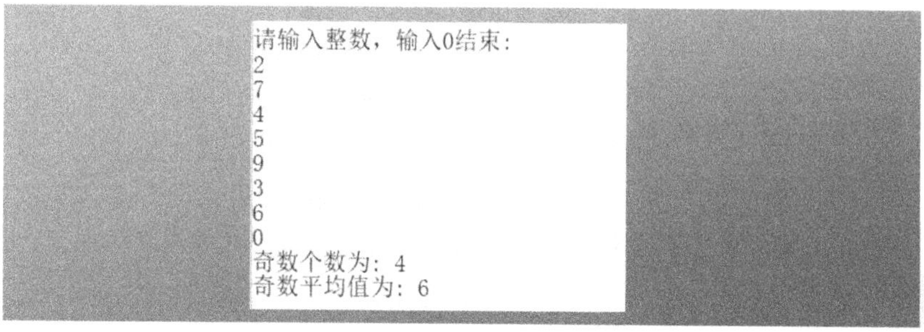

4.4　三种循环语句比较

C 语言中的循环结构包括 for 循环、while 循环、do...while 循环三种，我们已经分别学习了三种循环结构的用法，下面对比三种循环结构的区别。

for 循环语法格式：

```
for(表达式 1;表达式 2;表达式 3)
{
   循环体语句;
}
```

for 循环一般用于循环次数固定的情况，通过循环变量控制循环执行次数。

while 循环语法格式：

```
while(表达式)
{
   循环体语句;
}
```

while 循环用于循环次数不固定的情况。当循环条件满足，则执行循环体语句；循环条件不满足，则退出循环。

do...while 循环语法格式：

```
do {
循环体语句;
} while(表达式);
```

do...while 循环与 while 循环类似，都用于循环次数不固定的情况，但与 while 循环不同的是，do...while 循环先执行循环体，然后判断条件是否成立，成立则继续执行循环体，否则退出循环体。

三种循环语句都是在满足循环条件的基础上继续执行循环体，但如果循环条件一开始就不满足，for 和 while 语句将不会执行循环体，而 do...while 语句将执行一次循环体。下面让我们通过一个示例来比较三者的不同。

程序　三种循环使用对比示例

【例 4-10】　对比当循环条件一开始就不成立时，三种循环的执行效果。

CompareLoop.c:

```
1  #include <stdio.h>
2  void main()
3  {
4      int num =10;            //定义变量num并初始化为10
5  
6      printf("\n\nfor循环执行前 num=%d",num);
7      for(num=10 ; num<10 ; num++)
8      {
9          printf("\n\nfor循环体中num=%d",num);
10     }
11     printf("\n\nfor循环执行后 num=%d",num);
12 
13     printf("\n\n****************************************");
14 
15     num=10;
16     printf("\n\nwhile循环执行前 num=%d",num);
17     while(num<10)
18     {
19         num++;
20         printf("\n\nwhile循环体中num=%d",num);
21     }
22     printf("\n\nwhile循环执行后 num=%d",num);
23 
24     printf("\n\n****************************************");
25 
26     num=10;
27     printf("\n\ndo ... while循环执行前 num=%d",num);
28     do
29     {
30         num++;
31         printf("\n\ndo ... while循环体中num=%d",num);
32     }while(num<10);
33     printf("\n\ndo ... while循环执行后 num=%d\n\n",num);
34 }
```

程序分析：

● 第 4～11 行，for 循环中，当条件“num＜10”不成立时，循环体一次也不执行，for 循环执行前后 num 的值保持不变。

● 第 15～22 行，while 循环中，当条件“num＜10”不成立时，循环体一次也不执行，while 循环执行前后 num 的值保持不变。

● 第 26～33 行，do...while 循环中，由于是先执行后判断，因此循环体被执行一次，然后判断条件，若条件不成立则退出循环。do...while 执行前 num 的值为 10，因为执行循环体一次，num 自增 1，因此 do...while 循环执行后 num 的值变为 11。

程序运行结果：

```
for循环执行前 num=10
for循环执行后 num=10
****************************************
while循环执行前 num=10
while循环执行后 num=10
****************************************
do...while循环执行前 num=10
do...while循环体中num=11
do...while循环执行后 num=11
```

提示与陷阱

三种循环在处理同一问题时，一般可以通用。唯一的区别在于 do...while 循环无论循环条件是否成立都将执行一次循环体，而 while 循环和 for 循环在初始循环条件不成立的情况下不会执行循环体。

程序　三种循环使用对比示例之 for 循环实现

【例 4-11】 编写程序，接收用户从键盘输入的 10 个数，求出其中最大的数并输出在屏幕中（for 循环实现）。

问题分析：由“接收用户从键盘输入的 10 个数”可知，需要循环读取 10 个数。按照题意仅需求出其中最大的数并输出在屏幕中，因此并不需要 10 个变量来保存用户输入的所有数据，仅需一个变量读取即可。

首先假定第一个读到的变量就是最大值 max，再次读入一个新的数值，将该数值与 max 对比，如果比 max 大则将新读入的数据赋值给 max 作为新的最大值，然后继续读入下一个数，一共循环 9 次就能求得 10 个数中的最大值。

流程分析：流程图如图 4-13 所示。

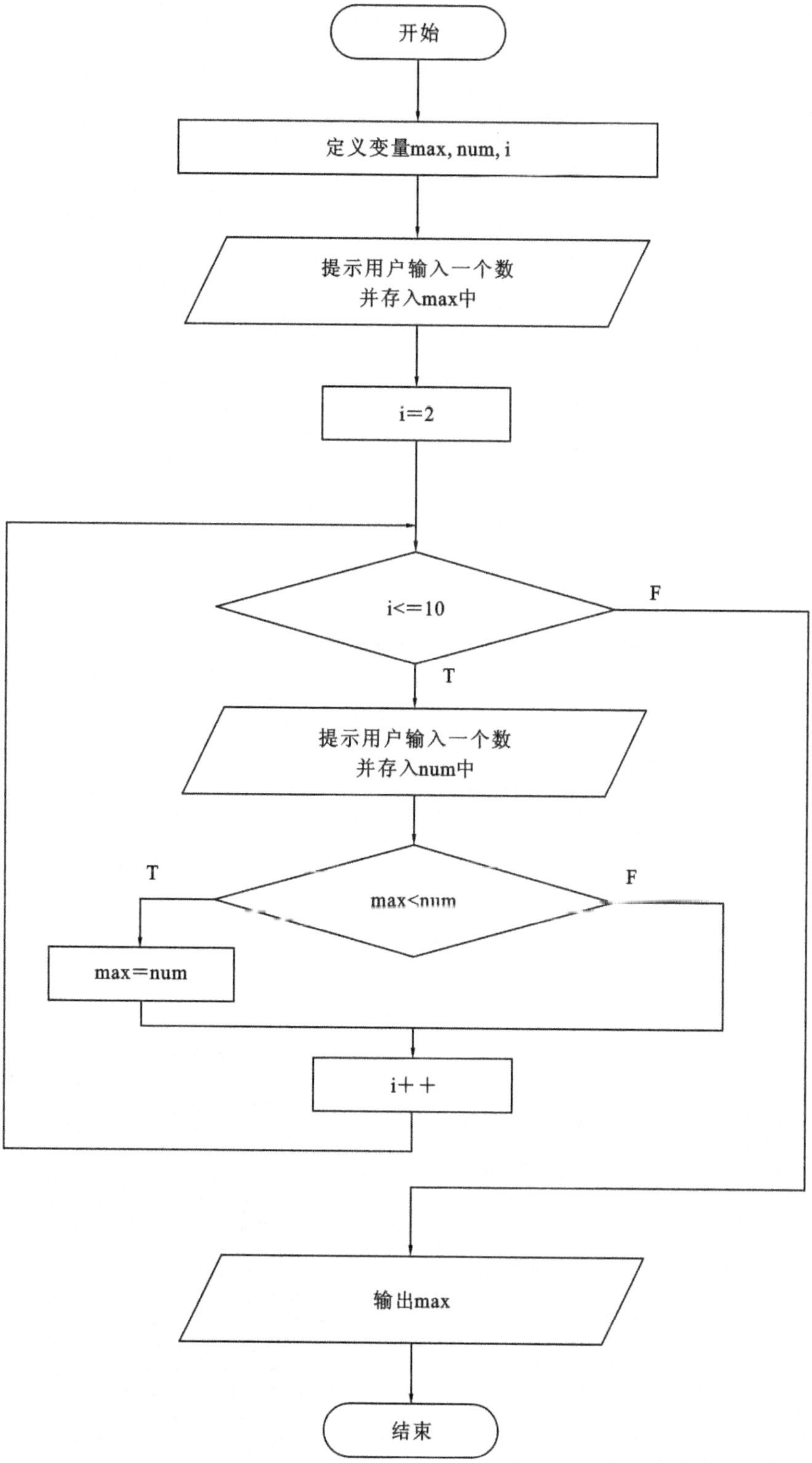

图 4-13　例 4-11 流程图

FindMaxByFor.c:

```
1  #include <stdio.h>
2  void main()
3  {
4      int max;          //存放最大值
5      int num;          //存放用户输入数据
6      int i=1;
7
8      printf("\n请输入第%2d个数:",i);
9      scanf("%d",&max);
10
11     for(i=2;i<=10;i++)
12     {
13         printf("\n请输入第%2d个数:",i);
14         scanf("%d",&num);
15
16         if(num>max)
17         {
18             max = num;
19         }
20     }
21
22     printf("\n10个数中最大的数是：%d。\n",max);
23 }
```

程序分析：

- 第 8～9 行，先让用户输入第一个数，并假定该数为最大数，然后依次将后续读入的数值与该值进行比较。
- 第 11 行，"for(i＝2;i＜＝10;i＋＋)"，由于在第 8～9 行中已经读入了第一个数作为最大值 max，因此 for 循环从 2 开始执行到 10，共执行 9 次。
- 第 16～19 行，使用 if 语句判断用户新输入的数据 num 是否大于原有的 max，如果 num 大于 max，则 num 为到目前为止的最大值，将其赋值给变量 max；如果 num 不大于 max，则什么都不做，继续读取用户输入的下一个数值到变量 num 中。

程序运行结果：

```
请输入第 1个数:3
请输入第 2个数:7
请输入第 3个数:8
请输入第 4个数:2
请输入第 5个数:11
请输入第 6个数:99
请输入第 7个数:6
请输入第 8个数:78
请输入第 9个数:89
请输入第10个数:68
10个数中最大的数是：99。
```

程序 三种循环使用对比示例之 while 循环实现

【例 4-12】 编写程序，接收用户从键盘输入的 10 个数，求出其中最大的数并输出在屏幕中（while 循环实现）。

FindMaxByFor.c:

```
1  #include <stdio.h>
2  void main()
3  {
4      int max;          //存放最大值
5      int num;          //存放用户输入数据
6      int i=1;
7  
8      printf("\n请输入第%2d个数:",i);
9      scanf("%d",&max);
10 
11     i=2;
12     while(i<=10)
13     {
14         printf("\n请输入第%2d个数:",i);
15         scanf("%d",&num);
16 
17         if(num>max)
18         {
19             max = num;
20         }
21         i++;
22     }
23 
24     printf("\n10个数中最大的数是: %d。",max);
25 }
```

程序分析：

- 第 11 行，由于使用 while 循环实现，因此在进入循环前先使用“i＝2”将循环变量初始化。
- 第 12 行，“while(i＜＝10)”，循环执行条件为“i＜＝10”，若 i＞10 则退出循环。
- 第 21 行，在 while 循环体中使用“i＋＋”使循环变量变化，以正常读取下一个数据。

程序 三种循环使用对比示例之 do...while 循环实现

【例 4-13】 编写程序，接收用户从键盘输入的 10 个数，求出其中最大的数并输出在屏幕中（do...while 循环实现）。

FindMaxByDoWhile.c:

```
1   #include <stdio.h>
2   void main()
3   {
4       int max;            //存放最大值
5       int num;            //存放用户输入数据
6       int i=1;
7   
8       printf("\n请输入第%2d个数:",i);
9       scanf("%d",&max);
10  
11      i=2;
12      do{
13          printf("\n请输入第%2d个数:",i);
14          scanf("%d",&num);
15  
16          if(num>max)
17          {
18              max = num;
19          }
20  
21          i++;
22  
23      } while(i<=10);
24  
25      printf("\n10个数中最大的数是：%d。",max);
26  }
```

程序分析：

- 第 11 行，由于使用 do...while 循环实现，因此在进入循环前先使用"i＝2"将循环变量初始化。
- 第 21 行，在 do...while 循环体中使用"i＋＋"使循环变量变化，以正常读取下一个数据。
- 第 23 行，判断条件为"i＜＝10"，当"i＜＝10"时继续执行循环体读入下一个数，当 i＞10 时则退出循环。

提示与陷阱

对于初学者而言，一般可按照如下规则选择使用哪种循环：首先确定是入口条件循环还是退出条件循环，入口条件循环可以使用 for 循环和 while 循环编写，退出条件循环可以使用 do...while 循环编写。针对入口条件循环，再判断循环次数是否确定，循环次数确定使用 for 循环，循环次数不确定使用 while 循环。

4.5 循环嵌套与循环中断设计任务训练

【导入】工作场景四：搭建数字塔

(1)问题描述：使用整数 1,2,3,4…搭建一座数字塔，从上往下，第一层一个数字 1，第二层两个数字 2，第三层三个数字 3……以此类推，请编程实现。

(2)问题分析：在屏幕中动态输出数字塔，可以使用嵌套的 for 循环实现。

(3)演示执行：

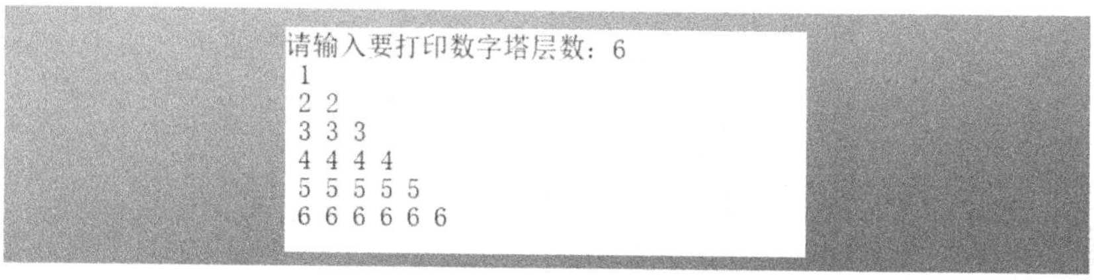

涉及知识点

4.5.1 循环嵌套

在实际应用中，经常还会遇到在一个循环结构的循环体中出现另一个循环结构的程序，这种结构称为多重循环或循环嵌套。通常把里面的循环称为“内循环”，把外面的循环称为“外循环”。

下面以 for 循环为例给出循环嵌套的基本语法结构。

循环嵌套语法结构：

```
for(表达式 1;表达式 2;表达式 3)
{
  [外循环语句]
  for(表达式 1;表达式 2;表达式 3)
  {
    内循环语句
  }
}
```

说明如下：

(1)设计循环嵌套结构时，要注意内循环语句必须被完整地包含在外循环体中。且允许在外层循环体中包含多个并列的内循环体。

(2)外循环和内循环的循环计数变量必须分开，假如外循环使用循环变量 i，则内循环可以使用循环变量 j，如果使用相同循环变量会导致程序发生逻辑错误。

(3)for 语句不仅可以嵌套 for 语句，也可以嵌套 while 语句或者 do...while 语句。三种循环语句 for、while、do...while 可以互相嵌套，自由组合。

程序 循环嵌套完整示例

【例 4-14】 编写程序，在屏幕中打印 5 行 10 列“*”图形。

问题分析：分析题目可知，需要在屏幕中打印的图形由 5 行 10 列“*”组成。首先将 10 列看成一个整体,可以通过 for 循环语句在屏幕中输出 10 个"*"构成一行。然后将打印 10 列"*"的 for 语句重复执行 5 次,即可构成所需图形。

流程分析:流程图如图 4-14 所示。

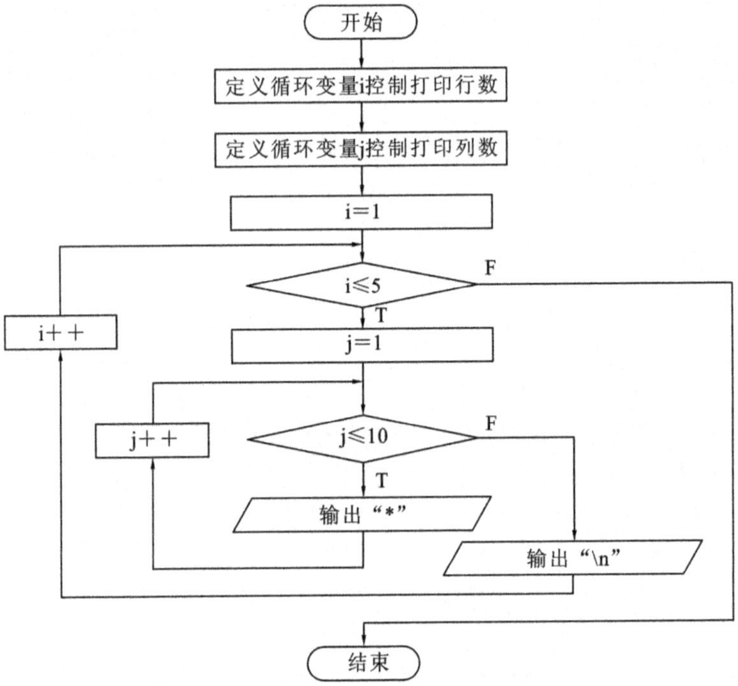

图 4-14　例 4-14 流程图

Summation.c:

```
1  #include <stdio.h>
2  void main()
3  {
4      int i;          //控制打印行数
5      int j;          //控制每行打印列数
6
7      for(i=1;i<=5;i++)
8      {
9          for(j=1;j<=10;j++)
10         {
11             printf("*");
12         }
13         printf("\n");
14     }
15 }
```

程序分析:

- 第 7 行,"for(i=1;i<=5;i++)",使用外循环控制总共要打印 5 行。
- 第 9 行,"for(j=1;j<=10;j++)",使用内循环控制每行要打印 10 个"*"。
- 第 11 行,每次使用一句 printf 语句在屏幕中打印出一个"*",由于内循环将执行 10 次,因此会在屏幕中输出 10 个"*"。
- 第 13 行,打完一行"*"后,在进入下一次循环前,先输出一个回车符号,实现换行效果。

程序运行结果：

```
**********
**********
**********
**********
**********
```

提示与陷阱

多重循环最内层的循环体的执行次数是各层循环次数的乘积，例如，在例 4-14 中内循环将执行 50 次。

【例 4-15】 编写程序，在屏幕上输出由“*”组成的直角三角形，效果如图 4-15 所示。

```
*
**
***
****
*****
```

图 4-15　打印“*”图形

问题分析：先分析图 4-15 中的图形，主要观察构成图形的行和列之间的关系。第 1 行由 1 个“*”组成，第 2 行由 2 个“*”组成，第 3 行由 3 个“*”组成，由此可以推出第 n 行由 n 个“*”组成，即每行需要打印“*”的个数与当前的行数相同。

流程分析：流程图如图 4-16 所示。

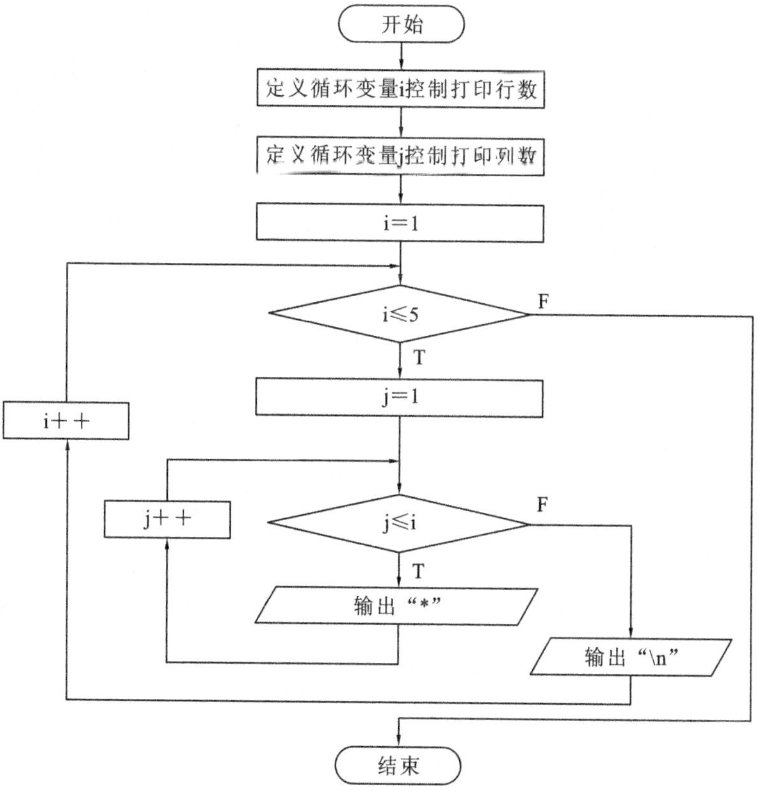

图 4-16　例 4-15 流程图

PrintTriangleStar.c:

```
1   #include <stdio.h>
2   void main()
3   {
4       int i;              //控制打印行数
5       int j;              //控制每行打印列数
6   
7       for(i=1;i<=5;i++)
8       {
9           for(j=1;j<=i;j++)
10          {
11              printf("*");
12          }
13          printf("\n");
14      }
15  }
```

程序分析：

● 第 7 行，“for(i＝1；i＜＝5；i＋＋)”，使用外循环控制总共要打印 5 行。

● 第 9 行，“for(j＝1；j＜＝i；j＋＋)”，使用内循环控制每行要打印的“*”个数与当前的行数相同。当外循环 i＝1 时，内循环 j 从 1 变化到 1 执行 1 次；当外循环 i＝2 时，内循环 j 从 1 变化到 2 执行 2 次……满足每行打印“*”的列数与当前行数相同的条件。

程序运行结果：

【例 4-16】 编写程序，在屏幕上打印如图 4-17 所示的图形。

```
    1
   222
  33333
 4444444
555555555
```

图 4-17　打印数字图形

问题分析：整个图形由 5 行组成，第 1 行打印数字 1，第 2 行打印数字 2，由此可以推导出第 i 行需要打印数字 i，由此可知每行打印语句输出的数字是当前所在的行号。

从每行打印列数来看，第 1 行打印的字符个数为 1 个，第 2 行打印的字符个数为 3 个，第 3 行打印的字符个数为 5 个，据此可以得出每行打印的列数与当前行数符合($2\times i-1$)的关系。

从最后一行到第一行，每行前面的起始空格数分别为 0，1，2，3，…，所以第 i 行前面的起始空格数应该为(总行数$-i$)。

为控制输出的数字在不同的行，需在每行输出结束后输出一个换行符。

流程分析：流程图如图 4-18 所示。

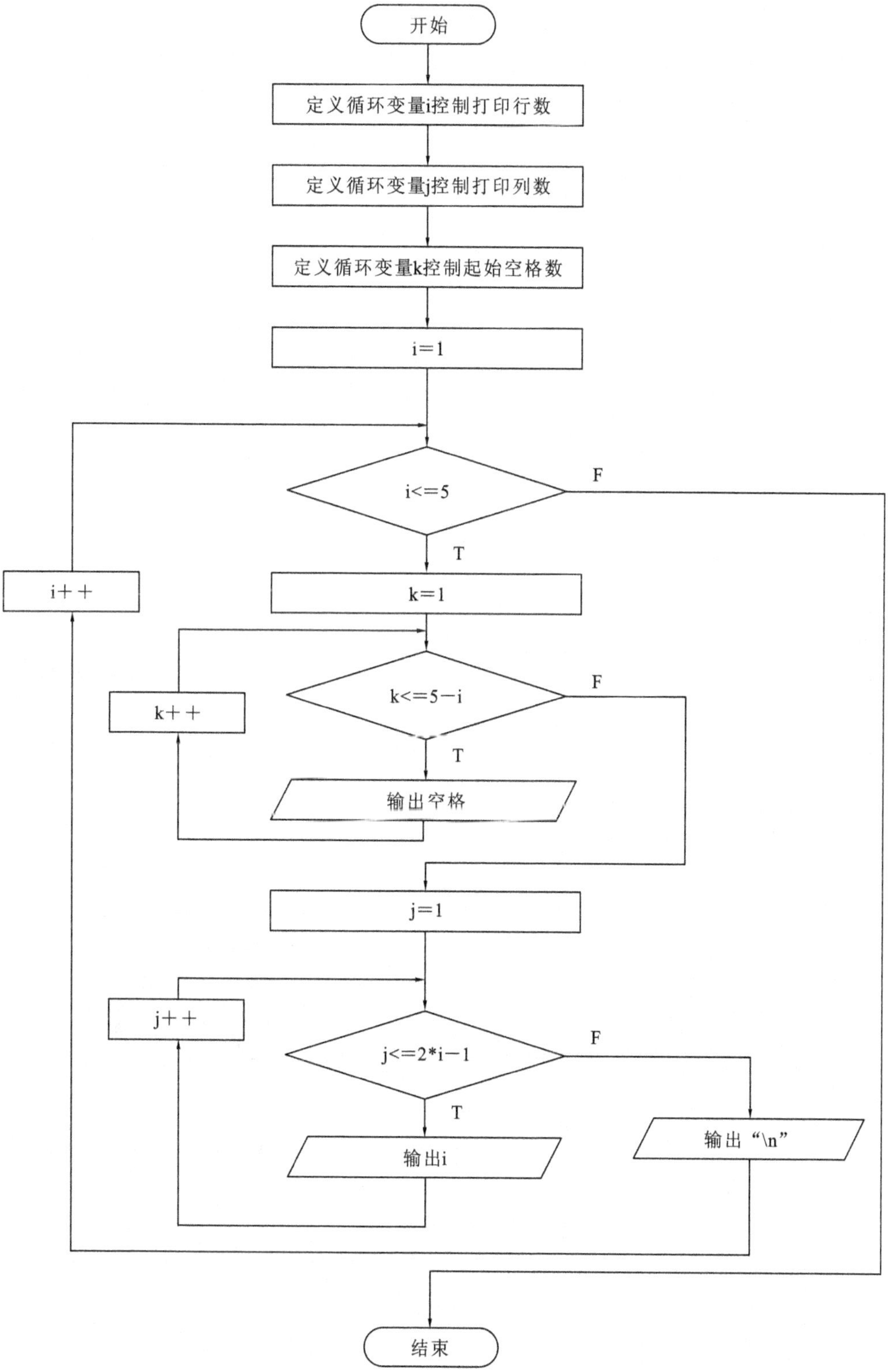

图 4-18　例 4-16 流程图

PrintNumbers.c:

```
1  #include <stdio.h>
2  void main()
3  {
4      int i;   //控制打印行数
5      int j;  //控制每行打印列数
6      int k; //控制每行起始空格数
7
8      for(i=1;i<=5;i++)
9      {
10         for(k=1;k<=5-i;k++)
11         {
12             printf(" ");
13         }
14
15         for(j=1;j<=2*i-1;j++)
16         {
17             printf("%d",i);
18         }
19         printf("\n");
20     }
21 }
```

程序分析：

● 第 8 行，"for(i＝1;i＜＝5;i＋＋)"，使用外循环控制总共要打印 5 行。

● 第 10 行，"for(k＝1;k＜＝5－i;k＋＋)"，使用第一个内循环控制每行输出空格占位符的个数。

● 第 15 行，"for(j＝1;j＜＝2＊i－1;j＋＋)"，使用第二个内循环控制每行要打印的数字符号的个数。当外循环 i＝1 时，内循环 j 从 1 变化到 1 执行 1 次；当外循环 i＝2 时，内循环 j 从 1 变化到 3 执行 3 次……满足每行打印的列数与当前行数之间符合"j＝2＊i－1"的规律。

程序运行结果：

```
    1
   222
  33333
 4444444
555555555
```

【例 4-17】 编写程序，需要用 100 元钱买 100 只鸡，其中公鸡 5 元 1 只，母鸡 3 元 1 只，小鸡 1 元 3 只，要求每个种类的鸡最少买 1 只，正好把钱用完，问公鸡、母鸡、小鸡各买多少只？

问题分析：这实际上是一个不定方程问题，处理这类问题经常用到的方法是穷举法，也就是把所有的情况全部列出，再在这些情况中逐一查找满足题目要求的情况。由于买的鸡的总数最多是 100 只，因此我们可以遍历所有情况，找出符合条件"100 元买 100 只鸡"的方案，并且将结果输出到屏幕中即可。

ByChickenV1.c:

```
1  #include <stdio.h>
2  void main()
3  {
4      int x;        //公鸡数量
5      int y;        //母鸡数量
6      int z;        //小鸡数量
7      int total=0;        //统计循环执行次数
8
9      printf("公鸡\t母鸡\t小鸡\n");
10
11     for(x=1;x<=100;x++)
12     {
13         for(y=1;y<=100;y++)
14         {
15             for(z=1;z<=100;z++)
16             {
17                 if(5*x+3*y+z/3==100 && x+y+z==100 && z%3==0)
18                 {
19                     printf("%d\t%d\t%d\n",x,y,z);
20                 }
21                 total++;
22             }
23         }
24     }
25
26     printf("\n\n总共循环了%d次",total);
27 }
```

程序分析：

● 第 7 行，定义变量 total 统计三重循环执行次数，并赋初始值为 0

● 第 11 行，“for(x=1;x<=100;x++)”，设公鸡最少买 1 只，最多买 100 只。

● 第 13 行，“for(y=1;y<=100;y++)”，设母鸡最少买 1 只，最多买 100 只。

● 第 15 行，“for(z=1;z<=100;z++)”，设小鸡最少买 1 只，最多买 100 只。

● 第 17 行，“if(5 * x+3 * y+z/3==100 && x+y+z==100 && z%3==0)”，其中“5 * x+3 * y+z/3==100”代表购买鸡的总费用为 100 元，“x+y+z==100”代表购买鸡的总数为 100 只，“z%3==0”代表小鸡的数量满足最小单位 1 元的情况，当以上 3 个条件都满足时，将购买方案输出在屏幕中。

● 第 21 行，内循环每次执行后将内循环次数自增，记录总循环次数。

程序运行结果：

```
公鸡 母鸡    小鸡
4    18      78
8    11      81
12   4       84


总共循环了1000000次
```

在上题中，我们虽然得到了正确的运行结果，但总循环执行次数为 1000000 次，程序的执行效率较低。

再次分析题目，可以发现其中有些循环是无意义的。题目中公鸡是 5 元 1 只，按照总价 100 元，不可能买 100 只，最多只能买 20 只，因此从 x=21 到 x=100 的循环是无意义的。母鸡 3 元 1 只，按照总价 100 元，最多只能买 33 只，因此从 y=34 到 y=100 的循环也是无意义的。据此分析可以将第一层和第二层循环的终止条件分别降低到 20 和 33，以此减少循环次数。

ByChickenV2.c:

```
1  #include <stdio.h>
2  void main()
3  {
4      int x;        //公鸡数量
5      int y;        //母鸡数量
6      int z;        //小鸡数量
7      int total=0;          //统计循环执行次数
8
9      printf("公鸡\t母鸡\t小鸡\n");
10
11     for(x=1;x<=20;x++)
12     {
13         for(y=1;y<=33;y++)
14         {
15             for(z=1;z<=100;z++)
16             {
17                 if(5*x+3*y+z/3==100 && x+y+z==100 && z%3==0)
18                 {
19                     printf("%d\t%d\t%d\n",x,y,z);
20                 }
21                 total++;
22             }
23         }
24     }
25
26     printf("\n\n总共循环了%d次",total);
27 }
```

程序分析：

● 第 11 行，“for(x=1;x<=20;x++)”，设公鸡最少买 1 只，最多买 20 只。

● 第 13 行，“for(y=1;y<=33;y++)”，设母鸡最少买 1 只，最多买 33 只。

● 第 15 行，“for(z=1;z<=100;z++)”，设小鸡最少买 1 只，最多买 100 只。

程序运行结果：

```
公鸡 母鸡    小鸡
4    18      78
8    11      81
12   4       84

总共循环了66000次
```

修改循环的终止条件后，运行结果与例 4-17 一致，但总循环执行次数从 1000000 次降低到 66000 次，程序的执行效率有所提高。但由于是 3 层循环嵌套，因此总循环次数还是较高。

继续分析题目，可以知道 100 只鸡中，除了公鸡、母鸡剩下的都是购买的小鸡数量，因此最内层循环中也存在无效循环，可以使用公式“z=100－x－y”计算出购买的小鸡数量来减少无效循环。

ByChickenV3.c:

```
1  #include <stdio.h>
2  void main()
3  {
4      int x;        //公鸡数量
5      int y;        //母鸡数量
6      int z;        //小鸡数量
7      int total=0;          //统计循环执行次数
8
9      printf("\n\n公鸡\t母鸡\t小鸡\n");
10
11     for(x=1;x<=20;x++)
12     {
13         for(y=1;y<=33;y++)
14         {
15             z= 100-x-y;
16             if(5*x+3*y+z/3==100 && x+y+z==100 && z%3==0)
17             {
18                 printf("%d\t%d\t%d\n",x,y,z);
19             }
20             total++;
21         }
22     }
23
24     printf("\n\n总共循环了%d次\n\n",total);
25 }
```

程序分析：

● 第 11 行，“for(x=1;x<=20;x++)”，设公鸡最少买 1 只，最多买 20 只。

● 第 13 行，“for(y=1;y<=33;y++)”，设母鸡最少买 1 只，最多买 33 只。

● 第 15 行,“z=100－x－y;”,需要买 100 只鸡,因此减去公鸡和母鸡的数量后剩下的就是购买的小鸡数量。

程序运行结果:

```
公鸡 母鸡     小鸡
4    18       78
8    11       81
12   4        84

总共循环了660次
```

去掉最内层的循环后,总循环次数再次从 66000 次减少到 660 次,程序的执行效率再次得到提高。由此可以发现,当使用多层循环求解问题时,需要根据题意仔细考虑循环的层数和终止条件,以提高程序的执行效率。

【课堂实践 4-4】

1. 请将例 4-16 改写为 while 循环嵌套形式。
2. 请将例 4-17 改写为 while 循环嵌套形式。

4.5.2 循环中断

在编写程序时,有时需要在循环体中提前“跳”出循环,或者在一定的条件下,不需要执行循环体中剩下的语句而立即开始新一轮的循环,这时就需要使用 break 语句和 continue 语句。

1. break 语句

在 case 子句执行完后,通过 break 语句可以立即“跳”出 switch 结构。

break 语句除了能用于 switch 语句外,还可以用于循环语句中。如果程序执行到 break 语句,则立即“跳”出循环结构,转而执行循环语句后的语句。其通常与 if 语句配合使用,代表满足某种特殊情况时,“跳”出循环。

for 循环中使用 break 语句的基本语法结构:

```
for(表达式 1;表达式 2;表达式 3)
{
  [循环体语句]
  if(表达式 4)
  {
    break;
  }
  [循环体语句]
}
```

说明如下：

（1）当 if 条件成立，即表达式 4 条件为 True 时，break 语句被执行，此时程序的执行流程将转到 for 循环后的语句继续执行。该语句的流程图如图 4-19 所示。

（2）break 语句也可以在 while、do…while 语句中使用，其使用格式和在 for 语句中的使用格式一致。

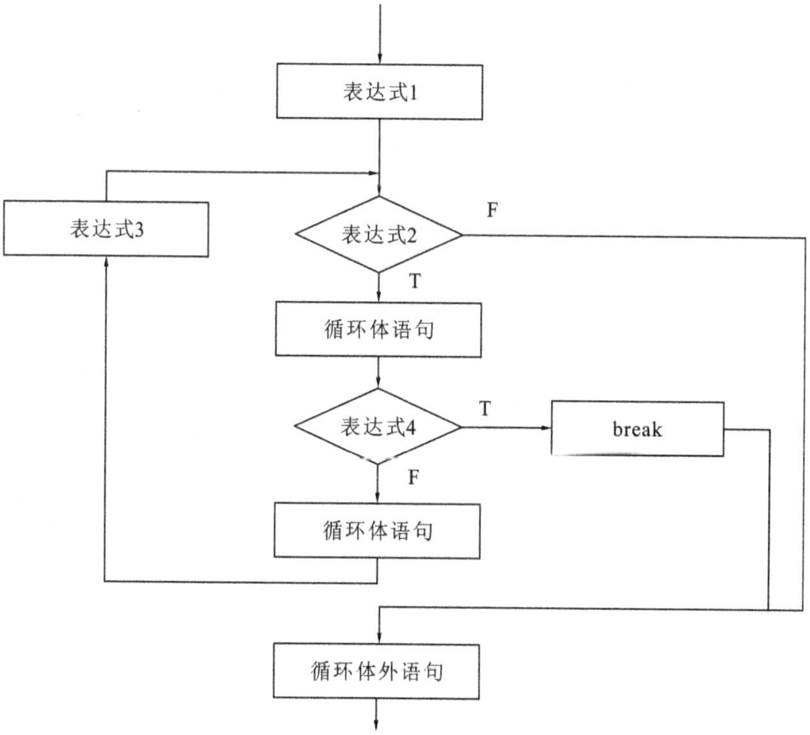

图 4-19　for 循环使用 break 语句流程图

提示与陷阱

当 break 语句处于嵌套循环中，且位于嵌套循环的内层循环中时，它将只“跳”出直接包含该 break 语句的那层循环，而对外层循环无影响。

程序　循环中断示例

【例 4-18】 编写程序，接收用户从键盘中输入的一个数值，判断该数是否是素数。

问题分析：需将该数从 2 开始一直除到自身为止，根据是否能被整除决定该数是否为素数，此程序适合使用循环求解，循环初始条件从 2 开始，而终止条件为该数本身。同时，按照数学意义，能够被 2 整除的数也能被 2 的倍数整除，能够被 3 整除的数也能被 3 的倍数整除，因而只要该数能被循环中的某个数整除，就应该“跳”出循环不再执行。

流程分析：流程图如图 4-20 所示。

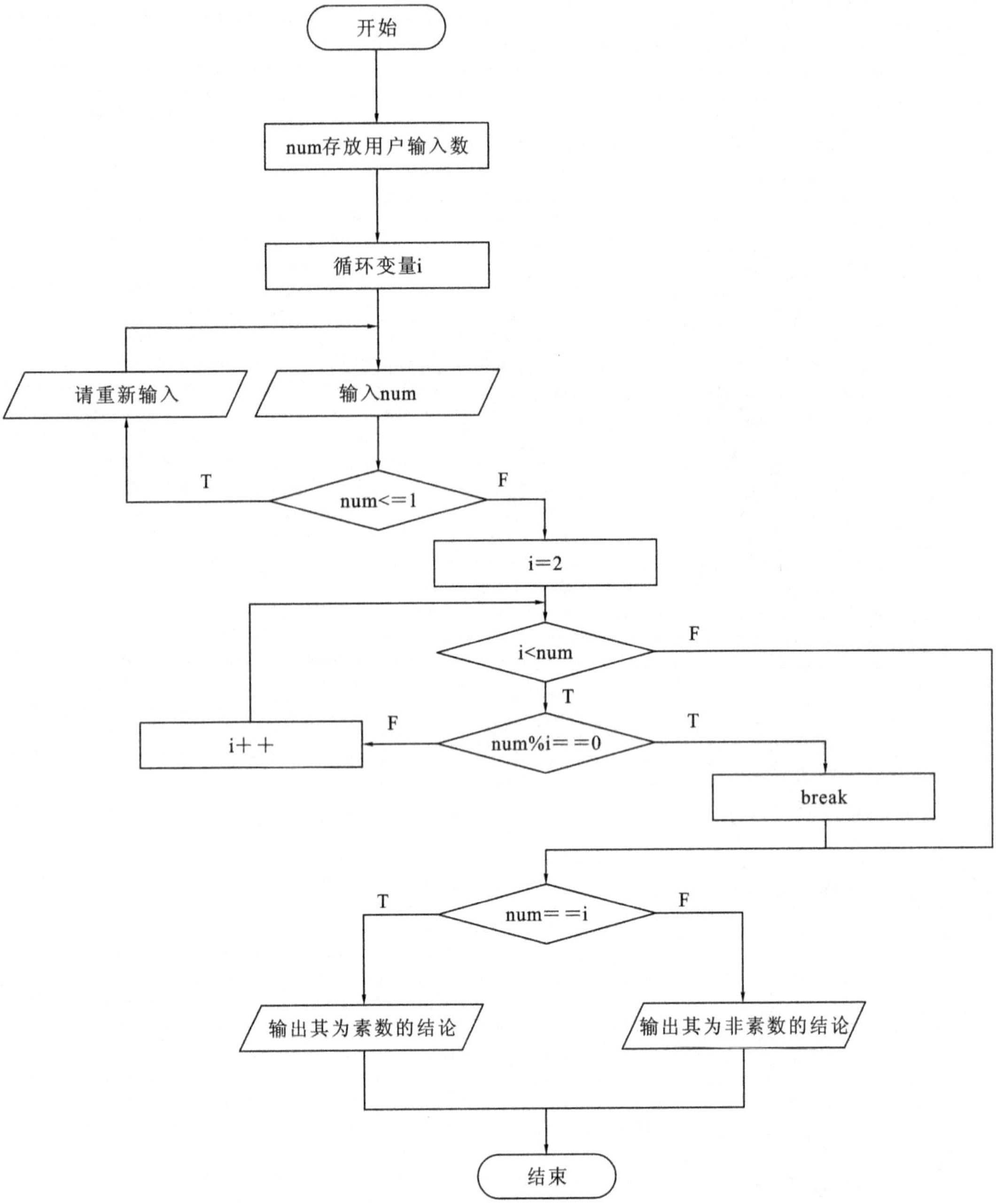

图 4-20　例 4-18 流程图

PrimeV1.c:

```
1  #include <stdio.h>
2  void main()
3  {
4      int num;          //存放用户输入的数据
5      int i;
6  
7      do{
8          printf("\n请输入一个大于1的正整数:");
9          scanf("%d",&num);
10 
11         if(num<=1)
12         {
13             printf("\n输入的数必须大于1! \n");
14         }
15     }while(num<=1);
16 
17     i=2;
18     while(i<num)
19     {
20         if(num%i==0)
21         {
22             break;
23         }
24         i++;
25     }
26 
27     if(num==i)
28     {
29         printf("\n%d是素数。\n",num);
30     }
31     else
32     {
33         printf("\n%d不是素数。\n",num);
34     }
35 }
```

程序分析：

● 第 7～15 行，使用 do...while 循环判断用户输入的数是否符合要求，不符合则提示用户继续输入，直到用户输入的数大于 1 为止。

● 第 17 行，为 i 赋值为 2，循环判断条件初始值从 2 开始。

● 第 18 行，“while(i<num)”，当 i 的值小于用户输入的 num 时继续执行后续的判断。

● 第 20～23 行，判断本次循环中 num 是否能被 i 整除，如果可以表示 num 为非素数，直接使用 break 语句“跳”出循环。

● 第 27～34 行，根据 num 和 i 的值是否相等，判断第 18～25 行的 while 语句是正常执行结束，还是运行到能被整除的值时使用 break“跳”出循环。如果 num 与 i 的值相等，代表 while 循环中没有找到能整除的数，循环结束，该数为素数，否则该数不是素数。

程序运行结果：

```
请输入一个大于1的正整数:17
17是素数。
```

提示与陷阱

一个数如果是合数，那么它必然有一个因子小于或等于其自身的开方。因此在素数的判断程序中为了提高程序效率，仅需判断到其自身的开方即可。

通过引入 math.h 的头部文件后，就可以使用函数 sqrt(数值)，求出某数对应的平方根。

2. continue 语句

continue 语句只能用于循环结构中，用于终止本次循环。一旦执行了 continue 语句，程序就跳过循环体中位于该语句后的所有语句，提前结束本次循环并开始新一轮循环。通常情况下，continue 语句总是与 if 语句连在一起，用来在某个条件下跳出本次循环。

for 循环中使用 continue 语句的基本语法结构：

```
for(表达式 1;表达式 2;表达式 3)
{
  [循环体语句]
  if(表达式 4)
  {
    continue;
  }
  [循环体语句]
}
```

说明如下。

当 if 条件成立，即表达式 4 条件为 True 时，continue 语句被执行，此时程序的执行流程将转到 for 循环的表达式 3 执行，循环计数器变化，然后执行表达式 2 判断条件是否成立以继续后续的循环。该语句的流程图如图 4-21 所示。

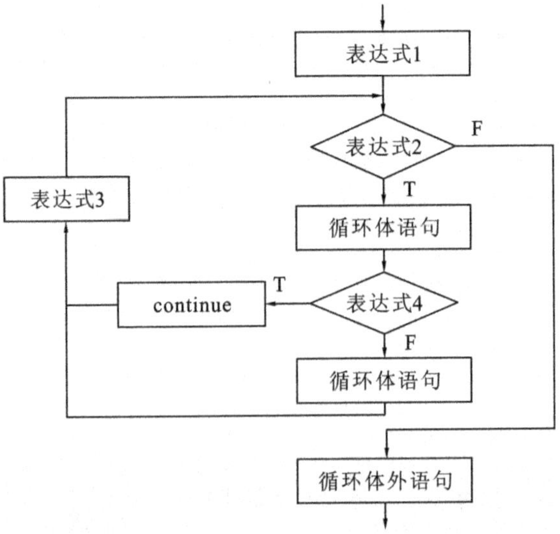

图 4-21　for 循环使用 continue 语句流程图

从图 4-21 中我们可以看到，continue 语句的语法结构和 break 语句的语法结构基本类似，区别在于 continue 语句仅终止本次循环，而不是终止整个循环。而 break 语句终止的是整个循环过程。

下面再来看 continue 语句在 while 和 do…while 语句中的使用。

while 循环中使用 continue 语句的基本语法结构：

```
while(表达式 1)
{
  [循环体语句]
  if(表达式 2)
  {
    continue;
  }
  [循环体语句]
}
```

说明如下：

当 if 条件成立，即表达式 2 条件为 True 时，continue 语句被执行，此时程序的执行流程将转到 while 循环的表达式 1 执行，判断循环条件是否成立以继续后续的循环。该语句的流程图如图 4-22 所示。

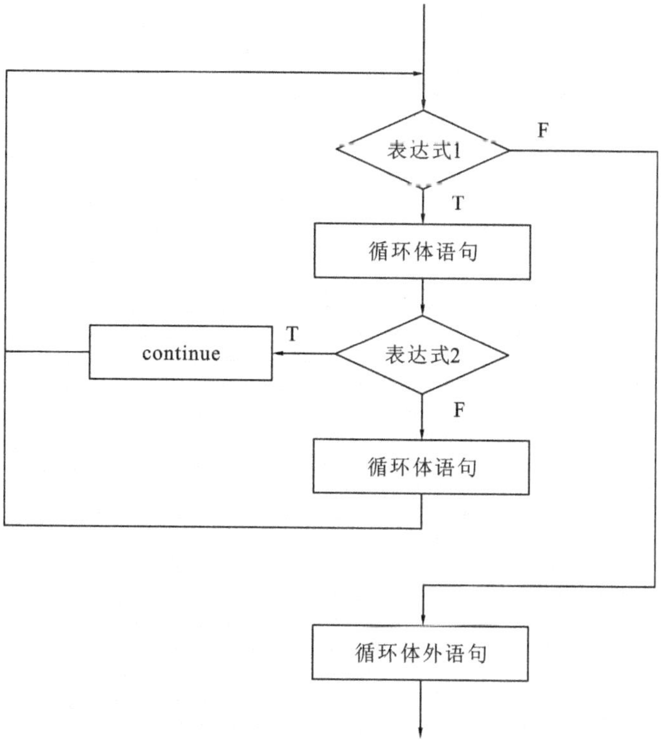

图 4-22　while 循环使用 continue 语句流程图

对比图 4-21 和图 4-22，不难发现 continue 语句在 for 循环和 while 循环中的区别仅在于遇到 continue 语句后的跳转位置不同。for 循环中的 continue 语句将流程跳转到表达式 3 继续执行，因此循环计数器在发生变化后，再执行表达式 2 的语句以确定循环是否继续运行。while 循环中的 continue 语句则是将流程跳转到表达式 1 继续执行，此时循环变量是否变化取决于循环变量变化语句的定义位置，若该语句在 continue 语句后定义，当 continue 语句被执行时，循环变量变化语句将被“跳”过，程序流程将直接转向循环条件判断语句。do...while 语句与 while 语句类似，当遇到 continue 语句时，程序的执行流程也是直接跳转到循环条件判断语句。

程序 循环中使用 continue 语句示例

【例 4-19】 编写程序，每 10 个 1 行，输出 1～100 中所有不能被 3 和 7 同时整除的数。

问题分析：通过前面的学习，根据题目要求需要输出 1～100 的数，但是当遇到能被 3 和 7 同时整除的数时需要“跳”过输出语句，继续输出下一个数，因此可以使用 continue 语句完成任务。

流程分析：流程图如图 4-23 所示。

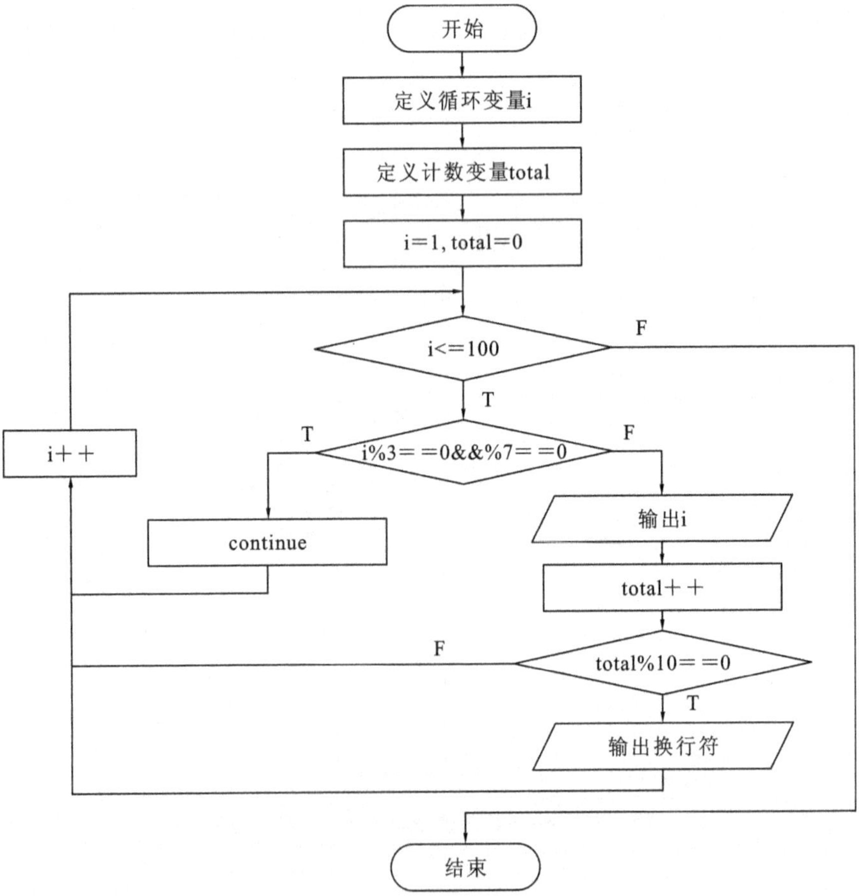

图 4-23 例 4-19 流程图

PrintNums.c:

```
1  #include <stdio.h>
2  void main()
3  {
4      int i;            //循环变量
5      int total;          //控制打印个数
6  
7      printf("\n1~100之间不能被3和7整除的数有：\n\n");
8      for(i=1,total=0;i<=100;i++)
9      {
10         if(i%3==0&&i%7==0)
11         {
12             continue;
13         }
14 
15         printf("%3d\t",i);
16 
17         total++;
18 
19         if(total%10==0)
20         {
21             printf("\n");
22         }
23     }
24 }
```

程序分析：

● 第 8 行，“for(i=1,total=0;i<=100;i++)”，for 循环同时初始化两个变量 i 和 total 的值，判断条件为“i<=100”，变量 i 每次累加 1。

● 第 10~13 行，如果当前“i”能被 3 和 7 整除，则使用 continue 语句“跳”过后续语句继续获取下一个 i 值。

● 第 17 行，每输出 1 个 i，则计数变量 total 自增 1。

● 第 19~22 行，“total%10==0”控制每输出 10 个数后输出一个换行符。

程序运行结果：

```
1~100之间不能被3和7整除的数有：

  1   2   3   4   5   6   7   8   9   10
 11  12  13  14  15  16  17  18  19   20
 22  23  24  25  26  27  28  29  30   31
 32  33  34  35  36  37  38  39  40   41
 43  44  45  46  47  48  49  50  51   52
 53  54  55  56  57  58  59  60  61   62
 64  65  66  67  68  69  70  71  72   73
 74  75  76  77  78  79  80  81  82   83
 85  86  87  88  89  90  91  92  93   94
 95  96  97  98  99 100
```

◆ 返回工作场景四

问题分析：分析发现，数字塔的层数和该层输出的数字个数相同，即第 n 层输出 n 个数字

n。考虑使用两层 for 循环来实现，外层 for 循环控制当前输出的是第几层，内层 for 循环控制当前层输出的数字个数。

程序分析：

digitalTower.c:

```
1  #include <stdio.h>
2  void main() {
3      int num;
4      int i,j;
5  
6      printf("请输入要打印数字塔层数: ");
7      scanf("%d",&num);
8  
9      for(i=1; i<=num; i++) {
10         for(j=1; j<=i; j++) {
11             printf("%2d",i);
12         }
13         printf("\n");
14     }
15 }
```

● 第 9 行，“for(i=1;i<=num;i++)”，外层循环控制打印的数字塔的层数。

● 第 10 行，“for(j=1;j<=i;j++)”，内层循环控制每层要打印的数字个数。内层循环的终止条件为本次内层循环变量 j 大于外层循环变量 i。

【挑战环节】 编写程序，输出乘法口诀表。程序运行时，屏幕将接收用户输入的一个数值(1～9)，根据该数值在屏幕中输出相应的乘法口诀表。可以使用嵌套 for 语句实现循环显示操作部分。流程图如图 4-24 所示。

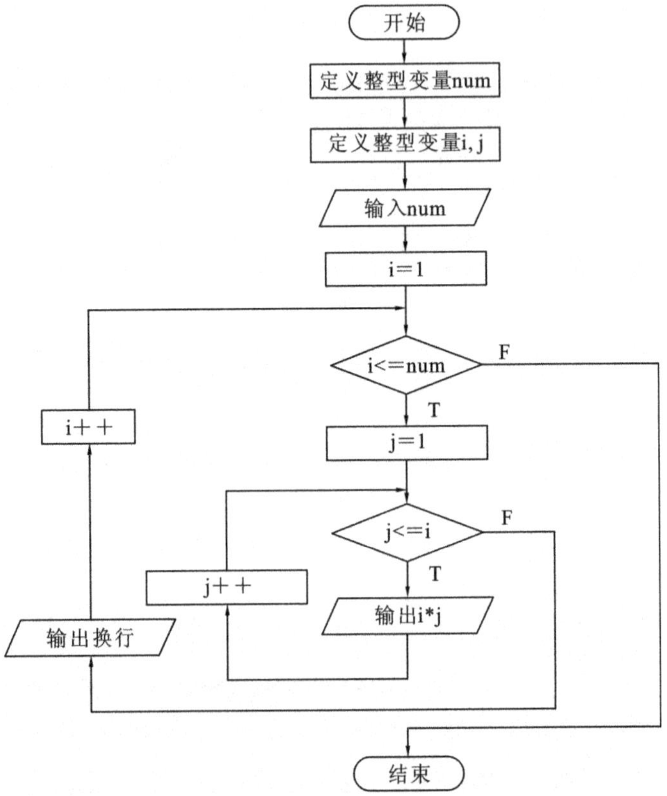

图 4-24 “乘法口诀表”流程图

```
请输入要打印的口诀表: 9

1* 1= 1
1* 2= 2  2* 2= 4
1* 3= 3  2* 3= 6  3* 3= 9
1* 4= 4  2* 4= 8  3* 4=12  4* 4=16
1* 5= 5  2* 5=10  3* 5=15  4* 5=20  5* 5=25
1* 6= 6  2* 6=12  3* 6=18  4* 6=24  5* 6=30  6* 6=36
1* 7= 7  2* 7=14  3* 7=21  4* 7=28  5* 7=35  6* 7=42  7* 7=49
1* 8= 8  2* 8=16  3* 8=24  4* 8=32  5* 8=40  6* 8=48  7* 8=56  8* 8=64
1* 9= 9  2* 9=18  3* 9=27  4* 9=36  5* 9=45  6* 9=54  7* 9=63  8* 9=72  9* 9=81
```

4.6 能力拓展

(1)编写程序,要求用户输入两个整数 num1 和 num2,在屏幕中打印从 num1 到 num2 之间的所有偶数的和。

(2)编写程序,在屏幕中输出 0～100 之间所有的偶数,每 5 个一行。

(3)编写程序,求 $C_m^n=\frac{m!}{n!\ (m-n)!}$,其中,$m$ 和 n 用键盘输入。

(4)编写程序,接收用户输入的正整数,并按逆序输出到屏幕上,比如输入 789,则输出 987;若输入的数值大于 32767,则在屏幕中提示输入数据错误。

(5)编写程序,现有一张面值为 100 元的人民币,需要将其等值兑换为 50 元、10 元、5 元、1 元和 5 角的零钞,要求每种零钞不少于 1 张,请在屏幕中输出共有几种兑换组合。

4.7 任务笔记

(1)创建循环时要注意 3 个方面:循环的测试条件要能使循环结束;循环的测试条件必须在首次使用前已初始化;循环每次迭代都必须更新测试的值。

(2)C 语言中有三种结构的循环:while 循环、do…while 循环、for 循环。三种结构的循环可以相互替换。

(3)while 循环用于重复某种次数未知的操作;do…while 循环至少执行循环一次;for 循环重复次数固定。

(4)循环的测试条件为空时,for(;;)表示无限循环,但 while()会导致编译错误。

(5)for 循环可以有多个初始化操作、多个条件和多个迭代操作。

(6)循环中经常用到 break 语句和 continue 语句。break 语句表示终止整个循环的执行;continue 语句表示终止本次循环的执行,即停止执行本次循环中剩余的指令,“跳”到循环的下一次迭代。

实训题部分答案

实训题

1. 选择题

(1)以下循环体的执行次数是(　　)。

```c
#include <stdio.h>
void main()
{
    int i,j;
    for(i=0,j=1;i<=j+1;i+=2,j--)
        printf("%d\n",i);
}
```

A. 3　　　　B. 2

C. 1　　　　D. 0

(2)以下程序的输出结果是(　　)。

```c
#include <stdio.h>
void main()
{
    int i,j;
    for(j=10;j<11;j++)
    {
        for(i=9;i<j;i++)
            if(! (j%i))
                break;
        if(i>=j-1)
            printf(" %d",j);
    }
}
```

A. 11　　　　B. 10

C. 9　　　　D. 8

(3)有以下程序段:

```c
int k=0;while(k=1)k++;
```

while 循环执行的次数是(　　)。

A. 无限　　　　B. 有语法错误,不能执行

C. 一次也不执行　　　　D. 执行一次

(4)下列程序不陷入死循环的是(　　)。

A. int i=100;

```
    while(1)
    {i=i%100+1;if(i>100)break;}
```

B. for(;;);

C. int k=0;do{++k;}while(k>=0);

D. int s=36;

```
    while(s);--s;
```

(5)以下程序的运行结果是(　　)。

```
#include <stdio.h>
void main()
{
   int x=3,y=6,a=0;
   while(x++! =(y-=1))
   {
      a+=1;
      if(y<x)break;
   }
   printf("%d,%d,%d\n",x,y,a);
}
```

A. 4,4,1　　　　B. 5,5,1

C. 4,4,3　　　　D. 5,4,1

2. 填空题

(1)循环"for(x=0;x! =123;)scanf("%d",&x);"在____________时被终止。

(2)设 int x=6,则循环语句"while(x>-1)x--;"执行后,x 的值是____________。

(3)以下程序的输出结果是____________________。

```
#include <stdio.h>
void main()
{
   int i=10,j=0;
   do{
      j=j+i;
      i--;
   }while(i>2);
   printf("%d\n",j);
}
```

(4)设有以下程序:

```
#include <stdio.h>
void main()
{
   int n1,n2;
```

```
    scanf("%d",&n2);
    while(n2!=0)
    {
      n1=n2%10;
      n2=n2/10;
      printf("%d",n1);
    }
}
```

程序运行后,如果从键盘上输入 1298,则输出结果为__________。

(5)以下程序的输出结果是__________。

```
#include <stdio.h>
void main()
{
    int x=15;
    while(x>10 && x<50)
    {
      x++;
      if(x/3)
    {
      x++;
      break;
    }
    else
      continue;
    }
    printf("%d\n",x);
}
```

3.程序设计题

(1)某次大奖赛,有七个评委打分,要求计算并输出参赛者的最后得分。规则是:对七个评委的打分分数,去掉一个最高分、一个最低分后,求出平均分,即为参赛者的最后得分。

(2)将一个正整数分解质因数。例如:输入 90,打印出 90=2*3*3*5。

提示:对 n 进行分解质因数,应先找到一个最小的质数 k,然后按下述步骤完成:

① 如果这个质数恰好等于 n,则说明分解质因数的过程已经结束,打印即可。

② 如果 $n>k$,且 n 能被 k 整除,则应打印出 k 的值,并用 n 除以 k 的商,作为新的正整数 n,重复执行第①步。

③ 如果 n 不能被 k 整除,则用 $k+1$ 作为 k 的值,重复执行第①步。

任务5
建立有序的世界——数组程序设计能力训练

知识卡片

数组	具有相同数据类型和名称的一组有序数据元素的集合
下标	数组元素的序号
排序	使一串记录按其中某个或某些关键字的大小，递增或递减地排列
字符数组	存放字符数据的数组
字符串	由一对双引号括起来的字符序列

知识目标

- 掌握数组的概念和特征；
- 掌握一维、二维数组程序设计；
- 掌握字符数组程序设计；
- 掌握字符串及其处理函数的使用。

能力目标

- 具备使用数组进行程序设计的能力；
- 能熟练使用字符数组；
- 能熟练使用字符串及其处理函数。

素养目标

- 培养脚踏实地的实践精神；
- 训练敏锐的观察能力和严谨的逻辑思维能力。

◆ **训练途径**

通过前面的任务，我们已经学习了在C语言中如何定义和使用变量，如何应用选择结构和循环结构改变程序执行的流程，并能使用C语言编写简单的程序代码。

在实际应用中，我们往往会面临大批数据的处理，如：通过键盘输入一个班40位同学的成绩，并统计高于平均分的人数；根据运动会上学生的成绩，求出各专业的排名等。面对这类问题，只利用前面所学的知识进行处理会显得力不从心。在C语言中，更为有效的办法是通过数组解决此类问题。

数组是C语言中的一种复合数据类型。所谓数组，是指具有相同类型和名称的一组有序的数据元素的集合，数据元素之间通过相应的序号(下标)加以区分。数组元素既可以是基本类型，也可以是复合类型，甚至可以是其他的数组类型。

数组具有以下特点：

(1)数组中每个元素都有一个相同的名称，即数组名。

(2)数组中的每个元素都是有顺序的。利用数组名和数组的下标可以唯一地确定数组中每个元素的位置。

(3)数组中的每个元素都具有相同的数据类型。

使用数组可以为处理成批的有内在联系的数据提供便利，结合循环结构，可以使算法更加精练。

5.1　一维数组应用任务训练

◆【导入】工作场景一：果园四季收成统计

(1)问题描述：某果园经过科学规划种植了各种果树，一年四季水果供应充足。通过输入每个月的水果收成数据，编程计算出月平均收成，并统计最高收成月份和最低收成月份，以及有几个月的收成高于月平均收成(结果保留两位小数)。

(2)问题分析：分析可知，先要计算出果园一年的总收成和月平均收成，再将每个月的收成与月平均收成相比较，从而统计出高于月平均收成的月份数。如果使用多个变量会使程序代码复杂而烦琐，考虑将这些相同数据类型的变量组合在一起形成数组，每一个数组元素用来存储一个变量值。

(3)演示执行：

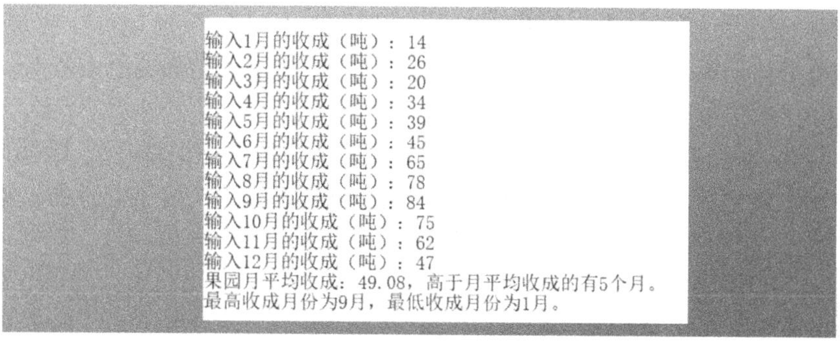

涉及知识点

5.1.1　一维数组的定义

一维数组使用同一个数组名存储一组数据类型相同的数据，通过数组下标区别和访问数组中的不同元素。

一维数组定义的语法结构：

类型说明符　数组名[常量表达式]；

说明如下。

(1)类型说明符：表示数组中每个元素所对应的数据类型，可以是基本类型，也可以是复合类型，且数组中每个元素的数据类型必须相同。

(2)数组名：命名规则与变量命名规则相同。

(3)常量表达式：表示数组中元素的个数，即数组的长度，它的值只能是常量和符号常量，不可以是变量或变量的表达式。常量表达式必须用一对方括号“[]”括起来，不能用圆括号“()”。

例如，有下列合法数组变量定义语句：

```
int a[10];
float b[5];
```

其中：

(1)“int a[10];”，表示定义了10个元素的数组a，其中每个元素都是一个整型变量。

(2)“float b[5];”，表示定义了5个元素的数组b，其中每个元素都是一个单精度类型的变量。

提示与陷阱

每个数组元素的区分可以通过数组的下标实现，C语言中数组元素的下标均从0开始。

如“int a[10]”表示数组 a 有 10 个元素，分别为：a[0]、a[1]、a[2]、a[3]、a[4]、a[5]、a[6]、a[7]、a[8]、a[9]。

使用数组的最大优势在于简化变量的定义，假设需要存放 5 个学生的成绩，在没有使用数组时，需要分别定义 5 个变量来存放学生成绩，使用数组后仅需定义一个能够存放 5 个元素的数组即可。当需要访问数组中的元素时，仅需通过改变下标值就能访问数组中的不同元素，这也使得变量的访问更为方便。

数组定义语句，不仅告诉 C 语言编译器引用该数组所使用的标识符是什么，同时系统将会为该数组分配一块连续的内存空间供其使用，而数组名即该数组在内存中的首地址。

程序 数组定义示例

【例 5-1】 编写程序演示数组定义及数组与内存之间的关系。

DeclareArray.c:

```
1  #include <stdio.h>
2  /**************************************************
3   *  例5.1 编写程序演示数组定义及数组与内存之间的关系。
4  **************************************************/
5  void main()
6  {
7      int nums[10];
8      int i;
9  
10     printf("使用数组名输出数组在内存中首地址: %p\n",nums);
11 
12     for(i=0 ; i<10 ; i++)
13     {
14         printf("nums[%d]内存地址为: %p\n", i, &nums[i]);
15     }
16 }
```

程序分析：

● 第 7 行，“int nums[10];”语句定义能够存放 10 个 int 类型数组的数组 nums。

● 第 10 行，“printf("使用数组名输出数组在内存中首地址：%p\n",nums);”语句输出 nums 数组在内存中的首地址。

● 第 12～15 行，使用循环语句，为数组中每个元素的内存地址编号。

程序运行结果：

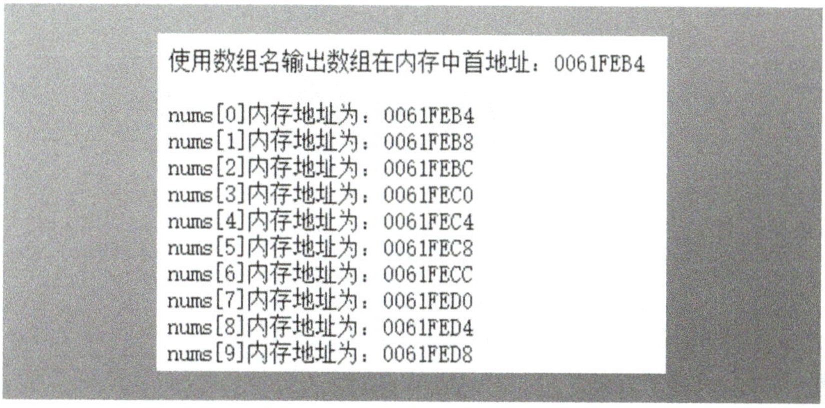

```
使用数组名输出数组在内存中首地址：0061FEB4

nums[0]内存地址为：0061FEB4
nums[1]内存地址为：0061FEB8
nums[2]内存地址为：0061FEBC
nums[3]内存地址为：0061FEC0
nums[4]内存地址为：0061FEC4
nums[5]内存地址为：0061FEC8
nums[6]内存地址为：0061FECC
nums[7]内存地址为：0061FED0
nums[8]内存地址为：0061FED4
nums[9]内存地址为：0061FED8
```

从例 5-1 可以发现，数组的名字即代表数组在内存中的首地址，且数组中的每个元素在内存中按照元素顺序连续存储。所以对于数组而言，只要知道了数组在内存中的首地址，就可以根据偏移量计算出数组中某个元素的地址。

5.1.2 一维数组的初始化

当系统为所定义的数组在内存中开辟一串连续的存储单元时，这些存储单元中并没有确定的值；C 语言允许在定义数组的同时给数组元素赋初值，这个过程称为初始化。

一维数组的初始化，可以采用以下几种形式。

1. 整体初始化

数组元素整体初始化语法结构：

类型说明符　数组名[常量表达式]={常量 1,常量 2,常量 3,…}；

说明如下。

"{常量 1,常量 2,常量 3,…}"又称为初始化列表，表示将初始化列表中的常量依次赋值给数组中的每 个元素，赋值顺序从第 0 个元素开始。

例如：

```
int a[5]={1,2,3,4,5};
```

在定义数组时对数组元素赋以初值，经过定义和初始化后，数组中各元素内容分别为：a[0]=1,a[1]=2,a[2]=3,a[3]=4,a[4]=5。

一般情况下，进行整体初始化时，可省略数组的长度(方括号不可省略)，如上述例子可定义为：

```
int a[]={1,2,3,4,5 };
```

值得注意的是，绝对不能用以下方式进行整体初始化。

```
int a[5];               /* 定义数组 */
a={1,2,3,4,5 };         /* 错误语句 */
```

因为数组名 a 是一个地址常量，不是变量，客观存在不可以接收任何赋值。

或：

```
int a[5];               /* 定义数组 */
a[5]={1,2,3,4,5 };      /* 错误语句 */
```

因为在程序中 a[5]表示数组 a 中下标为 5 的元素。a[5]下标越界，而且数组 a 中的一个元素只能接收一个赋值。

2. 部分初始化

当花括号"{ }"中的值的个数少于元素个数时，编译程序会自动以零来补足。

例如：

```
int a[5]={1,2,3 };
```

部分初始化后，a[0]到 a[2]的值分别是 1、2、3，a[3]、a[4]的值为 0。

3. 默认初始值

静态数组不进行初始化时所有元素的值都为 0。

例如：

```
static int a[10];
```

数组 a 中的 10 个元素的初值默认都为 0。

4. 程序运行中初始化

数组在定义时如果没有初始化，可以在程序运行过程中根据需要通过输入语句或直接使用赋值语句完成数组元素的赋值。

例如：

```
int a[10];
int i;
for(i=0;i<10;i++)
{
   scanf("%d",&a[i]);
}
```

对数组中多个元素赋值，可利用循环语句和格式化输入函数实现，通过每次修改数组元素下标，对每个元素进行访问，逐一进行赋值操作。

5.1.3　一维数组元素的引用

C 语言中，数组元素的引用是通过下标来实现的。

数组元素引用的语法结构：

数组名[下标]；

其中下标可以是整型常量或整型表达式，下标的范围从 0 开始，不能超过其定义的长度。

错误示例如下：

```
int a[5];
a[5]=10;
```

数组 a 的下标变化范围为 0～4，语句"a[5]=10"会使数组下标越界。

提示与陷阱

C 语言在编译时对数组下标是否越界不做检查，但会引起结果错误。

单个数组元素的使用方法和相同类型的变量的使用方法完全一样。

以下都是对数组 a 中元素的合法引用。

a[2]=1;

a[1]=a[0]+1;

scanf("%d" ,&a[2]);

提示与陷阱

C 语言中，对一维数组元素只能逐个访问，不能作为一个整体来访问。

程序 数组使用示例

【例 5-2】 编写程序，从键盘上输入 10 个正整数，存入数组 a 中，求出它们的和及平均数。

SumArray.c:

```
1  #include <stdio.h>
2  void main()
3  {
4      int i,a[10],sum=0;
5      float avg;
6  
7      printf("Please input 10 numbers:\n");
8      for(i=0;i<10;i++)
9      {
10         scanf("%d",&a[i]);     /*输入10个正整数，存入数组a中*/
11         sum+=a[i];            /*求和*/
12     }
13 
14     avg=sum/10.0;
15     printf("sum=%d,avg=%5.2f",sum,avg);
16 }
```

程序分析：

● 第 8～12 行，使用循环语句依次读入 10 个正整数存入数组中，并将读入的数累加到变量 sum 中。

程序运行结果：

```
Please input 10 numbers:
23 67 45 88 98 23 4 2 3 99
sum=452,avg=45.20
```

【例 5-3】 编写程序，将一个数组中的值按逆序重新存放，例如，数组中原来的顺序是 8，6，5，4，7，要求改为 7，4，5，6，8。

ReverseOrder.c:

```
1  #include <stdio.h>
2  #define N 5
3  void main()
4  {
5      int i,a[N]={8,6,5,4,7},temp;
6      printf("\nBefore exchange:");
7
8      for(i=0;i< N;i++)
9          printf("%3d",a[i]);                /*输出N个元素*/
10
11     for(i=0;i<N/2;i++)                    /*首尾元素依次交换*/
12     {
13         temp=a[i];
14         a[i]=a[N-i-1];
15         a[N-i-1]=temp;
16     }
17     printf("\nAfter exchange:");
18
19     for(i=0;i<N;i++)                      /*输出数组所有元素*/
20         printf("%3d",a[i]);
21 }
```

程序分析：

● 第 11～16 行，依次交换首尾元素，第一个与最后一个交换，第二个和倒数第二个交换……这个过程的重复次数为元素个数的一半。

程序运行结果：

```
Before exchange:  8  6  5  4  7
After exchange:   7  4  5  6  8
```

5.1.4 数组与排序

1. 排序

所谓排序，就是使一串记录按照其中某个或某些关键字的大小，递增或递减地排列起来的操作。

2. 排序算法

排序算法，就是使得记录按照要求排列的方法。排序算法在很多领域相当受重视，尤其是在海量数据的处理方面。一个优秀的排序算法可以节省大量的资源。要得到一个符合实际的优秀排序算法，必须经过大量的推理和分析。

下面介绍选择排序和冒泡排序两种排序算法。

(1)选择排序。

选择排序是一种简单、直观的排序算法。它的工作原理是每一次从待排序的数据元素中选出最小(或最大)的一个元素，存放在序列的起始位置，直到待排序的数据元素全部排完。常用的选择排序方法有简单选择排序和堆排序。

程序 选择排序示例

【例 5-4】 编写程序，从键盘上任意输入 6 个整数，用选择排序对已存放在数组中的 6 个数按递增顺序排序。

问题分析：

(1)对有 n 个数的序列，从中选出最小的数，与第一个数交换位置；

(2)除第一个数外，其余 $n-1$ 个数再按(1)的方法选出次小的数，与第二个数交换位置；

(3)重复第(1)步 $n-1$ 遍，最后构成递增序列。

假设数组 a 中已赋值，上述过程可以用图 5-1 表示。

						原始数据	8	6	9	3	2	7
a(0)	a(1)	a(2)	a(3)	a(4)	a(5)	第 1 遍交换后	2	6	9	3	8	7
	a(1)	a(2)	a(3)	a(4)	a(5)	第 2 遍交换后	2	3	9	6	8	7
		a(2)	a(3)	a(4)	a(5)	第 3 遍交换后	2	3	6	9	8	7
			a(3)	a(4)	a(5)	第 4 遍交换后	2	3	6	7	8	9
				a(4)	a(5)	第 5 遍交换后	2	3	6	7	8	9

图 5-1 选择排序过程示意图

SelectionSort.c:

```
#include <stdio.h>
#define N 6
void main()
{
    int i,j,min,tem,a[N];
    printf("please input 6 numbers:\n");
    for(i=0;i<N;i++)
    {
        printf("a[%d]=",i);
        scanf("%d",&a[i]);
    }

    printf("\n");
    for(i=0;i<N;i++)
        printf("%5d",a[i]);
    printf("\n");

    /*对6个数排序*/
    for(i=0;i<N-1;i++)
    {
        min=i;
        for(j=i+1;j<N;j++)
            if(a[min]>a[j]) min=j;

        tem=a[i];
        a[i]=a[min];
        a[min]=tem;
    }
    /*输出排序后的数据*/
    printf("After sorted \n");
    for(i=0;i<N;i++)
        printf("%5d",a[i]);
}
```

程序分析：

- 第 7～11 行，从键盘依次读入 6 个数存入数组中。
- 第 13～28 行，使用选择排序对数组中的元素进行排序。

程序运行结果：

```
please input 6 numbers:
 a[0]=4
 a[1]=5
 a[2]=7
 a[3]=1
 a[4]=3
 a[5]=9

 4    5    7    1    3    9
After sorted
 1    3    4    5    7    9
```

(2)冒泡排序。

冒泡排序是一种简单的排序算法。它重复地访问要排序的数列，一次比较两个元素，如果顺序错误就把它们交换。访问数列的工作是重复地进行两个元素的比较直到没有再需要交换的元素，也就是说该数列已经排序完成。

程序 冒泡排序示例

【例 5-5】 编写程序，从键盘上任意输入 10 个整数，用冒泡排序按从小到大排序，并在屏幕上显示出来。

问题分析：相邻两个数之间的比较和交换，使排序码(数值)较小的数逐渐从底部移向顶部，排序码较大的数逐渐从顶部移向底部。

由 A[n]～A[1]组成的 n 个数据，进行冒泡排序的过程可以描述为：

(1)首先将相邻的 A[n]与 A[n－1]进行比较，如果 A[n]的值小于 A[n－1]的值，则交换两者的位置，使较小的上浮，较大的下沉；接着比较 A[n－1]与 A[n－2]，同样使较小的上浮，较大的下沉。以此类推，直到比较完 A[2]和 A[1]后，A[1]为具有最小排序码(数值)的元素，第一趟排序结束。

(2)然后在 A[n]～A[2]区间内，进行第二趟排序，使剩余元素中排序码最小的元素上浮到 A[2]；重复进行 $n-1$ 趟排序后，整个排序过程结束。

BubbleSort.c:

```
1   #include <stdio.h>
2   #define NUM 10          /*定义符号常量（数据个数）*/
3   void main()
4   {
5       int data[NUM];          /*定义1个一维整型数组data*/
6       int i,j,temp;           /*定义循环变量和临时变量*/
7
8       printf("Please input 10 numbers: ");
9       for(i=0; i<NUM; i++)
10          scanf("%d", &data[i]);
11
12      /*冒泡法排序*/
13      for(i=0; i<NUM-1; i++)      /*外循环：控制比较趟数*/
14          for(j=NUM-1; j>i; j--)  /*内循环：进行每趟比较*/
15             if(data[j]<data[j-1])  /*如data[j]>data[j-1],交换两者的位置*/
16              {
17                  temp=data[j];
18                  data[j]=data[j-1];
19                  data[j-1]=temp;
20              }
21
22      /*输出排序后的数据*/
23      printf("\nthe  result of sort: ");
24      for(i=0; i<NUM; i++)
25          printf("%d ",data[i]);
26  }
```

程序分析：

● 第13～20行，使用冒泡排序算法对数组中的元素进行排序。其中外循环控制比较次数，内循环控制每次比较多少个元素；“if(data[j]<data[j−1])”表示如果data[j]大于data[j−1]，交换两者的位置。

程序运行结果：

```
Please input 10 numbers: 2 7 8 5 3 0 9 11 2 4

the  result of sort: 0 2 2 3 4 5 7 8 9 11
```

程序拓展

Java的设计人员在java.util包中提供了Arrays类（数组操作类），主要功能是实现数组元素的排序、查找、填充等。其中sort( )方法的作用是对数组元素进行升序排序，排序完成后，数组中存放的是排序后的结果。例如，使用Arrays类的sort( )方法对数组score中的成绩由低到高进行排序，Java源代码如下所示：

```
import java.util.Arrays;

public class ArraySort {
  public static void main(String[] args) {
```

```
int[] score = new int[] { 90, 58, 77, 66, 85 };
Arrays. sort(score); // 使用 Arrays 类的 sort( )方法对数组排序

System. out. println("成绩由低到高的排序结果:");
for (int i = 0; i < score. length; i++) {
        System. out. println(score[i]); // 显示排序后的结果
    }
  }
}
```

◆ 返回工作场景一

问题分析：根据所学知识点，首先要定义一个整型数组存放果园 12 个月里每个月的收成。循环累加得到一年的总收成后，再除以 12 可得到月平均收成，同时通过比较找出收成最大的月份和最小的月份。再使用循环语句依次判断每个月的收成是否高于月平均收成，并统计高于月平均收成的月份数。

程序分析：

crop.c:

```c
#include <stdio.h>
void main()
{
    int n[12];          //整型数组存放每月收成
    float avg;          //存放月平均收成
    int nums;           //高于月平均收成的月份数
    int maxN=0,minN=0;  //存放最高收成月份、最低收成月份，缺省值为0
    int i;              //循环测试变量

    for(i=0;i<12;i++)
    {
        printf("输入%d月的收成（吨）：",i+1);
        scanf("%d",&n[i]);
    }

    avg =0;
    for(i=0;i<12;i++)
    {
        if(n[i]>n[maxN]) {
            maxN=i;
        }
        if(n[i]<n[minN]) {
            minN=i;
        }
        avg+=n[i];
    }
    avg/=12;

    nums=0;
    for(i=0;i<12;i++)
    {
        if(n[i]>=avg)
        {
            nums++;
        }
    }

    printf("果园月平均收成：%.2f，高于月平均收成的有%d个月。\n",avg,nums);
    printf("最高收成月份为%d月，最低收成月份为%d月。\n",maxN+1,minN+1);
}
```

● 第 4 行，"int n[12];"定义数组变量 n 存放 12 个月的收成。

● 第 10～27 行，使用循环语句依次读取 12 个月的收成，找出最大值和最小值的数组元素下标，同时累加总收成并计算平均值。

● 第 30～36 行，使用循环语句判断每个月的收成是否高于平均值，若高于平均值，则将高于平均值的月份数加 1。

【挑战环节】 编写程序，通过键盘输入运动会上 10 名运动员参加男子 100 米短跑的时间，计算他们的平均时间(结果保留 2 位小数)，并统计短于平均时间的人数。

```
男子100米短跑时间记录
请输入第1个运动员的时间（秒）：11.2
请输入第2个运动员的时间（秒）：13.67
请输入第3个运动员的时间（秒）：11.67
请输入第4个运动员的时间（秒）：12.25
请输入第5个运动员的时间（秒）：11.55
请输入第6个运动员的时间（秒）：13.08
请输入第7个运动员的时间（秒）：12.75
请输入第8个运动员的时间（秒）：11.10
请输入第9个运动员的时间（秒）：14.00
请输入第10个运动员的时间（秒）：12.77
男子100米短跑平均时间12.40，短于平均时间的人数为5
```

【课堂实践 5-1】

1. 编写程序，通过键盘输入某班 30 名学生 C 语言课程的成绩，输出该班级 C 语言课程的班级总分、平均分、最高分和最低分。

2. 编写程序，从键盘任意输入 10 个整数存入数组 a 中，求出数组 a 中相邻两个元素之积并存入数组 b 中。

5.2 二维数组应用任务训练

【导入】工作场景二：农产品销售渠道数据统计

(1)问题描述：对某市一季度主要农产品产量及销售情况进行分析，统计不同销售渠道的销售量占比：批发市场 40%、电商平台 20%、合作社 25%、其他 15%。请输入主要农产品蔬菜、水果、肉类、禽类、水产品的产量，用表格的形式输出各自在不同销售渠道的销售量(单位：万吨)。

(2)问题分析：分析可知，要存储不同农产品在各个销售渠道的销售量，使用一维数组无法完成，必须使用二维数组表示。

(3)演示执行：

```
请依次输入蔬菜、水果、肉类、禽类、水产品的产量：（单位：万吨）
35.6 6.78 8.8 0.65 2.55

*****************************************************************************
                         主要农产品销售渠道数据统计表
                    蔬菜、水果、肉类、禽类、水产品（单位：万吨）
*****************************************************************************
产量            批发市场          电商平台          合作社            其他
*****************************************************************************
35.60           14.24             7.12              8.90              5.34

6.78            2.71              1.36              1.70              1.02

8.80            3.52              1.76              2.20              1.32

0.65            0.26              0.13              0.16              0.10

2.55            1.02              0.51              0.64              0.38

*****************************************************************************
```

涉及知识点

5.2.1　二维数组的定义

如果现在要存放 10 名学生 3 门课程的成绩，该怎么办？可以使用多个一维数组存放，例如 math[10]、English[10]、Chinese[10]，使用 3 个数组分别存放 3 门课程成绩。也可以使用二维数组存放 10 名学生的成绩，数组中的每一行代表一名学生，每一列代表某门课程成绩。

二维数组定义的语法结构：

类型说明符　数组名[常量表达式 1][常量表达式 2]；

例如：

int a[3][3]；

该语句表示定义了 3×3=9 个元素的数组 a，其中每个元素都是一个整型变量。

float b[2][4]；

该语句表示定义了 2×4=8 个元素的数组 b，其中每个元素都是一个单精度类型的变量。

定义二维数组时需注意以下几点：

(1)可以把二维数组看作一种特殊的一维数组。

二维数组的每个元素又是一个一维数组。数组元素在内存中的排列顺序为“按行存放”，即先顺序存放第一行的元素，再存放第二行的元素……以此类推。

例如：

int a[3][4]；

可以把 a 看作一个一维数组，它有 a[0]、a[1]、a[2]三个元素，每个元素又是一个包含 4 个元素的一维数组，把 a[0]、a[1]、a[2]看作一维数组的名字。

数组 a 在内存中的存放顺序为：

a[0][0]	a[0][1]	a[0][2]	a[0][3]
a[1][0]	a[1][1]	a[1][2]	a[1][3]
a[2][0]	a[2][1]	a[2][2]	a[2][3]

二维数组在内存中按照"Z"形存储，先存放第 0 行第 0 列元素，然后存放第 0 行第 1 列元素，即先按行存储，当第 0 行的所有元素都分配完后，再存放第 1 行的各列元素，即 a[0][3]元素后将存放第 1 行第 0 列元素(a[1][0])，其内存效果等同于下面的存放方式。

a[0][0]	a[0][1]	a[0][2]	a[0][3]	a[1][0]	a[1][1]	……	a[2][3]

(2)对于一个 m×n 个元素的数组 a[m][n]，则第 i 行第 j 列的元素 a[i][j]在数组中的位置为：i×n+j(注意：行号、列号均从 0 开始计数)。

例如：已知 a[0][0]在内存中的地址位置，则 a[2][1]的地址是多少？

计算方法如下：

a[2][1]在数组中的位置为第 9 个元素(2×4+1=9)。

a[2][1]地址为：a[0][0]地址+36 字节(9×4=36)。

提示与陷阱

需要特别注意，数组元素下标都是从 0 开始计数的。例如，有定义语句"int a[3][4];"，此时数组 a 的行号是从 0 到 2，而列号是从 0 到 3。

(3)二维数组 a[m][n]的元素个数为第一维元素个数 m 与第二维元素个数 n 的乘积，即 m×n。

例如：

int a[3][4];

则数组 a 共有 12 个元素(3×4=12)。

(4)通常把常量表达式 1 称为行下标表达式，把常量表达式 2 称为列下标表达式，两者取值只能为常量或符号常量。

5.2.2　二维数组的初始化

首次对二维数组元素赋值的过程，称为二维数组的初始化。

二维数组的初始化，常用的有以下几种方法：

(1)按行对二维数组进行初始化。

例如：

int a[3][3]={ {1,2,3} ,{4,5,6} ,{7,8,9} };

对二维数组 a 进行初始化，其中 a[0][0]=1，a[0][1]=2，a[0][2]=3，a[1][0]=4，a[1][1]=5，a[1][2]=6，a[2][0]=7，a[2][1]=8，a[2][2]=9。

需要注意的是，按行对二维数组进行初始化时，也可以只对部分元素赋初值。这时，剩余元素的初值由系统自动补齐。

例如：

int a[3][3]={ {1,2} ,{3} ,{4} };

相当于语句：

int a[3][3]={ {1,2,0} ,{3,0,0} ,{4,0,0} };

对于数值型的数组，系统会赋予 0 或 0.0；对于字符型的数组，系统将赋予空字符（即 ASCII 码值为 0 的字符“\0”）。

(2)不按行将所有数据依次列在一个花括号中。

例如：

int a[3][3]={1,2,3,4,5,6,7,8,9 };

C 语言将按照行优先的顺序自动将数值赋予相应的数组元素，初始化完成后，数组中各元素数据分别为：a[0][0]=1，a[0][1]=2，a[0][2]=3，a[1][0]=4，a[1][1]=5，a[1][2]=6，a[2][0]=7，a[2][1]=8，a[2][2]=9。

如果对二维数组的全部元素进行初始化，那么第二维的大小必须指定。

系统会自动根据元素总数和第二维的大小，确定第一维的大小，并按行将所有数据依次列在一个花括号中。

例如：

int a[][3]={1,2,3,4,5,6,7,8,9};

相当于语句：

int a[3][3]={1,2,3,4,5,6,7,8,9};

或

int a[3][3]={{1,2,3},{4,5,6},{7,8,9}};

二维数组 a[m][n]的数组名表示数组的首地址，即 a[0][0]的地址，它是一个地址常量，不能被赋值。

例如：

int a[2][2];

a={{1,2},{3,4}};

这种赋值方式是错误的，使用初始化列表对数组进行赋值必须与定义数组同时进行，而不能在定义数组后再使用初始化列表为数组整体赋值。

5.2.3 二维数组的引用

引用二维数组元素的形式为：

数组名[行下标表达式][列下标表达式]；

这里的行下标表达式和列下标表达式，都应是整型表达式或符号常量，它们的值都应在已定义数组大小的范围内。

在引用二维数组元素时，注意下标值应在已定义的数组大小范围内。和一维数组一样，C 语言对二维数组的下标不做越界检查。假设有数组 a[4][5]，则可用的行下标范围为 0～3，列下标范围为 0～4。

对单个二维数组元素的操作，与对相同数据类型的变量的操作一样。

以下都是对数组 a 中元素的合法引用。

```
int a[3][3]={1,2,3,4,5,6,7,8,9};
a[2][0]=1;
a[1][1]=a[0][1]+1;
scanf("%d" ,&a[2][1]);
```

提示与陷阱

C语言中，对二维数组元素只能逐个访问，不能作为一个整体来访问。

程序 二维数组使用示例

【例 5-6】 编写程序，从键盘上输入9个数，存入一个3行3列的二维数组中，计算对角线元素之和。

SumDiagonal.c：

```c
#include <stdio.h>
void main()
{   int a[3][3];
    int sum1=0,sum2=0;
    int i,j;

    printf("please input rectangle element:\n");
    for(i=0;i<3;i++)
    {   for(j=0;j<3;j++)
            scanf("%d",&a[i][j]);
    }
    printf("数组中元素为: \n");

    for(i=0;i<3;i++)
    {
        for(j=0;j<3;j++)
            printf("%5d",a[i][j]);
        printf("\n");
    }

    for(i=0;i<3;i++)
    {   for(j=0;j<3;j++)
        {   if(i==j)
                sum1 = sum1+a[i][j];
            if(i+j==2)
                sum2 = sum2+a[i][j];
        }
    }

    printf("主对角线元素之和为: %d\n",sum1);
    printf("次对角线元素之和为: %d\n",sum2);
}
```

程序分析：

● 第 3 行，“int a[3][3];”定义 3 行 3 列的二维数组，能存放 9 个元素。

● 第 8～11 行，利用双重 for 循环控制输入二维数组，外循环控制行，内循环控制列。

● 第 14～19 行，利用双重 for 循环将数组中的元素输出到屏幕中。

● 第 21～28 行，使用双重 for 循环分别累加主、次对角线上的元素，主对角线元素为行号和列号相等的元素，即 a[0][0]、a[1][1]、a[2][2]；次对角线元素为行号和列号相加等于 2(每列元素总数－1)的元素，即 a[0][2]、a[1][1]、a[2][0]。

程序运行结果：

```
please input rectangle element:
1 2 3 4 5 6 7 8 9
数组中元素为:
 1    2    3
 4    5    6
 7    8    9
主对角线元素之和为: 15
次对角线元素之和为: 15
```

【例 5-7】 编写程序，实现矩阵转置，即将一个二维数组的行和列元素互换，并存到另一个二维数组中。

MatrixTranspose.c:

```
#include <stdio.h>
void main( )
{
    int a[4][4]={ {11,34,-2,23},{4,12,21,8},{9,-4,40,15},{31,12,-7,-9}};
    int b[4][4],i,j;

    printf("原矩阵为:\n");
    for(i=0;i<4;i++)
    {
        for(j=0;j<4;j++)
        {
            printf("%5d",a[i][j]);
        }
        printf("\n");
    }

    for(i=0;i<4;i++)
    {
        for(j=0;j<4;j++)
        {
            b[i][j]=a[j][i];
        }
    }
    printf("转置后的矩阵为:\n");
    for(i=0;i<4;i++)                          /*输出转置后的矩阵*/
    {
        for(j=0;j<4;j++)
        {
            printf("%5d",b[i][j]);
        }
        printf("\n");
    }
}
```

程序分析：

● 第 4 行，定义 4 行 4 列的二维数组，并使用初始化列表初始化数组中的每个元素。

● 第 8～15 行，利用双重 for 循环控制输出二维数组 a 中的每个元素，外循环控制行，内循环控制列。

● 第 17～23 行，利用双重 for 循环将数组中的元素转置后存入数组 b 中，数组转置只需将原来 a 数组中第 j 行第 i 列元素存入 b 数组的第 i 行第 j 列即可。

● 第 25～32 行，使用双重 for 循环将转置后的数组输出到屏幕中。

程序运行结果：

```
原矩阵为：
11   34   -2   23
 4   12   21    8
 9   -4   40   15
31   12   -7   -9
转置后的矩阵为：
11    4    9   31
34   12   -4   12
-2   21   40   -7
23    8   15   -9
```

◆ 返回工作场景二

问题分析：根据所学二维数组的知识点，需要定义一个 5 行 5 列的浮点型二维数组存放不同农产品的产量及其在各个销售渠道的销售量。首先找出数组元素值的规律，规律如下：

(1)每行第 1 个元素值表示产量，用户输入后存入。

(2)每行第 2、3、4、5 个元素值分别是第 1 个元素值的 40%、20%、25%、15%。

程序分析：

salesVolume.c:

```c
#include <stdio.h>
#define N 5
void main() {
    int i,j;
    float a[N][N]= {0};

    printf("请依次输入蔬菜、水果、肉类、禽类、水产品的产量：（单位：万吨）\n");
    for(i=0; i<N; i++) {
        scanf("%f",&a[i][0]);
    }

    for(i=0; i<N; i++) {
        a[i][1]=a[i][0]*0.4;
        a[i][2]=a[i][0]*0.2;
        a[i][3]=a[i][0]*0.25;
        a[i][4]=a[i][0]*0.15;
    }

    printf("\n");
    printf("************************************************************************\n");
    printf("\t\t\t主要农产品销售渠道数据统计表\n");
    printf("\t\t蔬菜、水果、肉类、禽类、水产品（单位：万吨）\n");
    printf("************************************************************************\n");
    printf("产量    \t批发市场\t电商平台\t合作社  \t其他\n");
    printf("************************************************************************\n");
    for(i=0; i<N; i++) {
        for(j=0; j<N; j++) {
            printf("%.2f\t\t",a[i][j]);
        }
        printf("\n");
    }
    printf("************************************************************************\n");
}
```

● 第 8～10 行，使用 for 循环依次输入 5 种农产品的产量，存储在二维数组的第 1 列。

● 第 12～17 行，使用 for 循环依次给每行第 2、3、4、5 列的数组元素赋值。

● 第 26～31 行，使用双重 for 循环按矩阵方式输出二维数组中的元素值。

【挑战环节】 把一些有规律的数填在纵横格数都相等的正方形图内，使每一行、每一列和每一条对角线上各个数之和都相等，这样的方阵叫作幻方阵。幻方阵中每行、每列、每条对角线的和称为幻和，幻方阵中所排列的数就是从 1 开始到 n 的平方结束。编写程序，并在屏幕中输出 5 阶幻方阵。

提示：

(1)将 1 放在第 0 行中间一列。

(2)从 2 开始直到 25 的数值依次按照以下规律存放：每一个数存放的行比前一个数的行数减 1，列数加 1。

(3)如果上一个数的行数为 0，则下一个数的行数为 4，列数加 1。

(4)如果上一个数的列数为 4，则下一个数的列数为 0，行数减 1。

(5)如果按照以上步骤确定的位置上已经有数，则将下一个数放在上一个数的下面。

```
5阶幻方阵为：
17   24    1    8    15
23   5     7    14   16
4    6     13   20   22
10   12    19   21   3
11   18    25   2    9
```

【课堂实践 5-2】

1. 编写程序，从键盘输入一个 4×4 的整数矩阵，计算矩阵中每行元素之和并输出。

2. 编写程序，从键盘输入一个 4×3 的整数矩阵，输出该矩阵中最大的元素，以及该元素所在的行、列位置。

5.3 字符数组应用任务训练

◆【导入】工作场景三：密文传送

(1)问题描述：某集团使用密文传送信息，加密者输入数字密钥后对所传输的数据进行加密，生成密文。加密规则：明文字符的 ASCII 码值加上密钥数字的平方再加 2，作为密文字符的 ASCII 码。要求用户输入一行明文，随后输出加密后的密文。

(2)问题分析：分析可知，需要在程序中临时存放用户输入的字符串，然后按照转换规则，将字符串中每个字符进行加密转换才能获得加密后的密文。要存储用户输入的字符串，需要在程序中使用字符数组。

(3)演示执行：

```
请输入要加密的字符串：Hello! Today is Saturday.
请输入数字密钥（1~9）：3
加密后的内容为：Olssv('[vkh€'pz'Zh{|ykh€5
```

涉及知识点

5.3.1 字符数组的定义和初始化

字符数组就是存放字符数据的数组，在字符数组中，一个元素存放一个字符。字符数组必须先定义后引用。

1. 字符数组的定义

字符数组的定义与一般数组的定义完全相同，只是在字符数组中，每一个元素的数据类型为字符型。

定义字符数组的一般格式为：

char　数组名[常量表达式]；

例如：

“char ch[10];”定义了可以存放 10 个字符的数组 ch。

可以像前面介绍的方法那样对定义的字符数组的元素一个一个地进行处理，但通常情况下都是将字符数组作为一个整体，即字符串来处理的。

2. 字符数组的初始化

有以下两种方法对字符数组进行初始化。

(1)给字符数组的各个元素逐个赋初值。

当初值个数与预定义的数组长度相同时，可省略数组长度。

例如：

char str[10]={'C',' ','p','r','o','g','r','a','m','\0'};

相当于：

char str[]={'C',' ','p','r','o','g','r','a','m','\0'};

当初值个数小于预定义的数组长度时，将这些字符逐个赋给数组中前面的元素，其余的元素系统自动赋初值为空字符(即'\0')。

例如：

char str[11]={'C',' ','p','r','o','g','r','a','m','\0'};

相当于：

char str[11]={'C',' ','p','r','o','g','r','a','m','\0','\0'};

当初值个数大于预定义的数组长度时，按语法错误处理。

如下面的初始化形式是错误的。

char c[6]={'c',' ','p','r','o','g','r','a','m'};

除了可以用字符常量对字符数组进行初始化外,还可以使用与字符对应的 ASCII 码值对字符数组进行初始化。

例如:

char ch[5]={'A','B','C','D','E'};

相当于:

char ch[5]={65,66,67,68,69};

两者都表明字符数组 ch 的 5 个元素初值为:

'A'	'B'	'C'	'D'	'E'
ch[0]	ch[1]	ch[2]	ch[3]	ch[4]

(2)给字符数组指定一个字符串初值。

用字符串初始化时花括号"{ }"可以省略。

例如:

char str[]={"C program"};

相当于:

char str[]="C program";

用这种方法对字符数组进行初始化时,系统将自动在最后一个字符后面加一个字符 '\0',表示字符串的结束。

5.3.2 字符数组元素的引用

对字符数组元素的引用同数值型数组一样,都是对元素逐个访问的,对字符数组也可以按字符串操作。

与其他数据类型的数组不同,在程序中既可以引用字符数组的单个数组元素,也可以一次性引用整个字符数组。

例如,对一个存放有 10 个元素的字符数组 ch 的输出语句为:

```
int i;
for(i=0;i<10;i++)
{
  putchar(a[i]);
}
```

程序 字符数组使用示例

【例 5-8】 编写程序,在字符串 s 中寻找与给定字符 ch 相同的字符,并在 s 中的该字符后插入一个与之相同的字符,若找不到相同的字符,则不做任何处理。输出最后的字符串。例如,s 所指的字符串是"baacda",ch 中的字符是"a",执行后 s 所指的字符串是"baaaacdaa"。

InsertChar.c:

```c
1  #include<stdio.h>
2  void main()
3  {
4      int  i, j, n;
5      char  s[80]="baacda", c;
6      printf("\nThe string:  %s\n",s);
7      printf("\nInput a character:  ");
8      scanf("%c",&c);
9  
10     for(i=0; s[i]!= '\0'; i++)
11     {
12         if(s[i]==c)
13         {
14             n=0;
15             while(s[i+1+n]!='\0')
16             {
17                 n++;
18             }
19             for(j=i+n+1; j>i; j--)
20             {
21                 s[j+1]=s[j];
22             }
23             s[j+1]=c;
24             i=i+1;
25         }
26     }
27     printf("\nThe result is:  %s\n",s);
28 }
```

程序分析：

● 第 5 行,“char s[80]="baacda",c;”,定义字符数组 s,该数组最多能存放 80 个字符。

● 第 10～26 行,利用循环判断字符数组中的每个字符,一直执行到字符串的尾部,即读取到第一个'\0'为止,当数组中当前字符与变量 c 中存放的给定字符一致时,将数组中当前位置到末尾的字符依次向后移动一位,并用给定字符替换掉当前字符和该字符的下一位。

程序运行结果：

```
The string:  baacda

Input a character:  a

The result is:  baaaacdaa
```

5.3.3 字符串及其处理函数的训练

字符串常量是由一对双引号“" "”括起来的字符构成的字符序列,如"abcde" "12345" "AD145" "jk_233.fd+eee"等。

字符串中字符的个数称为字符串长度。长度为 0 的字符串(即一个字符都没有的字符串)称为空串,表示为“" "”。

C 语言规定:在存储字符串常量时,由系统在字符串的末尾自动加一个'\0'作为字符串的结束标志。

而字符串变量实际上就是字符数组，字符串变量名就是字符数组名。

以下是字符串赋给字符数组的方法及其引用。

例如：

(1)用二维数组存放多个字符串的引用。

char s[3][5]={"123" ,"AB" ,"x" };

即：

	0	1	2	3	4
0	'1'	'2'	'3'	'\0'	
1	'A'	'B'	'\0'		
2	'x'	'\0'			

(2)存放字符串字符数组的输入及输出实例。

```
char s1[25];
scanf("%s" ,s1);
printf("%s" ,s1);
```

注意：输入字符串时，遇空格或回车换行符号时就表示输入结束，并自动加 '\0'；输出时也是遇 '\0' 即为结束。

C 语言提供了一些函数用于处理字符串，这些函数均在系统头文件 string. h 中说明，故如要使用以下函数，要在程序中写上包含命令“# include <string. h>”。

1. 接收字符串函数：gets()

(1)调用方式：

gets(字符数组名)；

(2)功能：从键盘上读取 1 个字符串(可以包含空格)，并将其存储到字符数组中。

(3)使用说明：gets()函数读取的字符串，其长度没有限制，但需要保证字符数组有足够大的空间存放输入的字符串。

该函数输入的字符串中允许包含空格，而 scanf()函数不允许。

2. 字符串输出函数：puts()

(1)调用方式：

puts(字符数组名)；

(2)功能：把字符数组中存放的字符串，输出到屏幕中，并用'\n '取代字符串的结束标志'\0 '。所以用 puts()函数输出字符串时，不要求另加换行符。

(3)使用说明：

① 字符串中允许包含转义字符，输出时产生一个控制操作。

② 该函数一次只能输出一个字符串，而 printf()函数不仅能用来输出字符串，且一次能输出多个。

程序 字符串使用示例

【例 5-9】 编写程序，将键盘上输入的一个字符串中的大写字母转换为小写字母，然后输出字符串。

ConvertChar.c:

```
1  #include <stdio.h>
2  void main()
3  {
4      char str[80];
5      int  i;
6      printf("Please Input a String: ");
7      gets(str);
8      for(i=0;str[i]!='\0';i++)
9      {
10       if(str[i]>='A' && str[i]<='Z')
11       {
12           str[i]=str[i]+32;
13       }
14     }
15     printf("The result: ");
16
17     puts(str);
18 }
```

程序分析：

- 第 4 行，“char str[80]；”，定义字符数组 str，该数组最多能存放 80 个字符。
- 第 7 行，“gets(str)；”从键盘中读取用户输入的字符串并存入字符数组 str 中。
- 第 8～14 行，使用 for 循环依次读取字符数组中的每个字符，并将字符中的大写字母转换为小写字母。
- 第 17 行，“puts(str)；”使用 puts 函数将字符数组 str 中的内容输出在屏幕中，直到遇到第一个 '\0' 为止。

程序运行结果：

```
Please Input a String: Hello from C.
The result: hello from c.
```

3. 字符串比较函数：strcmp()

(1)调用方式：

strcmp(字符串 1 ，字符串 2)

其中字符串可以是字符串常量，也可以是一维字符数组。

(2)功能:比较两个字符串的大小。

例如:

① 字符串1=字符串2,函数返回值等于0;

② 字符串1<字符串2,函数返回值是一个负整数;

③ 字符串1>字符串2,函数返回值是一个正整数。

字符串比较的规则与其他高级语言中的规则相同。对两个字符串中的字符自左向右逐个进行比较,直到出现第一个不同的字符或遇到 '\0' 为止。

如果两个字符串所有字符对应相等,长度也相等,则两个字符串相等。

(3)使用说明:

① 如果一个字符串是另一个字符串从头开始的子串,则母串为大。

② 不能使用关系运算符"=="来比较两个字符串的大小,只能用 strcmp()函数来处理。

例如:

```
strcmp("yes","no")> 0
strcmp("beijing","shanghai")< 0
```

4. 字符串复制函数:strcpy()

(1)调用方式:

strcpy(字符数组名,字符串);

(2)功能:将"字符串"完整地复制到"字符数组"中,字符数组中原有内容被覆盖。

(3)使用说明:

① 字符数组必须定义得足够大,以便容纳复制过来的字符串。复制时,连同结束标志'\0'一起复制。

② 字符串可以是字符串常量,也可以是字符数组。

③ 不能用赋值运算符"="将一个字符串直接赋值给一个字符数组,只能用 strcpy()函数来处理。用赋值运算符"="只能将一个字符赋给一个字符型变量或数组元素。

例如:

```
char str[20];
strcpy(str,"ShangHai");
```

其作用为将字符串"ShangHai"赋予字符数组 str。

5. 字符串连接函数:strcat()

(1)调用方式:

strcat(字符数组名,字符串);

(2)功能:把字符串连接到字符数组中的字符串尾端,并存储于字符数组中。字符数组中原来的结束标志'\0'被字符串的第一个字符覆盖,而字符串在操作中未被修改。

(3)使用说明:

① 由于没有边界检查,编程者要注意保证字符数组定义得足够大,以便容纳连接后的目标字符串;否则,会因长度不够而产生问题。

② 连接前两个字符串都有结束标志 '\0'，连接后字符数组中存储的字符串的结束标志 '\0'被覆盖，只在目标串的最后保留一个 '\0'。

③ 如果连接前字符数组的字符串中有多个'\0'，连接时将字符串连在字符数组的第一个'\0'的位置，并且覆盖'\0'。

例如：

```
char str1[20]="Welcome";
char str2[20]=" to China!";
strcat(str1,str2);
```

执行后，字符串 str1 的值变为"Welcome to China!"。

6. 字符串长度计算函数：strlen()

(1)调用方式：

strlen(字符串)

(2)功能：求字符串(常量或字符数组)的实际长度(不包含结束标志 '\0')。

例如，"Welcome to China!"在内存中的长度为 18，但 strlen("Welcome to China!")的值为 17，而不是 18，因为字符串结束符'\0'不包括在字符串长度内。

7. 将字符串中大写字母转换成小写字母的函数：strlwr()

(1)调用方式：

strlwr(字符串)

(2)功能：将字符串中的大写字母转换成小写字母，其他字符(包括小写字母和非字母字符)不转换。

8. 将字符串中小写字母转换成大写字母的函数：strupr()

(1)调用方式：

strupr(字符串)

(2)功能：将字符串中的小写字母转换成大写字母，其他字符(包括大写字母和非字母字符)不转换。

【例 5-10】 编写程序，输入一行字符，统计出其中英文字母、数字、空格和其他字符的个数。

问题分析：可以根据每一个字符的 ASCII 码值来判断它是英文字母、数字、空格还是其他字符。对于一个字符：

(1)如果它的 ASCII 码值介于 a～z 或 A～Z，则它是一个英文字母；

(2)如果它的 ASCII 码值介于 0～9，则它是一个数字；

(3)其他情况则可视为其他字符。

CalcChar.c:

```
1   #include <string.h>
2   void main()
3   {
4       char str[81];
5       int  i,len;
6       int letter=0,digit=0,space=0,other=0;
7       printf("\n    请输入一个字符串: ");
8       gets(str);
9       len=strlen(str);
10      for(i=0;i<len;i++)
11      {
12        if((str[i]>='A'&& str[i]<='Z')|| (str[i]>='a'&& str[i]<='z'))
13        {
14            letter++;
15        }
16        else if(str[i]>='0'&& str[i]<='9')
17        {
18            digit++;
19        }
20        else if(str[i]==' ')
21        {
22            space++;
23        }
24        else
25        {
26            other++;
27        }
28      }
29      printf("\n    letter=%d,digit=%d,",letter,digit);
30      printf("space=%d,other=%d\n",space,other);
31  }
```

程序分析:

● 第 6 行,"int letter=0,digit=0,space=0,other=0;",定义变量统计英文字母、数字、空格和其他字符的个数。

● 第 8 行,"gets(str);"从键盘中读取用户输入的字符串并存入字符数组 str 中。

● 第 9 行,"len=strlen(str);"调用 strlen 函数求出用户输入的字符串长度。

● 第 10~28 行,使用 for 循环分别统计各类字符个数。

程序运行结果:

```
请输入一个字符串: Hello from c 123.

letter=10,digit=3,space=3,other=1
```

【例 5-11】 编写程序,从键盘上输入 3 个字符串,输出最大的字符串和最长的字符串。

问题分析:首先定义一个字符串变量 smax,初值为空串,用来记录最大的字符串,从第一个字符串到最后一个字符串,逐个与 smax 比较,如果比 smax 大,则用它替换 smax 的值。用同样的方法,寻找最长的字符串。

FindMax.c:

```
1  #include <stdio.h>
2  #include <string.h>
3  void main()
4  {
5      char str[3][20];
6      char smax[20]="";
7      int i,n,m;
8      for(i=0;i<3;i++)
9      {
10         printf("请输入第%d个字符串: ",i+1);
11         gets(str[i]);                        /* 输入字符串 */
12     }
13
14     n=0;
15     for(i=0;i<3;i++)
16     {
17         if(strcmp(smax,str[i])<0)            /* 字符串比较 */
18             strcpy(smax,str[i]);
19         if(n<strlen(str[i]))                 /* 长度比较 */
20         {
21             n=strlen(str[i]);
22             m=i;
23         }
24     }
25     printf("最大的字符串为: %s\n",smax);
26     printf("长度最长的字符串是%s,长度为: %d\n",str[m],n);
27 }
```

程序分析：

● 第 8～12 行，使用循环语句依次从键盘中读取用户输入的字符串存入字符数组 str 中。

● 第 15～24 行，调用 strcmp 函数比较字符串的大小，如果当前字符串大于 smax 中的字符串，则将当前字符串复制到 smax 中作为最大的字符串。使用 strlen 函数获取字符串中字符个数，并记录字符数最多的字符串长度和在数组中的索引下标。

程序运行结果：

```
请输入第1个字符串: test
请输入第2个字符串: c
请输入第3个字符串: hello
最大的字符串为: test
最长的字符串是hello,长度为: 5
```

程序拓展

在 C 语言中，字符串变量实际是使用字符数组来存放的。然而在 Java 语言中，可以使用 java. lang 包中的 String 类来创建字符串对象，其语法格式为：

String 对象名＝“字符串内容”；

String 类有很多方法可以获取字符串长度，以及进行字符串比较、字符串连接、字符串截取等操作。例如，输出字符串“C 语言和 Java 语言有什么相似之处?”及其长度，截取字符串的前 10 个字符并输出截取后的子串，Java 源代码如下所示：

```
public class StringExample {
    public static void main(String[] args) {
        // TODO Auto-generated method stub
        // 声明字符串 s 并赋初始值
        String s = "C 语言和 Java 语言有什么相似之处?";
        System.out.println(s);
        // 使用字符串对象的 length()方法获取字符串长度
        System.out.println("原始字符串的长度为" + s.length());
        // 声明字符串 subS，存放字符串 s 截取后的子串
        String subS = s.substring(0, 10);
        System.out.println(subS);
    }
}
```

返回工作场景三

问题分析：根据所学字符数组的使用方式和字符串操作函数，本题可以使用字符数组存放用户输入的字符，然后通过循环依次取出数组的每一位进行加密操作即可。

程序分析：

secretKey.c:

```
1   #include <stdio.h>
2   #include <string.h>
3   void main()
4   {
5       char str[100];
6       int i;
7       int m,k;
8   
9       printf("\n    请输入要加密的字符串：");
10      gets(str);
11  
12      printf("\n    请输入数字密钥（1-9）：");
13      scanf("%d",&m);
14  
15      k=m^2+2;
16  
17      for(i=0;str[i]!='\0';i++)
18      {
19              str[i] = str[i]+k;
20      }
21  
22      printf("\n    加密后的内容为：");
23      puts(str);
24  }
```

- 第 10 行，“gets(str);”，读取需要加密的字符串存入字符数组 str 中。
- 第 12～13 行，读取用户输入的数字密钥。

● 第 17～20 行，使用循环语句对字符数组 str 进行加密。

【挑战环节】 某公司使用公用电话传递电文，为保证数据的安全性，需要对所传输的数据进行加密。加密规则：第 1 个字母变成第 26 个字母，第 i 个字母变成第(26－i＋1)个字母，非字母字符不变。要求用户输入一行电文，并将该段电文加密后输出。

```
请输入要加密的字符串：Test C 123!
加密后的内容为：Guhg X 123!
```

【课堂实践 5-3】

1. 编写程序，从键盘读取一个字符串，判断该字符串是否是回文字符串。

提示：回文字符串就是正读反读都一样的字符串，例如“abcba”就是回文字符串。

2. 编写程序，输入一个字符串，输入要删除的位置及长度，将字符串中指定位置和长度的字符串删除。

5.4 能力拓展

(1)编写程序，用筛选法求 50 以内的素数。

问题分析：利用筛选法求素数的思路是，从 2 开始，在 2～N－1 的范围内，凡是 2 的倍数就标记一下，然后看 3，是 3 的倍数就标记一下，直到检验到 N 为止。剩下的就是素数了。例如，根据 2 我们可筛去 4，6，…，48，50 等数，然后根据 3 可筛去 9，15，…，45 等数(注意此时 6，12 等数已被筛去)，由于 4 被筛去了，下一个筛选出的素数是 5……以此类推，最后剩余的就是 50 以内的素数。

关键代码：

```
for(i=2;i<sqrt(N);i++)
{
  for(j=i+1;j<N;j++)
  {
    if(a[i]!=0&&a[j]!=0)
    {
      if(a[j]%a[i]==0)
        a[j]=0;
    }
  }
}
```

这里的检验素数部分改换了思路，外循环用来遍历除数，内循环用来遍历被除数，并且用“if(a[i]!=0&&a[j]!=0)”来检查除数为 0 的情况。

(2)编写程序，有一个升序排列的数组，现输入一个数，要求按原来的规律将它插入数组中。

问题分析：

设数组中共有n个元素，首先找到输入的数应该插入的位置(下标)，不妨记为i，然后从第n个数开始，逐位向后移动一位，直到第i个位置。

判断插入位置的方法，从数组的最后一个元素开始，和要插入的数进行比较，如果数组中当前元素的数比它大，则用前一个元素和它比较，直到找到第一个比它小的数，然后把它插在当前数的后面。

(3)编写程序，在屏幕上输出如图5-2所示的杨辉三角形，要求输出10行。

```
1
1  1
1  2  1
1  3  3  1
1  4  6  4  1
1  5  10  10  5  1
……
```

图5-2　杨辉三角形

(4)编写程序，从键盘上接收一个字符串，将其中ASCII值为偶数的字符删除，剩余字符形成一个新字符串放在另外一个字符数组中。例如，若s所指的字符串中的内容为“ABCDEFG12345”，其中字符B的ASCII码值为偶数、……、字符2的ASCII码值为偶数、……都应当删除，其他以此类推。最后t所指的数组中的内容为“ACEG135”。

5.5　任务笔记

(1)数组是一组数据类型相同的元素的集合，数组元素按顺序存储。

(2)C语言中数组元素的引用通过下标来实现，数组元素下标从0开始。

(3)注意对数组进行边界检查。

(4)二维数组是一维数组的集合。

(5)二维数组在内存中以行为主序线性排列，一行接一行排列。

(6)二维数组典型应用：矩阵、行列式。

(7)字符串是以'\0'结尾的字符数组，'\0'称为字符串终止符。

(8)输入字符串的方法：“scanf("%s",str);”或“gets(str);”。

(9)输出字符串的方法：“printf("%s",str);”或“puts(str);”。

(10)在程序开头添加“#include <string.h>”，可提供字符串处理函数。

实训题部分答案

实训题

1. 选择题

(1)以下数组的定义中，合法的是(　　)。

A. int x(3);　　B. int x{3};

C. int x[2+1];　　D. int n=3,x[n];

(2)以下数组的初始化中，正确的是(　　)。

A. char s[]={'a','b'};　　B. char s[2]={'a','b','c'};

C. char s(2)={'a','b'};　　D. char s={'a','b','c'};

(3)下列程序执行后的输出结果是(　　)。

```
#include<stdio.h>
void main()
{
   char arr[2][4];
   strcpy(arr,"you");
   strcpy(arr[1],"me");
   arr[0][3]='&';
   printf("%s\n",arr);
}
```

A. you&me　　B. you

C. me　　D. err

(4)执行下列程序时输入 123<空格>456<空格>789<回车>，输出结果是(　　)。

```
#include<stdio.h>
void main()
{
   char s[100];
   int c,I;
   scanf("%c",&c);
   scanf("%d",&i);
   scanf("%s",s);
   printf("%c,%d,%s\n",c,I,s);
}
```

A. 123,456,789　　B. 1,456,789

C. 1,23,456,789　　D. 1,23,456

(5)下列程序的输出结果是(　　)。

```
#include<stdio.h>
```

```
void main()
{
  int n[5]={0,0,0},i,k=2;
  for(i=0;i<k;i++)
     n[i]=n[i]+1;
  printf("%d\n",n[k]);
}
```

A. 不定值　　B. 2

C. 1　　D. 0

(6)下列程序的输出结果是(　　)。

```
#include<stdio.h>
void main()
{
  int a[3][3]={{1,2} ,{3,4} ,{5,6}} ,i ,j ,s=0;
  for(i=1;i<3;i++)
     for(j=0;j<i;j++)
        s+=a[i][j];
  printf("%d\n" ,s);
}
```

A. 14　　B. 19

C. 20　　D. 21

(7)当执行下面的程序时,如果输入 ABC,则输出结果是(　　)。

```
#include<stdio.h>
#include<string.h>
void main()
{
  char ss[10]="1,2,3,4,5";
  gets(ss);
  strcat(ss,"6789");
  printf("%s\n",ss);
}
```

A. ABC6789　　B. ABC67

C. 12345ABC6　　D. ABC456789

(8)下列程序的输出结果是(　　)。

```
#include<stdio.h>
void main()
{
```

```
    int b[3][3]={0,1,2,0,1,2,0,1,2},i,j,t=1;
    for(i=0;i<3;i++)
        for(j=i;j<=i;j++)
            t=t+b[i][b[j][j]];
    printf("%d\n",t);
}
```

A. 3　　B. 4

C. 1　　D. 9

(9)下列程序运行后的输出结果是(　　)。

```
#include<stdio.h>
#include<string.h>
void main()
{
    char a[]={'a','b','c','d','e','f','g','h','\0'};
    int i,j;
    i=sizeof(a);
    j=strlen(a);
    printf("%d,%d\n",i,j);
}
```

A. 9,9　　B. 8,9

C. 1,8　　D. 9,8

(10)下列程序运行后的输出结果是(　　)。

```
#include<stdio.h>
void main()
{
    int aa[4][4]={{1,2,3,4},{5,6,7,8},{3,9,10,2},{4,2,9,6}};
    int i,s=0;
    for(i=0;i<4;i++)
        s+=aa[i][1];
    printf("%d\n",s);
}
```

A. 11　　B. 19

C. 13　　D. 20

(11)下列程序执行后的输出结果是(　　)。

```
#include<stdio.h>
void main()
{
```

```
    int p[7]={11,13,14,15,16,17,18},i=0,k=0;
    while(i<7&&p[i]%2)
    {
        k=k+p[i];
        i++;
    }
    printf("%d\n",k);
}
```

A. 58　　B. 56

C. 45　　D. 24

(12)以下能正确定义数组并正确赋初值的语句是(　　)。

A. int N=5,b[N][N];　　B. int a[1][2]={{1},{3}};

C. int c[2][]={{1,2},{3,4}};　　D. int d[3][2]={{1,2},{3,4}};

(13)下列程序执行后的输出结果是(　　)。

```
#include<stdio.h>
void main()
{
    int m[][3]={1,4,7,2,5,8,3,6,9};
    int i,j,k=2;
    for(i=0;i<3;i++)
    {
    printf("%d ",m[k][i]);
    }
}
```

A. 4 5 6　　B. 2 5 8

C. 3 6 9　　D. 7 8 9

(14)以下函数的功能是:通过键盘输入数据,为数组中的所有元素赋值。

```
#include<stdio.h>
#define N 10
void arrin(int x[N])
{
    int i=0;
    while(i<N)
    scanf("%d",____________);
}
```

在下画线处应填入的是(　　)。

A. x+i　　B. &x[i+1]

C. x+(i++)　　　　D. &x[++i]

(15)下列程序执行后的输出结果是(　　)。

```
#include<stdio.h>
void main()
{
  char s[]="\n123\\";
  printf("%d,%d\n",strlen(s),sizeof(s));
}
```

A. 赋初值的字符串有错　　　　B. 6,7

C. 5,6　　　　D. 6,6

2. 填空题

(1)若有定义"double w[10];",则w数组元素下标的上限是____________,下限是____________。

(2)若有定义"int a[3][4]={{1,2},{0},{4,6,8,10}};",则初始化后,a[1][2]得到的初值是____________,a[2][1]得到的初值是____________。

(3)以下程序的输出结果为____________。

```
void main()
{
  int a[10],i,k=0;
  for(i=0;i<10;i++)a[i]=i;
  for(i=0;i<4;i++)k+=a[i]+i;
  printf("%d",k);
}
```

(4)以下程序的输出结果为____________。

```
void main()
{
  int i,j,row,col,m;
  int a[3][3]={{100,200,300},{28,72,-30},{-850,2,6}};
  m=a[0][0];
  for(i=0;i<3;i++)
    for(j=0;j<3;j++)
      if(a[i][j]<m)
      {
        m=a[i][j];
        row=i;
        col=j;
      }
```

```
  printf("%d,%d,%d",m,row,col);
}
```

(5)下面程序的功能是:将字符数组 a 中下标值为偶数的元素从小到大排列,其他元素不变,请填空。

```
#include<stdio.h>
#include<string.h>
void main()
{
  char a[]="clanguage",t;
  int i,j,k;
  k=strlen(a);
  for(i=0;i<=k-2;i+=2)
    for(j=i+2;j<k;____________)
      if(____________)
      {
        t=a[i];
        a[i]=a[j];
        a[j]=t;
      }
    puts(a);
    printf("\n");
}
```

(6)以下程序的输出结果是____________。

```
#include<stdio.h>
void main()
{
  char s[]="abcdef";
  s[3]='\0';
  printf("%s\n",s);
}
```

(7)以下程序统计从终端输入的字符中大写字母的个数,用"#"作为输入结束标志,请填空。

```
#include<stdio.h>
#include<ctype.h>
void main()
{
  int num[26],i;
  char c;
```

```
    for(i=0;i<26;i++)
    {
      num[i]=0;
    }
    while(____________!='#')      /*统计从终端输入的大写字母个数*/
    {
      if(isupper(c))
      {
        num[c-65]+=1;
      }
    }
    for(i=0;i<26;i++)
    {
      if(num[i])
    }
    printf("%c:%d\n",i,num[i]);
}
```

(8)下面程序的运行结果是____________。

```
#include<stdio.h>
void main()
{
    int a[5][5],i,j,n=1;
    for(i=0;i<5;i++)
      for(j=0;j<5;j++)
        a[i][j]=n++;
      printf("The result is:\n");
      for(i=0;i<5;i++)
      {
        for(j=0;j<=i;j++)
          printf("%4d",a[i][j]);
        printf("\n");
      }
}
```

(9)下面程序的运行结果是____________。

```
#include<stdio.h>
void main()
{
```

```
    int i,f[10];
    f[0]=f[1]=1;
    for(i=2;i<10;i++)
        f[i]=f[i-2]+f[i-1];
    for(i=0;i<10;i++)
    {
        if(i%4==0)
            printf("\n");
        printf("%3d",f[i]);
    }
}
```

(10)以下程序求矩阵 a,b 的和,结果存入矩阵 c 中,并按矩阵形式输出,请填空。

```
#include<stdio.h>
void main()
{
    int a[3][4]={{3,-2,7,5},{1,0,4,-3},{6,8,0,2}};
    int b[3][4]={{-2,0,1,4},{5,-1,7,6},{6,8,0,2}};
    int i,j,c[3][4];
    for(i=0;i<3;i++)
        for(j=0;j<4;j++)
            c[i][j]=____________;
        for(i=0;i<3;i++)
        {
            for(j=0;j<4;j++)
                printf("%3d",c[i][j]);

            ____________
        }
}
```

3. 程序设计题

(1)编写程序,把数组中所有的奇数放在另外一个数组中。

(2)编写程序,对字符数组中的字母,按由大到小的字母顺序进行排序。

(3)编写程序,求 4×4 矩阵的每行、每列、两对角线上的元素之和。

(4)有一个 3×4 的矩阵,要求编程以求出其中值最大的那个元素的值,以及其所在的行号和列号。

(5)输入一行字符,统计其中有多少个单词,单词之间用空格分隔开。

(6)编写程序,将两个字符串连接起来,不要用 strcat 函数。

(7)有一个 4×4 的矩阵,要求编程以求出周边元素之和。

任务6
创建独立功能——函数设计能力训练

知识卡片

函数	完成一个特定功能的独立的子程序模块
形式参数	定义函数时函数名后面括号中的变量名
实际参数	函数调用时函数名后面括号中有确定值的变量或表达式
返回值	函数调用后的结果
嵌套调用	在调用一个函数并执行该函数的过程中，又调用了另一个函数
递归调用	在调用一个函数的过程中，又直接或间接地调用了该函数本身
局部变量	在函数体内部定义的变量，也称为内部变量
全局变量	在函数外部定义的变量，也称为外部变量

知识目标

- 掌握函数的定义与调用；
- 掌握函数的参数与返回值；
- 掌握函数之间信息的传递；
- 掌握局部变量与全局变量。

能力目标

- 能使用函数对程序进行模块化构建；
- 能编写和调用自己的函数，能实现函数的嵌套和递归调用。

素养目标

- 培养学生对烦琐问题简单化处理的理念；
- 增强学生处理工作简化事项的自信心。

训练途径

6.1　函数调用训练
6.2　数组作为函数参数调用训练
6.3　函数嵌套和递归调用训练
6.4　局部变量和全局变量任务训练
6.5　能力拓展
6.6　任务笔记

通过任务5，学习了一维数组、二维数组及排序算法设计，在排序算法训练中，由于程序比较复杂，程序的可读性降低，且不易修改和维护。本任务主要是学习利用函数实现程序的模块化设计，即将一个较大的程序分为若干个程序模块，每一个模块实现一个特定的功能，这样就将复杂的问题划分为多个较为简单的子问题。在C语言中，模块的功能是由函数完成的，一个C语言程序可由一个主函数和若干个其他函数构成。下面就开始学习使用函数设计程序。

6.1　函数调用训练

【导入】工作场景一：商品促销折扣价计算

(1)问题描述：某农产品超市推出打折促销活动。购买西瓜享受7折，购买其他水果享受8折，打折后超过1000元的部分还可以再打9折。另外持有贵宾卡的顾客还可以在此基础上再享受9.5折。请你编写程序替顾客计算折扣价。

(2)问题分析：使用函数并传递合适的参数来完成相关任务，实现程序的结构化设计。

(3)演示执行：

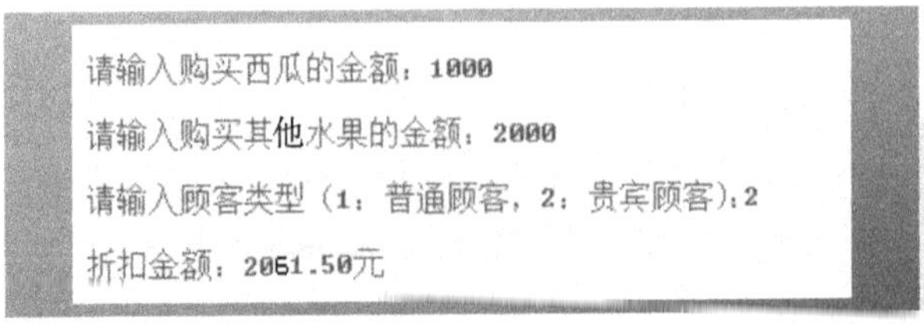

涉及知识点

6.1.1　结构化程序设计

结构化程序设计方法的基本思路:对一个复杂问题进行分阶段求解。

具体采用以下方法得到结构化程序:(1)自顶向下;(2)逐步细化;(3)模块化设计;(4)结构化编码。

这种设计方法的过程是从问题的总体目标开始,先将低层的细节抽象化,专心构造高层的结构,然后一层一层地分解和细化。这样,设计者能把握主题,避免一开始就陷入复杂的细节中,使复杂的设计变得简单、明了,结果也容易做到正确、可靠。结构化程序设计,强调程序设计风格和程序结构的规范化,提倡结构的清晰,便于验证算法的正确性,减少程序出错的机会,提高程序的可靠性,保证程序的质量。

前面所学的顺序结构、选择结构和循环结构是结构化程序设计的三种基本结构。

6.1.2　函数的概念

结构化程序设计以模块化设计为中心,把一个较大的程序分为若干个其他程序模块,每个模块分别用来实现一个特定任务的功能。在不同的程序设计语言中,模块的实现方式不同。在C语言中,程序模块的实现方式是函数。因此,函数本质上是一段程序,该段程序可以被其他函数调用,以完成规定的功能。

一个C语言程序可由一个主函数main()和若干个其他函数构成,如图6-1所示。main()函数可以调用其他函数,其他函数也可以调用另外的函数,同一函数也可以被一个或多个函数调用一次或多次,但其他函数不能调用main()函数。

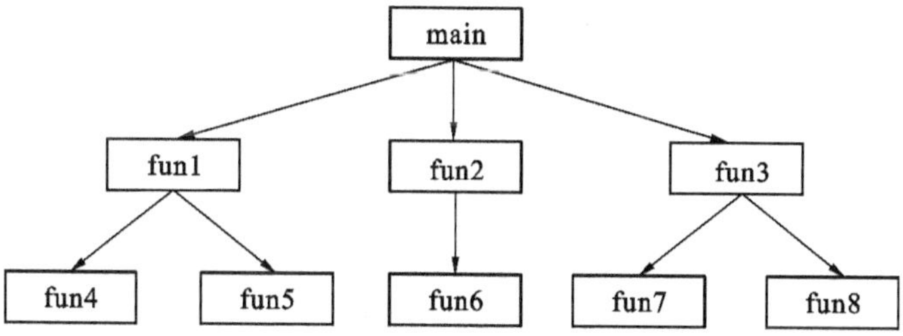

图 6-1　函数调用关系图

如果从用户使用的角度来分,C语言中的函数可以分为标准函数和用户函数两种。标准函数即库函数,是C语言自身定义好的函数,用户可以直接调用;用户函数是程序员在程序设计中自己定义的函数,可以用来解决某些常用问题。如果从函数的形式上来分,函数可以分为无参数函数和有参数函数两种。无参数函数是指定义函数时没有参数,函数调用时无数据传递;有参数函数是指定义函数时有参数,函数调用时有数据传递。

使用函数的优点如下:

(1)将大问题分解成若干个小问题,便于处理。

(2)将每个小问题编写成独立的函数存放于函数库中，供程序员随时调用，避免重复劳动。

(3)以函数为基本单位构成的程序，简洁、清晰，便于调试与维护。

(4)每个函数之间相对独立，不同模块之间可以由不同的程序员来编写，缩短了编写程序的时间。

6.1.3 函数的定义

函数定义的一般形式为：

```
函数类型 函数名(形式参数列表)
{
    声明部分
    执行部分
}
```

通常一个函数由首部和函数体两部分组成。函数的首部，即函数的第一行，包括函数类型、函数名、形式参数(简称形参)列表，其中形参列表可以包含若干个形参类型、形参名，也可以没有形参。例如，例 6-1 中的 max 函数的首部为：

int	max	(	int	x,	int	y	)
↓	↓		↓	↓	↓	↓	
函数类型	函数名		形参类型	形参名	形参类型	形参名	

程序 函数的定义使用示例

【例 6-1】 求 2 个数 x 和 y 中大者的函数。

问题分析：定义函数 max，形参分别为 x、y，在函数体中求解 x 与 y 的大者，并将大者的值返回。因此，函数类型与 x、y 的数据类型一致。

maxxy.c:

```c
#include <stdio.h>
//由于要返回x，y中大者的值，函数类型与x，y的类型一致
//函数体最后必须有return语句
int max(int x,int y)
 {
    int z;
    if(x>y)
        z=x;
    else
        z=y;
    return (z);
}
```

函数定义用法小贴士

(1)函数体由一对花括号“{}”括起来,一般包括声明部分和执行部分两部分。

- 声明部分:定义本函数中使用的变量、数组、指针变量等,如例 6-1 中的“int z;”,另外,要对所调用的函数进行声明。
- 执行部分:由解决问题的若干条语句组成,是程序的核心部分。

(2)在某些情况下也可以没有声明部分,或者声明部分和执行部分都没有,即空函数。如:

```
fempty()
{    }
```

它是一个空函数,不做任何操作,但语法是合理的。

(3)如果函数没有返回值,函数类型为 void。

【例 6-2】 计算某个数 *m* 的阶乘的函数。

问题分析:计算 *m* 的阶乘,*m* 作为形参用于传递参数,阶乘的结果可能比较大,定义为 long 型,由于函数需要返回阶乘结果,函数类型也为 long 型。

factor.c:

```
//求m的阶乘，m作为形参用于传递参数
//阶乘的结果可能比较大，定义为long型
long factor(int m)
{
    int i;
    long f=1;
    for(i=1;i<=m;i++)
        f=f*i;
    return (f);
}
```

6.1.4　函数的调用

一个 C 语言程序总是从 main 函数开始执行,而不论 main 函数在整个程序中的位置如何。其他函数则需要被调用后才可以执行,可以由 main 函数调用,也可以由一般函数调用,甚至可以由自己调用。

函数调用的一般格式为:

函数名(实际参数列表);

函数调用用法小贴士 1

实际参数(简称实参)必须与定义函数时的形参个数相等,类型一致。函数调用时,要把实参数据一一对应地传递给形参。如果实参列表包含多个实参,则各参数之间用逗号隔开;如果是调用无参数函数,则没有实参列表,但是圆括号不能省略。

按照函数出现在程序中的位置，函数调用可以分为以下三种形式。

1. 函数语句

函数作为一条语句出现在程序中进行调用称为函数语句，如果函数无返回值，则一般将函数定义为 void 类型。

程序　函数语句使用示例

【例 6-3】 用主函数调用例 6-1 中的函数。

问题分析：在 main 函数中需要有两个数据传递给 max 函数。

callmaxxy.c:

```
#include <stdio.h>
int max(int x,int y)
{
    int z;
    if(x>y)
        z=x;
    else
        z=y;
    printf("\n  max=%d\n",z);
}
main()
{
    int a,b,c,m;
    printf("\n  请输入要比较的两个数: ");
    scanf("%d%d",&a,&b);
    //调用max函数，将a,b的值分别传递给x,y
    max(a,b);
}
```

程序运行结果：

```
请输入要比较的两个数: 89 76

max=89
```

提示与陷阱

main 函数可以放在程序最前面，也可以放在程序最后面，可以在一些函数之前，也可以在一些函数之后。

2. 函数表达式

若函数出现在一个表达式中，则这个表达式称为函数表达式，此时函数必须返回一个确定的值参与表达式的计算。

程序　函数表达式使用示例

【例 6-4】 以函数表达式形式调用例 6-1 中的函数。

问题分析:将函数返回的值赋给变量。

callmaxxy2.c:

```
#include <stdio.h>
int max(int x,int y)
{
    int z;
    if(x>y)
        z=x;
    else
        z=y;
    return (z);
}
main()
{
    int a,b,c,m;
    printf("\n请输入要比较的两个数: ");
    scanf("%d%d",&a,&b);
    //调用max函数, 将a,b的值分别传递给x,y
    //将max返回的值赋给变量m
    m=max(a,b);
    printf("max=%d\n",m);
}
```

程序运行结果同例 6-3。

3. 函数参数

函数调用作为一个函数的实参,也就是函数的返回值作为函数再次调用的实际参数,实际上是函数表达式形式调用的一种特殊情况。

程序　函数参数使用示例

【例 6-5】 输入 3 个整型数据,求出其中的最大数。

问题分析:设计求 2 个数中大者的函数 max,则 max 函数有 2 个形参,调用 max 函数先求出前 2 个数中的大者,再次调用 max 函数,求出第 3 个数与前面求出的前 2 个数中的大者的最大值。

callmax3.c:

```c
#include <stdio.h>
int max(int x,int y)
{
    return(x>=y ? x:y);
}
main()
{
    int a,b,c,nmax;
    printf("\n请输入要比较的三个数：");
    scanf("%d%d%d",&a,&b,&c);
    //max(b,c)返回b,c中大者的值，该值继而与a比较
    nmax=max(a,max(b,c));   /*二次调用函数*/
    printf("max=%d\n",nmax);
}
```

程序运行结果：

```
请输入要比较的三个数：69 25 34

max=69
```

函数调用用法小贴士 2

在一个函数调用另外一个函数时，需要注意以下几个条件：

- 被调用的函数必须是已经存在的。
- 如果使用库函数，应在文件的开头用＃include 命令标注。
- 如果被调用的函数的定义出现在主调函数之后，应在主调函数之前或在主调函数的函数体声明部分，对被调用函数加以声明。对函数的声明也称为函数原型说明。

函数声明的一般形式为：

函数类型 函数名(参数 1 的类型，参数 2 的类型，…)；

如"int max(int ,int);"。

由此可见，函数声明和函数定义虽然在形式上很相似，但二者在本质上存在差异：

- 函数的声明是对编译系统的一个说明，末尾以分号结束，不含具体操作；
- 在程序中函数的定义只能有一次，而函数的声明可以有多次。

6.1.5 函数的返回值

函数调用后的结果称为函数的返回值，通过返回语句返回到主调函数中。

函数返回语句的一般格式如下：

return(表达式)；

或

return 表达式；

其功能是把表达式的值返回到主调函数中。

---

return 语句用法小贴士

(1)return 语句返回值的类型必须与函数定义的类型一致。当不一致时，以函数定义的类型为准。

(2)一个子函数中可以包含多个 return 语句，但是一个子函数的调用，只有一个 return 语句被执行。当执行 return 语句后，就退出子函数返回到主调函数中。

(3)若被调用函数中无 return 语句，则不返回一个确定的函数值，而是返回一个不确定的、用户不需要的函数值。应尽量避免此种情况。

(4)为了明确表示不返回值，一般将被调函数定义为 void 类型。例如，定义函数为：void max(int x,int y)。

【课堂实践 6-1】

编写一个计算圆柱底面积和体积的程序，其中求圆柱底面积的函数命名为 area()，求圆柱体积的函数命名为 volume()，圆柱的底面半径 *r* 和高 *h* 由用户通过键盘输入，体会函数定义、调用、声明和注释的使用。

cylinder.c：

```c
/****************************************
* 文件名：cylinder.c
* 功能描述：计算圆柱的底面积和体积
* 作者：胡朝
* 日期：2016年5月
****************************************/
#include <stdio.h>
//计算圆柱底面积函数声明
float area(float r);
//计算圆柱体积函数声明
float volume(float r,float h);
main()
{
    float r,h,s,v;
    printf("\n请输入圆柱的底面半径r和高h：");
    scanf("%f%f",&r,&h);
    s=area(r);
    v=volume(r,h);
    printf("\n该圆柱的底面积为：%f,体积为：%f\n",s,v);
}
/*计算圆柱底面积函数定义*/
float area(float r)
{
    return 3.14*r*r;
}
/*计算圆柱体积函数定义*/
float volume(float r,float h)
{
    return area(r)*h;
}
```

文件头部注释

单行注释

多行注释

程序运行结果：

```
请输入圆柱的底面半径r和高h: 3.0 4.0
该圆柱的底面积为: 28.260000,体积为: 113.040000
```

提示与陷阱

注释的原则是有助于对程序的阅读理解，应在该加的地方加入，注释语言必须准确、易懂、简洁。

函数声明与定义使用小贴士

函数声明就是函数定义的首部，比较简略。函数是用来调用的，如果函数定义写到调用的位置后面，那么程序执行到调用位置时，就找不到该函数，后面根本无法执行，程序会报错，这时需要在调用位置前面加声明，表示有这个函数。但是，如果先写函数体，后调用，就不需要加声明了。

◆ 返回工作场景一

问题分析：对场景一进行如下结构化设计。

(1)设计一个函数，根据不同的顾客类型来计算折扣。注意：函数中需要考虑顾客类型，才能正确计算折扣率。

(2)函数需要传递三个参数，xiguaprice 表示购买西瓜的金额，otherprice 表示购买其他水果的金额，type 表示顾客类型。

discount.c:

```c
#include <stdio.h>
/*
参数 xiguaprice:表示购买西瓜的金额
参数 otherprice:表示购买其他水果的金额
参数 type:1表示普通顾客, 2表示贵宾顾客
*/
float discountproc(float xiguaprice,float otherprice,int type)
{
    float price1,price2;
    price1=xiguaprice*0.7+otherprice*0.8;
    if(price1>1000)
        price2=(price1-1000)* 0.9;
    else
        price2=price1;
    if(type==1)
        return price2;
    return price2*0.95;
}
void main(int argc, char** argv) {
    float xiguasum,othersum,type;
    printf("\n 请输入购买西瓜的金额: ");
    scanf("%f",&xiguasum);
    printf("\n 请输入购买其他水果的金额: ");
    scanf("%f",&othersum);
    printf("\n 请输入顾客类型 (1: 普通顾客, 2: 贵宾顾客) ");
    scanf("%d",&type);
    printf("\n 折扣金额: %.2f元",discountproc(xiguasum,othersum,type));
}
```

【挑战环节】

（1）任务要求：某商场为了使顾客能够更加方便地进行消费，采用现金和银联卡两种结账方式。同时，使用现金或银联卡的顾客又分为普通顾客和会员。现已知使用现金付款买单可享有 9.8 折优惠，使用银联卡不享有打折优惠；会员付款买单在此基础上再享有 9 折优惠，普通顾客不享有打折优惠。请你为商城编写一个程序，模拟该商场的收银场景。

（2）演示执行：

```
请输入购物金额：1000
请输入买单方式(1：现金，2：银联卡)：
请输入顾客类型(1：普通顾客，2：会员)：2
请支付现金：882元
```

6.2　数组作为函数参数调用训练

【导入】工作场景二：购物车商品总价统计

（1）问题描述：在农产品电子商务平台上选购农产品并放入购物车中，当结账时需要统计商品的总价。某客户订购了多种农产品（假设不超过 30 种），要求输入每种农产品的单价及订购的数量，计算最后的应付总额并输出。将实现此功能的程序段封装成函数并调用。

（2）问题分析：不超过 30 种农产品的价格和订购数量最多需要用一个 30 行 3 列的二维数组 goods[30][3]存放。购买多种农产品，统计总值，是将商品价格重复累计的过程，可以定义一个函数来对数组进行遍历处理。

（3）演示执行：

```
请输入订购的农产品的种类数量：3
请输入第1种农产品的单价及数量（如30  3）：20 2
请输入第2种农产品的单价及数量（如30  3）：21 1
请输入第3种农产品的单价及数量（如30  3）：30 3
        商品单价  商品数量  商品总价
商品1     20        2        40
商品2     21        1        21
商品3     30        3        90
所购农产品的应付总额是：151
```

涉及知识点

函数调用中的数据传递是函数使用中比较重要且困难的问题。C 语言规定，利用函数的参数来传递数据有两种方式：值传递方式和地址传递方式。

1. 值传递方式

值传递方式是在函数被调用时将实参的数值传递给形参的过程。在调用函数时，不同于实参，给形参分配了单独的存储单元，并将实参对应的值传递给形参，对形参进行加工时不会影响实参的值。当函数体执行完毕，形参单元被释放，形参单元中的值即使发生变化，返回后，这些值也不会代入对应的实参单元中，实参单元被保留并维持原值。因此，值传递方式又称参数值的单向传递。

程序 值传递方式使用示例

【例 6-6】 编写交换 2 个整数值的函数。

问题分析：要交换 2 个数的值，交换函数应有 2 个形参进行传递。

swap.c:

```
#include <stdio.h>
void swap(int a,int b)
{
    int m;
    printf("\n  swap函数中交换前, a=%d,b=%d\n",a,b);
    m=a;
    a=b;
    b=m;
    printf("\n  swap函数中交换后, a=%d,b=%d\n",a,b);
}
main()
{
    int x=5,y=15;
    printf("\n  main函数中调用交换函数前, x=%d,y=%d\n",x,y);
    //调用swap函数将x,y的值分别传给a,b
    swap(x,y);
    printf("\n  main函数中调用交换函数后, x=%d,y=%d\n",x,y);
}
```

程序运行结果：

```
main函数中调用交换函数前, x=5,y=15

swap函数中交换前, a=5,b=15

swap函数中交换后, a=15,b=5

main函数中调用交换函数后, x=5,y=15
```

2. 地址传递方式

地址传递方式是子函数调用时，将实参的地址传递给形参作为其地址。由于形参和实参被分配的地址相同，即它们占用相同的内存，因此调用时，可以看成将实参的值传递给地址相同的形参；返回时，可以看成将加工处理后的形参的值返回给地址相同的实参，即改变了实参的值。因此，地址传递方式又称为参数值的双向传递。由此可见，采用地址传递方式的实参只能是变量的地址、数组名（即数组的首地址）或指针变量等，而接收地址值的形参也只能是变量的地址、数组名或指针变量等。

下面以数组元素和数组名分别作为函数参数举例说明值传递和地址传递的区别，本节主要介绍形参为数组的用法，有关指针的用法见任务 8。

程序　地址传递方式使用示例

【例 6-7】 从例 6-6 的运行结果可以看出，最终 x 与 y 的值并没有实现交换。下面使用地址传递方式实现例 6-6 的功能。

swap2.c:

```c
#include<stdio.h>
//请注意*不能缺少
void swap(int *p1,int *p2)
{    int p;
     p=*p1;
     *p1=*p2;
     *p2=p;
}
main()
{    int x=7,y=11;
     printf("\n  交换前:x=%d,y=%d",x,y);
     printf("\n  交换后:");
     //请注意&不能缺少
     swap(&x,&y);
     printf("x=%d,y=%d\n",x,y);
}
```

程序运行结果：

```
交换前:x=7,y=11
交换后:x=11,y=7
```

【例 6-8】 求 3 个数的平均值的函数(用数组元素作为函数参数)。

问题分析：可以定义一个长度为 3 的一维数组，定义一个求 3 个数的平均值的函数，该函数带有 3 个形参。在调用该函数时将一维数组的 3 个数据作为实参进行数据传递。

average.c:

```c
#include <stdio.h>
float average(float a1,float a2,float a3)
{
    float sum,aver;
    sum=a1+a2+a3;
    aver=sum/3;
    return(aver);
}
main()
{
    float a[3],aver;
    int i;
    printf("\n请输入三个数: ");
    for(i=0;i<3;i++)
        scanf("%f",&a[i]);
    aver=average(a[0],a[1],a[2]);
    printf("平均值为: %8.2f\n",aver);
}
```

程序运行结果：

```
请输入三个数：56 89 36
平均值为：60.33
```

【例 6-9】 求 3 个数的平均值的函数(用数组名作为函数参数)。

问题分析：与例 6-8 不同的是函数的形参为一个指针，调用时用数组名作为实参。

average2.c：

```c
#include <stdio.h>
float average(float *a)
{
    float sum,aver;
    sum=a[0]+a[1]+a[2];
    aver=sum/3;
    return(aver);
}
main()
{
    float a[3],aver;
    int i;
    printf("\n请输入三个数：");
    for(i=0;i<3;i++)
        scanf("%f",&a[i]);
    //数组名表示数组的首地址
    aver=average(a);
    printf("平均值为：%8.2f\n",aver);
}
```

程序运行结果同例 6-8。

【例 6-10】 编写比较 2 个数组大小的函数并调用该函数。

问题分析：假设数组 a 和数组 b 分别为有 10 个元素的整型数组，比较 2 个数组的对应元素。变量 n,m,k 分别记录 $a[i]>b[i]$，$a[i]=b[i]$，$a[i]<b[i]$的个数。

若 $n>k$，认为数组 $a>b$；

若 $n<k$，认为数组 $a<b$；

若 $n=k$，认为数组 $a=b$。

cmparearray.c：

```c
#include <stdio.h>
int  large(int x,int y)
{   int flag;
    if(x>y)
        flag=1;
    else if(x<y)
        flag=-1;
    else
        flag=0;
    return(flag);
}
main()
```

cmparearray.c:

```c
{       int a[10],b[10],i,n=0,m=0,k=0;
        printf("\n输入数组a:\n");
        for(i=0;i<10;i++)
            scanf("%d",&a[i]);
        printf("\n输入数组b:\n");
        for(i=0;i<10;i++)
            scanf("%d",&b[i]);
        for(i=0;i<10;i++)
        {   if(large(a[i],b[i])==1)
                n=n+1;
            else if(large(a[i],b[i])==0)
                m=m+1;
            else
                k=k+1;
        }
       printf("\nn=%d,m=%d,k=%d,",n,m,k);
       if(n>k)
           printf("数组a>b\n");
       else if(n==k)
           printf("数组a=b\n");
       else
           printf("数组a<b\n");
}
```

程序运行结果：

```
输入数组a:74 85 96 36 25 14 78 89 45 56

输入数组b:98 97 65 64 32 31 87 54 21 10

n=4,m=0,k=6,数组a<b
```

【例 6-11】 计算并输出 10 名学生的平均成绩。

问题分析：使用数组名作为函数参数，为了增加函数的灵活性，再增加一个函数形参表示数组的长度。

averagearray.c:

```c
#include <stdio.h>
float average(float stu[], int n);
void main()
{
    float score[10];
    float   av;
    int i;
    printf("\n  输入10个成绩:");
    for( i=0; i<10; i++ )
        scanf("%f", &score[i]);
    av=average(score,10);
    printf("\n  平均成绩为: %.2f", av);
}
float average(float stu[], int n)
{
    int i;
    float av,total=0;
    for( i=0; i<n; i++ )
        total += stu[i];
    av = total/n;
    return av;
}
```

程序运行结果：

```
输入10个成绩:78 96 85 74 91 92 65 68 80 70
平均成绩为: 79.90
```

数组作为函数参数用法小贴士

数组作为函数参数时，必须遵循以下几条原则：

(1)必须在主调函数和被调函数中分别定义数组。

(2)实参数组和形参数组类型必须一致。

(3)实参数组与形参数组大小可以相同，也可以不相同。由于C语言编译器对形参数组大小不做检查，只是将实参数组的首地址传递给形参数组，因此，形参数组一般不指定长度。

【课堂实践6-2】 求二维数组中的最大元素值。

问题分析：二维数组名也表示数组的首地址。根据一维数组的方法，请想一想二维数组应该怎样处理？如果要求二维数组中的最小元素值，应该如何编程？

maxarray.c:

```
#include <stdio.h>
/*二维形参数组第一维维数可忽略，第二维维数不能省略
int  max_value(int  array[][4])
{
     int i,j,k,max;
     max=array[0][0];
     for(i=0;i<3;i++)
        for(j=0;j<4;j++)
       if(array[i][j]>max)
          max=array[i][j];
     return(max);
}
main()
{
     int a[3][4]={{1,3,5,7},{2,4,6,8},{15,17,34,12}};
     printf("max value is %d\n",max_value(a));
}
```

程序运行结果：

```
max value is 34
```

返回工作场景二

问题分析：订购的农产品的实际种类数量由主调函数传入，由于其是一个不需要改变的数据，可采用值传递，故在被调函数中需要一个整型形参；计算某类农产品的总价及应付总额，需要主调函数传入每种农产品的单价和数量。另外，函数调用结束后，应返回所订购的每种农产品的总价及应付总额，显然，这里要求多值传入、多值返回，所以，形参应采用数组地址的方式，形参数组应用多行3列的二维数组实现。

sumorder.c:

```
#include <stdio.h>
int sumOrder(int n,int goods[][3] )
{
    int i=0,sum=0;
    for(i=0;i<n;i++)
    {
        goods[i][2]=goods[i][0]*goods[i][1];
        sum=sum+goods[i][2];
    }
    return sum;
}
//常量N表示数组的长度
#define N 30
void main(int argc, char** argv) {
    int goods[N][3],i,j,n,totalprice;
    printf("\n  请输入订购的农产品的种类数量: ");
    scanf("%d",&n);
    //对输入数据进行合法性检查
    while(n>30)
    {
        printf("\n  数量不能大于30, 请重新输入订购的农产品的种类数量:");
        scanf("%d",&n);
    }
    //输入订购的农产品的单价和数量并保存到数组中
    for(i=0;i<n;i++)
    {
        printf("\n  请输入第%i种农产品的单价及数量 (如30  3) : ",i+1);
        scanf("%d %d",&goods[i][0],&goods[i][1]);
    }
    totalprice=sumOrder(n,goods);
    printf("\n        商品单价  商品数量  商品总价\n");
    for(i=0;i<n;i++)
    {
        printf("    商品%d",i+1);
        for(j=0;j<3;j++)
            printf("%8d",goods[i][j]);
        printf("\n");
    }
    printf("\n  所购农产品的应付总额是: %d",totalprice);
}
```

【挑战环节】

(1)任务要求：一个班级有多个学生(假设不超过 30 人)，请输入平时成绩和期末考试成绩及其在总评中所占的百分比，然后按百分比计算每个学生的总评成绩，计算结果四舍五入后取整。将实现此功能的程序段封装成函数并调用。

(2)演示执行：

```
请输入学生的实际人数: 3

请输入第1个学生的平时、期末考试成绩(如60  90): 85 86

请输入第2个学生的平时、期末考试成绩(如60  90): 74 78

请输入第3个学生的平时、期末考试成绩(如60  90): 92 95

请输入平时、期末考试成绩在总评中所占的百分比(如0.3  0.7): 0.4 0.6

    平时成绩  期末成绩  总评成绩
1      85        86        86
2      74        78        76
3      92        95        94
```

6.3　函数嵌套和递归调用训练

◆【导入】工作场景三:猴子吃桃问题

(1)问题描述:猴子第一天摘了若干个桃子,当即吃了一半又多吃了一个;第二天早上又将剩下的桃子吃掉一半又多吃了一个;以后每天早上都吃掉前一天剩下的桃子的一半多一个;第五天早上想吃时,就剩下一个桃子了。求第一天共摘了多少个桃子。

(2)问题分析:桃子的数量每天都是在前一天的基础上减半再减一,所以每天的计算方法相同,可以使用递归方法完成。

(3)演示执行:

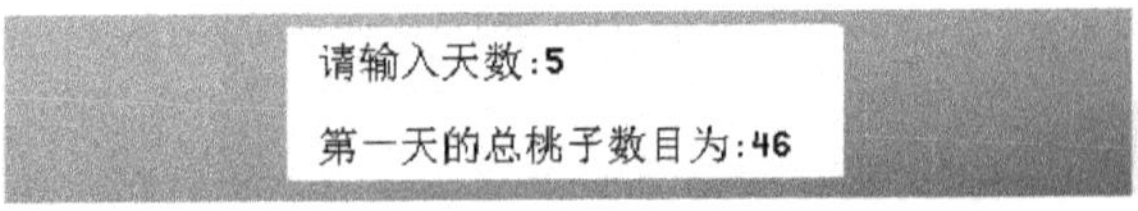

涉及知识点

6.3.1　函数的嵌套调用

函数的嵌套调用是指在调用一个函数的过程中,同时调用了另一个函数,但是主函数main()不能被其他任何函数调用。另外,C语言的函数定义都是互相平行、互相独立的,即在定义函数时,一个函数内不允许包含另一个函数,也就是说C语言的函数不能嵌套定义。函数的嵌套调用如图6-2所示。

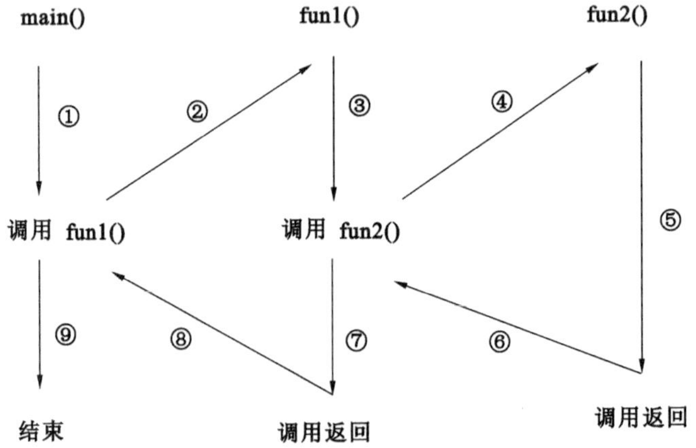

图6-2　函数的嵌套调用

程序　函数的嵌套调用使用示例

【例 6-12】　输入一个整数 n，求 $1^2+2^2+3^2+\cdots+n^2$ 的值。

问题分析：首先设计一个函数 n^2，然后设计一个函数求 $1^2+2^2+3^2+\cdots+n^2$。

sumn.c:

```c
#include <stdio.h>
/*求n² */
int fun2(int x)
{    int y;
     y=x*x;
     return(y);
}
/*求平方和*/
void fun1(int x)
{    int i;
     long sum=0;
     for(i=1;i<=x;i++)
         sum=sum+fun2(i);
     printf("\n  sum=%d\n",sum);
}
main()
{    int n;
     printf("\n  请输入n的值: ");
     scanf("%d\n",&n);
     fun1(n);
}
```

程序运行结果：

```
请输入n的值: 5

sum=55
```

6.3.2　函数的递归调用

函数的递归调用是指在调用一个函数的过程中又直接或间接调用了该函数本身，如图 6-3 所示。递归是一种数学方法，其基本思想是：问题 A 的求解依赖于问题 B 的求解；问题 B 的求解依赖于问题 C 的求解……以此类推，直到归结于一个已知的结果，从而产生一个转折点，开始沿原路径返回，最后回归到问题 A 的求解，如图 6-4 所示。

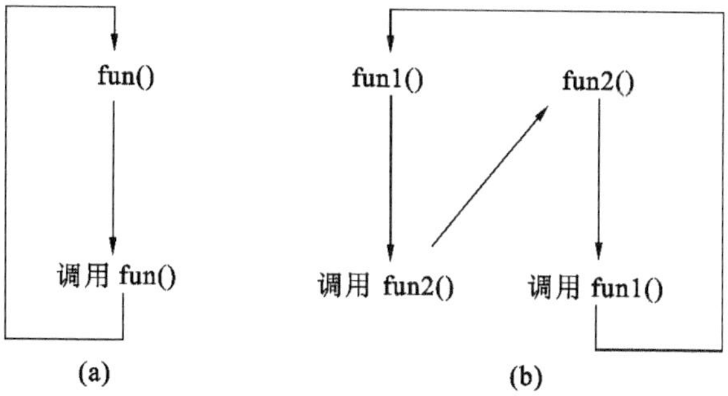

图 6-3　函数的递归调用

(a)直接调用；(b)间接调用

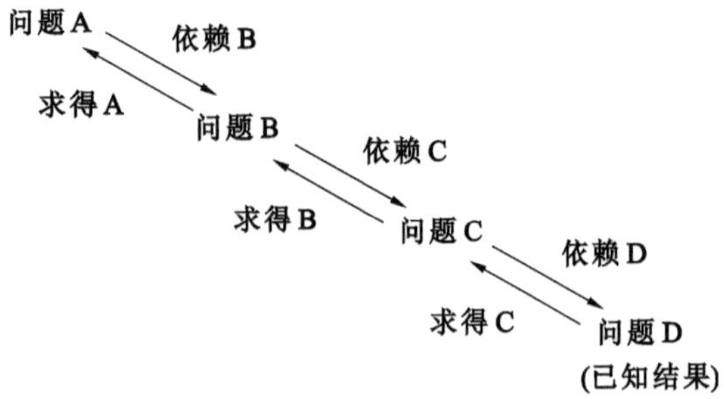

图 6-4　递归调用图示

程序　函数的递归调用使用示例

【例 6-13】 有五个人坐在一起，问第五个人多少岁，他说比第四个人大 2 岁；问第四个人多少岁，他说比第三个人大 2 岁……以此类推，最后问第一个人多少岁，他说 15 岁。请问第五个人多少岁？

问题分析：显然，这是一个递归问题，可以由第一个人的年龄推出第五个人的年龄。它由两个阶段完成：第一阶段是由第五个人的年龄推到第一个人的年龄的过程，称递推；第二阶段是由第一个人的年龄推到第五个人的年龄的过程，称回推，如图 6-5 所示。显而易见，递归算法必须有一个结束递推过程的条件，否则没有任何实际意义。

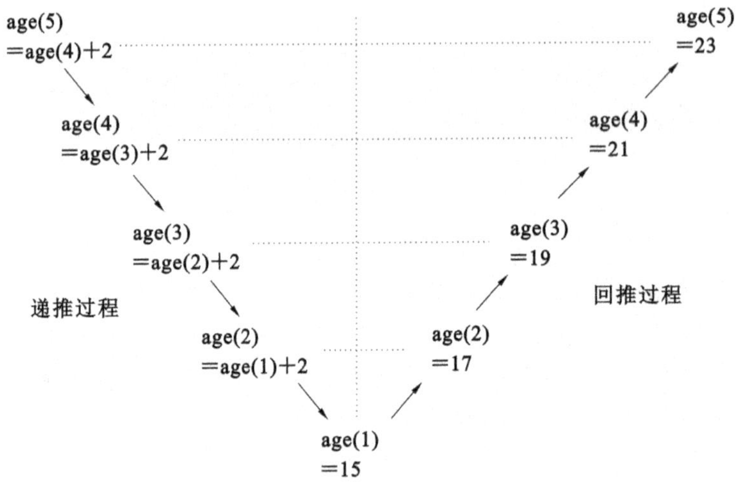

图 6-5　例 6-13 递归过程

age.c:

```c
#include <stdio.h>
int age(int n)
{
    int c;
    if(n==1) c=15;/*递推结束*/
    else c=age(n-1)+2;
    return(c);
}
void main()
{
    printf("\n  第五个人年龄为: %d\n",age(5));
}
```

程序运行结果：

```
第五个人年龄为: 23
```

由此可见，采用递归调用，使问题变得简单了，也增加了程序的可读性。整个调用过程如图 6-6 所示。

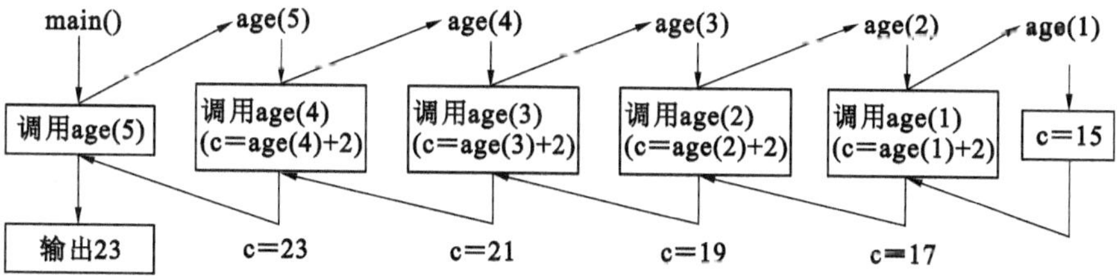

图 6-6　递归调用过程

【例 6-14】 用递归法求 n!。

问题分析：假定 $n=10$，求 10 的阶乘等于 10×9!；求 9 的阶乘等于 9×8! ……以此类推，1 的阶乘等于 1×0! =1×1=1。至此，求 n!。当递归算法结束时，可用下式表示：

factorial.c:

```c
#include <stdio.h>
long fact(int n)
{   int t;
    if(n==1||n==0)/*递推结束*/
        t=1;
    else
        t=n*fact(n-1);
    return(t);
}
main()
{   int n;
    long int t;
    printf("\n  请输入n的值: ");
    scanf("%d",&n);
    t=fact(n);/*递归调用fact函数*/
    printf("\n  %d!=%d\n",n,t);
}
```

$$n! = \begin{cases} n \times (n-1)! & n > 1 \\ 1 & n = 0,1 \end{cases}$$

程序运行结果：

```
请输入n的值：10
10!=3628800
```

【例 6-15】 以下是一个间接递归的例子，请仔细阅读程序，并理解该程序的功能，以进一步掌握递归的功能。

factorial.c:

```c
#include <stdio.h>
int value;
int count=0;
fun1(int y)
{
    y=3*y+20;
    value=y/20;
    fun2(y);
}
fun2(int x)
{   if(x<300)
    {
        count++;
        fun1(x);
    }
}
main()
{   int i;
    printf("\n  请输入i的值：");
    scanf("%d",&i);
    fun2(i);
    printf("\n  count=%d value=%d\n",count,value);
}
```

程序运行结果：

```
请输入i的值：40
count=2 value=22
```

◈ 返回工作场景三

问题分析：本题需要倒推第一天的桃子数，通过分析可以推算第一天的桃子数=(第二天的桃子数+1)×2，实际上任意一天的桃子数=(前一天的桃子数+1)×2，通过该公式可以设计程序。

peach.c:

```c
#include "stdio.h"
/*在主函数之前作调用函数说明*/
int qitao(int n);
void main()
{
    int day;/*定义变量天数*/
    int n_peach;/*定义变量桃子数*/
    printf("\n  请输入天数:");
    scanf("%d",&day);
    n_peach= qitao(day);
    printf("\n  第一天的总桃子数目为:%ld",n_peach);

}
/*自定义函数qitao(int n)以计算n天前的桃子数目*/
int qitao(int n)
{
    int x;/*定义函数返回值即桃子总数*/
    if(n==1)/*如果是最后一天时*/
        x=1;/*桃子在最后一天时数目*/
    else
        x=2*(qitao(n-1)+1);/*前一天的桃子数目等于后一天的桃子数加1乘2*/
    return x;/*递归返回桃子数*/
}
```

【挑战环节】

(1)任务要求:幼儿园某个班共有 10 位小朋友,现在对 10 位小朋友进行体检,需要测量小朋友们的身高,并且计算出最高的小朋友与最矮的小朋友之间的身高差是多少,请分别设计求出最高小朋友的身高、最矮小朋友的身高和这两位小朋友的身高差的函数。

(2)演示执行:

```
请输入10位小朋友的身高(单位为cm):
70.5 72.3 71.6 75.4 78.3 76.4 74.6 76.2 80.1 84.2
最高的小朋友与最矮的小朋友的身高差为: 13.7cm
```

6.4　局部变量与全局变量任务训练

【导入】工作场景四:传感器数据分析

(1)问题描述:温湿度传感器在大棚中有着非常重要的作用,大棚的温湿度直接决定了大棚作物的产量和质量。设定温湿度传感器每隔 5min 采样一次,请根据温湿度传感器在一段时间内获取的若干组温湿度数据(假设不超过 20 组),分别求出温度和湿度的最大值、最小值和平均值。

(2)问题分析:可将温湿度数据存放在一个 20 行 2 列的数组变量中,通过定义一个函数求出温度和湿度的最大值、最小值和平均值。

(3)演示执行:

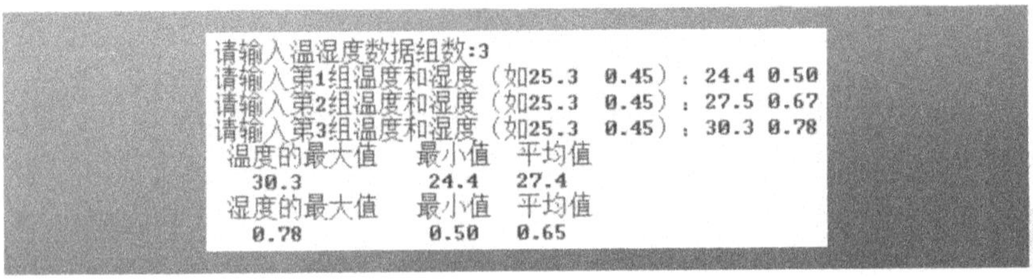

涉及知识点

在前面的学习中，很多程序都包含两个或多个函数，分别在各函数中定义了变量。有的读者就会有这样的问题：在一个函数中定义的变量，在其他函数中能否被引用？在不同位置定义的变量，在什么范围内有效？这就是变量的作用域问题。每个变量都有自己的作用域，变量说明的方式不同，其作用域也不同。C 语言中的变量按作用域范围可分为两种，即局部变量和全局变量。

6.4.1 局部变量

在一个函数内部定义的变量只在该函数范围内有效，只能在函数体内访问它们，离开该函数后，就无法使用这些变量。在复合语句内定义的变量只在该复合语句范围内有效，只有在该复合语句内才能引用它们，在该复合语句之外不能使用这些变量。以上这些在函数或复合语句内定义的变量称为局部变量。

程序 局部变量定义示例

【例 6-16】 局部变量的应用实例。

local.c:

```
#include <stdio.h>
int add(int x,int y)
{
    return x+y;
}
void main()
{
    int a=2;
    int b=3;
    int c=add(a,b);
    printf("\n");
    if(c==5)
    {
        int c;          /* 在复合语句中定义局部变量 */
        c=a*b;
        printf("\ta=%d\tb=%d\tc=%d\n",a,b,c);
    }
    printf("\ta=%d\tb=%d\tc=%d\n",a,b,c);
    printf("\n");
}
```

程序分析：

- 在主函数中定义的 a,b,c 三个变量(8～10 行)属于主函数的局部变量，只在主函数中有效，主函数也不能使用其他函数中定义的变量。
- 函数 add(int x,int y)的形参变量属于这个函数的局部变量，只在这个函数中有效。
- 在一个函数内部，可以在复合语句(如 if 语句)中定义局部变量(14 行)，这些变量只在本复合语句中有效。
- 当内层变量(14 行)与外层变量(10 行)同名时，内层变量屏蔽外层变量，即在复合语句内，访问的是内层定义的变量。

程序运行结果：

```
a=2        b=3        c=6
a=2        b=3        c=5
```

6.4.2 全局变量

在 C 语言中，程序的编译单位是源文件，一个源文件可以包含一个或多个函数。在函数内定义的变量是局部变量，而在函数之外定义的变量称为全局变量，又称为外部变量。全局变量的作用域从定义变量的位置开始到该源文件结束，它可以被该源文件中其他函数共用。

程序 全局变量定义示例

【例 6-17】 全局变量的应用实例。

rect.c:

```
#include <stdio.h>
int s1,s2,s3; //定义表示面积的全局变量
int rect(int a,int b,int c)
{
    int v;
    v=a*b*c;
    s1=a*b;
    s2=b*c;
    s3=a*c;
    return v;
}
void main() {
    int v,length,width,height;
    printf("\n");
    printf("\t请输入长方体的长宽高(如20 30 40):");
    scanf("%d %d %d",&length,&width,&height);
    v=rect(length,width,height);
    printf("\t体积=%d\t侧面积1=%d\t侧面积2=%d\t侧面积3=%d\n",v,s1,s2,s3);
    printf("\n");

}
```

程序分析：

在第 2 行定义了三个全局变量 s1,s2,s3，分别代表矩形的三个侧面积，由于它们是全局的，是公用的，各函数都可以直接引用它们，也可以给它们赋值。在 rect 函数中改变了它们的值，在主函数中使用了它们的值。因此，在主函数中执行 rect 函数后，可以显示这三个全局变量的值。

程序运行结果：

```
请输入长方体的长宽高<如20 30 40>:10 20 30
体积=6000        侧面积1=200        侧面积2=600        侧面积3=300
```

模块化程序设计希望函数是封闭的，要求尽可能降低函数间的耦合性，尽量通过函数的形参与外界发生联系，这样程序的移植性好、可读性强。因此，在开发程序时，建议尽量不要使用全局变量，而是使用局部变量。

◆ 返回工作场景四

问题分析：将存放温湿度数据的数组，温湿度的最大值、最小值和平均值均定义为全局变量，使各个函数均能访问这些变量。

sensor.c:

```
#include <stdio.h>
#define N 20
float sen[N][2];
int num=0;
float Tmax=0,Tmin=0,Tavg=0; //分别保存温度的最大值、最小值和平均值
float Hmax=0,Hmin=0,Havg=0; //分别保存湿度的最大值、最小值和平均值
void compute()
{
    int i=0;
    float sumt=0,sumh=0;
    Tmax=Tmin=sen[0][0];
    Hmax=Hmin=sen[0][1];
    for(i=1;i<num;i++)
    {
        sumt+=sen[i][0];
        sumh+=sen[i][1];
        if(sen[i][0]>Tmax)  Tmax=sen[i][0];
        else if(sen[i][0]<Tmin) Tmin=sen[i][0];
        if(sen[i][1]>Hmax)  Hmax=sen[i][1];
        else if(sen[i][1]<Hmin) Hmin=sen[i][1];
    }
    Tavg=sumt/num;
    Havg=sumh/num;
}
void main()
{
    int i=0;
    printf("\n");
    printf("\t请输入温湿度数据组数:");
    scanf("%d",&num);
    //输入温湿度数据
    for(i=0;i<num;i++)
    {
        printf("\t请输入第%i组温度和湿度（如25.3  0.45）：",i+1);
        scanf("%f %f",&sen[i][0],&sen[i][1]);
    }
    //调用函数计算温湿度数据并保存到全局变量中
    compute();
    printf("\t 温度的最大值\t最小值\t平均值\n");
    printf("\t  %5.1f %13.1f %6.1f\n",Tmax,Tmin,Tavg);
    printf("\t 湿度的最大值\t最小值\t平均值\n");
    printf("\t  %5.2f %13.2f %6.2f\n",Hmax,Hmin,Havg);
}
```

【挑战环节】

任务要求：将工作场景三的挑战环节任务改为使用全局变量来实现。

6.5 能力拓展

（1）编一函数，求

$$f(x)=\begin{cases}x^2+1 & x>1\\ x^2 & -1\leqslant x\leqslant 1\\ x^2-1 & x<-1\end{cases}$$

的值，要求函数原型为 double fun(double x)。

部分程序：

```
double fun(double x)
 {  if(x>1)
        return(x*x+1);
    else if(x>=-1)
        return(x*x);
      else
          return(x*x-1);
  }
```

（2）写一个判断素数的函数，要求主函数输入一个整数，判断输出是否为素数。

部分程序：

```
int prime(int n)
{    int flag=1,i;
     for(i=2;i<n/2&&flag==1;i++)
       if(n%i==0)
           flag=0;
     return(flag);
}
```

（3）用递归法将一个整数 n 转换成字符串。例如，输入 576，应输出字符串'576'。

部分程序：

```
void convert(int n)
{  int i;
   if((i=n/10)!=0)
       convert(i);
   putchar(n%10+'0');
}
```

（4）写两个函数，分别求两个整数的最大公约数和最小公倍数。

部分程序：

```
int hcf(int u,int v)
{   int t,r;
    if(v>u)
    {   t=u;
        u=v;
        v=t;
    }
    while((r=u%v)!=0)
    {   u=v;
        v=r;
    }
    return(v);
}
int lcd(int u,int v,int h)
{
    return(u*v/h);
}
```

请使用函数实现以上4个题目。

C语言的系统函数很多，下面就常用函数的使用进行分类说明。其他系统函数请查阅有关手册。

1.数学类系统函数

常用的数学类系统函数主要介绍8个，它们均包含在头文件“math.h”中。

(1)求整型绝对值函数。

格式：int abs(int x)

说明：本函数返回值在0～32767之间。

例如：abs(－10)　　　　结果为10

(2)求长整型绝对值函数。

格式：long labs(long x)

例如：labs(－10)　　　　结果为10

(3)求实型绝对值函数。

格式：double fabs(double x)

例如：fabs(－3.5)　　　　结果为3.5

(4)求不大于x的最大整数函数。

格式：double floor(double x)

例如：floor(－10.8)　　　　结果为－11.0

　　　floor(10.07)　　　　结果为10.0

(5)求不小于x的最小整数函数。

格式：double ceil(double x)

例如：ceil(－10.8)　　　　结果为－10.0

　　　ceil(10.07)　　　　结果为11.0

(6)求正平方根函数。

格式:double sqrt(double x)

例如:sqrt(36)　　　　　结果为 6

(7)求 10 的 x 次方函数。

格式:double pow10(int x)

例如:pow10(-1)　　　　　结果为 0.100000

(8)求 x 的 y 次方函数。

格式:double pow(double x,double y)

例如:pow(2,-2)　　　　　结果为 0.250000

　　pow(0.2,2)　　　　　结果为 0.040000

2. 字符类系统函数

常用的字符类系统函数主要有 4 个,它们均包含在头函数“ctype.h”中。

(1)判断是否是英文字母函数。

格式:int isalpha(int x)

例如:isalpha(49)　　　　　结果为 0

　　isalpha('a')　　　　　结果为非 0

(2)判断是否是英文小写字母函数。

格式:int islower(int x)

例如:islower(98)　　　　　结果为非 0(98 对应的字符是'b')

　　islower('A')　　　　　结果为 0

(3)判断是否是英文大写字母函数。

格式:int isupper(int x)

例如:isupper(98)　　　　　结果为 0

　　isupper('A')　　　　　结果为非 0

(4)判断是否是数字字符函数。

格式:int isdigit(int x)

例如:isdigit(49)　　　　　结果为非 0

　　isdigit('a')　　　　　结果为 0

3. 内存管理类系统函数

常用的内存管理类系统函数主要有 2 个,它们包含在头函数“alloc.h”中。

(1)内存分配函数。

格式:void *malloc(int size)

功能:申请大小为 size 个字节的内存。

返回值:若申请成功,则返回所分配的内存单元首地址;若不成功,则返回 NULL。

(2)内存释放函数。

格式:void free(void *block)

功能:释放由 malloc()内存分配函数申请到的内存,其首地址存放在参数 block 中。

4. 其他常用系统函数

(1)延时函数。

格式:void delay(int x)

功能:延时 $x$ms。

(2)随机数发生函数。

格式:int random(int num)

功能:产生一个从 0 到参数 num－1 的随机整数。

6.6 任务笔记

(1)函数其实就是一段可以重复调用的、用来实现一个特定功能的程序段。

(2)函数定义的一般形式为:

```
函数类型 函数名(形参表列)
{
    声明部分
    执行部分 }
```

(3)C 语言中函数的定义都是相互平行、相互独立的,函数不能嵌套定义,也就是说一个函数不能从属于另一个函数。

(4)函数必须“先定义,后使用”。函数的定义包括:①函数的名字、返回值类型。便于以后按名调用。②函数参数的名字和类型。无参数函数不需要这项。③函数功能的指定。函数功能在函数体中实现。

(5)实参和形参的数量、顺序和类型必须匹配。实参可以包含常量、变量和表达式。形参必须是变量。

(6)数组名用作函数参数时,形参数组和实参数组为同一数组,共同拥有一段内存空间。

(7)函数调用的一般格式为:

函数名(实参列表);

(8)一个 C 程序必须有一个且只能有一个 main 函数,且总是从 main 函数开始执行的,而不论 main 函数在整个程序的位置如何。

(9)函数间可以相互调用,但不能调用 main 函数,main 函数由系统调用。

(10)函数的调用有两种形式:函数表达式(包括函数参数)和函数语句。

实训题部分答案

实训题

1.选择题

(1)以下函数的类型是(　　)。

```
f(float x)
{ printf("%d\n",x); }
```

A. void 类型　　B. int 类型

C. 无法确定　　D. 与参数 x 的类型相同

(2)函数调用语句“f((e1,e2),(e3,e4,e5));”中参数的个数是(　　)。

A. 1 个　　B. 2 个　　C. 4 个　　D. 5 个

(3)以下程序的输出是(　　)。

```
#include "stdio.h"
void fun1()
{   int x=5;
    printf("x=%d",x);
}
void fun2(int x)
{   printf("x=%d",++x);}
main()
{   int x=2;
    fun1();
    fun2(x);
    printf("x=%d\n",x);
}
```

A. 5 6 2　　B. 2 5 3　　C. 5 3 2　　D. 2 3 5

(4)以下程序的输出是(　　)。

```
#include "stdio.h"
func(int a,int b,int c)
{   c=a+b;
}
void main()
{   int c;
    func(2,3,c);
    printf("%d\n",c);
}
```

A. 0　　B. 1　　C. 5　　D. 无定值

2. 填空题

(1)函数中的形参和调用时的实参都是数组名时,传递方式为____________;都是变量时,传递方式为____________。

(2)以下程序可以计算 10 名学生某门功课的平均分,请在下划线处将程序补充完整。

```
float average(float array[10])
{   int i;
    float aver;
    sum=array[0];
    for(i=1;____________;i++)
```

```
        sum+=__________;
    aver=sum/10;
    return aver;
}
main()
{   float score[10];
    float aver;
    int i;
    printf("\n input 10 scores:");
    for (i=0;i<10;i++)
        scanf("%f",&score[i]);
    aver=____________________;
    printf("\n average score is %5.2f\n",aver);
}
```

(3)以下程序用于求 $f(k,n)=1^k+2^k+\cdots+n^k$，函数 power($m$,$n$)用于求 m^n，sum-power(k,n)用于求 $f(k,n)$。请将程序补充完整。

```
#include "stdio.h"
long power(int m,int n)
{   int i;
    ____________;
    for(i=1;i<=n;i++)
    ____________;
    return p;
}
long sum-power(int k,int n)
{   int i;
    ____________;
    for(i=1;i<=n;i++)
    ____________;
    return sum;
}
main()
{   int k,n;
    scanf("%d%d",&k,&n);
    printf("%ld\n",sum-power(k,n));
}
```

3.程序设计题

(1)编写一函数，使输入的一个字符串按反序存放，在主函数中输入和输出字符串。

(2)编写一函数，使给定的一个二维整型数组(3×3)转置，即行列互换。

(3)编写　函数,使两个字符串连接。

(4)编写一函数,由实参传来一个字符串,统计此字符串中字母、数字、空格和其他字符的个数。

(5)编写两个函数,分别求矩形的周长和面积,并在主函数中调用。

(6)编写一函数,输入一个十六进制数,输出相应的十进制数。

任务7

我的类型你定义——构造型数据类型程序设计能力训练

知识卡片

结构体类型	由若干个不同类型的数据项构成的数据类型
共用体类型	将不同类型的数据项存放在同一段内存单元的数据类型
枚举类型	将变量的值一一列举出来， 且变量的取值只局限在列举的范围内

知识目标

- 掌握结构体类型定义及变量的使用方法；
- 掌握共用体类型定义及变量的使用方法；
- 掌握枚举类型定义及变量的使用方法。

能力目标

- 能用结构体及结构体数组解决实际问题；
- 能用共用体类型、枚举类型解决实际问题。

素养目标

- 培养学生自主探究学习的能力；
- 培养学生理论与实际相结合的思维习惯。

训练途径

通过前几个任务的学习可知,C 语言中数据变量的类型有整型、实型、字符型,还有一种构造型数据类型即数组,但仅了解这些仍然不够。在实际工作中,经常需要将不同类型的数据组合成一个有机的整体,以便于引用。这些组合在一个整体中的数据是相互联系的。例如,一个职工的姓名、工号、部门、基本工资、奖金等项,都与这个职工有联系。因此,需要专门使用一种新的数据类型对该组数据进行描述,C 语言允许根据需要声明这些类型,这就是本任务要介绍的内容。

7.1　简单结构体数据类型任务训练

【导入】工作场景一:对象信息构建

(1)问题描述:在农产品电子商务系统中,需要对商品信息进行管理,商品基本信息包括商品编号、名称、价格、类型、数量。如何将这些关联信息组合在一起以便统一管理?请设计程序来解决这个问题。

(2)问题分析:由于商品编号、名称、价格、类型、数量的数据类型不一致,使用数组显然不合适,可以使用结构体将不同类型的数据构建在一起。

(3)演示执行:

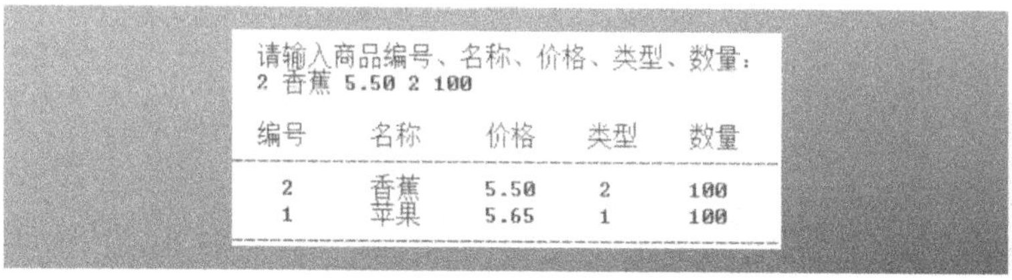

涉及知识点

7.1.1 结构体的定义

假设某班级的学生档案如表 7-1 所示。

表 7-1 **学生档案表**

学号 (num)	姓名 (name)	性别 (sex)	年龄 (age)	总成绩 (score)	通信地址 (addr)
52001	蔡晓玲	女	19	520	上海市中山路
52002	张宁	女	20	497	北京市建国路
52003	李莉	女	19	488	西安市中华路
52004	石磊	男	19	500	南昌市长阳路
52005	吴森	男	20	506	长春市中山路

由表 7-1 可知，学生档案表的数据是由以下几种类型组成的。

学号(num)：数值型数据类型 int；

姓名(name)：字符数组类型 char name[20]；

性别(sex)：字符型数据类型 char；

年龄(age)：数值型数据类型 int；

总成绩(score)：数值型数据类型 float；

地址(addr)：字符数组类型 char addr[30]。

表中的每一行表示某学生的一组完整的信息资料，它是由学号、姓名、性别、年龄、总成绩和通信地址构成的。在 C 语言中表示这样的一组信息资料时，可以采用结构体数据类型来描述，它相当于其他高级语言中的记录概念。

记录是由若干个数据项构成的，每条记录包含着一个完整的信息资料。数据项可以由不同的数据类型构成，使用 C 语言来定义一个结构体数据类型，如下所示：

```
struct student          ← 定义一个结构体类型 student
{
  int num;
  char name[20];
  char sex;
  int age;
  float score;
  char addr[30];
};                      ← 最后有一个分号
```

说明：

(1)struct 是关键字，不能省略。

(2)student 是用户自己定义的结构体类型名，它和系统提供的标准类型(如 int，char 等)

一样都可以用来定义变量，只不过结构体类型需要事先由用户定义。

(3) num,name[20],sex,age,score,addr[30]是结构体类型中的数据项，它们分别包含不同类型的数据。

结构体数据类型的一般定义格式为：

```
struct <结构体名>
{
    <数据项列表(或成员说明列表)>
};
```

在花括号内的是该结构体中的各个数据项的具体内容，要求对该结构的所有数据项的类型进行说明，结构数据项类型包含 C 语言中所有允许的变量类型，如 int 型、float 型、char 型、数组、指针等，所有的数据项组成了一个结构体。

结构体也可以嵌套定义。

结构体类型的成员可以是基本数据类型的变量、数组或指针，也可以是已定义过的结构体类型的变量、数组或指针，也就是结构体类型的定义可以嵌套，即某个结构体类型成员的数据类型可以说明为另一个已定义过的结构体类型。例如，将上面定义的结构体类型中的成员“age”改为出生日期“birthday”，由于出生日期包含年、月、日三个整型数据，可以将它定义成另外一个名为 struct date 的结构体类型的变量，并将该变量作为结构体类型 struct student 的一个成员，student 的结构如表 7-2 所示，即

```
struct date
{   int year,month,day;};
```

定义一个结构体类型 date

```
struct student
{
    int num;
    char name[20];
    char sex;
    struct date birthday;
    float score;
    char addr[30];
};
```

定义一个结构体类型 student

date是结构体类型，birthday是date类型的成员

表 7-2　**student 的结构**

num (学号)	name (姓名)	sex (性别)	birthday			score (总成绩)	addr (通信地址)
			year	month	day		

提示与陷阱

结构体类型创建后，需要给出结构体标记名，用于在随后的程序中定义结构体变量，结构体标记名应有意义，便于程序文档化管理。

7.1.2 结构体变量的定义和初始化

结构体定义好以后，它只是一个空架子，不是实体，它不占内存空间，里面并没有具体的数据。为了能够在程序中使用结构体类型中的数据，需要先定义结构体类型的变量（变量才是占用内存的实体），并存入具体的数据。

1. 结构体变量的定义

在 C 语言中，可以采用以下几种方法来定义一个结构体变量。

(1)先定义结构体再定义变量。

例如，为学生信息定义两个结构体变量 stu1 和 stu2，程序如下：

```
struct student          /* 定义一个结构体类型 student */
{
    int num;
    char name[20];
    char sex;
    int age;
    float score;
    char addr[30];
};
```

```
struct    student    stu1,stu2;
   |                  |     |
结构体类型名        结构体  结构体
                    变量名  变量名
```

定义了结构体变量 stu1 和 stu2 后，系统给 stu1 和 stu2 变量分配内存空间，其内存空间的大小是 stu1、stu2 变量各成员在内存中所占空间大小之和，即每个成员分别占有自己的内存单元。结构体变量 stu1 在内存中的分配情况如图 7-1 所示。

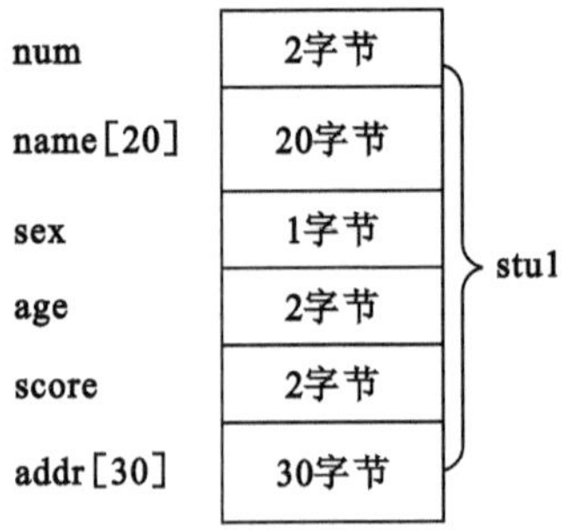

图 7-1　结构体变量 stu1 在内存中的分配情况

(2)在定义类型的同时定义变量。

在定义结构体数据类型的同时定义变量，其格式如下：

```
struct ＜结构体名＞
{
    ＜数据项列表＞
} 变量名列表;
```

例如：

```
struct student             /* 定义一个结构体类型 student */
{
    int num;
    char name[20];
    char sex;
    int age;
    float score;
    char addr[30];
}stu1,stu2;
```

2. 结构体变量的初始化

结构体变量定义后，需要将其具体的数据赋值并进行初始化工作，在编译时就将它们赋给变量中相应的数据项成员，其格式如下：

结构体变量名＝{表达式列表}；

程序 结构体变量初始化使用示例

【例 7-1】 对结构体变量进行初始化。

stuinfo.c:

```c
#include <stdio.h>
void main()
{
  struct student
  {
        int num;
        char name[20];
        char sex;
        int age;
        float score;
        char addr[30];
  }stu1={11001,"Liming",'M',18,522.00,"Beijing Road"};
  printf("%d,%s,%c,%d,%f,%s\n",stu1.num,stu1.name,stu1.sex,stu1.age,stu1.score,stu1.addr);
}
```

程序运行结果：

```
11001,Liming,M,18,522.00,Beijing Road
```

结构体变量初始化后,C 语言编译系统按结构体成员的顺序将各个初值置于各成员对应的存储单元,如表 7-3 所示。

表 7-3 **结构体变量 stu1 初始化存储示意**

num(学号)	name(姓名)	sex(性别)	age(年龄)	score(总成绩)	addr(通信地址)
11001	Liming	M	18	522.00	Beijing Road

7.1.3 结构体变量成员的引用

当定义好某种结构体变量后,就可以在程序中使用它。但是,不能直接使用结构体变量,只能通过引用其变量成员来实现对结构体变量的使用。

引用结构体变量成员的一般形式为:

结构体变量名.成员名

例如:"stu1.num"表示 stu1 变量中的 num 成员,即 stu1 的 num 成员项。

同理,如果成员本身又是一个结构体,那么必须逐级找到最低级的成员才能使用。

其成员的引用方法的一般形式为:

外层结构体变量名.外层成员名.内层成员名

例如:

正确形式:"stu1.birthday.month",引用 stu1 变量中的 birthday 成员中的 month 成员,即 stu1 变量的 month 成员可以在程序中单独使用,与普通变量的使用完全相同。

错误形式:"stu1.birthday",外层结构体变量名的成员是不能直接引用的;"stu1.month",必须逐级引用。

可以看出,一个结构体类型无论多复杂,它的使用特性最终都要落到结构体成员项上。

程序 结构体变量成员引用使用示例

【例 7-2】 输入 2 位学生李红和王明的信息,各数据项如表 7-4 所示,并显示这 2 位学生的数据项。

表 7-4 **学生信息表**

num(学号)	name(姓名)	birthday(出生日期)			score(总成绩)
		year	month	day	
201501	李红	1990	5	20	500.00
201502	王明	1989	10	1	503.00

问题分析:学生信息中包括多个不同数据类型的信息,学生信息应为一个结构体,在学生信息中出生日期包括多个数据,因此需要创建一个结构体,并且出生日期将作为学生信息中的一个数据变量。

stuinfo2.c:

```c
#include <stdio.h>
#include <string.h>     /*程序中使用了字符串处理函数*/
struct date             /*定义一个名为date的结构体类型*/
{ int year;
  int month;
  int day;
};
struct student          /*定义一个名为student的结构体类型*/
{ int num;
  char name[20];
  struct date birthday;
  float score;
};
main()
{
  /*定义student类型的li和 wang两个变量*/
  struct student li,wang;
  /*用赋值语句给结构体变量li的各个成员项赋值*/
  li.num=201501;
  strcpy(li.name,"李红");
  li.birthday.year=1990;
  li.birthday.month=5;
  li.birthday.day=20;
  li.score=500.00;
  /*通过键盘输入结构体变量wang的各个成员项的值*/
  printf("\n  The Wang num:");
  scanf("%d",&wang.num);
  /*注: getchar()作用是接受wang.num最后输入的回车符,否则gets()接受回车符发生错误*/
  getchar();
  printf("\n  The Wang name:");
  gets(wang.name);
  printf("\n  The Wang birthday:");
  scanf("%d%d%d",&wang.birthday.year,&wang.birthday.month,&wang.birthday.day);
  printf("\n  The Wang score:");
  scanf("%f",&wang.score);
  printf("\n  num   name                  year  month day  score  ");
  printf("\n-----------------------------------------------------------");
  printf("\n  %d  %-20s%5d%5d%5d%10.2f",li.num,li.name,li.birthday.year,
                          li.birthday.month,li.birthday.day,li.score);
  printf("\n  %d  %-20s%5d%5d%5d%10.2f",wang.num,wang.name,wang.birthday.year,
                          wang.birthday.month,wang.birthday.day,wang.score);
  printf("\n-----------------------------------------------------------");
}
```

程序运行结果：

```
The Wang num:201502

The Wang name:王明

The Wang birthday:1989 10 1

The Wang score:503

 num    name                     year  month day  score
------------------------------------------------------------
201501  李红                     1990    5   20   500.00
201502  王明                     1989   10    1   503.00
------------------------------------------------------------
```

注意：在输入 wang. num 时，scanf() 函数取得输入值后，会将 Enter 键的值留下，如果接下去刚好是字符串函数 gets()，就直接将 Enter 键的值（ASCII 值为 13）接收，而造成错误，解决的方法是在中间插入一个 getchar() 函数。

◆ 返回工作场景一

问题分析：根据所学的知识，可以使用结构数据类型构造出商品信息的结构体，信息中包含 int 编号、char[] 名称、float 价格、int 类型、int 数量。

goods.c:

```c
#include <stdio.h>
#include <string.h>
struct goods
{
    int id;             //商品编号
    char name[20];      //商品名称
    float price;        //商品价格
    int type;           //商品类型
    int num;            //商品数量
};
void main() {
    /*定义goods类型的变量 */
    struct goods apple,banana;
    /*用赋值语句给结构体变量的各个成员赋值*/
    apple.id=1;
    strcpy(apple.name,"苹果");
    apple.price=5.65;
    apple.type=1;
    apple.num=100;
    /*通过键盘输入各成员的值*/
    printf("\n   请输入商品编号、名称、价格、类型、数量：\n\t");
    scanf("%d %s %f %d %d",&banana.id,&banana.name,&banana.price,&banana.type,&banana.num);
    /*商品信息显示*/
    printf("\n   编号      名称      价格      类型      数量");
    printf("\n-------------------------------------------------");
    printf("\n   %3d %5s %6.2f    %4d %5d",banana.id,banana.name,banana.price,
            banana.type,banana.num);
    printf("\n   %3d %5s %6.2f    %4d %5d",apple.id,apple.name,apple.price,
            apple.type,apple.num);
    printf("\n-------------------------------------------------");
 }
```

【挑战环节】

(1)任务要求：在学生成绩信息管理系统中，需要管理学生成绩信息，学生成绩信息包括学号、姓名、科目成绩，请用结构体将学生成绩信息构建在一起，并实现学生信息的输入和显示。

(2)演示执行：

```
请输入第2名同学的学号:201507002

请输入第2名同学的姓名:唯心

请输入第2名同学的英语、数学、C语言编程的成绩:89 84 82

请输入第3名同学的学号:201507003

请输入第3名同学的姓名:王浩

请输入第3名同学的英语、数学、C语言编程的成绩:80 81 86
   学号       姓名       英语       数学      C语言编程
----------------------------------------------------------
201507001    李强       84.00      80.00      85.00
201507002    唯心       89.00      84.00      82.00
201507003    王浩       80.00      81.00      86.00
----------------------------------------------------------
```

7.2　结构体数组类型任务训练

【导入】工作场景二:多对象存储

(1)问题描述:大家对工作场景一进行程序设计时,可能会产生疑惑,如果农产品电子商务平台要销售几百件商品,难道要创建几百个结构体变量吗?这样做显然不适合。使用结构体数组可以解决该问题。请结合前面所学的数组相关知识,思考一下该如何解决。

(2)问题分析:先创建结构体,再创建结构体数组,而不是直接创建简单的结构体变量。

(3)演示执行:

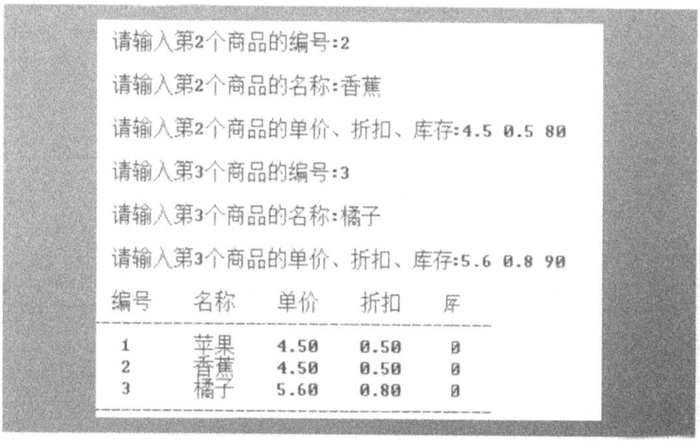

```
请输入第2个商品的编号:2
请输入第2个商品的名称:香蕉
请输入第2个商品的单价、折扣、库存:4.5 0.5 80
请输入第3个商品的编号:3
请输入第3个商品的名称:橘子
请输入第3个商品的单价、折扣、库存:5.6 0.8 90
编号    名称    单价    折扣    库
----------------------------------------
1       苹果    4.50    0.50    0
2       香蕉    4.50    0.50    0
3       橘子    5.60    0.80    0
----------------------------------------
```

涉及知识点

7.2.1　结构体数组的定义和初始化

1. 结构体数组的定义

从前面几个例子可以看出,一个结构体变量只能存放一个对象的一组数据,如一个学生,即只能存放一组记录的数据。在实际问题中,经常需要存放若干组数据,可以用结构体数组来表示具有相同数据结构的一个群体,例如,一个班级的学生档案、一个部门职工的工资表等。

定义一个结构体数组有以下几种方法。

(1)先定义结构再定义数组。

仍以学生成绩为例:

```
struct student          ——定义一个结构体类型student
  {
      int num;
      char name[20];
```

```
    int age;
    float score;
};
```

```
struct student stu[30];———定义student类型的数组stu
 |          |
结构体类型名   结构体数组名
```

以上程序定义了一个结构体数组 stu，它有 30 个元素，每个元素都是 struct student 类型。这个数组在内存中占一段连续的存储单元，如表 7-5 所示。

表 7-5 **结构体数组 stu 的存放形式**

数组元素	num(学号)	name(姓名)	age(年龄)	score(成绩)
stu[0]	31001	WangHong	18	98
stu[1]	31002	WuDi	19	65
stu[2]	31003	ZhangHai	20	74
⋮	⋮	⋮	⋮	⋮
stu[29]	31030	LiMin	19	86

(2)在定义类型的同时定义数组。

在定义结构体数据类型的同时定义数组，其格式如下：

```
struct <结构体名>
{
    <数据项列表>
} 数组名列表;
```

例如：

```
struct student
{   int num;
    char name[20];
    int age;
    float score;
}stu1[30], stu2[30];———定义student结构体数组stu1和stu2
     ↑          ↖
结构体数组1   结构体数组2
```

2. 结构体数组的初始化

结构体数组定义后，需要将其具体的数据赋值并进行初始化工作，在编译时就将它们赋给数组中相应的数据项成员，其格式如下：

结构体数组名={表达式列表};

程序　结构体数组初始化使用示例

【例 7-3】 对结构体数组定义的同时进行初始化。

stuinfo3.c:

```c
#include"stdio.h"
void main()
{
    int i;
    struct student
    {
        char name[20];
        int num;
        int age;
        float score;
    }
    stu [4]={ {"wanghong",31001,18,98},
              {"zhanghai",31002,19,65},
              {"huming",31003,18,99},
              {"weixing",31004,19,73} }; /*定义的同时初始化学生信息*/

    printf("\n  学生信息如下");
    for(i=0;i<4;i++)
        printf("\n  %d %-10s %d %f",stu[i].num,stu[i].name,stu[i].age,stu[i].score);
}
```

定义结构体数组的同时初始化

程序运行结果：

```
学生信息如下
31001 wanghong   18 98.000000
31002 zhanghai   19 65.000000
31003 huming     18 99.000000
31004 weixing    19 73.000000
```

【例 7-4】 对结构体数组定义之后再进行初始化。

stuinfo4.c:

```c
#include"stdio.h"
void main()
{
    int i;
    struct student
    {
        char name[20];
        int num;
        int age;
        float score;
     } stu [4]; /*定义结构体数组stu*/

     /*通过键盘输入学生信息*/
     for(i=0;i<4;i++)
     {
         printf("\n  请输入第%d名学生信息:",i+1);
         scanf("%d%s%d%f",&stu[i].num,&stu[i].name,&stu[i].age,&stu[i].score);
     }

     printf("\n  学生信息如下");
     for(i=0;i<4;i++)
         printf("\n  %d %-10s %d %f",stu[i].num,stu[i].name,stu[i].age,stu[i].score);
}
```

先定义结构体数组再通过键盘赋值

程序运行结果：

```
请输入第1名学生信息:2015001 YueYue 18 510

请输入第2名学生信息:2015002 HuXue 18 515

请输入第3名学生信息:2015003 WeiXin 19 506

请输入第4名学生信息:2015004 WeiHua 18 505

学生信息如下
2015001 YueYue      18 510.000000
2015002 HuXue       18 515.000000
2015003 WeiXin      19 506.000000
2015004 WeiHua      18 505.000000
```

提示与陷阱

不同类型的结构体中的成员不要采用相同的名字命名。虽然可以运行，但是容易引起混淆。

7.2.2 结构体数组元素的引用

1. 引用结构体数组的一个成员

结构体数组成员也是通过数组名和下标来引用的，但其成员是结构体类型的数据。因此，对结构体数组成员的引用与对结构体变量的引用一样，也要逐级引用，且只能对最低级的成员进行存取和运算。

一般的引用形式为：

数组名[下标].成员名

如对于上面定义的数组 stu 而言，下列是合法的引用方式：

①stu[0].num 表示第 1 名学生的学号。

②stu[1].name 表示第 2 名学生的姓名(字符串首地址)。

③stu[1].score 表示第 2 名学生的成绩。

2. 结构体数组元素赋值

可以将一个结构体数组元素赋值给同一个结构体类型的数组中的另一个元素，或赋值给同一类型的变量。

例如：

```
struct student
{   int num;
    char name[20];
    int age;
    float score[3];
    float ave;
}
```

```
temp,stu[4]={ { 31001,"WangHong", 18,{98,97,96}},
              { 31002,"WuDi", 19,{65,64,63}},
              { 31003,"ZhangHai", 20,{74,73,72}},
              { 31004,"LiMin", 19,{86,85,84}}
            };
```

结构体数组 stu 的逻辑示意图如表 7-6 所示。

表 7-6 **结构体数组 stu 的示意结构**

数组元素	num(学号)	name(姓名)	age(年龄)	score[0]（成绩）	score[1]（成绩）	score[2]（成绩）	ave（平均成绩）
stu[0]	31001	WangHong	18	98	97	96	
stu[1]	31002	WuDi	19	65	64	63	
stu[2]	31003	ZhangHai	20	74	73	72	
stu[3]	31004	LiMin	19	86	85	84	

以上程序定义了一个结构体变量 temp，同时定义了另一个结构体数组 stu，它有 4 个元素，以下几个语句是合法的。

```
temp=stu[1];
stu[1]=stu[2];
stu[2]=temp;
```

3. 结构体数组元素输入或输出

不能把结构体数组元素作为一个整体直接进行输入或输出操作。

错误语句：

```
scanf("%d%s%d",&stu[i]);
printf("%d%s%d",stu[i]);
```

若需要输入或输出结构体数组元素，则需使用以下语句：

```
scanf("%d%s%d",&stu[i].num,&stu[i].name,&stu[i].age);
printf("%d%s%d",stu[i].num,stu[i].name,stu[i].age);
```

程序 结构体数组元素引用使用示例

【例 7-5】 某班级有 30 名学生，请输入该班学生的信息(学号、姓名、年龄、3 门课成绩)，并计算每名学生的平均成绩。

问题分析：第一步，创建结构体用于存放学生的信息，包括学号、姓名、年龄、3 门课成绩、平均成绩。第二步，创建长度为 30 的结构体数组。第三步，通过键盘输入 30 名学生 3 门课的成绩。第四步，分别计算每名学生的平均成绩。第五步，显示 30 名学 3 门课的所有信息。

score4.c:

```c
#define N 30
#include"stdio.h"
main()
{   struct student          /*定义一个名为student的结构体类型*/
    {  int num ;            /*学号*/
       char name[20];       /*姓名*/
       int age;             /*年龄*/
       int score[3];        /*成绩*/
       float ave;           /*平均成绩*/
    } stu[N];
    int i,j;
    /*通过键盘输入结构体数组stu[i]的各个成员项的值*/
    for(i=0;i<N;i++)
    { printf("\n  input No. %d student's information:\n  ",i+1);
        /*输入学号、姓名、年龄*/
      scanf("%d%s%d",&stu[i].num, stu[i].name,&stu[i].age);
      stu[i].ave=0.0;
      for(j=0;j<3;j++)  /*输入3门成绩并累加成绩*/
      { scanf("%d",&stu[i].score[j]);
        stu[i].ave=stu[i].ave+stu[i].score[j] ;
      }
      stu[i].ave= stu[i].ave/3;     /*计算平均成绩*/
    }
    printf("\n  num      name   age  score(1~3)   ave ");
    printf("\n-----------------------------------------");
    for(i=0;i<N;i++)
    {    printf("\n  %d%10s%5d",stu[i].num,stu[i].name,stu[i].age);
         for(j=0;j<3;j++)
             printf("%d  ",stu[i].score[j]) ;
         printf("%4.1f",stu[i].ave);
         printf("\n-----------------------------------------");
    }
}
```

程序运行结果：

```
input No. 1 student's information:
2015001 ZhangLin 18 85 81 82

input No. 2 student's information:
2015002 YueYue 18 85 86 87

input No. 3 student's information:
2015003 WeiXin 17 81 83 84

num        name   age  score(1~3)  ave
--------------------------------------------
2015001   ZhangLin  18  85  81  82  82.7
--------------------------------------------
2015002     YueYue  18  85  86  87  86.0
--------------------------------------------
2015003     WeiXin  17  81  83  84  82.7
--------------------------------------------
```

注意：以上程序在输入学生姓名时，中间不应有空格出现，因为在输入字符串数据时遇到空格，系统将认为字符串结束，这会引起输入位置发生错位而造成混乱。另外，输入项列表中 stu[i]. name 前没有“&”符号，因为 stu[i]. name 是字符数组名，本身代表地址，不必写成 &stu[i]. name。

返回工作场景二

问题分析：可以创建两个结构体，一个是保存商品单价信息的结构体，另一个是商品信息结构体，用于存放商品信息。在商品信息结构体中使用结构体定义商品价格信息结构体类型的变量。最后，创建商品信息结构体数据类型的数组。

goods2.c:

```
#include <stdio.h>
#include <string.h>
#define N 50
struct priceinfo
{
    float price;        //单价
    float discount;     //折扣
    int stocknum;       //库存
};
struct goods
{
    int id;
    char name[20];
    struct priceinfo detail;
};
void main() {
    //定义goods类型的数组变量
    struct goods commodity[N];
    //给结构体数组变量commodity的第一个元素赋值
    commodity[0].id=1;
    strcpy(commodity[0].name,"苹果");
    commodity[0].detail.price=4.5;
    commodity[0].detail.discount=0.5;
    commodity[0].detail.stocknum=20;
    //通过键盘输入给数组commodity的其他元素赋值
    int i=0;
    int n=3; //实际商品数量
    for(i=1;i<n;i++)
    {
        printf("\n  请输入第%d个商品的编号:",i+1);
        scanf("%d",&commodity[i].id);
        printf("\n  请输入第%d个商品的名称:",i+1);
        scanf("%s",&commodity[i].name);
        printf("\n  请输入第%d个商品的单价、折扣、库存:",i+1);
        scanf("%f%f%d",&commodity[i].detail.price,&commodity[i].detail.discount,
            &commodity[i].detail.stocknum);
    }
    //访问结构体数组commodity,显示商品信息
    printf("\n  编号    名称    单价    折扣    库存");
    printf("\n----------------------------------------------");
    for(i=0;i<n;i++)
    {
        printf("\n  %d%10s%8.2f%8.2f%8d",commodity[i].id,commodity[i].name,
            commodity[i].detail.price,commodity[i].detail.discount,
            commodity[i].detail.stocknum);
    }
    printf("\n----------------------------------------------");
}
```

【挑战环节】

(1)任务要求：在学生成绩信息管理系统中，需要管理学生成绩信息，学生成绩信息包括学号、姓名、科目（英语、数学、C 语言编程）成绩，请用结构体数组来实现对一个班级所有学生的成绩信息进行管理。

(2)演示执行：

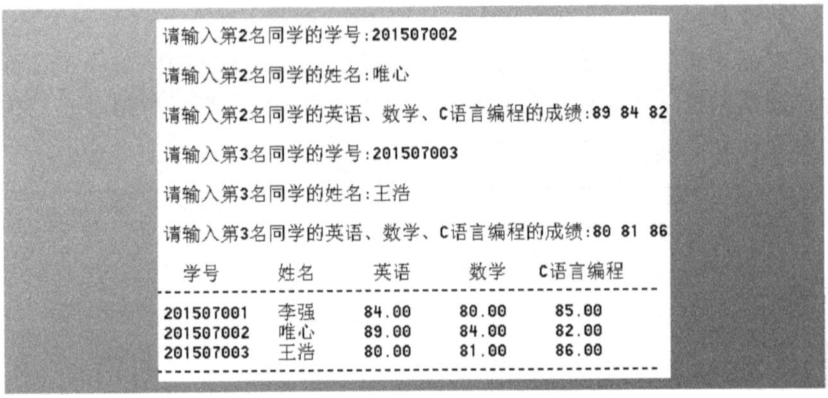
请输入第2名同学的学号:201507002
请输入第2名同学的姓名:唯心
请输入第2名同学的英语、数学、C语言编程的成绩:89 84 82
请输入第3名同学的学号:201507003
请输入第3名同学的姓名:王浩
请输入第3名同学的英语、数学、C语言编程的成绩:80 81 86

学号	姓名	英语	数学	C语言编程
201507001	李强	84.00	80.00	85.00
201507002	唯心	89.00	84.00	82.00
201507003	王浩	80.00	81.00	86.00

7.3 共用体数据类型任务训练

◆【导入】工作场景三:数据传输中的信息转换

(1)问题描述:在嵌入式软件开发的过程中,几乎所有的通信方式传输的都是字节流,但是要传输的实际数据类型却各种各样,有 float、double、int 甚至是结构体,在传输之前往往需要将这些数据转换成字节流。以串口通信为例,假设农业温室大棚温度传感器采集的温度值为 float 型的数据,采集到数据后需要把数据通过串口发送给温度显示系统。如何将 float 型的数据准确无误地转换为 unsigned char 型的字节数据,而温度显示系统如何将收到的字节类型的数据转换为 float 型的数据?

(2)问题分析:float 型的数据在内存中占 4 个字节,而 unsigned char 型的数据在内存中占 1 个字节,元素个数为 4 的 unsigned char 数组占 4 个字节。float 型和 unsigned char 型对于内存而言没有区别,都是以二进制的形式来保存的。于是就可以用 union 各成员共用内存的特点,将 union 作为一个转换器,输入一个 float 输出四个 unsigned char,输入四个 unsigned char 输出一个 float。

(3)演示执行:

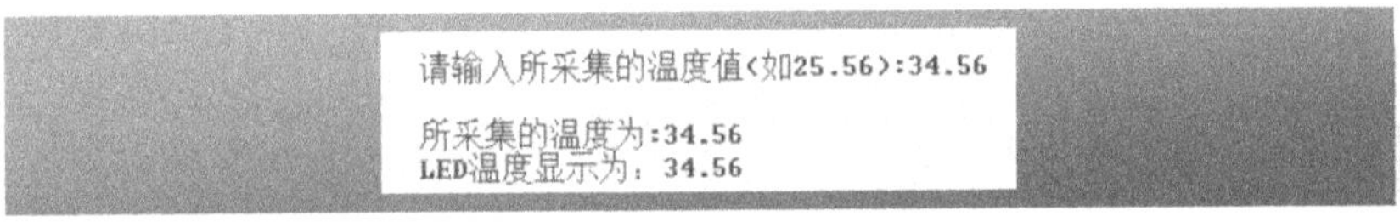
请输入所采集的温度值(如25.56):34.56

所采集的温度为:34.56
LED温度显示为: 34.56

涉及知识点

7.3.1 共用体的定义

共用体数据类型与结构体数据类型一样,也是一种构造型的数据类型。共用体数据类型是指将不同的数据项存放在同一段内存单元的一种构造型的数据类型。它与结构体相似,先有共用体模式,再定义具有某种模式的共用体变量。

共用体的格式如下：

```
union ＜共用体名＞
{
    ＜共用体成员列表说明＞；
}
```

> - **“union”是定义共用体的关键字**
> - **“共用体名”是共用体的名称，其规则与结构体名一样**

> **“共用体成员列表说明”是指对共用体中的所有成员的数据类型逐一说明**

例如：

```
union exam
{   int a;
    float b;
    char c;
}score;
```

以上程序定义了一个共用体数据类型 union exam，一个共用体变量 score。共用体定义的形式和结构体很相似，但二者的概念是不同的。共用体变量中的各个成员共占同一段内存单元。

7.3.2　共用体变量的定义

共用体变量的定义与结构体变量的定义相似，下面介绍三种定义方式。

1. 先定义共用体再定义变量

先定义共用体数据类型再定义共用体变量，其格式如下：

```
union ＜共用体名＞
{
  ＜共用体成员列表说明＞；
}；
union ＜共用体名＞ ＜共用体变量名列表＞；
```

例如：

```
union exam
{  int a;
   float b;
   char c;
};
union exam x,y;
```

以上程序定义了 x、y 两个共用体变量，它们都含有 int a、float b、char c 三个成员，分别为整型 a、实型 b 和字符型 c。

2. 在定义类型的同时定义变量

在定义共用体数据类型的同时定义变量，其格式如下：

```
union <共用体名>
{
    <共用体成员列表说明>;
} 共用体变量名列表;
```

例如：

```
union exam
{   int a;
    float b;
    char c;
}x,y;
```

以上程序同样定义了 x、y 两个共用体数据类型的变量，它们可以用来赋一组数据的值，即赋一组记录的数据。注意，变量名列表中的变量需用逗号进行分隔。

3. 不定义类型而直接定义变量

在定义共用体变量时，可以不定义共用体数据类型而直接定义共用体变量，其格式如下：

```
union
{
    <共用体成员列表说明>;
} 共用体变量名列表;
```

例如：

```
union
{   int a;
    float b;
    char c;
}x,y;
```

以上程序同样可定义 x、y 两个共用体数据类型的变量，它们的功能和使用范围与前面相同。

7.3.3 共用体变量的引用

共用体变量成员的表示方法与结构体变量成员的表示方法相同，即用“.”表示。例如，x.a、y.b、x.c 等都是合法的引用方法。

共用体变量引用用法小贴士

一个共用体变量不能同时存放多个成员的值，而只能存放其中一个成员的值，也不能用多个值赋给多个成员。这一点与结构体不同，这是因为共用体变量中的各个成员共占内存。

例如：

```
union exam
{   int a;
```

```
    float b;
    char c;
}x,y;
x.a=3;
x.b=4.5;
x.c='A';
```

程序　共用体变量引用使用示例

【例 7-6】 运行下列程序，请分析该程序的功能及输出结果的原因。

exam.c:

```
#include "stdio.h"

union exam
{   int a;
    float b;
    char c[20];
}x;
void main()
{
    printf("\n 请输入课程名称: ");
    gets(x.c);
    x.b=85.0;
    x.a=15;
    printf ("\n 数值: %d %f %s\n",x.a,x.b,x.c);
    printf("\n 地址值: %x %x %x\n",&x.a,&x.b,&x.c);
}
```

程序运行结果：

```
请输入课程名称: English
数值: 15 0.000000 ¤
地址值: 40808c 40808c 40808c
```

程序分析：由于共用体变量的各成员使用的是同一个地址，因此对共用体变量的各成员赋值时，只有最后一次赋值是有效的。本例中，第 2 个 printf()函数中只有 x.a 是有效的，其余都是无效的。根据共用体中各成员具有相同的内存地址的规定，本例中第 3 个 printf()函数中的&x.a、&x.b、&x.c 的地址值是相同的。

程序改进

若需要得到共用体中各成员的全部数据，可以通过指针变量引用共用体变量中的成员。例如：

```
union exam *pt,x;
pt=&x;
pt->a=3;
printf("%d\t",pt->a);
pt->b=4.5;
printf("%f\t",pt->b);
pt->c='a';
printf("%c\n",pt->c);
```

这里，pt是指向union exam数据类型的指针变量，先使它指向共用体变量x，此时pt—>a相当于x.a，这就与结构体变量的用法相似了。

7.3.4 共用体变量的应用实例

在数据处理问题中，常用一个数据域存放不同的对象。例如，在一个学校的人员数据管理应用程序中，有学生和教师信息登记，学生的数据包括姓名、性别、所学专业、班级，教师的数据包括姓名、性别、所授科目、职务。可以看出，学生和教师所包含的数据是不同的。现要求把它们放在同一表格中，如表7-7所示。如果“job”项为“s”(学生)，则第4项为class_id(班级)，即LiShu是501班的；如果“job”项是“t”(教师)，则第4项为position(职务)，即HuXia是prof(教授)。显然，对第4项可以用共用体来处理(将class_id和position放在同一段内存中)。

请根据所学知识，完成表7-7所示信息的存储和显示。

表7-7 **学校人员管理**

name(姓名)	sex(性别)	job(所学专业/所授科目)	class_id/position(班级/职务)
LiShu	f	s	501
HuXia	m	t	prof

person.c:

```
#include "stdio.h"
struct
{   char name[20];
    char sex;
    char job;
    union
    {   int class_id;   /*共用体中成员为class_id和position*/
        char position[20];
    }category;         /* 共用体类型的category是结构体中一个成员名*/
}person[2];            /*定义了结构体数组person*/

```

person.c:

```
main()
{   int i;
    printf("请输入人员信息\n");
    for(i=0;i<2;i++)
    {   scanf("%s %c %c",person[i].name,&person[i].sex,&person[i].job);
        if(person[i].job=='s')
            scanf("%d",&person[i].category.class_id);
        else if(person[i].job=='t')
            scanf("%s",person[i].category.position);
        else printf("input error");
    }
    printf("人员信息如下: ");
    for(i=0;i<2;i++)
    {   if (person[i].job=='s')
            printf("%s %c %d",person[i].name,person[i].sex,person[i].category.class_id);
        else
            printf("%s %c %s",person[i].name,person[i].sex,person[i].category.position);
    }
}
```

程序运行结果：

```
请输入人员信息
LiShu f s 501
HuXia m t prof

人员信息如下:
LiShu f 501
HuXia m prof
```

◆ 返回工作场景三

问题分析：根据共用体的成员共用内存的特性，实现 float 类型与 unsigned char 类型之间自动转换，从而简化程序设计。

temp.c:

```
#include <stdio.h>
union Converter
{
    float Temp;
    unsigned char Tbyte[4];
};
void main()
{
    union Converter temp1,temp2;
    int i;
    //通过键盘模拟输入所采集的温度
    printf("\n  请输入所采集的温度值(如25.56):");
    scanf("%f",&temp1.Temp);
    printf("\n  所采集的温度为:%.2f",temp1.Temp);
    //模拟串口字节传输过程
    for(i=0;i<4;i++)
    {
        temp2.Tbyte[i]=temp1.Tbyte[i];
    }
    //温度显示系统接受到了所传输的数据
    printf("\n  LED温度显示为: %.2f",temp2.Temp);
}
```

【挑战环节】

(1)任务要求：某销售网站需要设计礼品销售网页，目前礼品册上主要有三类商品：杯子、丝巾和笔。每类商品都含有库存量、价格以及与商品相关的其他信息，如下所示：

杯子：设计类型。

丝巾：设计类型、可选颜色、可选尺寸。

笔：品牌、颜色、材质。

网站系统不但要求商品信息要完备，而且要求节省内存。请问你会如何设计？

（2）演示执行：

```
请输入礼品类型，1为杯子，2为丝巾，3为笔：1
请输入礼品信息：10 10.0 民族风

请输入礼品类型，1为杯子，2为丝巾，3为笔：2
请输入礼品信息：20 75.0 踏雪图 白色

请输入礼品类型，1为杯子，2为丝巾，3为笔：3
请输入礼品信息：30 80.0 万宝龙 黑色

所有礼品信息如下：
杯子:10 10.000000 民族风
丝巾:20 75.000000 踏雪图 白色
  笔:30 80.000000 万宝龙 黑色
```

7.4 枚举数据类型任务训练

◆【导入】工作场景四：简易异常提示系统

（1）问题描述：某农产品电子商务平台系统在运行过程中，常常有错误异常的情况发生，此时需要对这些错误异常进行准确描述并将错误提示信息友好地传达给用户，便于用户理解以及用户与平台的交互，也有利于代码的调试和维护。请你为该系统设计一个错误异常提示方案。

（2）问题分析：系统的错误异常代码是一系列固定的整型常量，取值在固定的范围内，可以通过定义一个枚举类型，用容易理解的标识符来表示这些常量，再定义一个查询函数来实现此方案，这样方便程序调试，也为用户提供友好的错误提示信息。

（3）演示执行：

```
请输入被除数和除数：20 10
20.00/10.00=2.00
请输入被除数和除数：20 0
被0除错误!
```

涉及知识点

7.4.1 枚举数据类型的定义

在用C语言解决实际问题时，可能需要将某些变量的取值限定在一个有限的范围内。这就好比：一天只有24个小时，一年只有12个月，一个星期只有7天等。如果现在要把这些量归为整型、实型、字符型或其他类型显然不合适。为此，C语言提供了一种新的类型——枚举类型。

什么是枚举？简单地说，枚举数据类型是C语言为用户提供的一种自定义的数据类型，它将变量的值一一列举出来，且变量的取值只局限在列举的值的范围内。其主要用途是用名称来代替某些有特定含义的数据，从而增加程序的可读性。

枚举是一个有名字的整型常量的有序集合，枚举类型的变量的值只能取相应集合中的某一个值。枚举定义的格式如下：

```
enum <枚举名>
  {
       <枚举表>
  };
```

- "enum"是定义枚举的关键字
- "枚举名"是枚举的名称，其规则同结构体名

"枚举表"是由若干个称为枚举符的元素组成的，枚举符之间用逗号分隔。枚举表中的内容由程序设计者自己指定，命名规则与标识符相同

例如：

```
enum weekday
{
  sun,mon,tue,wed,thu,fri,sat
};
```

以上程序定义了一个枚举数据类型 enum weekday，在该枚举数据类型中有以下枚举符：

sun 表示星期日、mon 表示星期一、tue 表示星期二、wed 表示星期三、thu 表示星期四、fri 表示星期五、sat 表示星期六。

如果定义一个变量为该枚举类型，则该变量的值只能取以上数据中的某一个，即取一星期中的某一天。

7.4.2 枚举变量的定义

枚举变量的定义与共用体变量的定义相似。

1. 先定义枚举再定义变量

```
enum <枚举名>
{
  <枚举表>
};
enum <枚举名> <枚举变量名列表>;
```

例如：

```
enum weekday
{
  sun,mon,tue,wed,thu,fri,sat
};
enum weekday d1,d2;
```

以上程序定义了 d1、d2 两个枚举变量，它们具有 sun、mon、tue、wed、thu、fri、sat 共 7 个成

员，在使用时只能取以上 7 个成员中的任意一个。

2. 在定义类型的同时定义变量

```
enum ＜枚举名＞
{
    ＜枚举表＞
}
＜枚举变量名列表＞；
```

例如：

```
enum monthday
{
    January,February,March,April,May,June,July,August,September,October,
    November, December
} month1,month2;
```

以上程序同样定义了 month1、month2 两个枚举数据类型的变量，这样 month1 和 month2 变量的类型就是枚举类型了，其可以用来赋一个数据的值。

3. 不定义类型而直接定义变量

```
enum
{
    ＜枚举表＞
}
    枚举变量名列表；
```

例如：

```
enum
{
    red,yellow,blue,white,black
}color1,color2;
```

以上程序同样可定义 color1 和 color2 两个枚举数据类型的变量。它们的功能和使用范围与前面相同。

7.4.3 枚举变量的引用

枚举变量定义后就可以直接引用。

例如：

```
enum monthday
{
    January=1,February,March,April,May,June,July,August,September,October,
    November=11,December
}month1,month2;
month1=June;
```

month2=July;

以上程序定义了枚举变量 month1 和 month2，并分别赋予 June 和 July 两个值。这两个值是以上枚举列表中的值。

枚举变量用法小贴士

(1)在定义枚举数据类型时，枚举表中的标识符并无固定的含义，只是一个符号。程序设计者仅仅是为了提高程序可读性，才使用这些标识符的。这些标识符不是变量，不能改变其值。例如，以上程序中的 January，February，March，…不是变量，不能使用以下语句：

```
January=13;scanf("%s",January);
```

(2)枚举表中的标识符的值是整数，从花括号中第一个名字开始，各名字分别代表 1、2、3、4、5、6、7、8、9、10、11、12。这是系统自动赋给的，例如：

```
printf("%d",May);
```

输出的值是 5。但是在定义枚举数据类型时不能写成：

```
enum monthday{1,2,3,4,5,6,7,8,9,10,11,12};
```

必须使用符号 January，February，March，…或其他的标识符。这些符号称为枚举常量，或称枚举元素。

(3)可以在定义枚举数据类型时对枚举常量进行初始化，例如，表示三原色的枚举数据类型可以定义如下：

```
enum color
{ red =2,yellow=4,blue=7};
```

则枚举常量 red 的值为 2，yellow 的值为 4，bluc 的值为 7。

(4)C 语言还规定，在给枚举常量赋初值时，如果给其中任何一个枚举常量赋初值，则其后的枚举常量将按自然数的规则依次赋初值，请看下例：

```
enum week1
{ sun,mon,tue=5,wed,thu,fri,sat};
```

则枚举常量的初值如下：sun 的值为 0，mon 的值为 1，tue 的值为 5，wed 的值为 6，thu 的值为 7，fri 的值为 8，sat 的值为 9。

(5)枚举常量可以用来进行判断比较，例如：

```
if(monthday == October)
printf("这是 10 月");
if(monthday == May)
printf("这是 5 月");
if(monthday > November)
printf("这是 12 月");
```

其实以上比较是按枚举常量的整数进行的。比较规则是按其在定义时的顺序号进行比较。如果在定义时没有人为指定，则系统自动规定第一个枚举元素的值为 0，以后顺序加 1。

程序 枚举变量引用使用示例

【例 7-7】 输入 2 个整数，依次求出它们的和、差、积并输出。要求用枚举型数据来处理和、差、积的判断。

问题分析：定义枚举类型数据变量将第一种运算赋值给该变量，然后利用"++"运算依次使用枚举数据中的三种操作进行数据运算。

operation.c:

```
main()
{
    enum { plus,minus,times } op1; /*定义枚举型变量op1*/
    int x,y;
    printf("\n  请输入两个整数: ");
    scanf("%d%d",&x,&y);         /*输入2个整数*/
    op1=plus;                    /*将第1个枚举常量值赋予op1*/
    while(op1<=times)            /*循环控制op1依次等于各个枚举常量值*/
    switch(op1++)                /*用op1进行多分支控制*/
    {   case  plus: printf("\n  %d+%d=%d\n",x,y,x+y); break;
        case minus: printf("\n  %d-%d=%d\n",x,y,x-y); break;
        case times: printf("\n  %d*%d=%d\n",x,y,x*y); break;
    }
}
```

返回工作场景四

问题分析：创建一个枚举数据类型，用容易理解的错误标识符来表示系统中出现的所有错误代码，再定义一个错误代码查询函数，根据枚举值，显示详细的错误提示信息。

error.c:

```
#include <stdio.h>
enum ERR{
    USERNAME_AND_PASSWORD_ERROR=1,
    VERIFICATION_CODE_ERROR,
    INPUT_EMPTY_ERROR,
    INPUT_FORMAT_ERROR,
    DIV_BY_ZERO,
    OK
};
void print_err(enum ERR err)
{
    char *errstr=NULL;
    switch(err)
    {
        case USERNAME_AND_PASSWORD_ERROR:   errstr="用户名或密码错误！" ;break;
        case VERIFICATION_CODE_ERROR:       errstr="验证码错误！"   ;   break;
        case INPUT_EMPTY_ERROR:             errstr="输入不能为空！" ;   break;
        case INPUT_FORMAT_ERROR:            errstr="输入格式错误！" ;   break;
        case DIV_BY_ZERO:                   errstr="被0除错误！"    ;   break;
        case OK:                            errstr="成功！"         ;   break;
        default:return;
    }
    printf("    %s\n\a",errstr);
}
```

error.c:

```
int Div(float a,float b,float *Data)
{
    if(b==0)
    {
        return DIV_BY_ZERO;
    }else
    {
        *Data=a/b;
        return OK;
    }
}
void main() {

    float a,b,result=0;
    enum ERR errcode;
    printf("\n  请输入被除数和除数: ");
    scanf("%f %f",&a,&b);
    errcode=Div(a,b,&result);
    if(errcode==OK)
    {
        printf("\t%.2f/%.2f=%.2f",a,b,result);
    }else
    {
        print_err(errcode);
    }

}
```

【挑战环节】

(1)任务要求:幼儿园小朋友的口袋中有红、黄、蓝三种颜色的球若干个,小朋友依次从口袋中取三个不同颜色的球,请你统计并告诉小朋友所有的取法。

(2)演示执行:

```
1:red      yellow  blue
2:red      blue    yellow
3:yellow   red     blue
4:yellow   blue    red
5:blue     red     yellow
6:blue     yellow  red

共有: 6种取法
```

7.5 能力拓展

(1)统计学生成绩,找出其中成绩最差的学生,学生记录包括学号、姓名和成绩(使用结构体)。

(2)编写程序要求用户输入我国各省(自治区、直辖市)的电话区号,然后在结构体数组 area_codes 中查找。如果找到对应的电话区号,程序显示相应的省(自治区、直辖市)的名称,否则显示错误信息(使用结构体数组)。

(3)自古以来就有鱼和熊掌不可兼得的道理,请用程序演示该道理(使用共用体)。

(4)在笔盒中有多支不同的笔,在打开笔盒前你不知道自己取到的是什么笔,有可能是铅笔、钢笔,也有可能是圆珠笔,请用程序演示每次随机取到的笔的情况(使用枚举)。

7.6 任务笔记

(1)结构体通常是不相似元素的集合,这些元素存储在内存中相邻的位置,它们称为结构体的成员,成员一般用名字访问。

(2)一个结构体变量的总长度通常等于所有成员长度之和。

(3)结构体类型的成员可以是基本数据类型的变量、数组或指针,也可以是已定义过的结构体类型的变量、数组或指针,即结构体类型的定义可以嵌套。

(4)访问结构体变量的元素,可以使用点(.)操作符。

(5)共用体变量中的各个成员共占同一段内存单元,共用体变量的长度是联合体中最大元素的长度。

(6)共用体元素可以使用点(.)操作符访问。

(7)共用体的用途:允许以多种方式访问同一段内存地址。

(8)若常常需要处理有序的数据列表,相比使用整数表示这些数据,使用枚举是更好的方法。不能使用枚举声明中不存在的值。

实训题部分答案

实训题

1. 选择题

(1)若有如下说明语句,则下列叙述中正确的是(　　)。

```
typedef struct
{   int month;
    int day;
    int year;
}DATE;
```

A. DATE 是结构体变量名　　B. DATE 是结构体类型名

C. typedef struct 是结构体类型　　D. struct 是结构体类型名

(2)下列引用形式不正确的是(　　)。

```
struct student
{   int num;
    int age;
};
struct student stu[3]={{1001,23},{1002,23},{1003,22}};
struct student *p=stu;
```

A. (p++)->num　　B. p++

C. (*p). num　　　　　　　　　D. p=&stu. age

(3)下列程序输出结果是(　　)。

```
struct abc
{  int a,b,c;};
main()
{  struct abc s[2]={{1,2,3},{4,5,6}};
   int t;
t=s[0].a+s[1].b;
printf("%d\n",t);
}
```

A. 5　　　　　B. 6　　　　　C. 7　　　　　D. 8

2. 填空题

(1)在一个名字下相关变量的集合称为__________。

(2)在一个名字下共用相同的存储区域的相关变量集合称为__________。

(3)关键字__________引出结构体声明。

(4)关键字__________用来定义共用体。

(5)通过________或________运算符来访问结构体成员。

3. 程序设计题

(1)假定 date 结构中包含三个成员:month、day 和 year(都是 int 类型)。定义并实现如下函数。

①int day_of_year(struct date d);

返回 d 是一年中的第几天(1~366 之间的整数)。

②int compare_dates(struct date d1, struct date d2);

如果日期 d1 在 d2 之前,返回-1;如果 d1 在 d2 之后,返回 1;如果 d1 和 d2 相等,返回 0。

(2)五子棋分为白子和黑子,定义枚举类型 color 用来表示两种颜色。定义结构体类型 chess,使此类型可以存储棋子的类型和颜色。声明一个名为 board 的 10×10 数组,使数组可以存储棋盘上的全部内容。模拟两人下五子棋的过程。

任务8
指向地址的钥匙——指针程序设计能力训练

知识卡片

指针	内存地址即为指针
指针变量	存放数据地址的变量。虽然指针变量通常称为指针,但两者实际上含义是不同的
指针变量类型	指针所指向的数据对象的类型
指针相关操作	&:取地址运算符;*:取内容运算符

知识目标

- ❑ 指针变量的定义和使用;
- ❑ 通过指针操作数组;
- ❑ 通过指针操作字符串;
- ❑ 通过函数传入指针和返回指针类型数据;
- ❑ 函数指针;
- ❑ 通过指针操作结构体。

能力目标

- 能使用指针进行程序设计;
- 掌握指针在函数中的应用;
- 能使用指针与结构体进行程序设计。

素养目标

- 培养学生的创新意识、科学思维；
- 培养学生严谨求实的态度和工匠精神。

训练途径

8.1　指针与变量任务训练
8.2　指针与数组任务训练
8.3　指针与字符串任务训练
8.4　指针与函数任务训练
8.5　指针与结构体类型任务训练
8.6　能力拓展
8.7　任务笔记

通过任务 7，学习了 C 语言中构造型数据类型的分类及其含义，并能运用构造数据类型中的结构体完成复杂数据类型的定义和使用。本任务将学习 C 语言中一种特殊的数据类型——指针。C 语言作为一种高级语言，其编写的程序至今仍能和汇编程序相提并论，其中一个重要的原因就在于指针。

C 语言中的指针既是一种数据类型，又是一种对内存进行操作的手段。正确、灵活地使用指针，可以简化程序，使程序结构紧凑，并提高程序的运行效率；动态分配内存；更方便地使用字符串及数组；直接处理内存地址等。掌握好指针，可以在编程中起到事半功倍的效果，但是指针也有概念抽象、较难掌握的缺点，因此在学习过程中需要多思考、多练习，才能扎实地掌握指针的使用方法与技巧。

8.1　指针与变量任务训练

【导入】工作场景一：数据交换

(1)问题描述：请编写程序，要求用户输入两个数，使用指针变量实现两数的交换。

(2)问题分析：根据已学知识可知，如果需要交换两数，仅需定义一个临时变量完成交换即可，根据本题题意需要使用指针完成交换。

(3)演示执行：

```
请输入第一个数:8
请输入第二个数:5
交换前两数为:   8     5
交换后两数为:   5     8
```

涉及知识点

8.1.1 指针与内存地址

内存从物理上讲就是半导体存储材料，其作用是暂时存储程序运行过程中的数据。任何程序需要被计算机执行时，都要先从外部存储器(如硬盘)调入内存后才能被执行。当程序执行结束后，则需要将所占用的内存空间返回给系统以供其他程序继续使用，当系统断电后内存中的数据也会丢失。

1. 内存地址

CPU 是如何管理内存空间，又是如何从内存中找到想要的数据呢？首先想象一下一栋楼房由许多个房间组成，为便于查找和区分每个房间，通过房间号码来标识每个房间，就可以快速地找到这个房间以及住在这个房间中的居民。

内存也采用相同的管理方法进行管理，内存被划分为若干个相同容量的存储单元，将每个存储单元进行编号，这个编号就是内存单元的地址。由于内存中的存储单元很多，因此该编号往往是由一个很大的数值组成的(通常使用一个十六进制数表示)。

2. 变量名与内存地址

在任务 2 中已经学习过变量的定义和使用，下面再来讨论一下变量与内存地址之间的关系。变量是程序在运行过程中由系统分配给程序使用的内存空间，因此可以在程序中通过变量名来访问这块内存空间。

这里所说的内存空间实际上就是内存中的一个存储单元，为了方便管理，系统将内存划分为许多大小相等的存储单元，每一个存储单元都用唯一的地址进行标识，而这个地址就是内存地址。变量名其实就是内存中存储单元的一个临时别名——为了方便在程序代码中使用而临时为某块内存空间所取的别名。

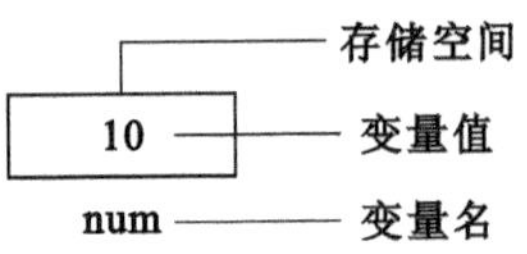

图 8-1 变量使用图示

例如，在程序中定义如下语句：

int num;

num=10;

这两句语句完成的效果如图 8-1 所示。

当程序开始执行，编译器读取到“int num;”指令时，会在计算机的内存中开辟一块能够存放一个整数的内存空间，由于一个整数占 4 个字节，因此系统将地址编号从 1000H～1004H 的连续区域划给变量 num 使用，当程序要访问这块内存空间时，就可以通过变量名“num”进行引用。语句“num=10;”则将整型数据 10 赋值给变量 num，此时变量内容为 10，即在内存地址编号为从 1000H～1004H 的内存空间中存入数值 10。

提示与陷阱

在程序中声明一个变量，编译器会开辟一块内存空间来存储该变量，并将该内存地址与变量名联系起来。当程序使用该变量时，将自动访问相应的内存单元。

3. 指针和指针变量

在 C 语言程序中，已知一个变量的名称，可通过某个操作从计算机中获取该变量名所对应的内存地址，这个内存地址就是指针。指针指向了一个变量在内存中的存储位置，也就是存储该变量的内存单元的首地址。因此，指针实际上就是变量的内存地址。

指针（内存地址）也可以看作一种数据类型，通过定义变量在内存中存放指针类型的数据，就可以把该变量称为指针变量（即专门用来存储指针的变量）。

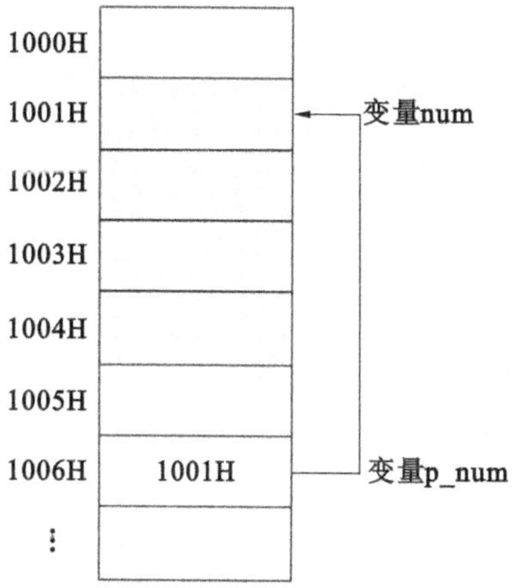

图 8-2　指针变量图示

如图 8-2 所示，首先定义变量 num，系统分配内存地址为 1001H～1004H 的内存空间供变量 num 使用。然后定义变量 p_num，在 p_num 变量中存储的内容是变量 num 的首地址“1001H”，因此变量 p_num 就是一个指针变量，其指向了变量 num 所在的内存首地址。

8.1.2　指针变量的定义和使用

在 C 语言中，变量的使用必须遵循“先定义，后使用”的规则。通过变量声明，可以明确变量所属的类型，并为其分配对应的存储空间，指针变量的使用也必须遵循这个规则。

1. 指针变量的声明

指针变量声明语法结构：

类型说明符　*指针变量名；

说明：

（1）类型说明符：表示指针变量所指向的数据类型，也就是该指针变量的基类型。

（2）*：表示此时定义的变量是一个指针变量，该变量存储的内容是另一个变量的地址。

提示与陷阱

不同数据类型的变量在内存中所占的空间大小不同，因此在定义指针变量时，必须指定其数据类型，以便后续对指针进行操作。

例如，有下列合法指针变量声明语句：

```
int *p;
float *q;
char *s;
```

其中：

(1)“int *p”代表定义指针变量 p，其指向 int 类型变量。

(2)“float *q”代表定义指针变量 q，其指向 float 类型变量。

(3)“char *s”代表定义指针变量 s，其指向 char 类型变量。

2. 为指针变量赋值

为指针变量赋值与为普通变量赋值的方式稍有不同，由于指针变量中存放的是地址，因此给指针变量赋值只能赋予地址，而不能赋予其他类型的数据，否则将引发语法错误。

指针变量赋值语法结构：

指针变量名 = & 所指向变量名;

说明：

由于指针变量中存放的内容为另一个变量的地址，因此采用“&”符号取出另一个变量在内存中的首地址并赋值给指针变量。在对指针变量赋予地址后，就可以通过指针对其所指向的内存地址进行访问。

提示与陷阱

在为指针变量赋值时，指针的类型应该与其所指向的变量的数据类型一致。“&”只能用于变量或数组元素，不能用于表达式或常量。

根据使用方式的不同，指针变量赋值又可分为声明时初始化和声明后进行赋值两种。

在声明指针变量的同时为指针变量赋值：

```
int num;
int *point = &num;
```

在声明指针变量后，再为指针变量赋值；

```
int num;
int *point;
point = &num;
```

提示与陷阱

在声明指针变量的同时为指针变量赋值，需要使用“类型说明符 *指针变量名=& 所指向变量名”，此时需要在指针变量名前加上“*”，代表定义的变量是指针类型的变量；定义完指针变量后再赋值时，不需要加“*”，直接使用“指针变量名=& 所指向变量名”即可。

在使用指针变量时，最常用的两个运算符是“&”和“*”。

- "&"：取地址运算符，其用于取出变量的地址。
- "*"：取内容运算符，其用来表示指针变量所指向的变量，该运算符之后所跟的变量必须是指针变量。使用该运算符可以从指定内存地址中取出数据或修改指定内存地址中的数据。

在使用指针变量前，必须为指针变量赋予正确的地址，否则将发生不可预料的错误。为指针变量赋值有使用其他指针变量、使用"&"取出其指向变量的内存地址、使用 NULL 值等几种方式。除 NULL 值外，指针变量所存放的必须是内存中实际存在的地址，因此不能直接在程序中用非地址表达式或常量为指针变量赋值。

程序 指针与变量使用示例

【例 8-1】 编写程序，演示指针与变量之间的使用。

Samplepoint.c:

```
#include <stdio.h>
void main()
{
    int num=5;
    int *p_num=NULL;

    printf("\n");
    printf("\n未赋值前:");
    printf("\n****************************************************");
    printf("\n普通变量num: ");
    printf("\n&num = %p , ",&num);
    printf("num = %d",num);
    printf("\n指针变量p_num: ");
    printf("\n&p_num = %p , ",&p_num);
    printf("p_num = %p , ",p_num);
    printf("&(*p_num) = %p\n",&(*p_num));

    p_num=&num;
    printf("\n指针变量p_num指向num变量后:");
    printf("\n****************************************************");
    printf("\n普通变量num: ");
    printf("\n&num = %p , ",&num);
    printf("num = %d",num);
    printf("\n指针变量p_num: ");
    printf("\n&p_num = %p , ",&p_num);
    printf("p_num = %p , ",p_num);
    printf("&(*p_num) = %p , ",&(*p_num));
    printf("*p_num = %d\n",*p_num);

    *p_num=100;
    printf("\n改变指针变量p_num指向空间内容后:");
    printf("\n****************************************************");
    printf("\n普通变量num: ");
    printf("\n&num = %p , ",&num);
    printf("num = %d",num);
    printf("\n指针变量p_num: ");
    printf("\n&p_num = %p , ",&p_num);
    printf("p_num = %p , ",p_num);
    printf("&(*p_num) = %p , ",&(*p_num));
    printf("*p_num = %d\n",*p_num);
}
```

程序运行结果：

```
未赋值前:
****************************************************
普通变量num:
&num = 0028FEEC , num = 5
指针变量p_num:
&p_num = 0028FEE8 , p_num = 00000000 , &(*p_num) = 00000000

指针变量p_num指向num变量后:
****************************************************
普通变量num:
&num = 0028FEEC , num = 5
指针变量p_num:
&p_num = 0028FEE8 , p_num = 0028FEEC , &(*p_num) = 0028FEEC , *p_num = 5

改变指针变量p_num指向空间内容后:
****************************************************
普通变量num:
&num = 0028FEEC , num = 100
指针变量p_num:
&p_num = 0028FEE8 , p_num = 0028FEEC , &(*p_num) = 0028FEEC , *p_num = 100
```

从运行结果可以看出，当使用“*p_num=100;”使指针所指向地址的内容发生改变时，变量 num 的内容也随之发生改变，这表明指针所指向地址的内容实质上就是变量的内容，即通过变量名可以直接操作变量的内容，通过指针也可以间接操作变量的内容。

◆ 返回工作场景一

问题分析：根据所学的知识，本工作场景需要定义两个指针变量分别指向两个整型变量，然后使用指针变量完成指针变量所指向的内存空间中内容的交换。

SwapNumber.c:

```
1  #include <stdio.h>
2  void main()
3  {
4      int num1;          //定义变量num1存放用户输入的第一个数
5      int num2;          //定义变量num2存放用户输入的第二个数
6      int temp;          //定义临时变量
7
8      int *p,*q;
9
10     p=&num1;
11     q=&num2;
12
13     printf("\n请输入第一个数:");
14     scanf("%d",p);
15     printf("\n 请输入第二个数:");
16     scanf("%d",q);
17
18     printf("\n交换前两数为:   %d\t%d\n",*p,*q);
19     temp=*p;
20     *p=*q;
21     *q=temp;
22     printf("\n交换后两数为:   %d\t%d\n",*p,*q);
23 }
```

下面通过示例图演示“SwapNumber.c”的交换过程。

在程序第 4～8 行中分别定义变量 num1、num2、temp，指针变量 p、q。假定系统将内存地址从 1000H 开始的 4 个字节内存空间分配给变量 num1，将内存地址从 1004H 开始的 4 个字节内存空间分配给变量 num2，将内存地址从 1008H 开始的 4 个字节内存空间分配给变量 temp，将内存地址从 100CH 开始的内存空间分配给指针变量 p，将内存地址从 1010H 开始的内存空间分配给指针变量 q，效果如图 8-3 所示。

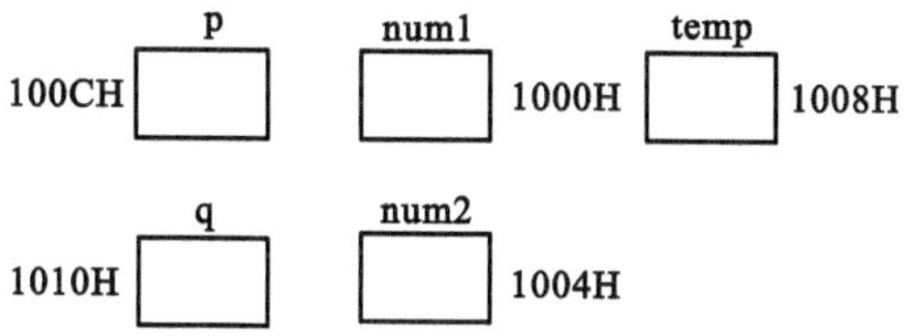

图 8-3　定义变量 num1、num2、temp，指针变量 p、q

在程序第 10、11 行中取出变量 num1 的地址赋值给指针变量 p，取出变量 num2 的地址赋值给指针变量 q，相当于将指针变量 p 指向变量 num1，将指针变量 q 指向变量 num2，效果如图 8-4 所示。

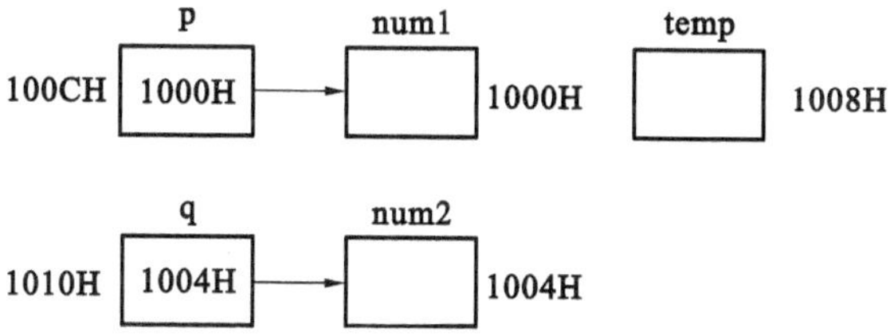

图 8-4　指针变量 p、q 分别指向变量 num1 和 num2

在程序第 13～16 行中分别接受从控制台中输入的值(假定此时输入的数分别为 8 和 5)，存入指针变量 p 所指向的内存空间(num1)和指针变量 q 所指向的内存空间(num2)中，效果如图 8-5 所示。

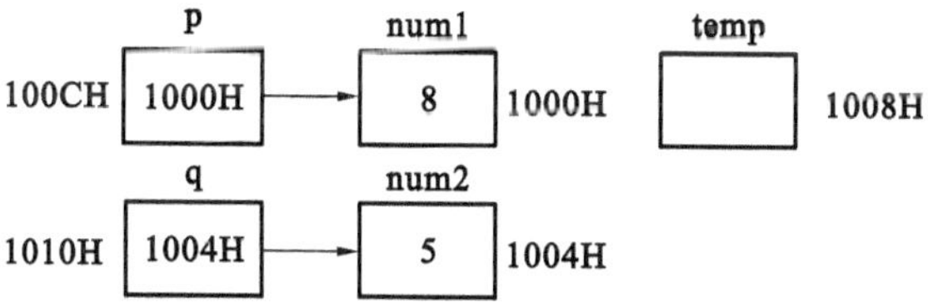

图 8-5　从控制台读入数据存入 p 和 q 所指向的内存空间中

在程序第 19～21 行中通过临时变量 temp 完成变量 p、q 间的数据交换，交换过程如图 8-6 所示。

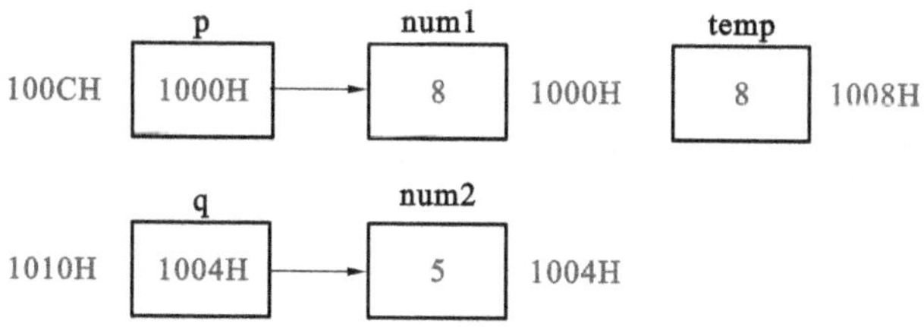

"temp=*p"

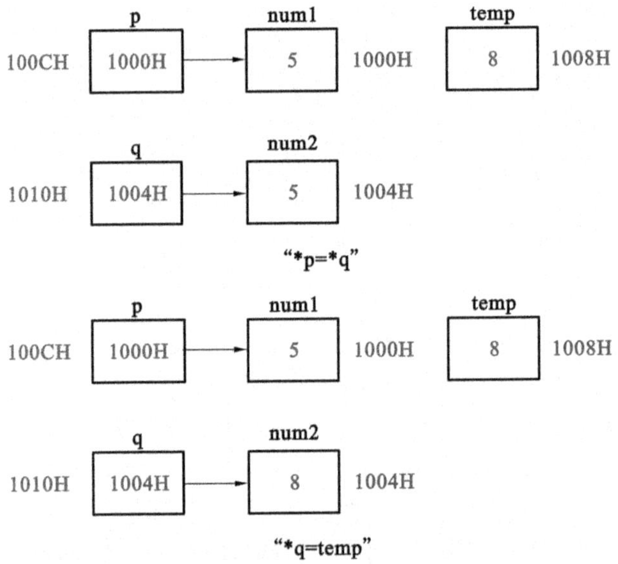

图 8-6　交换指针变量 p、q 所指向的内存空间内容

提示与陷阱

(1)"&":取地址运算符,主要用于对指针变量赋值。

(2)"*":取内容运算符。有两大功能:一是用于变量声明,代表定义指针变量(如 int *p;);二是用于程序执行部分,代表取出指针变量所指向的内存空间中的数据。

【挑战环节】

现假定有如下程序段:

```
int a, *p;
a = 10;
p = &a;
```

请指出如下语句是否正确,若正确请写出相应的结果。

printf("%d", *&a);　　____________________

printf("%d",& *a);　　____________________

printf("%p",& *p);　　____________________

printf("%p", *&p);　　____________________

p=2000;　　____________________

p=&(a * 10);　　____________________

8.2　指针与数组任务训练

◆【导入】工作场景二:数据循环移动

(1)问题描述:请编写一个程序,实现多个数据循环右移显示。

(2)问题分析：设一个有 N 个整型元素的数组，要求将数组内的元素向右移动 k 个位置($k<N$)，将最后 k 个元素变成数组最前面的 k 个元素，可通过指针的移动来访问数组元素，从而实现数组元素的循环右移。

(3)演示执行：

```
请输入数组元素的个数和右移的位置数:5 2
请输入5个数组元素:
2 3 4 5 6
移动后的数组内容:
5 6 2 3 4
```

涉及知识点

8.2.1 指针与一维数组

在程序中定义的每个变量，系统都会为其分配内存空间，而每块内存空间都有相应的地址。一个数组包含若干元素，每个元素在内存中都占用存储单元，它们都有相应的地址。因此，指针变量不仅可以指向基本数据类型变量，还可以指向数组中的每个元素，即将数组元素的地址存放到指针变量中。

定义一个指向一维数组元素的指针变量的方法，与定义指向变量的指针变量基本相同。

例如：

```
int a[10] = {1,2,3,4,5,6,7,8,9,10};
int *point;
point = &a[0];
```

在上面的代码中，首先定义了一个一维数组 a，然后定义了一个 int 类型的指针 point，并将数组 a 中第 0 个元素的首地址赋值给指针变量 point。通过任务 5 的学习，已经知道数组中的元素在内存中是连续存放的，因此通过指针可以很方便地对数组中的每一个元素进行访问。由于数组名代表数组在内存中的首地址(即第一个元素的地址)，因此上面的代码等价于如下代码：

```
int a[10] = {1,2,3,4,5,6,7,8,9,10};
int *point;
point = a;
```

不论是语句“point = &a[0];”还是语句“point = a;”，其含义都是将指针指向数组 a 的第 0 个元素，其效果如图 8-7 所示。

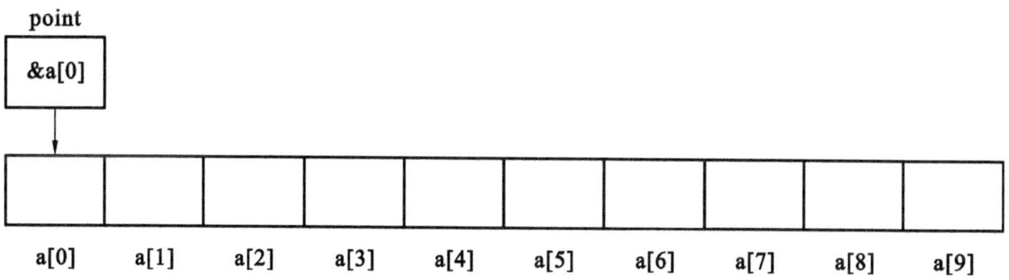

图 8-7 数组与指针变量关系图

程序 指针与一维数组使用示例

【例 8-2】 编写程序,演示指针与一维数组之间的关系。

PointToArray.c:

```
#include <stdio.h>
void main()
{
    int nums[10] ={1,2,3,4,5,6,7,8,9,10};

    int *point;

    printf("\n nums = %p",nums);
    printf("\n &nums = %p",&nums);
    printf("\n &nums[0] = %p",&nums[0]);

    point = nums;
    printf("\n point = %p",point);

    point = &nums[0];
    printf("\n point = %p",point);

    printf("\n\n 输出数组内容: ");
    printf("\n nums[0] = %d",nums[0]);
    printf("\n *point = %d\n\n",*point);
}
```

程序运行结果:

```
nums = 0061FEB4
&nums = 0061FEB4
&nums[0] = 0061FEB4
point = 0061FEB4
point = 0061FEB4

输出数组内容:
nums[0] = 1
*point = 1
```

提示与陷阱

在 C 语言中,访问数组中某个元素可以使用两种方法实现。

(1)下标法:通过数组元素的下标访问数组元素。

(2)指针法:通过指向数组元素的指针变量访问数组元素。

当使用指针变量指向数组元素时,指针变量可以进行如下运算:

1. 指针变量的自增、自减运算

指针变量可以进行自增和自减运算,其作用是将指针指向数组单元的下一个元素或者上一个元素。

例如:

int a[10] = {1,2,3,4,5,6,7,8,9,10};

```
int  *point;
point  =  a;
point++;
point++;
point--;
point--;
```

如图 8-8 所示：

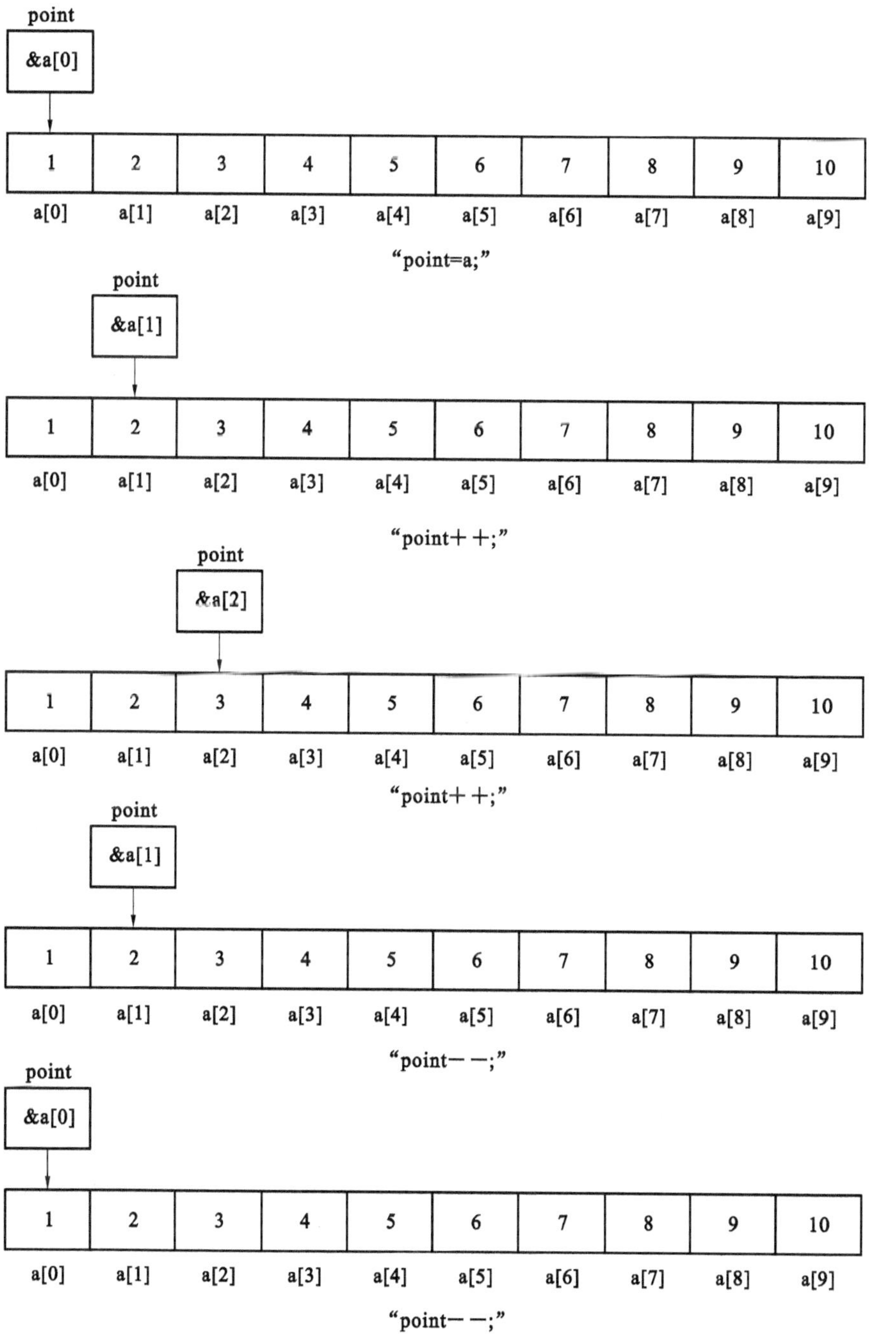

图 8-8　指针的自增、自减运算

当执行“point = a;”时，将数组的首地址赋值给指针变量 point，相当于指针变量 point 指向数组的首地址。

当执行“point++;”时，将指针指向该数组中的下一个元素，相当于指针向下移动。此时，指针从原来指向 a[0]元素，转而指向 a[1]元素。当再次执行“point++;”时，指针继续向下移动，指向 a[2]元素。

当执行“point--;”时，将指针指向该数组中的上一个元素，相当于指针向上移动。此时，指针从原来指向 a[2]元素，转而指向 a[1]元素。当再次执行“point--;”时，指针继续向上移动，指向 a[0]元素。

提示与陷阱

(1)使用“++”“--”移动指针时需要注意，当指针移动超过数组的上、下边界时，C 语言程序并不会发生异常，但此时所获取的值对运算而言是毫无意义的，因此在使用时需要注意对边界值的控制。

(2)虽然数组的名称是数组在内存中的首地址，但不能对数组名执行“++”“--”的操作。

2. 指针变量与整数的加、减运算

指针变量可以加上一个整数或者减去一个整数，代表将指针指向数组单元相隔该整数位置的另一个元素。

例如：

```
int a[10] = {1,2,3,4,5,6,7,8,9,10};
int *point;
point = a;
point+=2;
point+=3;
point-=2;
```

如图 8-9 所示：

当执行“point = a;”时，将数组的首地址赋值给指针变量 point，相当于指针变量 point 指向数组的首地址。

当执行“point+=2;”时，将指针指向该数组中当前位置向后 2 个元素的位置，相当于指针向后移动 2 个元素。此时，指针从原来指向 a[0]元素，转而指向 a[2]元素。

当执行“point+=3;”时，将指针指向该数组中当前位置向后 3 个元素的位置，相当于指针向后移动 3 个元素。此时，指针从原来指向 a[2]元素，转而指向 a[5]元素。

当执行“point-=2;”时，将指针指向该数组中当前位置向前 2 个元素的位置，相当于指针向前移动 2 个元素。此时，指针从原来指向 a[5]元素，转而指向 a[3]元素。

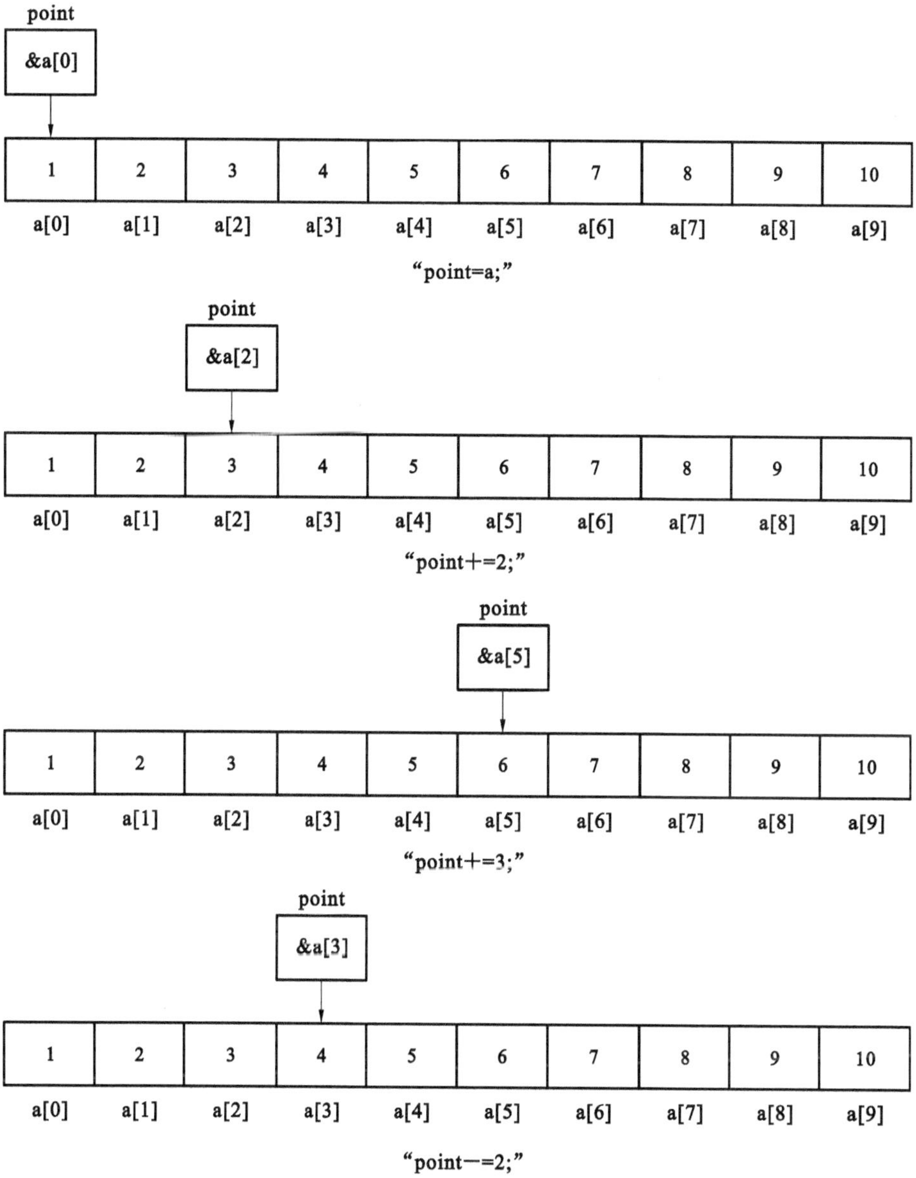

图 8-9 指针加上或减去一个整数的运算

提示与陷阱

可以对指针变量加上或减去一个整数，但不允许对指针变量进行乘法或除法运算，也不允许对指针变量加上或者减去一个 float 型或者 double 型的数据。

3. 两个指针变量相减的运算

由于指针变量内保存的是内存地址，把两个指针变量相加是没有意义的，因此不允许对两个指针变量执行相加运算。但大部分编译器都支持指针变量相减的运算。对于指向同一个数组的两个指针变量,相减所得的差值是两个指针变量之间相差的元素个数。

例如:

```
int a[10] = {1,2,3,4,5,6,7,8,9,10},n;
int *p1, *p2;
p1= a;
p2 = &a[5];
n = p2-p1;
```

如图 8-10 所示,n=(p2-p1)/4=5,即 p2 的地址值减去 p1 的地址值,再除以 int 类型数据所占的字节数 4,最终得到两个指针指向的变量之间相隔的 int 型数据单元个数。对于两个普通的指针变量,这种运算是没有意义的;但是对于两个指向同一个数组的指针变量,这时的计算结果就表示两个指针之间相差的数组元素个数。

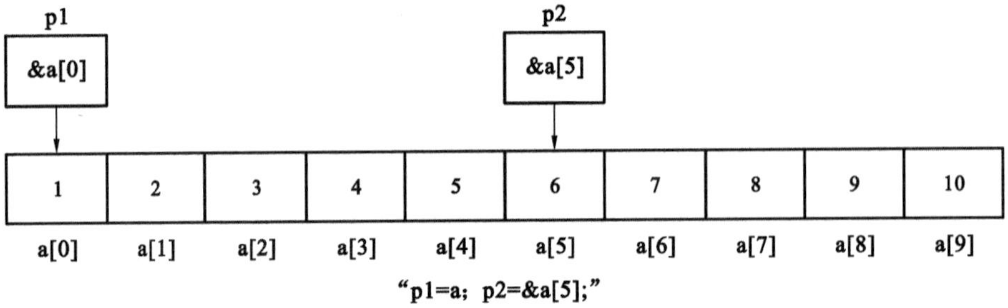

图 8-10 指针变量相减运算

4. 指针变量比较运算

指针变量比较运算主要是指使用比较运算符来判断两个指针变量在内存中的地址关系。

例如:

```
int a[10] = {1,2,3,4,5,6,7,8,9,10},n;
int *p1, *p2;
p1= a;
p2 = &a[5];
if (p2>p1)
    printf("p2>p1");
else
    printf("p2<=p1");
if (p2==p1)
    printf("p2==p1");
else
    printf("p2!=p1");
if (p2==NULL)
    printf("p2==NULL");
else
    printf("p2!=NULL");
```

如图 8-11 所示：

使用“if (p2>p1)”判断指针变量 p1 与指针变量 p2 之间的地址关系，如果返回为 true，则 p2 的地址大于 p1 的地址，否则将返回为 false。

使用“if (p2==p1)”判断指针变量 p1 与指针变量 p2 是否指向同一个地址空间，如果返回为 true，则指针变量 p2 与指针变量 p1 指向同一个地址空间，否则返回为 false。

使用“if (p2==NULL)”判断指针变量 p2 是不是空指针，如果是空指针则返回为 true，否则返回为 false。

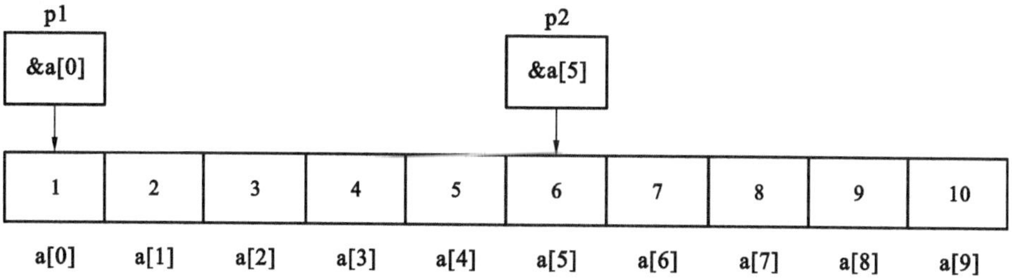

图 8-11 指针变量关系运算

5. 指针变量的复杂运算

```
int a[10] = {1,2,3,4,5,6,7,8,9,10},n;
int *p;
p=a;
printf("\n  %d", *p++);
printf("\n  %d", *++p);
printf("\n  %d",(*p)++);
printf("\n  %d",++ (*p));
```

“*p++”中“++”和“*”运算符优先级相同，结合方向自右向左，由于“++”在 p 的右侧，因此先使用 p 的值，然后加 1，即先通过“*p”取出 p 指向的 a[0]元素的值，然后使指针向后移动一位，指向 a[1]元素。

“*++p”中“++”在 p 的左侧，先将 p 的值加 1 然后使用 p 的值，即先通过移动指针位置，使原来指向 a[1]元素的指针向后移动一个元素指向 a[2]元素，然后通过“*p”取出 a[2]元素的值。

“(*p)++”与指针变化无关，仅与指针指向的地址空间内容相关，此时使用括号改变运算的优先级，先取出 *p 所指向的内存单元 a[2]的值，显示后，再将该单元数值自增 1。

“++(*p)”与指针变化无关，仅与指针指向的地址空间内容相关，此时“++”在 *p 之前，因此先将 p 所指向的内存空间 a[2]元素进行“+1”运算，然后将运算后的数据显示在屏幕中。此时根据运算符的结合性，可直接写成++ *p。

程序 指针变量使用示例

【例 8-3】 编写程序，使用指针接收用户从键盘中输入的 10 个数，将其从大到小依次排列后输出。

问题分析：本程序首先使用指针变量接收用户从键盘中输入的 10 个数存入数组中，然后将数组中的数据从大到小依次排列，再输出在屏幕中。在此，使用选择排序完成整个排序过程。

选择排序基本思路：首先以一个元素为基准，从一个方向开始扫描，比如从左到右扫描，以 A[0]为基准，接下来从 A[0]，…，A[9]中找出最大（最小）的元素，将其与 A[0]交换，然后将其基准位置右移一位。重复上面的动作，一直进行到将基准位置移到数组最后一个元素时排序结束。

5 个元素排序过程描述如下：

(1)以 A[0]为基准，从 A[0]，…，A[4]中找出本轮最大的元素，将其与 A[0]交换。

(2)以 A[1]为基准，从 A[1]，…，A[4]中找出本轮最大的元素，将其与 A[1]交换。

(3)以 A[2]为基准，从 A[2]，…，A[4]中找出本轮最大的元素，将其与 A[2]交换。

(4)以 A[3]为基准，从 A[3]，…，A[4]中找出本轮最大的元素，将其与 A[3]交换。

由此可以推断出，选择排序中 n 个元素外循环需要执行 $n-1$ 次，而内循环每次需要从 $i+1$ 开始依次循环到最后一个元素为止。

SelectionSort.c:

```c
#include <stdio.h>
void main()
{   int nums[10];               //整型数组用于存放用户输入的10个整数
    int i,j,temp;                  //循环变量i,j, 临时变量temp
    int *p;                     //指针变量p
    p = nums;

    for(i=0;i<10;i++,p++)
    {   printf("请输入nums[%d]= ",i);
        scanf("%d",p);
    }

    p = nums;
    printf("\n排序前数组元素的值为: \n ");
    for(i=0;i<10;i++,p++)
        printf("%5d",*p);
    printf("\n\n");

    for(i=0;i<9;i++)
    {   p=&nums[i];

        for(j=i+1;j<10;j++)
        {   if(*p<nums[j])
                p=&nums[j];
        }
        if(p!=&nums[i])
        {   temp = nums[i];
            nums[i]=*p;
            *p=temp;
        }
    }

    printf("\n排序后数组元素的值为: \n");
    p=nums;
    for(i=0;i<10;i++)
        printf("%5d",*(p+i));
    printf("\n\n");
}
```

程序运行结果：

```
请输入nums[0]= 2
请输入nums[1]= 55
请输入nums[2]= 67
请输入nums[3]= 87
请输入nums[4]= 44
请输入nums[5]= 36
请输入nums[6]= 98
请输入nums[7]= 87
请输入nums[8]= 69
请输入nums[9]= 78

排序前数组元素的值为：
    2   55   67   87   44   36   98   87   69   78


排序后数组元素的值为：
   98   87   87   78   69   67   55   44   36    2
```

【例 8-4】 编写程序，随机产生 10 个 1～100 之间的整数并存入一维数组，从中查找某个整数(该数从键盘上读取)，若查到则输出其是第几个数，否则输出“没有找到该数据!”。

问题分析：本题中需要使用 rand 函数生成随机数存入数组中，然后接收用户输入的整数，判断该数在数组中是否存在并输出相应的语句。rand 函数的详细介绍见任务 10。

SearchNumber.c:

```c
#include <stdio.h>
#include <stdlib.h>
#include <time.h>
void main()
{   int nums[10];           //整型数组用于存放随机产生的10个整数
    int i;                  //循环变量i
    int search;             //存放要查找的数
    int flag=-1;                //标志位
    int *p;                 //指针变量p

    p = nums;
    srand((int)time(0));
    for(i=0;i<10;i++,p++)
        *p = rand()%100+1;

    printf("\n\n请输入要查找的数: ");
    scanf("%d",&search);

    printf("\n数组中原始数据为: \n");
    p = nums;
    for(i=0;i<10;i++,p++)
        printf("%5d",*p);

    p = nums;
    for(i=0;i<10;i++,p++)
    {   if(*p==search)
        {   flag=i;
            break;
        }
    }

    if(flag!=-1)
        printf("\n\n找到该数, 位于数组第%d个元素\n",flag+1);
    else
        printf("\n\n没有找到该数据!\n");
}
```

程序运行结果：

```
请输入要查找的数：35
数组中原始数据为：
   42   61  100    6   78   91   80   70   35   30
找到该数，位于数组第9个元素
```

【课堂实践 8-1】

1. 若有如下程序段：

```
#include <stdio.h>
void main()
{
    int nums[]={10,20,30,40,50};
    int *p;
    p = &nums[1];
    *p++;
    printf("%d\n", *p);
}
```

屏幕输出的结果为(　　)。

A. 20　　　　B. 30　　　　C. 21　　　　D. 31

2. 若有如下程序段：

```
#include <stdio.h>
void main()
{
    int nums[]={10,20,30,40,50};
    int *p;
    p = &nums[1];
    printf("%d\n",*++p);
}
```

屏幕输出的结果为(　　)。

A. 20　　　　B. 30　　　　C. 21　　　　D. 31

3. 有下列程序，该程序用指针方式读取从键盘输入的 10 个数组元素，然后在屏幕中输出这 10 个数。请问下列程序是否正确？若不正确，请指出错误之处并修改。

```
#include <stdio.h>
void main()
{
    int nums[10];
    int *p;
    int i;
```

```
    for(i=0;i<10;i++,p++)
    {
        scanf("%d",p);
    }
    for(i=0;i<10;i++,p++)
    {
        scanf("nums[%d]=%d\n",i, *p++);
    }
}
```

8.2.2　指针与二维数组

前面已经介绍了使用指针指向一维数组，然后通过指针对数组元素进行操作。同样，指针也可以指向二维或者多维数组，并对其中的元素进行操作。

在 C 语言中，二维数组是按行优先的规律转换成一维数组存放在内存中的，因此在理解二维数组与指针的关系时，可以将二维数组分解为每行元素都是一个一维数组来分析。

假设有如下代码定义一个二维数组：

int a[3][3];

根据所学知识可知，此时定义了一个 3 行 3 列的二维数组，数组名为 a。

从图 8-12 中可以看出二维数组有三种描述方式：

(1)将数组看作整个元素，即通过数组名进行描述，将数组看作一个单独的元素进行处理，通过数组名 a 定义了一个二维数组。

(2)将数组中的每一行看作一个元素，即将二维数组中的每一行看作一个元素进行处理，因此对于数组 a 而言，有 a[0]、a[1]、a[2]三个元素。

(3)将数组中每一行每一列的元素分别看作一个元素考虑，因此对于数组 a 而言，第 0 行由 a[0][0]、a[0][1]、a[0][2]三个元素构成，第 1 行由 a[1][0]、a[1][1]、a[1][2] 三个元素构成，第 2 行由 a[2][0]、a[2][1]、a[2][2] 三个元素构成，因此整个数组共由 9 个元素构成。

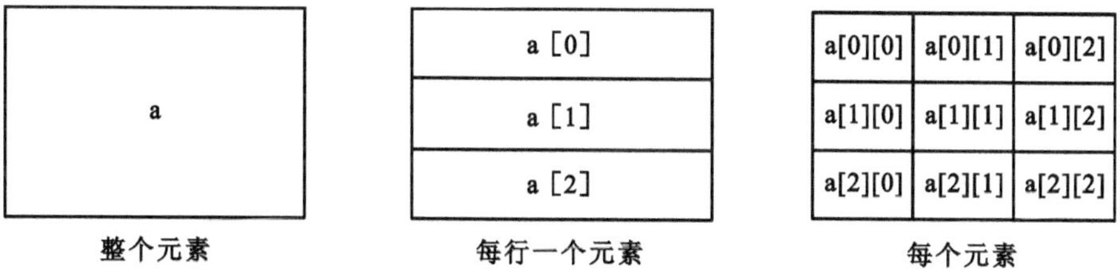

图 8-12　二维数组的三种描述方式

数组名是数组在内存单元的首地址，所以数组名 a 与数组中第 0 行第 0 列元素 a[0][0]的地址是相同的。

程序 指针与二维数组使用示例

【例 8-5】 编写程序，在屏幕中显示二维数组中各元素与数组名之间的关系。

DyadicArray.c:

```
#include <stdio.h>

void main()
{   int a[][3]={1,2,3,4,5,6,7,8,9};
    int i,j;

    printf("\n通过数组名打印：");
    printf("\na=%p",a);

    printf("\n\n通过数组行元素打印：");
    for(i=0;i<3;i++)
        printf("\na[%d]=%p",i,a[i]);

    printf("\n\n通过数组每个元素打印：");
    for(i=0;i<3;i++)
    {   printf("\n");
        for(j=0;j<3;j++)
            printf("&a[%d][%d]=%p\t",i,j,&a[i][j]);
    }
}
```

程序运行结果：

```
通过数组名打印：
a=0028FEC4

通过数组行元素打印：
a[0]=0028FEC4
a[1]=0028FED0
a[2]=0028FEDC

通过数组每个元素打印：
&a[0][0]=0028FEC4    &a[0][1]=0028FEC8    &a[0][2]=0028FECC
&a[1][0]=0028FED0    &a[1][1]=0028FED4    &a[1][2]=0028FED8
&a[2][0]=0028FEDC    &a[2][1]=0028FEE0    &a[2][2]=0028FEE4
```

下面将指针指向二维数组，按以下三种情况分别讨论。

1. 指针指向二维数组的某个元素

当指针指向二维数组的某个元素时，处理该数组元素的方法与用指针变量来处理一维数组元素相同。

指针指向二维数组某个元素语法格式：

类型 *指针变量 = &数组名[m][n];

或

类型 *指针变量;
指针变量 = &数组名[m][n];

指针指向二维数组某元素引用方法：

*指针变量

程序 指针指向二维数组的某个元素使用示例

【例 8-6】 编写程序，使用指针指向二维数组(3×3)的每个元素并按行列格式输出。

PointDyadicArrayUnit.c:

```
1  #include <stdio.h>
2
3  void main()
4  {   int a[3][3];
5      int i,j;
6      int *p;
7
8      p=&a[0][0];
9
10     printf("\n使用指针读取二维数组各个元素：\n");
11     for(i=0;i<3;i++)
12     {   for(j=0;j<3;j++)
13         {   printf("a[%d][%d]=",i,j);
14             scanf("%d",p++);
15         }
16     }
17
18     printf("\n使用指针输出二维数组各个元素：");
19     p=a;
20     for(i=0;i<3;i++)
21     {   printf("\n");
22         for(j=0;j<3;j++)
23             printf("a[%d][%d]=%d\t",i,j,*p++);
24     }
25 }
```

程序分析：第 20～24 行，使用两重循环输出二维数组中的每一个元素。

如图 8-13 所示，二维数组在内存中以行为优先存储，因此每次执行“p++”将指针指向下一个元素时，正好将指针移动到二维数组的下一个元素。假设指针最初指向 a[0][0]，则使用“p++”，指针将指向 a[0][1]元素，以此类推，当指针指向 a[0][2]元素时，再次执行“p++”，指针将指向 a[1][0]元素。因此使用指针变量指向二维数组中的某个元素时可以像操作一维数组那样进行操作。

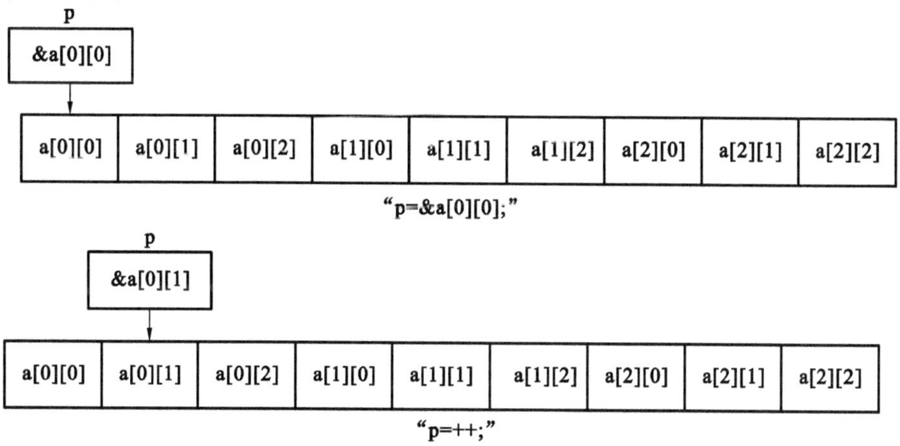

图 8-13 指针指向二维数组每个元素示例

程序运行结果：

```
使用指针读取二维数组各个元素：
a[0][0]=1
a[0][1]=2
a[0][2]=3
a[1][0]=4
a[1][1]=5
a[1][2]=6
a[2][0]=7
a[2][1]=8
a[2][2]=9

使用指针输出二维数组各个元素：
a[0][0]=1     a[0][1]=2      a[0][2]=3
a[1][0]=4     a[1][1]=5      a[1][2]=6
a[2][0]=7     a[2][1]=8      a[2][2]=9
```

2. 指针指向二维数组的首地址

当指针指向二维数组的首地址时，可以处理数组中的任何一个元素。其关键在于如何让指针指向某个具体的数组元素。

指针指向二维数组名语法格式：

类型 *指针变量 = 二维数组名；

或

类型 *指针变量；
指针变量 = 二维数组名；

指针指向二维数组名引用方法：

*(指针变量 + i * 列数 + j)

例如：已定义了二维数组 a[3][3]，其 3 行 3 列元素在内存中排列顺序如图 8-14 所示。

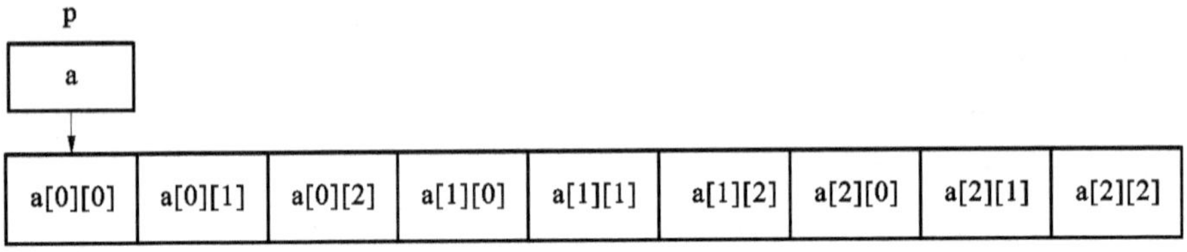

图 8-14　指针指向二维数组名示例

若已定义"int *p=a;"，则要引用 a[1][1]元素(i=1,j=1)，可以使用" *(p+1 * 3+1)"(即" *(p+4)")的方式进行。若要引用 a[2][1]元素，则使用" *(p+2 * 3+1)"(即" *(p+7)")的方式进行。

程序　指针指向二维数组首地址使用示例

【例 8-7】 编写程序，改写例 8-6，使用指针指向二维数组(3×3)的名称并按行列格式输出各个元素。

PointDyadicArrayName.c:

```
#include <stdio.h>

void main()
{
    int a[3][3];
    int i,j;
    int *p;

    p=a;

    printf("\n使用指针读取二维数组各个元素：\n");
    for(i=0;i<3;i++)
    {   for(j=0;j<3;j++)
        {   printf("a[%d][%d]=",i,j);
            scanf("%d",p+i*3+j);
        }
    }

    printf("\n使用指针输出二维数组各个元素：");
    for(i=0;i<3;i++)
    {   printf("\n");
        for(j=0;j<3;j++)
            printf("a[%d][%d]=%d\t",i,j,*(p+i*3+j));
    }
}
```

程序运行结果：

```
使用指针读取二维数组各个元素：
a[0][0]=1
a[0][1]=2
a[0][2]=3
a[1][0]=4
a[1][1]=5
a[1][2]=6
a[2][0]=7
a[2][1]=8
a[2][2]=9

使用指针输出二维数组各个元素：
a[0][0]=1     a[0][1]=2     a[0][2]=3
a[1][0]=4     a[1][1]=5     a[1][2]=6
a[2][0]=7     a[2][1]=8     a[2][2]=9
```

3. 指针指向二维数组中某个一维数组

采用一维数组来处理二维数组，虽然可以操作，但如果要获取第 i 行第 j 列的数据，必须通过一个表达式换算才能计算出具存储位置。

前面说过二维数组可以看成若干个一维数组，因此，可以定义一个专门指向二维数组中一维数组的指针变量，然后利用这样的指针变量来处理二维数组中的元素。

指针指向二维数组中一维数组语法格式：

类型（*指针变量）[m] = 二维数组名；

其中“m”是二维数组的列的长度。

数组元素地址引用方法：

*(指针变量+行下标)+列下标

数组元素引用方法：

*(*(指针变量+行下标)+列下标)

其中“ *(指针变量+行下标)”是行下标对应的一维数组首地址。

例如：已定义了二维数组 int a[3][3]，然后定义 int (*p)[3]=a；指针 p 指向的具体情况如图 8-15 所示。

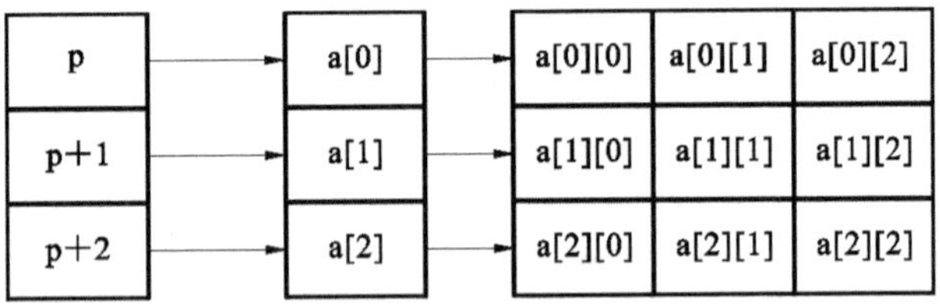

图 8-15 指向一维数组的指针

从图 8-15 中可以看出，此时 a[0]不是一个 int 类型，而是另一个一维数组。指向它的指针定义方法也与普通方式不同，因为该指针 p 指向的并不是一个基本数据类型，而是一个拥有 3 个 int 型元素的数组。因此，应该使用“int (*p)[3]”的方式定义指针变量。该语句表示指针 p 指向数据的类型为“int ()[3]”，即 3 个连续 int 型数据组成的数组，其在内存中共占用 12 个字节。当使用 p++将指针向后移动时，每次将移动 12 个字节，即指向二维数组的下一行数据。这种使用方式称为数组指针，即定义的变量是一个指针，其指向的类型是一个数组。

提示与陷阱

“int (*p)[3]”必须使用括号将“ *p”括起来，因为“[ ]”的优先级高于“ * ”，如果将语句写成“int *p[3]”，表示定义了一个能存放 3 个元素的 int 类型指针数组。

程序 指针指向二维数组中某个一维数组使用示例

【例 8-8】 编写程序，改写例 8-6，使用数组指针指向二维数组(3×3)的一维数组并按行列格式输出各个元素。

ArrayPoint.c:

```c
#include <stdio.h>

void main()
{   int a[3][3];
    int i,j;
    int (*p)[3];

    p=a;

    printf("\n使用指针读取二维数组各个元素：\n");
    for(i=0;i<3;i++)
    {   for(j=0;j<3;j++)
        {   printf("a[%d][%d]=",i,j);
            scanf("%d",*(p+i)+j);
        }
    }

    printf("\n使用指针输出二维数组各个元素：");
    for(i=0;i<3;i++)
    {   printf("\n");
        for(j=0;j<3;j++)
            printf("a[%d][%d]=%d\t",i,j,*(*(p+i)+j));
    }
}
```

程序运行结果：

```
使用指针读取二维数组各个元素：
a[0][0]=1
a[0][1]=2
a[0][2]=3
a[1][0]=4
a[1][1]=5
a[1][2]=6
a[2][0]=7
a[3][1]=8
a[2][2]=9

使用指针输出二维数组各个元素：
a[0][0]=1    a[0][1]=2    a[0][2]=3
a[1][0]=4    a[1][1]=5    a[1][2]=6
a[2][0]=7    a[2][1]=8    a[2][2]=9
```

返回工作场景二

问题分析：根据所学的知识，可以使用循环语句对数组元素进行移动操作，每次从数组的最后一位开始从后向前通过指针访问数组，移动前将最后一个元素保存起来，然后依次将前一位赋值给后一位，前 $N-1$ 个元素完成右移一位后，将前面保存的最后一个元素放到数组的第一个位置。继续下一次右移，直至完成数组元素向右移动 k 个位置。

shift.c:

```c
#include <stdio.h>
//利用指针实现数组的滚动，实现数组向右滚动几位
void shift(int arr[],int n,int k)
{
    int i,j;
    int *p;
    int last;
    for(i=0;i<k;i++)
    {
        last=*(arr+n-1); //保存末尾元素
        p=arr+n-1;
        for(j=n-1;j>0;j--)    //向右滚动一位
        {
            *p=*(p-1);
            p--;
        }
        *arr=last;//将之前保存的末尾元素放到第一个
    }
}
void main() {
    int n,k,i;
    printf("\n请输入数组元素的个数和右移的位置数:");
    scanf("%d%d",&n,&k);
    int arr[n];
    printf("请输入%d个数组元素：\n",n);
    for (i=0;i<n;i++)
    {
        scanf("%d",arr+i);
    }
    shift(arr,n,k);
    printf("移动后的数组内容：\n");
    for(i=0;i<n;i++)
        printf("%d ",*(arr+i));
}
```

【挑战环节】

(1)任务要求:20 个人围坐成一圈,从 1 开始顺序编号,游戏开始,由 1 到 m 循环报数,报到 m 的人退到圈外,最后留下的那个人原来的编号是多少?

使用数组存放开始参加游戏时每个人的编号。“游戏开始,由 1 到 m 循环报数,报到 m 的人退到圈外”,用变量存放 m,依次遍历整个数组,当遍历到 m 时使数组中的该位置为 0,代表此人出圈,然后继续报数到最后一个人,再从第一个人开始继续报数,则需要在遍历到数组最后一位时,将位置定位回数组中第一个元素继续报数,直至数组中只有一个不为 0 的元素为止,该元素即为最后留下的人的编号。如果使用数组下标进行记录,步骤较为烦琐,因此适合使用指针辅助操作。

(2)演示执行:

```
请输入报到几退出游戏：3
最后剩下的序号为：20
```

8.3 指针与字符串任务训练

◆【导入】工作场景三：空格压缩

(1)问题描述：用户在农产品电子商务网站注册时，需要填写用户个人信息，用户填写信息时，可能会不小心输入多余的空格，请编写一个程序，删除所填写的信息的首尾空格，中间连续的空格只保留一个，并输出。

(2)问题分析：分析题目需求，由于删除整个信息字符串中多余的空格需要移动字符串中的字符，适合采用指向字符串的指针来完成。

(3)演示执行：

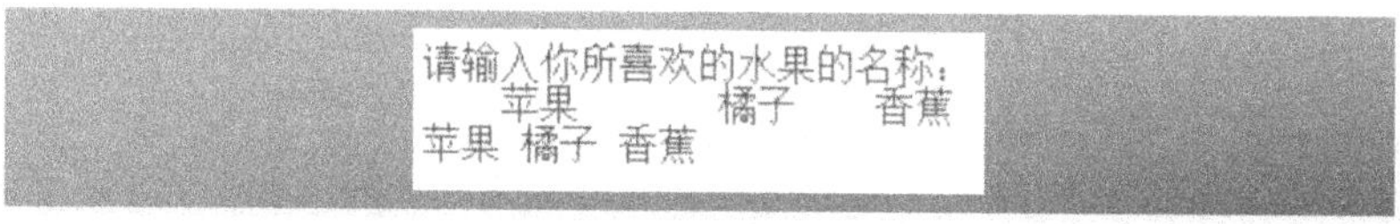

涉及知识点

8.3.1 字符串的表示与引用

通过前面的学习已经知道，字符串在内存中的存储与数组类似，是存储在一块连续的内存空间中，系统会自动在字符串的结尾加上“\0”表示字符串的结束。因此，如果知道了字符串的首地址，就可以通过指针对字符串进行处理。

定义一个字符指针，使该指针指向字符串的起始地址，就可以使用指针来进行字符串的引用，该指针称为字符串指针。

将指针指向字符串常量的方法有两种：

char *指针变量= 字符串常量；

或

char *指针变量；

指针变量 = 字符串常量 ；

以上方法都是把字符串常量的首地址赋给了指针变量。

例如：

```
char *p1 = "abcd";
char *p2;
p2 = "hello";
```

上面的语句分别定义了字符串指针 p1 和 p2，分别指向字符串"abcd"和"hello"在内存中的首地址。在字符串指针变量中，仅存储字符串常量的首地址，字符串常量的内容由系统自动为其分配内存空间，并在字符串结尾加上结束符号“\0”。

利用指针变量处理字符串常量的方式主要有以下几种。

(1)输出字符串语法格式：

printf("%s", 指针变量);

例如：

char *p1 = "abcd";

printf("%s", p1);

(2)输入字符串语法格式：

scanf("%s", 指针变量);

例如：

char *p1 ;

scanf("%s", p1);

(3)处理第 i 个字符语法格式：

*(指针变量 + i);

例如：

char *p1;

scanf("%s", p1);

printf("%c", *(p1+2));

程序 字符串的表示与引用使用示例

【例 8-9】 编写程序，使用字符指针对字符串长度进行计算。

问题分析：通过前面的学习可知，字符串的结尾符为“\0”，因此只要使用字符指针指向字符串后，依次判断字符串中的每个字符并统计个数即可，当碰到字符串的结尾符“\0”时统计结束。

CalcString.c:

```
#include <stdio.h>
void main()
{
    char *str="Say Hello By C!";
    char *p;
    int count=0;

    printf("\n要计算的字符串为: ");
    printf("\n%s",str);

    p=str;
    while(*p!='\0')
    {
        count++;
        p++;
    }
    printf("\n\n字符串长度为%d\n",count);
}
```

程序运行结果：

```
要计算的字符串为：
Say Hello By C!

字符串长度为15
```

【例 8-10】 编写程序,完成字符串的复制操作。

程序分析:要完成字符串的复制操作,需要在内存中形成另一个字符串的副本,因此需要重新开辟一块字符数组的内存空间,将原字符串中的内容依次复制到新开辟的内存中。

CopyString.c:

```c
#include <stdio.h>
void main()
{
    char str1[]="I am a Student.";
    char str2[20];

    char *p,*q;
    p=str1;
    q=str2;

    while(*p!='\0')
    {
        *q=*p;
        p++;
        q++;
    }

    *q ='\0' ;
    printf("\n拷贝完成:");
    printf("\n%s",str2) ;
}
```

程序运行结果:

```
拷贝完成:
I am a Student.
```

8.3.2 字符指针与字符数组

在 C 语言中,虽然字符指针和字符数组都能够实现对字符串的操作,但是二者之间存在着区别,主要有以下几点:

(1)字符数组由若干个元素组成,每个元素代表一个字符,而字符指针存放的是字符串的首地址,不是整个字符串。

(2)赋值方式不同。字符数组只能对各个元素赋值,而不能用以下方法直接赋值:

char str[20];

str = "I am a student. ";

而字符指针可以直接赋值。如:

char *str;

str = "I am a student. ";

此时,赋给 str 的是字符串的首地址。

(3)当字符数组定义后，系统编译时会在内存中为它分配确定的单元；当字符指针变量定义后，系统会给字符指针变量分配内存单元，其中可以存放一个字符变量的地址，即存放将指向的字符串的首地址。

(4)字符指针的值可以随时改变。若定义了一个指针变量，并使它指向一个字符串，就可以用下标法引用字符串的所有字符。

(5)字符数组是一个常量，在程序中只能引用，不能改变；而字符指针是一个变量，在程序中可以指向字符数组中任何一个位置。

8.3.3 指向指针的指针

在C语言中，普通数据和指针数据同样都占据着内存空间，如果某个指针所存放的内容是普通数据所在的内存地址，就说这个指针是指向某个普通数据，可以通过“*”访问这个指针所指向内存地址的内容。

同样，如果指针所存放的内容为另一个指针数据所在的内存地址，那么就可以说这是一个指向指针的指针。

定义指向指针的指针变量语法结构：

数据类型 **指针变量名；

例如：

```
int num=10;
int *p = &num;
int **pn = &p;
```

上面的代码中，首先通过语句“int num=10;”定义了一个整型变量num；然后通过语句“int *p = #”定义了一个指针p，该指针指向整型变量num，此时p中存放的内容为变量num所在内存的首地址；最后，使用“int **pn = &p;”定义了指向指针p的指针pn，此时指针pn中存放的内容就是指针p的地址，也就是指针pn指向指针p，效果如图8-16所示。

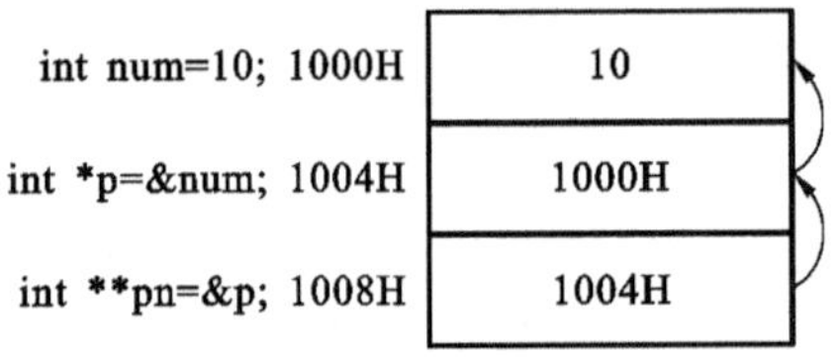

图8-16 指向指针的指针变量内存示意图

从图8-16中可以看出，变量num保存在1000H开始的内存空间中，而指针变量p保存的内容为变量num所在的内存位置(1000H)，同时指针变量p所在的内存空间为1004H。指针变量pn所保存的内容为指针p所在的内存位置(1004H)，同时指针变量pn所在的内存空间位置为1008H。因此可以看出普通指针指向的是一个具体的数据(指针p指向具体数据num所在的内存位置)，而指针的指针指向的是另一个指针位置(指针pn指向指针p所在的内存位置)。

在C语言中，如果要访问一个指针数组，使用指向指针的指针是最方便的。那么什么是指针数组呢？

一个数组中每个元素的数据类型均为指针类型，这种数组称为指针数组。也就是说，指针数组中每个元素都相当于一个指针。

一维指针数组的定义格式如下：

类型名 *数组名[数组长度]；

例如：

int *p[5]；

由于“[]”的优先级高于“ * ”，因此 p 优先与“[5]”结合，形成数组形式“p[5]”，即有 5 个数组元素，然后与“ * ”结合，表示它是一个指针类型的数组，每个数组元素都是指向一个整型变量的指针变量。

指针数组主要应用于对多个字符串的处理。例如，要对图书馆中多种书籍进行查询和排序处理，有两种方式可以实现：一是定义一个二维数组，用于存储每本书的名称，但是在定义二维数组时，必须指出该数组的列数，每本书的书名长度不相同，就造成列长度占用内存单元的浪费；二是首先定义一些字符串用于存放书名，然后用指针数组中的元素分别指向每个字符串，这样各字符串的长度可以不同，节省了许多内存单元。

程序 指向指针的指针使用示例

【例 8-11】 编写程序，将若干字符串按英文字母从小到大排序输出。

ArrayPoint.c:

```
#include <stdio.h>
#include <string.h>
void main()
{   char *name[]={"Football","Swimming","Computer","Basic","Running"};
    int i,j,k;
    char *temp;

    printf("\n\n    排序前数组内容为：");
    for(i=0;i<5;i++)
        printf("\n    %s",name[i]);

    for(i=0;i<4;i++)
    {   k=i;
        for(j=i+1;j<5;j++)
            if(strcmp(name[k],name[j])>0)
                k=j;

        if(k!=i)
        {   temp = name[i];
            name[i]=name[k];
            name[k]=temp;
        }
    }

    printf("\n\n    排序后数组内容为：");
    for(i=0;i<5;i++)
        printf("\n    %s",name[i]);
}
```

程序运行结果：

```
排序前数组内容为：
Football
Swimming
Computer
Basic
Running

排序后数组内容为：
Basic
Computer
Football
Running
Swimming
```

在例 8-11 中，name 是一个指针数组，它的每个元素都是一个指针变量，其值都是地址。name 表示该指针数组的首地址，name＋i 表示元素 name[i]的地址，即指向指针型数据（地址）的指针，如果设一个指向数组 name 元素的指针 p，它就是一个指向指针数据的指针，如图 8-17 所示。

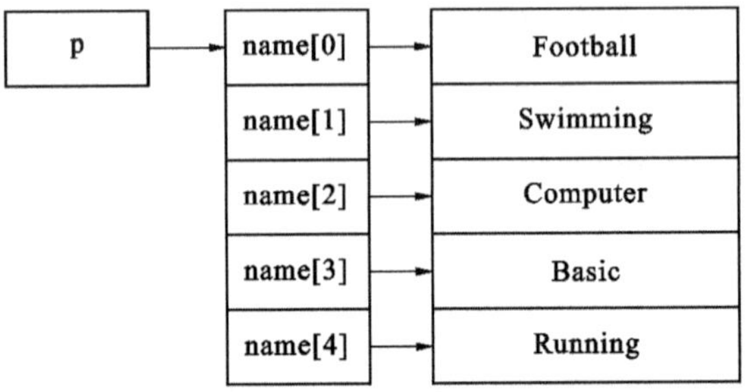

图 8-17　指向指针的指针变量 p 指向指针数组 name

【例 8-12】　改写例 8-11，使用指向指针的指针编写程序，将若干个字符串按英文字母从小到大排序输出。

PointToPoint.c:

```
#include <stdio.h>
#include <string.h>
void main()
{    char *name[]={"Football","Swimming","Computer","Basic","Running"};
     int i,j,k;
     char *temp;
     char **p;

     printf("\n\n排序前数组内容为: ");
     for(i=0;i<5;i++)
         printf("\n%s",name[i]);

     for(i=0;i<4;i++)
     {    k=i;
         for(j=i+1;j<5;j++)
             if(strcmp(name[k],name[j])>0)
                 k=j;
```

PointToPoint.c:

```

            if(k!=i)
            {   temp = name[i];
                name[i]=name[k];
                name[k]=temp;
            }
        }

        printf("\n\n排序后数组内容为: ");
        p=name;
        for(i=0;i<5;i++)
            printf("\n%s",*p++);
    }
```

程序运行结果：

```
排序前数组内容为：
Football
Swimming
Computer
Basic
Running

排序后数组内容为：
Basic
Computer
Football
Running
Swimming
```

返回工作场景三

问题分析：用循环语句遍历整个字符串，用 pStart 字符指针指向整个字符串首地址，用字符指针 pPos 指向当前处理的字符，若 * pPos==''&& *(pPos+1)==''(即中间出现多个连续的空格)，则从第二个连续出现的空格处开始将整个字符串往前移动一位，即删除中间多个连续出现的空格。

removespace.c:

```
#include <stdio.h>
char* removespace(char* srcStr)
{
    //pStart始终指向第一个非空字符，pPos指向当前要处理的字符的位置
    char *pStart=srcStr,*pPos=srcStr;
    while(*pPos!='\0')
    {
        //删除首部空格
        if(*pStart==' ')
        {
            pStart++;
            pPos++;
        }
        //删除中间连续多个空格只保留一个，删除尾部空格
        if(*pPos==' '&&(*(pPos+1)==' '||*(pPos+1)=='\0'))
        {
            char *pTem=pPos;
            while(*(pTem+1)!='\0')
            {
                *pTem=*(pTem+1);
                pTem++;
            }
```

removespace.c:

```c
                *pTem='\0';
            }else
            {
                pPos++;
            }
        }
        return pStart;
}
void main() {
        char fruits[100];
        printf("\n 请输入你所喜欢的水果的名称: \n");
        gets(fruits);
        printf(" ");
        puts(removespace(fruits));
}
```

【挑战环节】

(1)任务要求:请编写一个程序,根据用户需要将一个字符串插入另一个字符串的指定位置形成一个新字符串,并输出。

本题的插入操作实际上是使用指向字符串的指针实现字符串的复制操作,首先需要将指定位置前的字符串复制到一个新的字符数组中,然后将要插入的字符串在新字符数组的指定位置继续复制,复制完成后,再将第一个字符串中指定位置后的字符串复制到新字符串中。

(2)演示执行:

```
请输入第一个字符串: HelloWorld
请输入第二个字符串: test
请输入要插入的位置: 2
新字符串为: HetestlloWorld
```

8.4 指针与函数任务训练

◆【导入】工作场景四:多值返回问题

(1)问题描述:编写一个程序,根据10种农产品每天的销售量,编写一个函数,实现最大销售量和最小销售量的查找操作,并将查找到的这两个值返回给主程序输出。

(2)问题分析:函数每次只能返回一个值,因此不能使用函数的返回值来同时返回最大值、最小值,如果需要从函数中返回多个数据,除了通过返回数组外,还可通过指针进行操作。

(3)演示执行:

```
调用随机函数产生销售量数据:
50    35    84    20    96    13

最大销售量:96

最小销售量:13
```

涉及知识点

8.4.1　指针作为函数参数

函数的参数类型不仅可以是整型、字符型、实型等基本数据类型，还可以是指针类型。指针作为函数参数的作用是将一个变量的地址传递给一个函数。

指针作为函数形参的基本语法结构：

返回类型 函数名(数据类型 *变量名)

其中，在声明函数的形参时，在变量名前使用“ * ”代表定义指针类型变量作为形参。

例如：

```
void swap(int *num1,int *num2)
{
    int temp;
    temp= *num1;
    *num1 = *num2;
    *num2 = temp;
}
```

在上面定义的 swap 函数中，定义两个指向 int 类型的指针变量 num1 和 num2。

如果需要调用前面定义的 swap 函数，使用以下代码：

```
int n1=10,n2=20;
swap(&n1,&n2);
```

在上述语句中，首先定义两个整型变量 n1 和 n2。由于 swap 函数中形参为指针类型，因此在调用时通过语句“swap(&n1,&n2);”使用“&”取出变量 n1 和 n2 的地址并将其传给 swap 函数。

程序　**指针作为函数参数使用示例**

【例 8-13】　编写函数，从键盘输入两个数，利用指针交换两个数后输出。

问题分析：需要使用函数交换两个变量，由于函数一次只能返回一个数据，因此需要使用形参将要交换的数据地址传给函数。

ReturnPointer.c:

```c
#include <stdio.h>
void swapVar(int num1,int num2)
{   int temp;
    temp = num1;
    num1 = num2;
    num2 = temp;
}

void swapPointer(int *num1,int *num2)
{   int temp;
    temp = *num1;
    *num1 = *num2;
    *num2 = temp;
}

void main()
{   int n1,n2;
    printf("\n    请输入第一个数:");
    scanf("%d",&n1);
    printf("    请输入第二个数:");
    scanf("%d",&n2);

    printf("\n交换前: ");
    printf("\nn1=%d\tn2=%d",n1,n2);

    printf("\n调用swapVar交换");
    swapVar(n1,n2);
    printf("\n交换后: ");
    printf("\nn1=%d\tn2=%d",n1,n2);

    printf("\n\n**************************************************\n");
    printf("\n交换前: ");
    printf("\nn1=%d\tn2=%d",n1,n2);

    printf("\n调用swapPointer交换");
    swapPointer(&n1,&n2);
    printf("\n交换后: ");
    printf("\nn1=%d\tn2=%d",n1,n2);
}
```

程序运行结果：

```
请输入第一个数:5
请输入第二个数:9

交换前:
n1=5 n2=9
调用swapVar交换
交换后:
n1=5 n2=9

**************************************************

交换前:
n1=5 n2=9
调用swapPointer交换
交换后:
n1=9 n2=5
```

从上面的执行结果可以看出，虽然 swapVar 和 swapPointer 函数都执行了变量交换，但对于 swapVar 函数来说，函数中的变量交换在调用结束后不会对原始数据产生影响，而 swapPointer 函数的变量交换在调用结束后对原始数据产生了影响。为何两个功能类似的函数

swapVar 和 swapPointer 在执行相同操作后会产生不同的效果呢？下面从内存空间分配的角度来进行讲解。

C 语言程序的执行总是从 main 函数开始，遵循程序执行的流程对程序执行过程进行分析。当编译器执行到“int n1，n2；”语句时，系统会在内存空间中分配两块 4 个字节的空间给变量 n1 和 n2 使用，假设分配给变量 n1 的内存首地址为“1000H”，分配给变量 n2 的内存首地址为“1004H”。

然后系统接收用户通过键盘输入的两个数值 5、9，系统将数值 5 存储到变量 n1 所在的内存地址（1000H）中，将数值 9 存入变量 n2 所在的内存地址（1004H）中，操作完成后效果如图 8-18 所示。

n1	n2								
5	9								
1000H	1004H	1008H	100CH	1010H	1014H	1018H	101CH	1020H	1024H

图 8-18　main 函数中调用 swapVar 函数前内存图示

当程序继续运行，执行到第 27 行的“swapVar(n1，n2)；”语句时，系统的执行将转到第 2～7 行所定义的函数 swapVar 继续执行，并且将实参 n1、n2 的内容赋值给 swapVar 函数的形参 num1 和 num2(遵循一一对应的原则，n1 赋值给 num1，n2 赋值给 num2)，swapVar 函数中只有自身定义的变量 temp、num1 和 num2，操作完成后效果如图 8-19 所示。

n1	n2	num1	num2	temp					
5	9	5	9						
1000H	1004H	1008H	100CH	1010H	1014H	1018H	101CH	1020H	1024H

进入swapVar函数中内存初始效果

n1	n2	num1	num2	temp					
5	9	5	9	5					
1000H	1004H	1008H	100CH	1010H	1014H	1018H	101CH	1020H	1024H

“temp=num1;”

n1	n2	num1	num2	temp					
5	9	9	9	5					
1000H	1004H	1008H	100CH	1010H	1014H	1018H	101CH	1020H	1024H

“num1=num2;”

n1	n2	num1	num2	temp					
5	9	9	5	5					
1000H	1004H	1008H	100CH	1010H	1014H	1018H	101CH	1020H	1024H

“num2=temp;”

图 8-19　swapVar 函数中语句执行后内存图示

从图 8-19 中可以看出，此时 swapVar 函数已经实现了形参 num1 和 num2 内容的互换。

但是当程序调用结束后，swapVar 函数需要将执行权限交还给 main 函数，并将系统分配给自己的内存空间归还给系统。因此当 swapVar 函数调用结束后，内存分配效果如图 8-20 所示。

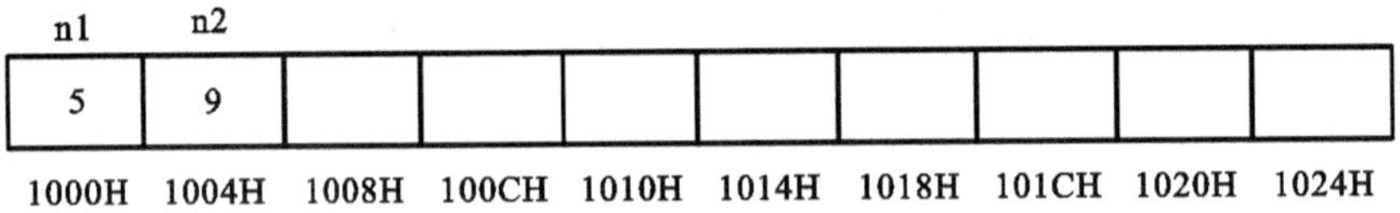

图 8-20　swapVar 函数调用结束后内存图示

由于函数调用过程中实参与形参之间传递数据的方式是按值传递，因此在 swapVar 函数的形参 num1、num2 中仅保存了 main 函数中实参 n1、n2 的数据副本，此时，在 swapVar 函数中改变形参 num1、num2 的内容对实参 n1、n2 并不会产生任何影响。

程序继续向下执行，当执行到第 36 行语句“swapPointer(&n1,&n2);”时，将调用 swapPointer 函数，并将执行权限交由该函数处理。当程序执行转到 swapPointer 函数时，由于该函数的形参为指针变量 num1、num2，因此，在调用语句中使用 & 符号取出变量 n1、n2 的内存地址分别赋值给指针变量 num1、num2。此时内存效果如图 8-21 所示。

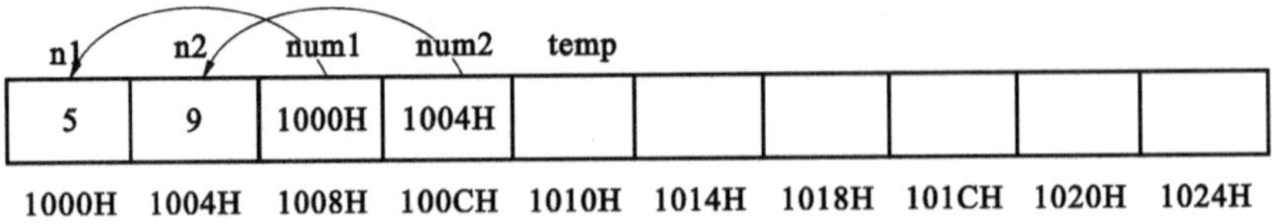

图 8-21　进入 swapPointer 函数中内存初始效果

此时，指针变量 num1 中存放的内容为变量 n1 的内存地址 1000H，而指针变量 num2 中存放的内容为变量 n2 的内存地址 1004H。可以说，指针变量 num1 指向了变量 n1 的内存地址，指针变量 num2 指向了变量 n2 的内存地址。系统将继续执行 swapPointer 函数中的交换语句，效果如图 8-22 所示。

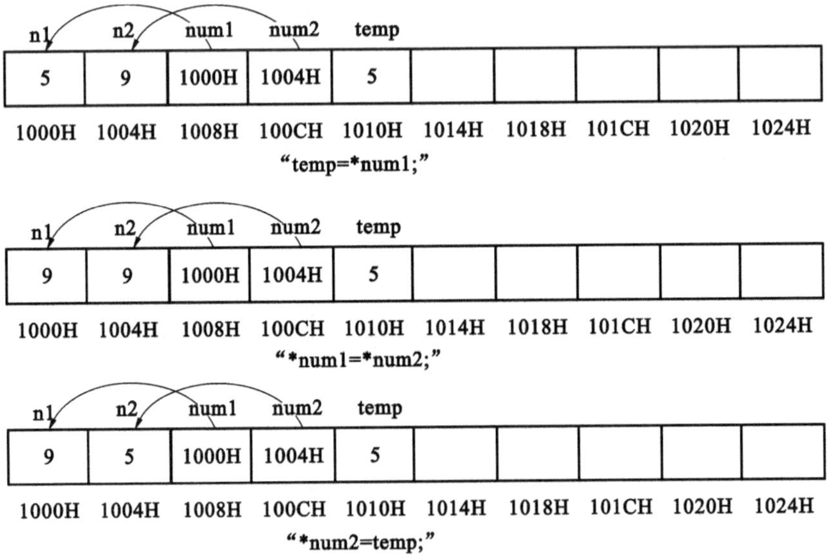

图 8-22　swapPointer 函数中交换语句执行后内存图示

从图 8-22 的交换过程可以看出，指针变量 num1 和指针变量 num2 所指向的变量 n1 和变量 n2 的内存地址中的内容发生了交换。当 swapPointer 函数调用完毕后，swapPointer 函数将执行权限再次交还给 main 函数，系统将从调用语句后继续执行，同时 swapPointer 函数会将系统分配给自己的内存空间交还给系统，此时系统内存分配效果如图 8-23所示。

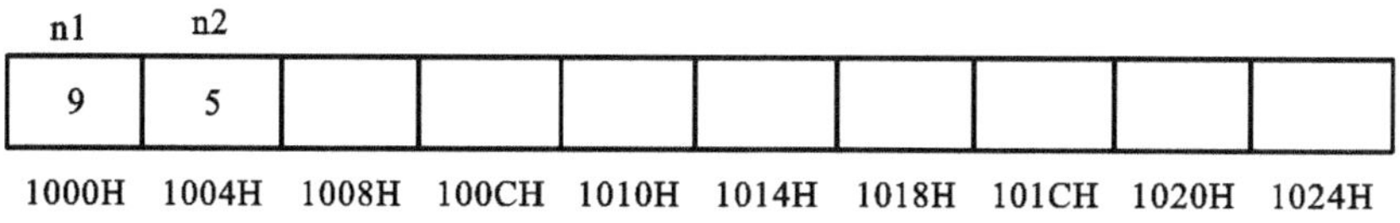

图 8-23 swapPointer 函数调用结束后内存图示

虽然 swapPointer 函数已经将系统分配的内存归还，但由于 swapPointer 函数中交换的是指针变量所指向的内存空间，因此函数中数据交换的影响将被保留。

提示与陷阱

使用指针变量作为被调函数的形参时，若在被调函数内部改变指针所指向内存空间的内容，其改变将被保留到主调函数中；若在被调函数内部改变的仅是指针变量的指向，这种改变对主调函数不产生影响。

在程序中除了使用基本类型变量作为函数的参数外，也可以使用数组作为函数的参数。由于数组名为数组在内存单元中的首地址，其效果与传递指针类似，如果在被调函数中改变了数组中的元素，其效果将保留到主调函数中。

定义函数形参为数组语法格式：

```
返回类型 函数名(数据类型 数组名[])
{
    [函数体]
}
```

例如：

```
void sort(int arr[],int n)
{
    //……
}
```

调用形参为数组的函数语法格式：

```
函数名(数组名);
```

例如：

```
int nums[]{1,2,3,4,5};
sort(nums,5);
```

【例 8-14】 编写函数，使用冒泡排序法对 10 个整数按由大到小的顺序进行排序。

问题分析：要完成 10 个元素的排序需要使用数组保存这些元素，同时通过将数组元素传入排序函数中完成整个排序过程。

冒泡排序思路：将相邻的数两两进行比较，按照从小到大或者从大到小的顺序进行交换，这样一轮循环后，总是将本轮循环中最大或最小的数交换到了最后一位。从第一个数开始进行两两比较交换，直到倒数第二个数时结束。

BubbleSort.c:

```c
#include <stdio.h>
#include <stdlib.h>
#include <time.h>
void bubbleSort(int arrs[],int n)
{   int i,j;
    int temp;
    int flag;
    for(i=0;i<n-1;i++)
    {   flag =0;
        for(j=0;j<n-i;j++)
        {   if(arrs[j]<arrs[j+1])
            {   temp=arrs[j];
                arrs[j]=arrs[j+1];
                arrs[j+1]=temp;

                flag=1;
            }
        }
        if(flag==0)
            break;
    }
}
void printArray(int arrs[],int n)
{   int i;
    for(i=0;i<n;i++)
        printf("%5d",arrs[i]);
}
void main()
{   int nums[10];
    int i;
    srand(time(NULL));
    for(i=0;i<10;i++)
        nums[i]=rand()%100+1;

    printf("\n    排序前数组内容为: \n");
    printArray(nums,10);
    bubbleSort(nums,10);

    printf("\n    排序后数组内容为: \n");
    printArray(nums,10);
}
```

程序运行结果：

```
排序前数组内容为:
92   59   96   62   34   61   82   38   19   20
排序后数组内容为:
96   92   82   62   61   59   38   34   20   19
```

8.4.2 返回指针值的函数

一个函数可以返回整型数据，也可以返回字符型数据、实型数据，还可以返回指针类型数据，即返回一个地址。通常将返回类型是指针值的函数简称为指针函数。

定义指针函数的语法格式：

数据类型 *函数名(形参列表)

例如：

```
int *add(int x,int y)
{  int *p;
   int result;
   p = &result;
   *p = x + y;
   return p;
}
```

其中“add”是函数名，调用该函数后能够得到一个指向 int 类型数据的指针。x 和 y 为形参，代表调用该函数时需要向函数传入两个 int 类型的数据。函数名前加入“ * ”，代表函数 add 是指针型函数，返回一个指向 int 类型数据的指针。

程序 返回指针值的函数使用示例

【例 8-15】 编写函数，将阿拉伯数字表示的月份转换为对应的月份名称并返回。

问题分析：根据函数定义可知，函数每次仅能返回一个值。因此，如果要返回由多个字符组成的字符串，可以使用指针函数来实现。

convertMonth.c:

```
#include <stdio.h>
char * convertMonth(int m)
{    char *months[]={
                    "输入月份无效",
                    "  月", "二月", "二月",
                    "四月", "五月", "六月",
                    "七月", "八月", "九月",
                    "十月", "十一月","十二月"
                    };
     char *p;
     if(m>=1 && m<=12)
         p = months[m];
     else
         p = months[0];
     return p;
}

void main()
{    int m;
     char *p;
     printf("\n请输入月份的数字: ");
     scanf("%d",&m);

     p=convertMonth(m);
     printf("\n您输入的月份为:%s\n",p);
}
```

程序运行结果：

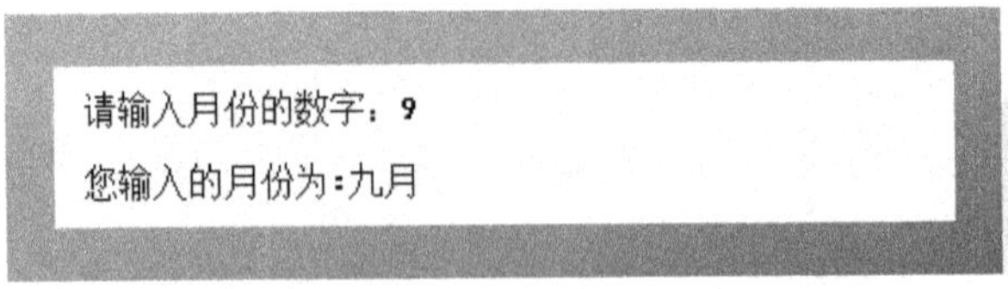

8.4.3 指向函数的指针

在C语言中，还可以定义指向函数的指针变量，该变量用于存储某一个函数的首地址，即指针变量指向该函数。

每一个函数在编译时都被分配了一段内存单元，系统都有一个起始地址，与数组名代表首地址一样，函数名也代表该函数的起始地址（即函数的入口地址）。因此，在给函数指针变量赋值时，只需给出函数名而不必给出参数，此时，指针变量就指向了该函数的入口地址。

指向函数的指针变量定义语法格式：

数据类型（*指针变量名）()；

其中：

(1)“数据类型”：表示被指向函数的返回值类型。

(2)“(*指针变量名)”：表示“*”后的变量是定义的指针变量。

(3)“()”：表示指针变量指向的是一个函数。

例如：

```
int (*max)();
```

该语句表示 max 是一个指向函数的指针变量，该函数的返回值为 int 类型，指针变量 max 中保存的地址是其所指向的函数的首地址。

如果用一个函数名为指向函数的指针变量赋值，代表将指针指向该函数在内存中的首地址。

在使用时一定要区分指向函数的指针和指针函数在写法和意义上的区别。

例如：

```
int (*p1)();
int *p2();
```

上面两条语句代表两种不同的变量，第一条语句“int (*p1)();”定义一个指向函数的指针变量 p1，指向某个函数的入口地址，在定义时必须在“*p1”两端加上括号。第二条语句“int *p2();”定义的是一个函数原型，返回指向整型变量的指针。

为指向函数的指针变量赋值语法格式：

指针变量名＝函数名；

例如：

```
int (*p)();
int add(int,int);
p = add;
```

上面的语句中，“int (*p)();”定义了指向函数的指针 p；“int add(int,int);”是函数 add 的声明语句；“p = add;”将函数 add 的首地址赋值给指向函数的指针 p，赋值时仅需使用函数名 add 即可，不必给出参数和函数的圆括号。同时，指向函数的指针和其所指向的函数必须具有相同的返回类型。

使用指向函数的指针调用函数的语法格式：

（*指针变量名）（实参列表）；

例如：

```
int (*p)();
int add(int,int);
int i;
p = add;
i = (*p)(10,20);
```

其中，"i = (*p)(10,20);"调用指向函数的指针 p 所指向的函数 add，将常量 10 和 20 作为实参传递给函数 add，并将返回的结果保存到变量 i 中。

程序　指向函数的指针使用示例

【例 8-16】　通过指向函数的指针完成调用比较大小的函数。

PointerToFunction.c：

```
#include <stdio.h>
int max(int x,int y)
{    if(x>y)
         return x;
     else
         return y;
}
void main()
{    int num1,num2;
     int maxnum;
     int (*p)();

     printf("\n    请输入第一个数：");
     scanf("%d",&num1);
     printf("\n    请输入第二个数：");
     scanf("%d",&num2);

     p=max;
     maxnum = (*p)(num1,num2);
     printf("\n    两个数中较大的数为：%d\n",maxnum) ;
}
```

程序运行结果：

```
请输入第一个数：5
请输入第二个数：10
两个数中较大的数为：10
```

◆ 返回工作场景四

问题分析：根据所学知识，为了同时从函数中返回多个数据，可以在函数中使用指针变量作为形参。

MaxMin.c:

```
#include <stdio.h>
#include <stdlib.h>
#include <time.h>
#define N 6
void create(int *p)
{   int i;
    srand(time(NULL));
    for(i=0;i<N;i++,p++)
        *p = rand()%100+1;
}
void max_min(int *p,int *max,int *min)
{   int i;
    *max = *p;
    *min = *p;
    p++;
    for(i=1;i<N;i++,p++)
    {   if(*p<*min)
            *min = *p;
        if(*p>*max)
            *max = *p;
    }
}
void print(int *p)
{   int i;
    for(i=0;i<N;i++)
        printf("%5d",*p++);
}
void main()
{   int nums[N];
    int max,min;

    printf("\n    调用随机函数产生销售量数据：\n");
    create(nums);
    print(nums);

    max_min(nums,&max,&min);

    printf("\n\n    最大销售量:%d\n",max);
    printf("\n    最小销售量:%d\n",min);
}
```

【挑战环节】

(1)任务要求：请编写一个程序，利用函数指针知识，将一个字符串中所有小写字母转换成对应的大写字母，其他字母不变。在编程过程中，需要注意的是小写字母的 ASCII 码值比对应的大写字母的 ASCII 码值大 32。

(2)演示执行：

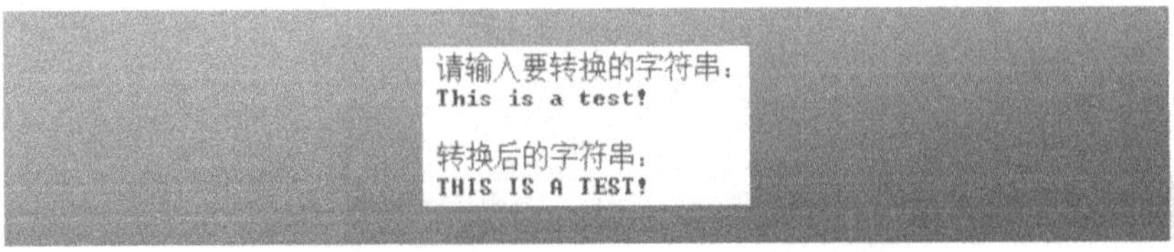

8.5 指针与结构体类型任务训练

◆【导入】工作场景五：链式循环移动

(1)问题描述：请编写一个程序，实现数据元素向右循环移动，并输出。

(2)问题分析：该场景在工作场景二中已经实现过，但使用数组较为烦琐，可以使用链表对元素进行向右循环移动显示操作。

(3)演示执行：

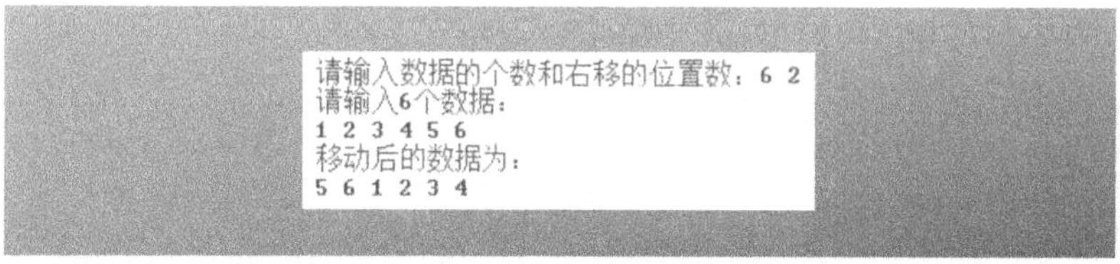

涉及知识点

8.5.1 指向结构体变量的指针

在任务 7 中已经学习了一种称为结构体的数据类型，通过指针也可以指向结构体变量，结构体指针变量就是指向一个结构体变量的指针变量。如果一个指针变量中存放一个结构体变量的首地址，那么通过结构体变量指针就可以访问该结构体变量。

定义结构体指针变量的语法形式如下：

struct 结构体类型名 *指针变量名；

例如：

```
struct student
{   char name[10];
    int age;
    char sex;
    float score;
};
struct student s={"zhang",18,'F',95.5};
struct student *p;
p=&s;
```

在定义指向结构体变量的指针后，就可以通过指针对结构体变量的数据成员进行操作了。指向结构体变量的指针变量与其他指针变量一样，需要先赋值才能使用。赋值就是将结构体变量的起始地址赋值给指针变量，即使用指针变量指向结构体变量。在上面的示例中，通过“p=&s;”就将结构体变量 s 的首地址赋值给指针变量 p。

通过指针对指向结构体变量的数据成员的引用,有两种方法。

方法一:

(*指针变量名).成员名

例如:

```
struct student
{   char name[10];
    int age;
    char sex;
    float score;
};
struct student s={"zhang",16,'F',95.5};
struct student *p;
p=&s;
(*p).age=18;
printf("%s %d %c %f",(*p).name,(*p).age,(*p).sex,(*p).score);
```

“(*p).age=18;”代表从结构体变量的成员 age 保存的地址中获取数据,此时指针两边的圆括号是不能省略的。

此外,C 语言中还提供了一个专门用于指向结构体变量的成员的运算符“->”,该运算符由两个字符组成,C 语言在处理时将其作为一个字符。

方法二:

指针变量名->成员名

例如:

```
struct student
{   char name[10];
    int age;
    char sex;
    float score;
};
struct student s={"zhang",16,'F',95.5};
struct student *p;
p=&s;
p->age=18;
printf("%s %d %c %f",p->name,p->age,p->sex,p->score);
```

程序 指向结构体变量的指针使用示例

【例 8-17】 编写程序,通过结构体变量指针对结构体变量的信息进行输出。

PointerToStruct.c:

```c
#include <stdio.h>
struct student
{
    char name[10];
    int age;
    float score;
};
void main()
{
    struct student s1={"Zhang",16,85};
    struct student s2;
    struct student *p1,*p2;

    p1=&s1;
    p2=&s2;

    s2=s1;
    printf("    姓名: %s\t",(*p1).name);
    printf("年龄:%d\t",(*p1).age);
    printf("成绩:%.1f\n",(*p1).score);

    printf("    姓名: %s\t",p2->name);
    printf("年龄:%d\t",p2->age);
    printf("成绩:%.1f\n",p2->score);

    printf("\n    修改成员内容后: \n");
    p2->age=18;
    strcpy(p2->name,"Test");

    printf("    姓名: %s\t",(*p1).name);
    printf("年龄:%d\t",(*p1).age);
    printf("成绩:%.1f\n",(*p1).score);

    printf("    姓名: %s\t",p2->name);
    printf("年龄:%d\t",p2->age);
    printf("成绩:%.1f\n",p2->score);
}
```

程序运行结果：

```
姓名: Zhang   年龄:16 成绩:85.0
姓名: Zhang   年龄:16 成绩:85.0

修改成员内容后:
姓名: Zhang   年龄:16 成绩:85.0
姓名: Test    年龄:18 成绩:85.0
```

程序拓展

面向对象程序编程(OOP)现在非常流行，它是一种设计方法、设计思想，并不是一种特定的语言或者工具，它表现出来的三个最基本的特性就是封装、继承与多态，C＃、C＋＋、Java 等语言都包含这三个特性。

也可以使用 C 语言来实现面向对象编程，例如通过使用 C 语言的结构体和函数指针来实现面向对象的封装。所谓封装就是把彼此相关的数据和操作包围起来，抽象成一个对象，然后通过已定义的操作来访问对象的属性。

以学生对象为例，使用结构体 Student 和函数指针来实现面向对象的封装。学生的姓名、学号、年龄等为学生对象的属性，修改或获取学生对象属性信息的函数作为对外的操作接口函数。程序如下：

oop.c:

```c
#include<stdio.h>
#include<stdlib.h>
typedef struct Student
{
    //类属性
    int id;
    int age;
    char* name;
    //构造函数
    void (*initStudent)(struct Student*this, int id,int age,char* name);
    //析构函数
    void (*DeleteStudent)(struct Student*this);
    //类方法
    int (*GetID)(struct Student*this);    //get id
    void (*SetID)(struct Student*this,int id); //set id;
    int (*GetAge)(struct Student*this);    //get age
    void (*SetAge)(struct Student*this,int age); //set age;
    char* (*GetName)(struct Student*this);    //get name
    void (*SetName)(struct Student*this,char* name); //set name;
}Student;
void initStudent(Student* this,int id,int age ,char *name)
{
    this->id=id;
    this->age=age;
    this->name=name;
}
void deleteStudent(Student *this)
{
    free(this);
}
int getID(Student *this)
{
    return this->id;
}
void setID(Student *this,int id)
{
    this->id=id;
}
int getAge(Student *this)
{
    return this->age;
}
void setAge(Student *this,int age)
{
    this->age=age;
}
char* getName(Student *this)
{
    return this->name;
}
void setName(Student *this,char* name)
{
    this->name=name;
}
//函数指针初始化
void classInit(Student* this)
```

oop.c:

```
57  {
58      this->GetID=getID;
59      this->GetAge=getAge;
60      this->GetName=getName;
61      this->SetID=setID;
62      this->SetAge=setAge;
63      this->SetName=setName;
64      this->initStudent=initStudent;
65      this->DeleteStudent=deleteStudent;
66  }
67  int main(int argc,char*argv[])
68  {
69      Student* stu=(Student *)malloc(sizeof(Student));
70      //函数指针初始化
71      classInit(stu);
72      //调用构造函数初始化对象
73      stu->initStudent(stu,1,18,"李四");
74      //获取对象的属性值
75      int id=stu->GetID(stu);
76      int age=stu->GetAge(stu);
77      char *name=stu->GetName(stu);
78      printf("\n显示对象属性: \n");
79      printf("stu->id=%d  stu->age=%d  stu->name=%s\n",id,age,name);
80      //设置对象的属性
81      stu->SetID(stu,2);
82      stu->SetAge(stu,19);
83      stu->SetName(stu,"张三");
84      id=stu->GetID(stu);
85      age=stu->GetAge(stu);
86      name=stu->GetName(stu);
87      printf("stu->id=%d  stu->age=%d  stu->name=%s\n",id,age,name);
88      //调用析构函数释放内存
89      stu->DeleteStudent(stu);
90      return 0;
91  }
```

程序分析：

- 第 10～19 行，由于在结构体中不能直接定义函数，所以通过定义函数指针来封装操作接口函数，然后使用 classInit()指针初始化函数将具体的函数名赋值给相应的函数指针。
- 在 main()函数中，首先对结构体变量进行初始化，通过所定义的操作接口函数获取或修改学生对象的属性，然后显示学生对象的属性，最后释放学生对象所占用的内存空间。

程序运行结果：

```
显示对象属性:
stu->id=1  stu->age=18  stu->name=李四
stu->id=2  stu->age=19  stu->name=张三
```

8.5.2 指向结构体数组的指针

指向结构体的指针既可以指向单个结构体变量，又可以指向结构体数组。使用指针可以很方便地遍历结构体数组中的每一个元素。

在为结构体指针变量赋值时，既可以将结构体数组的第一个元素的地址赋值给结构体指针变量，又可以直接将结构体数组名赋值给结构体指针变量，因为数组的名称即该数组在内存中的首地址。

例如：

```
struct student
{   char name[10];
    int age;
    char sex;
    float score;
};
struct student s[5];
struct student *p;
p=s;
p=&s[0];
```

上面的代码中，“p=s;”和“p=&s[0];”达到的效果相同，都是将指针 p 指向结构体数组在内存中的首地址。

当结构体指针变量指向结构体数组后，就可以使用该结构体指针变量处理结构体数组中的每个元素。若要访问数组中的下一个元素，只需将结构体指针变量加 1 即可。在上例中只需要通过“p++”，即可指向结构体数组中的第二个元素，即“s[1]”。

程序 指向结构体数组的指针使用示例

【例 8-18】 编写程序，实现通过结构体指针变量遍历结构体数组，并将数组中的各个元素输出到屏幕中。

PointerToStructArray.c:

```c
#include <stdio.h>
#define N 5
struct student
{   char name[10];
    int age;
    float score;
};
void main()
{   int i;
    struct student s[N]=
    {
        {"Zhang",16,95},
        {"Li",17,85},
        {"Wang",16,98},
        {"Liu",18,75},
        {"Zhao",17,88}
    };
    struct student *p;

    p=s;
    printf("\n    姓名\t\t年龄\t成绩");
    for(i=0;i<N;i++,p++)
        printf("\n    %-10s\t%d\t%.1f",p->name,p->age,p->score);
}
```

程序运行结果：

```
姓名      年龄    成绩
Zhang     16      95.0
Li        17      85.0
Wang      16      98.0
Liu       18      75.0
Zhao      17      88.0
```

8.5.3　指针与链表

当需要在程序中存放大量同类型数据，例如，在程序中存放一个班级所有学生的成绩时，首先会考虑使用数组。数组作为存放同类数据的集合，给程序设计带来了很多方便，增加了灵活性。但数组也存在一些弊病，如数组的大小在定义时要事先规定，不能在程序中进行调整，但是，在程序设计中针对不同问题有时需要能存放 30 个元素的数组，有时需要能存放 50 个元素的数组，数组大小难以统一。因而，只能够根据可能的最大需求来定义数组，这样做虽然能解决数组元素个数会产生变化的问题，但常常会造成存储空间的浪费。因此希望有一种“动态数组”，可以根据需要随时调整数组大小，以满足不同的需要。

链表作为一种常见的数据结构，是动态地进行存储分配的一种结构，可以根据需要开辟内存单元，避免使用数组存放数据造成存储空间的浪费。

链表是由一个或多个元素组成的链式结构，链表有一个“头指针”变量（通常以 head 表示），它存放一个地址，该地址指向链表中的第一个元素。

链表中每一个元素称为“节点”，每个节点都应包括两个部分：存储数据元素的数据域和存储指向后继存储位置的指针域（一个元素的地址）。因此，head 指向第一个元素，第一个元素又指向第二个元素，以此类推，直到最后一个元素，该元素不再指向其他元素，称为“表尾”，它的地址部分存放“NULL”（空地址），表示链表到此结束。

链表中每个元素的定义形式如图 8-24 所示。

其中，data（数据域）表示链表中要存储的数据信息，next（指针域）表示元素之间逻辑关系的信息，即指向下一个节点的地址信息。

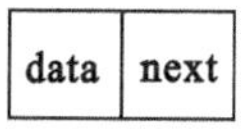

图 8-24　链表元素图示

若链表中的每个节点仅包含一个指针域，该指针域用于指向数据元素的后继节点，则称此链表为单链表。单链表中，每个链表带有一个头节点，并通过头节点的指针唯一标识该链表，如图 8-25 所示。

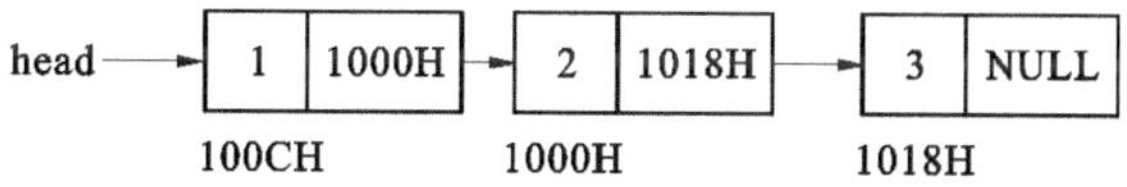

图 8-25　单链表节点形式说明

图 8-25 中,“head”代表头指针,用该指针指向链表的第一个节点。单链表中每个节点都由数据域和指针域两部分构成,在本例中数据域存放的数据类型为整型,而指针域将指向下一个元素节点。在单链表中只能通过指针域访问其后继节点,无法访问前驱节点。在链表的尾部(最后一个元素节点),将其指针域设置为“NULL”,代表该节点为链表的终端节点。

链表节点定义语法:

```
struct 节点类型名
    {
    数据类型 data;
    struct 节点类型名 *next;
}
```

例如:

```
struct nodeType
{
    int data;
    struct nodeType *next;
}
```

上面的语句只是定义了结构体类型 nodeType,并未实际分配存储空间,只有定义了变量才会分配存储空间。在创建链表时,可以使用 malloc 函数动态地为链表分配存储空间。

malloc 函数原型为:

```
void *malloc(unsigned int size)
```

其作用是在内存的动态存储中分配一个长度为 size 的连续空间。函数返回指向分配区域起始地址的指针,若分配空间失败则返回空指针(NULL)。

使用 malloc 函数创建元素节点的语句如下:

```
struct nodeType *p;
p = (struct nodeType * )malloc(sizeof(struct nodeType));
```

上面的语句运行后,malloc 函数会在系统中动态分配一块内存空间,其大小正好能够容纳结构体 struct nodeType 的所有信息,并将分配好的内存空间的首地址返回给指针 p,即用指针 p 指向刚分配好的内存空间。

通常对链表的操作有以下几种。

1. 链表的创建

通过 malloc 函数,可以动态地为链表的某个节点开辟内存空间,但一个链表应该由多个元素节点构成。就像火车的车厢通过一个个挂钩连接在一起一样,链表将通过指针域引向下一个元素的地址彼此连接在一起。

2. 链表的遍历

链表的遍历和数组的遍历非常类似,所不同的是数组可以通过数组下标遍历整个数组,而链表需要使用节点中的指针域来访问其后继节点完成遍历。此外,数组中的元素是可以随机访问的，但链表只能从 head 开始依次向后访问每个节点，如果要找到链表中的第 n 个节点，必须从 head 开始依次遍历 $n-1$ 个节点才能访问到第 n 个节点。

程序 指针与链表使用示例

【例 8-19】 编写程序，实现 Data 域为 int 类型数据的链表，并通过随机值产生链表中的 10 个元素，将其输出在屏幕中。

CreateLinkList.c:

```
#include <stdio.h>
#include <stdlib.h>
#include <time.h>
#define N 10
typedef struct node
{   int data;
    struct node *next;
}LinkNode;

void print(LinkNode *p)
{   if(p==NULL)
    {   printf("\n    链表中无内容！ ");
        return;
    }
    printf("\n   ");
    while(p!=NULL)
    {   printf("%d",p->data);
        if(p->next!=NULL)
            printf("->");
        p=p->next;
    }
    printf("\n");
}
LinkNode* createNode(int data)
{   LinkNode *newNode;
    newNode = (LinkNode*)malloc(sizeof(LinkNode));
    if(newNode!=NULL)
    {   newNode->data =data;
        newNode->next =NULL;
    }
    return newNode;
}
LinkNode * insertTail(LinkNode *p,LinkNode *newNode)
{   LinkNode *q;
    q=p;
    if(p==NULL)
    {   q=newNode;
        return q;
    }
    while(p->next!=NULL)
        p=p->next;
    p->next =newNode;
    return q;
}
void main()
{   LinkNode *head=NULL;           //定义头节点
    int i;
    LinkNode *newNode;
```

CreateLinkList.c:

```
49        print(head);
50        srand(time(NULL));
51        for(i=0;i<N;i++)
52        {   newNode = createNode(rand()%100+1);
53            if(newNode!=NULL)
54                head = insertTail(head,newNode);
55        }
56        printf("\n    插入%d个元素后",N);
57        print(head);
58    }
```

程序分析：第 33～44 行，LinkNode *insertTail(LinkNode *p,LinkNode *newNode)函数，将用户传入的节点添加到链表的尾部。由于形参 p 指向已有链表的头部，因此在函数中定义指针变量 q，由该变量记录链表的头部，当插入元素完成后将该指针变量返回。此时传入的链表头指针 p 可能产生两种情况：第一种情况是传入为“NULL”，代表此时链表中没有任何元素，此时指针 newNode 指向的元素就应该是链表中的第一个元素，将头指针 q 指向 newNode 并返回指针 q 即可；第二种情况是传入的链表中有内容，由于需要插入链表的尾部，即在原链表的最后一个元素后加入新节点，因此使用指针 p 依次遍历链表，直到找到最后一个元素节点（“p—>next”为 NULL），将最后一个节点的指针域指向新的元素节点（“p—> next = newNode;”）完成添加新元素的操作，并返回链表的头指针。

程序运行结果：

```
链表中无内容!
插入10个元素后
1->20->72->3->94->91->82->19->64->65
```

3. 链表内插入新节点

若已经有一个有序链表，现在要将一个新的元素节点加入该链表中，并保持链表的有序性。

现有链表结构如图 8-26 所示，其中元素按照从小到大的顺序排列。

若节点的插入位置在链表的第一个元素之前，只需要将原来的头指针指向的第一个节点的地址赋值给新节点的指针域，然后将头指针指向新节点即可完成元素的添加。

若节点的插入位置在链表的中间位置，先要遍历链表找到要插入的位置，假定要插入的节点的数据域内容为 2，从图 8-26 可看出应该添加在 1 和 3 之间。使用指针 p 引向要插入位置的前一个节点，使用指针 q 引向要插入位置的后一个节点，此时只需要将 q 所指向的地址赋值给新节点的指针域，然后将新节点的地址赋值给指针 p 指向节点的指针域，即可完成操作。

若节点插入的位置在链表的最后一个节点之后，只需要将原来最后一个节点的指针域指向新节点，将新节点的地址赋值给原来最后一个节点的指针域，并将新节点的指针域设置为“NULL”即可。

程序 链表内插入新节点使用示例

【例 8-20】 编写程序，实现 data 域为 int 类型数据的链表，并通过随机值产生链表中的 5 个元素，按照从小到大的顺序插入链表中，添加完毕后将链表输出在屏幕中。

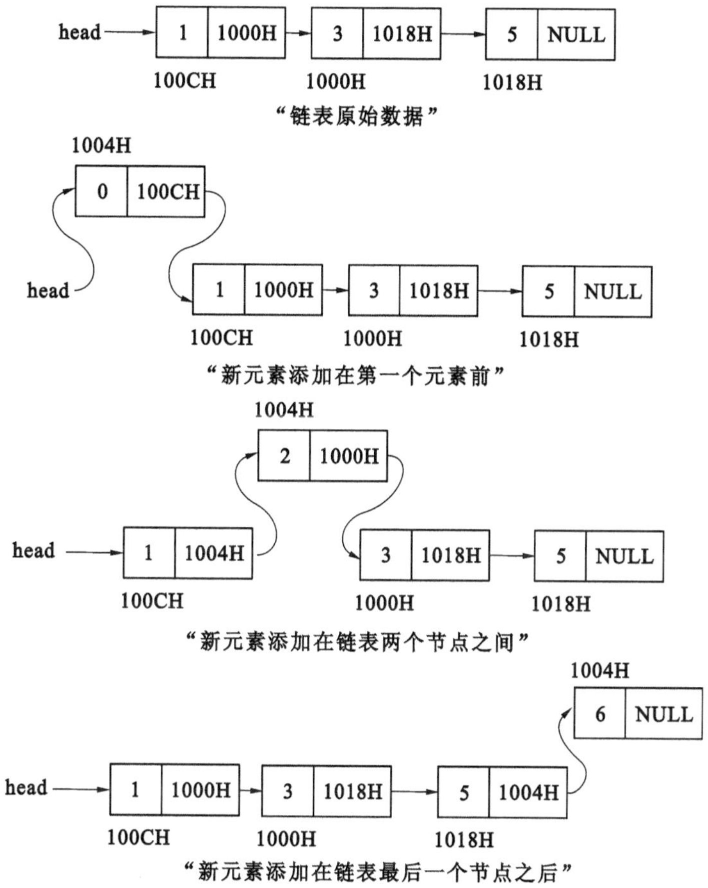

图 8-26　链表添加元素过程

InsertLinkList.c:

```c
#include <stdio.h>
#include <stdlib.h>
#include <time.h>
#define N 5
typedef struct node
{   int data;
    struct node *next;
}LinkNode;

LinkNode* create(int data)
{   LinkNode *node;
    node = (LinkNode*)malloc(sizeof(LinkNode));
    if (node != NULL)
    {   node->data = data;
        node->next = NULL;
    }
    return node;
}
LinkNode* insert(LinkNode *head, LinkNode *n)
{   LinkNode *p, *q;
    p = q = head;
    if (head == NULL)
```

InsertLinkList.c:

```
23    {   head = n;
24        return head;
25    }
26    while (q != NULL&&q->data < n->data)
27    {   p = q;
28        q = q->next;
29    }
30    if (p == q)
31    {   n->next = p;
32        head = n;
33    }
34    else
35    {   n->next = q;
36        p->next = n;
37    }
38    return head;
39 }
40 void print(LinkNode *p)
41 {   if (p == NULL)
42     {
43         printf("\n链表中没有元素.\n");
44         return;
45     }
46     while (p != NULL)
47     {   printf("%3d", p->data);
48         if (p->next != NULL)
49             printf("->");
50         p = p->next;
51     }
52     printf("\n");
53 }
54 void main()
55 {   LinkNode *head = NULL;
56     LinkNode *n = NULL;
57     int i;
58     printf("\n运行前: \n");
59     print(head);
60
61     srand((int)time(NULL));
62     for (i = 0; i<N; i++)
63     {   n = create(rand() % 100 + 1);
64
65         if (n != NULL)
66             head = insert(head, n);
67
68         printf("\n第%d次运行: \n", i + 1);
69         print(head);
70     }
71 }
```

程序分析：第 19～39 行，LinkNode * insert(LinkNode *head, LinkNode *n)函数按照从小到大的顺序将指针 n 所指向的节点插入指针 head 所指向的链表中。使用指针 p 和 q 记录要插入的位置，通过“p = q = head;”将指针 p、q 都指向链表头部，然后根据不同情况进行添加。情况 1，如果 head 所指向的内容为空，即链表中原来没有任何节点，则新添加的节点 n 就是第一个节点，此时只需将指针 head 指向新节点，然后退出函数即可；情况 2，如果原来节点中有内容，则需要先找到新节点插入的位置再执行插入操作，通过“while (q! =

NULL&&q->data < n->data)"查找要插入新节点的位置，当指针 q 不为空，且指针 q 所指向节点的数据域 data 小于新插入节点的 data 域时，继续判断下一个节点，先将指针 q 所指向的内容赋值给指针 p，然后将指针 q 通过"q = q->next;"继续指向下一个元素位置，继续判断下一个节点 data 域与新节点 data 域之间的关系，直到某个节点 data 域不小于新节点的 data 域或最后一个节点为止。在链表中有数据时，又可以分为在链表头部插入、在链表中间位置插入和在链表尾部插入三种情况。在链表头部插入新节点，即第一次判断循环"while (q! =NULL&&q->data < n->data)"时循环条件已经不成立，此时指针 p 和指针 q 并未被移动，都指向 head 所指向的链表头部，仅需将原来指针 p 所指向的地址赋值给新节点 n 的指针域，然后将指针 head 指向新节点 n 的地址即可；在链表中间位置插入时，循环"while (q! =NULL&&q->data < n->data)"已经执行过至少一次，指针 q 指向的元素为当前元素，而指针 p 指向的元素为当前元素的上一个元素，当找到要插入的位置退出循环时，将新节点 n 插入指针 p 所指向的节点之前，即指针 p 和指针 q 所指向的节点之间，因此，将 n 的指针域 next 指向后面的节点 q，而将指针 q 所指向节点的指针域 next 指向新节点 n 的地址，即可完成插入操作；当插入节点在链表的尾部时，指针 p 中存放的是链表最后一个节点位置，而指针 q 指向"NULL"，这和在两个节点中间插入新节点操作相同。最后将插入新节点的链表头返回给主调程序即可。

程序运行结果：

```
运行前：
链表中没有元素.
第1次运行：
 10
第2次运行：
 10-> 37
第3次运行：
 10-> 22-> 37
第4次运行：
 10-> 22-> 37-> 66
第5次运行：
 6-> 10-> 22-> 37-> 66
```

4. 链表的释放

从动态内存的操作来说，通过 malloc 函数动态分配的内存空间，需要手工进行释放，否则系统无法主动回收动态分配的内存空间。

释放由 malloc 函数动态分配的内存空间需要使用 free 函数，语法如下：

free(指针变量名)

如果要清空整个链表,需要依次遍历链表中的每个元素节点并一一释放其内存空间。

5. 链表内节点的删除

要从链表中删除节点也需要分三种情况考虑。

现有链表结构如图 8-27 所示。

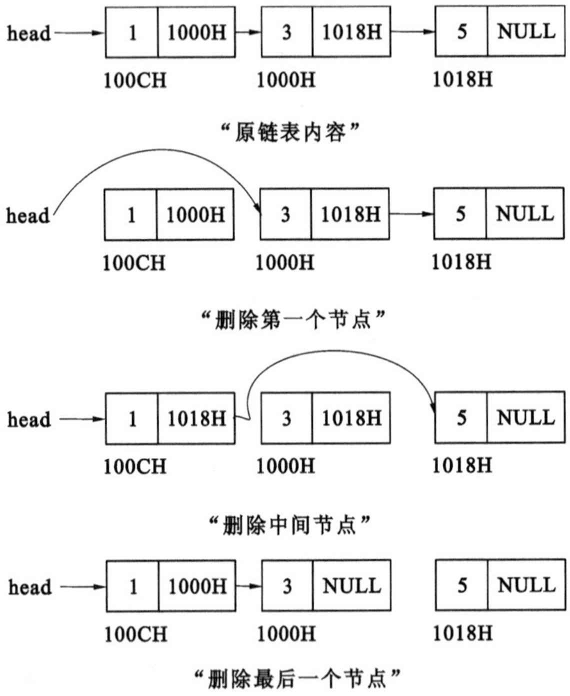

图 8-27　链表删除节点过程

(1)删除链表中的第一个节点,只需将链表的 head 指针指向原来头节点的下一个节点,然后释放原来的头节点即可。

(2)删除链表中间的某个节点,只需将要删除节点的上一个节点的 next 域指向要删除节点的下一个节点的地址,然后释放要删除的节点即可。

(3)删除链表中的最后一个节点,只需将要删除节点的上一个节点的 next 域设置为“NULL”,然后释放要删除的节点即可。

程序　链表内节点的删除使用示例

【例 8-21】　编写程序,实现 data 域为 int 类型数据的链表,并通过随机值产生链表中的 5 个元素,要求用户输入一个数值,将链表中该数值位置的节点删除并输出。

DeleteLinkList.c:

```c
#include <stdio.h>
#include <stdlib.h>
#include <time.h>
#define N 10
typedef struct node
{   int data;
    struct node *next;
}LinkNode;
LinkNode* create(int data)
{   LinkNode *n= NULL;
    n = (LinkNode*)malloc(sizeof(LinkNode));
    if(n!=NULL)
    {   n->data = data;
        n->next = NULL;
    }
    return n;
}
LinkNode* insert(LinkNode* p,LinkNode *n)
{   LinkNode *q = NULL;
    q= p;
    if(p==NULL)
    {   q=n;
        return q;
    }
    while(p->next!=NULL)
        p=p->next;
    p->next=n;
    return q;
}
void print(LinkNode *head)
{   LinkNode *p=head;
    if(head==NULL)
        printf("\n   链表中没有任何元素!");
    printf("\n   ");
    while(p!=NULL)
    {   printf("%3d",p->data);
        if(p->next!=NULL)
            printf("->");
        p=p->next;
    }
}
LinkNode* delete(LinkNode *head,int del)
{   LinkNode *p,*q;
    int flag = 0;
    p=q=head;
    //如果链表中无元素直接退出删除节点操作
    if(head==NULL)
        return;
    while(p!=NULL)
    {   if(p->data==del)
        {   flag=1;
            break;
        }
        q=p;
        p=p->next;
    }
    if(flag==1)
    {   if(p==q)
            head = p->next;
        else
            q->next = p->next;
        free(p);
    }
    else
        printf("\n   没找到要删除的数据。\n");
    return head;
}
```

DeleteLinkList.c:

```
68    void main()
69    {   LinkNode *head=NULL;
70        LinkNode *n = NULL;
71        int i=0;
72        int del;
73        char chr;
74        srand((int)time(NULL));
75        for(i=0;i<N;i++)
76        {   n = create(rand()%100+1);
77            head = insert(head,n);
78        }
79        printf("\n    链表中内容为: ");
80        print(head);
81        while(1)
82        {   printf("\n    请输入要删除的数:");
83            scanf("%d",&del);
84            head=delete(head,del);
85            printf("\n    删除元素%d后链表中内容为: ",del);
86            print(head);
87            printf("\n    是否继续(Y or N):");
88            fflush(stdin);
89            scanf("%c",&chr);
90            if(chr=='N'||chr=='n')
91                break;
92        }
93    }
```

程序分析：第 42～67 行，使用函数 LinkNode * delete(LinkNode *head,int del)将指定节点删除。此时可能出现没有找到要删除的节点和要删除的节点在链表头部、中间、尾部几种情况。使用 flag 标识是否找到要删除的节点，同时定义指针 p、q 指向链表头节点 head，用于查找要删除的节点。“if(head==NULL)”用于判断链表中有无数据，若无数据，则直接退出删除函数的调用。若有数据，则使用循环“while(p!=NULL)”依次判断链表当前位置的数据是否是要删除的数据，找到要删除的数据则将 flag 设置为 1 并退出循环，执行删除操作，否则继续判断，指针 p 指向要删除的节点，而指针 q 指向要删除节点的前一个节点。若指针 p 和 q 指向同一个元素，则代表要删除的节点是链表的第一个节点，将 head 指向指针 p 所在位置的后一个节点；若指针 p 和 q 指向不同节点，则此时要删除的节点位于链表的中间或最后位置，将要删除节点的前一个节点(指针 q 所指向的节点)的 next 域赋值为要删除节点的 next 域，此时要删除节点的前一个节点引用要删除节点的后一个节点，完成删除操作，最后对要删除的节点使用“free(p);”释放内存空间。

程序运行结果：

```
链表中内容为：
 47-> 76-> 20-> 95-> 53-> 34-> 16-> 76-> 80-> 77

请输入要删除的数:20

删除元素20后链表中内容为：
 47-> 76-> 95-> 53-> 34-> 16-> 76-> 80-> 77

 是否继续:Y


请输入要删除的数:47

删除元素47后链表中内容为：
 76-> 95-> 53-> 34-> 16-> 76-> 80-> 77

 是否继续:Y


请输入要删除的数:77

删除元素77后链表中内容为：
 76-> 95-> 53-> 34-> 16-> 76-> 80

 是否继续:N
```

返回工作场景五

问题分析：根据所学的知识，由于数组在移动元素时比较烦琐，对于此工作场景如果使用链表对数据进行循环右移显示操作会更加容易。

CircleByLink.c:

```c
#include <stdio.h>
#include <stdlib.h>
typedef struct node
{   int data;
    struct node *next;
}LinkNode;
LinkNode* create(int data)
{   LinkNode* node = NULL;
    node = (LinkNode*)malloc(sizeof(LinkNode));
    if (node != NULL)
    {   node->data = data;
        node->next = NULL;
    }
    return node;
}
LinkNode* insertTail(LinkNode *head, LinkNode *Rear)
{   LinkNode *p;
    p = head;
    if (head == NULL)
    {   head = Rear;
        return head;
    }
    while (p->next != NULL)
        p = p->next;
    p->next = Rear;
    return head;
}
void print(LinkNode *head)
{   LinkNode *p;
    p = head;
    printf("     移动后的数据为: \n\t");
    do
    {   printf("%d ", p->data);
        p = p->next;
    }while(p!=NULL && p!=head);
    printf("\n");
}
```

CircleByLink.c:

```
38
39  void main()
40  {   LinkNode *head = NULL;
41      LinkNode *Rear = NULL;
42      int N,M,d,i=0;
43      printf("\n  请输入数据的个数和右移的位置数: ");
44      scanf("%d%d",&N,&M);
45      printf("    请输入%d个数据: \n\t",N);
46      for(i=0;i<N;i++)
47      {
48          scanf("%d",&d);
49          Rear=create(d);
50          head=insertTail(head,Rear);
51      }
52      Rear->next=head; //首尾相连
53      Rear=head;
54      //移动指针
55      for(i=0;i<N-M;i++)
56      {
57          Rear=Rear->next;
58      }
59      print(Rear);
60  }
```

程序分析：第 53～58 行，不需要对数据元素进行移动，只需移动指针，就可以完成对数据元素的循环右移显示。

【挑战环节】

（1）任务要求：20 个人围坐成一圈，从 1 开始按顺序编号，游戏开始，由 1 到 m 循环报数，报到 m 的人退到圈外，最后留下的那个人原来的编号是多少？

本题是工作场景二挑战环节的任务，由于使用数组删除数组元素较为烦琐，希望使用更加简单的方式删除数组元素，可以使用链表完成。

（2）演示执行：

```
初始化游戏人数。
游戏者序号为：
  1  2  3  4  5  6  7  8  9 10 11 12 13 14 15 16 17 18 19 20

请输入报到几出圈：3

获胜者是：20号
```

8.6 能力拓展

（1）编写程序，输入 n 个整型数存入一维数组，用指针变量完成数组元素的逆序存放。

（2）编写程序，求 3×5 整数矩阵中的最大元素、最小元素、所有元素的平均值。

（3）编写程序，输入 5 个字符串，从中找出最长的字符串并输出。

（4）有一包含 n 个字符的字符串，写一函数，将此字符串中从第 m 个字符开始的全部字符，复制成另一个字符串。

8.7 任务笔记

(1)指针变量是保存了其他变量的地址的变量。

(2)地址、引用、内存位置表示的意思相同。

(3)“&”:取地址运算符,用于取出变量的地址,只能用于变量或数组元素,不能用于表达式或常量。“ * ”:取内容运算符,用来表示指针变量所指向的变量,可用于变量、常量或表达式。

(4)调用函数的三种方式:

- 传值调用:把数值传递给被调用函数,对形参的修改不会影响实参。

如:fun1(a,b)

- 传址调用:把地址传递给被调用函数,对形参的修改会影响实参。

如:fun2(&a,%b)

- 混合调用:把值和地址传递给被调用函数。

如:fun3(a,b,&s,&p)

(5)将指针的值加 1 意味着使指针指向对应类型数据的下一个存储位置。

(6)使用指针访问数组元素的方法如下。

先把指针设置为指向数组的首地址。

int array[10], * p ;

p = array ;

然后在 for 循环中使用如下任一形式来访问数组元素:

- *p ; p++ ;
- * (p + i) ;
- * (i + p) ;
- p[i] ;

(7)char p[ ] = "Hello"。

- p 是一个指向字符串的常量指针。
- p 无法被修改。
- 字符串"Hello"可以被修改。

(8)char * p = "Hello"。

- p 是一个指向常量字符串的指针。
- p 可以被修改。
- 字符串"Hello"不能被修改。

(9)数据类型(* p)()声明的函数指针 p 指向一个函数,这个函数不接收任何参数并且返回值为指定的数据类型。

(10)链表是由一个或多个元素组成的链式结构,链表有一个头指针变量(通常以 head 表示),它存放一个地址,该地址指向链表中的第一个元素。

实训题部分答案

实训题

1. 选择题

(1)设有定义:“int a=3,b,*p=&a”,则下列语句中使 b 不为 3 的语句是(　　)。

A. b= *&a; B. b= *p;C. b=a;D. b= *a;

(2)设指针 x 指向的整型变量值为 30,则“printf("%d\n",++ *x);”输出是(　　)。

A. 25　　B. 31 C. 30 D. 29

(3)若有说明“int i,j=7,*p=&i;”,则与“i=j;”等价的语句是(　　)。

A. i= *p;　　B. *p= *&j;C. i=&j;D. i= **p;

(4)设有定义“int a,*pa=&a;”,以下 scanf 语句中能正确为变量 a 读入数据的是(　　)。

A. scanf("%d",pa);B. scanf("%d",a);

C. scanf("%d",&pa);D. scanf("%d",*pa);

(5)设有定义“int n=0,*p=&n,**q=&p;”,则以下选项中,正确的赋值语句是(　　)。

A. p=1　　B. *q=2 C. q=pD. *p=5

(6)若有以下定义,则值为 3 的表达式是(　　)。

A. p+=2,*(p++)B. p+=2,*++p

C. p+=3,*pD. p+=2,++*p

(7)执行语句“char a[10]={"abcd"},*p=a”后,*(p+4)的值是(　　)。

A. "abcd"　　B. 'd'C. '\0'D. 不能确定

(8)若有下面的程序片段,则对数组元素的错误引用是(　　)。

```
int a[12]={0},*p[3],**pp,i;
for(i=0;i<3;i++)p[i]=&a[i*4];
pp=p;
```

A. pp[0][1]　B. a[10]C. p[3][1]D. *(*(p+2)+2)

(9)若有如下定义和语句,则输出结果是(　　)。

```
int **pp,*p,a=20,b=30;
pp=&p;
p=&a;
p=&b;
printf("%d,%d\n",*p,**pp);
```

A. 10,20　　B. 20,30 C. 30,30 D. 20,20

(10)若有以下定义和语句,则对 w 数组元素的非法引用是(　　)。

```
int w[2][3],(*pw)[3];
pw=w;
```

A. *(w[0]+2)B. *pw[2]C. pw[0][0]D. *(pw[1]+2)

2. 填空题

(1)“ * ”称为____________运算符，“&”称为____________运算符。

(2)设“int a[10], *p=a;”，则对 a[3]的引用可以是 p[]或 *(p ____________)。

(3)若 d 是已定义的双精度变量，再定义一个指向 d 的指针变量 p 的语句是____________。

(4)设 char []="ABCD"，则 printf("%s",a)的输出是____________；printf("%c", *a)的输出是____________。

(5)设有以下定义和语句，则 *(*(p+2)+1)的值为____________。

int a[3][2]={10,20,30,40,50,60},(*p)[2];p=a;

(6)以下 sstrcpy()函数实现字符串复制，即将 t 所指字符串复制到 s 所指内存空间中，形成一个新字符串 s，请填空。

```
void sstrcpy(char *s,char *t)
{
    while( *s++=____________);
}
void main()
{
    char str1[100],str2[]="abcdefgh";
    sstrcpy(str1,str2);
    printf("%s\n",str);
}
```

(7)下面程序的运行结果是____________。

```
#include <sting.h>
char *ss(char *s)
{
    return s+strlen(s)/2;
}
void main()
{
    char p,str="abcdefgh";
    p=ss(str);
    printf("%s\n",p);
}
```

(8)下面程序的运行结果是____________。

```
void main()
{
    char s[]={"one","two","three"},p;
    p=s[1];
    printf("%c,%s\n", *(p+1),s[0]);
}
```

(9)以下程序给指针 p 分配三个 double 型动态内存单元，请填空。

```
#include <stdio.h>
void main()
{
    double *p;
    p=(double*) malloc(____________);
    p[0]=1.5;
    p[1]=2.5;
    p[2]=3.5;
    printf("%f%f%f\n",p[0],p[1],p[2]);
}
```

3.程序设计题

(1)编一程序，输入 3 个整数，按从大到小的顺序输出。

(2)编一程序，输入 10 个整数数组，按逆序重新存放后再输出。

(3)编一程序，比较两个字符串是否相等。

(4)写一函数，求一个字符串的长度，在 main()函数中输入并输出其长度。

(5)写一函数，将一个 3×3 的整型矩阵转置。

(6)用指针数组编一程序，在主函数中输入 10 个不等长的字符串，用另一函数对它们排序。

(7)输入 10 个整数，将其中的最大数和最后 1 个数交换，最小数和第 1 个数交换。

任务 9
读写小能手——文件设计能力训练

知识卡片

文件	存储在外部介质(如磁盘)上的数据集合
文件打开模式	文件的操作方式,有 12 种
文本文件	使用编码字符来表示文本
二进制文件	文件中的二进制值代表机器语言代码或使用相同内部表示的数值数据
文件操作	文件的读、写、修改操作

知识目标

- 了解文件概念;
- 熟悉文件类型;
- 掌握文件常用的打开模式;
- 掌握文件的操作方法。

能力目标

- 能创建、打开和关闭文件;
- 能使用不同的方式读取、写入文件;
- 能熟练掌握文件操作函数。

素养目标

- 培养提出问题、分析问题和解决问题的能力;

➢ 培养学生严谨和事实求是的精神。

训练途径

9.1 写文件任务训练
9.2 读文件任务训练
9.3 能力拓展
9.4 任务笔记

在运行一个C语言程序时，主要通过键盘输入数据并借助显示器把程序的运算结果显示出来。但是，当程序运行结束后，存放在内存中的数据会被释放。如果要长期保存程序运行所需的原始数据和程序运行的结果，通常需要将这些数据记录在某些介质上，利用这些介质的存储特性，携带或长久地保存数据。一般把这种记录在外部介质上的数据的集合称为“文件”。

9.1 写文件任务训练

【导入】工作场景一：数据存档

(1)问题描述：一个基于C语言的小型农产品管理系统，需要对农产品信息进行修改和查询管理操作，农产品信息包括编号、名称、价格、库存量等。请你为该系统设计一个程序模块，实现从键盘输入农产品信息数据，当库存量小于给定值时，给出一个标记，并将输入的原有数据以及标记数据一起存放在磁盘文件“soft_product.dat”中。

(2)问题分析：键盘数据的输入已经很熟练，但是数据不在显示屏上显示，而是存放到文件中，这需要使用文件的写操作完成设计。此外，每个农产品包括多个信息，使用结构体来构建农产品信息数据。

(3)演示执行：

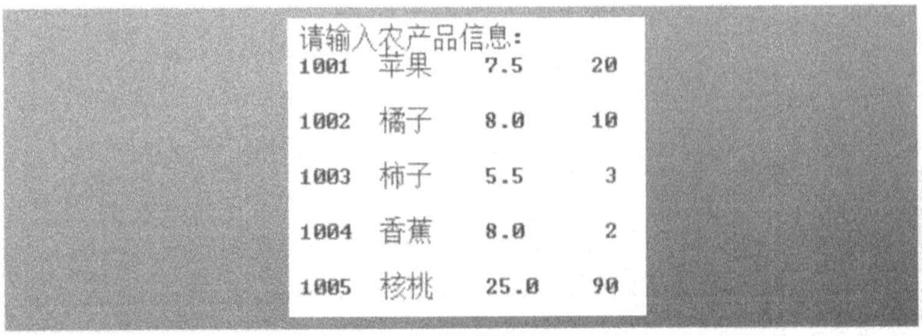

涉及知识点

9.1.1　文件分类

目前 C 语言使用的磁盘文件系统有两大类：一类称为缓冲文件系统，又称为标准文件系统；另一类称为非缓冲文件系统。缓冲文件系统的主要特点是程序中的每一个文件都在内存中开辟一个缓冲区。从磁盘文件输入的数据先送到输入缓冲区中，然后从输入缓冲区依次送给接收变量。向磁盘文件输出数据时，先将程序数据区中变量或表达式的值送到输出缓冲区中，待装满缓冲区后再一起输出给文件。缓冲区的大小由系统自动分配，这样可以减少读写磁盘的次数，提高文件的读写效率，在一定程度上延长磁盘的寿命。

从不同的角度可以将文件划分为不同的种类。

(1)按照用户角度不同，文件可以分为普通文件和设备文件。

普通文件是指存储在外部介质上的数据的集合，可以是源程序文件、目标文件、可执行文件，也可以是一组待输入处理的原始数据，或者是一组数据的结果。

设备文件是指与主机相连的各种外部设备，如键盘、显示器、打印机等。在操作系统中，把外部设备作为一个文件进行管理，通过它们进行的输入、输出等同于文件的读写。

(2)按照数据在文件中的存储方式不同，文件可以分为文本文件和二进制文件。

文本文件，又称 ASCII 码文件，是指文件中的每个字符都是以其 ASCII 码字符形式存储的文件，在文件中每个字符占 1 个字节。例如，整数 2501 在内存中占 2 个字节，但如果以文本文件的格式将该数据存放在文件中，则需要 4 个字节；而浮点数 1.234 在内存中占 4 个字节，但如果以文本文件的形式存放该数据，则需要 5 个字节，其中小数点也占 1 个字节的空间。因此将文本文件中的数据读入内存中处理时，需要将其从文件中的存储形式转换成内存中相应的存储形式。

二进制文件是将数据以其在内存中的存放形式存储的文件。例如，整型数据 2501 在内存中占 2 个字节，如果将它存储在二进制文件中，该数据在文件中也占 2 个字节；而对于浮点数 1.234，如果将它存储在二进制文件中，该数据在文件中占 4 个字节。因此，将二进制文件中的数据输入内存或将数据存放到二进制文件中不需要进行中间的转换，所以二进制文件的存取速度要比文本文件的存取速度快。

(3)按照文件存取方式不同，文件可以分为顺序存取文件和随机存取文件。

顺序存取文件的特点是：每当打开这类文件，进行读(写)操作时，总是从文件的开头开始，从头到尾顺序读写。也就是说，当顺序读取文件时，要读取第 n 个字节，就先要读取前 $n-1$ 个字节，而不能一开始就读到第 n 个字节；同样，要写入第 n 个字节，就要先写入前 $n-1$ 个字节。

随机存取文件的特点是：可以通过调用 C 语言的库函数去指定开始读(写)的字节，然后直接对该位置上的数据进行读(写)操作。

9.1.2　文件打开、关闭操作

磁盘文件存放在磁盘上，而程序只能处理内存中的数据，故只有把磁盘文件中的数据读取到内存中，才能对文件中的数据进行操作。同样，对数据修改后的文件还需存回到磁盘，才能保证数据的正确修改。

把从磁盘文件中的数据读取到内存中称为“文件的打开”；把内存中的数据存回到磁盘文件称为“文件的关闭”。因此，使用文件要先打开，再使用(即文件的读写操作)，最后关闭。

实现文件的打开、读写、关闭等操作，需要借助文件指针来实现，可以用结构体类型来定义文件类型的指针变量，FILE 的一般形式为：

FILE *变量名；

有几个文件，就开辟几个这样的结构体变量，分别用来存放各个文件的有关信息。例如：

FILE *fp1，*fp2；

fp1 和 fp2 均被定义为指向 FILE 类型的指针变量，称为文件型指针。

在 C 语言中，凡涉及文件的操作都是由系统函数来完成的，这些系统函数都包含在头文件“stdio.h”中，常用的文件操作函数有文件打开函数、文件关闭函数、文件读写函数、文件定位函数等。

“打开文件”是指建立起某个文件与一个 FILE 变量之间的联系，从而完成相应的读(写)操作，打开文件必须先定义文件指针变量。“关闭文件”是指切断文件与所对应的 FILE 变量之间的联系，从而不能进行读(写)操作。在 C 语言中，文件的打开和关闭操作，分别由函数 fopen() 和 fclose()来完成。

1. 文件打开函数 fopen()

fopen()函数的调用格式为：

FILE *fopen(char *filename，char *opmode)；

- **“filename”是要打开的、包含路径在内的一个文件的名字，是用双引号括起来的字符串常量。**
- **“opmode”是指文件的操作方式，它是一个字符串常量，指明文件的打开方式，表9-1列出了C语言中可以使用的合法文件操作方式**

表 9-1 **函数 fopen()中文件的操作方式及其含义**

文件操作方式	含义
“r”	只读，为读打开文本文件
“w”	只写，为写打开文本文件
“a”	追加，向文本文件尾增加数据
“rb”	只读，为读打开二进制文件
“wb”	只写，为写打开二进制文件
“ab”	追加，向二进制文件尾增加数据
“r+”	读写，为读/写打开文本文件
“w+”	读写，为读/写建立并打开新的文本文件
“a+”	读写，为读/写打开文本文件
“rb+”	读写，为读/写打开二进制文件
“wb+”	读写，为读/写建立并打开新的二进制文件
“ab+”	读写，为读/写打开二进制文件

函数 fopen()用法小贴士

(1)用“r”方式打开的文件只能用于从文件输入数据，不能用于输出，而且要求该文件已经存在，否则函数 fopen()返回 NULL 值。

(2)用“w”方式打开的文件只能用于向文件输出数据，不能用于输入。如打开时，原文件不存在，则新建一个以指定名字命名的文件；如原文件已存在，则原文件上的数据被全部删除，重建一个新文件。

(3)如果希望打开文件用于写操作，又不要删除原文件中的数据，并从原文件的末尾开始添加新的数据，应该用“a”方式打开。

(4)用“r+”“w+”“a+”方式打开的文件可以输入数据，也可以输出数据。用“r+”方式只允许打开已存在的文件，以便程序能输入数据；用“w+”方式打开，则新建一个文件，先向文件输出数据，然后可以从该文件读入数据；用“a+”方式打开一个已存在的文件，位置指针先移到文件的末尾，准备添加数据，以后也可以输入数据。简而言之，在打开一个文件时，程序通知编译系统三个方面的信息：

- 要打开哪一个文件，以文件名指出。
- 对文件的使用方法。
- 函数的返回值赋给哪一个指针变量，或者让哪一个指针变量指向该文件。

(5)调用 fopen()函数后，有一个返回值，它是一个地址值，指向被打开文件的文件信息区的起始地址。如果在执行打开操作时失败，则返回值是一个 NULL 指针(即地址值为 0，它是一个无效的指向)。在程序中可以用这一信息来判别是否完成打开文件的工作，并做相应的处理。因此常用以下程序段打开文件：

```
if(fp=fopen("c:\\test1.txt","r")==NULL)
{
    printf("\n error on open c:\\ test1.txt file!");
    getch();
    exit(0);
}
```

这段程序的意义是，如果返回的指针为空，表示不能打开 c 盘根目录下的 test1.txt 文件，并给出提示信息“error on open c:\\test1.txt file!”，程序中两个反斜线“\\”中的第一个表示转义字符，第二个表示根目录。下一行 getch()函数的功能是从键盘输入一个字符，但不在屏幕上显示。在这里，该行的作用是等待，只有当用户从键盘敲任意键时，程序才继续执行，因此用户可利用这个等待时间阅读出错提示。敲键后执行 exit(0)退出程序。

2. 文件关闭函数 fclose()

fclose()函数的调用格式为：

```
int fclose(FILE *fp);
```

其中 fp 是一个文件指针，此函数的功能是将此指针指向的文件关闭，释放相应的文件信息区。当成功执行了关闭操作，fclose()函数返回 0，否则返回一个非零值。

如果是执行写操作后用 fclose()函数关闭文件，系统会先将输出文件缓冲区的内容(不论缓冲区是否已满)都输出给文件，然后关闭文件。这样可以防止丢失本来应写到文件上的数据。如果不关闭文件而直接使文件停止运行，这时就会丢失缓冲区中还未写入文件的信息，因此文件用完必须关闭。

程序　文件打开、关闭操作使用示例

【例 9-1】 编写程序，在“c:\”目录下用“w”打开方式建立一个名为“test1. txt”的新文件，然后将其关闭。

file_open_close1.c:

```
#include <stdio.h>
#include <stdlib.h>

main()
{
    FILE *fp;
    if((fp=fopen("c:\\test1.txt","w"))==NULL)
    {
        printf("\n   文件打开失败！");
        exit(0);
    }
    fclose(fp);
}
```

数学函数库，用于调用exit()函数

“w”为打开方式，即写文件

程序分析：程序执行后，将会在“c:\”目录下建立一个文件“test1. txt”，然后关闭此文件。其中，exit()函数的功能是关闭已打开的所有文件，结束程序运行，并将“程序状态值”返回给操作系统。当“程序状态值”为 0 时，表示程序正常退出；当“程序状态值”非 0 时，表示程序异常退出。

【例 9-2】 编写程序，打开和关闭一个可读、可写的二进制文件“c:\ test1. dat”。

file_open_close2.c:

```
#include <stdio.h>
#include <stdlib.h>

main()
{
    FILE *fp;
    if((fp=fopen("c:\\test1.dat","rb+"))==NULL)
    {
        printf("can not open file!\n");
        exit(0);
    }
    if(fclose(fp))
        printf("file close error!\n");
}
```

9.1.3　文件写操作

1. 字符的写函数——fputc()函数

fputc()函数主要处理的是将单个字符写入文件的操作，其功能是输出一个字符到文件，fputc()函数的调用形式为：

```
int fputc(char ch, FILE *fp);
```

> ch为字符变量，fp为文件指针变量

功能：将字符数据 ch 输出到文件指针 fp 所指向的文件，同时将读写指针位置向前移动 1 个字节，即指向下一个写入位置。如果输出成功，fputc()函数的返回值就是输出的字符；如果输出失败，返回一个文件结束符 EOF(即−1)。

2. 字符串的写函数——fputs()函数

fputs()函数的功能是向指定的文件写入一个字符串，fputs()函数的调用形式为：

```
int fputs(char *buffer,FILE *fp);
```

> buffer可以是字符串常量，也可以是字符数组名，或指针变量，例如：fputs("abcd",fp)，其意义是把字符串“abcd”写入fp所指的文件之中

3. 文件的数据块写函数—— fwrite()函数

fwrite()函数的功能是把内存中的一些数据块写到指定文件中，fwrite()函数的调用形式为：

```
int fwrite(void *buffer,int size,int count,FILE *fp);
```

> buffer是数据块的内存首地址，size为一个数据块的字节数，count表示要读写多少个size字节的数据块

例如，有以下结构体：

```
struct st
{   char name[8];
    float mk[3];
}person[10];
```

假设 person 数组中的每个元素包含学生的姓名和 3 门课的成绩，并假设 person 数组的 10 个元素都已有值，文件指针 fp 所指文件已正确打开，执行以下循环可以把这 10 个元素中的数据输出到 fp 所指文件中。

例如：

```
for(i=0;i<10;i++)
    fwrite(&person[i],sizeof(struct st),1,fp);
```

上面的程序语句中，循环总共执行 10 次，每调用一次 fwrite()函数，就从 &person[i]地址开始输出由第 3 个参数指定的一个数据块，每个数据块含有 sizeof(struct st)个字节二进制数，也就是每次输出一个结构体变量的值。

4. 格式化写函数——fprintf( )函数

fprintf()函数与 printf()函数的功能相似，都是格式化写函数。两者的区别在于 fprintf()

函数的写对象不是键盘和显示器，而是磁盘文件。fprintf()函数的调用形式为：

int fprintf(FILE *fp,char format,varlist)；

fp表示文件指针，format表示格式控制字符串，varlist表示变量地址列表

fprintf()函数的功能为按给定格式向指定文件写数据。

程序 文件写操作使用示例

【例 9-3】 使用 fputc()函数在屏幕上显示一个字符串。

fputs_file.c:

```
#include <stdio.h>

main()
{
    char *p="This is an example.";
    while(*p!='\0')
      fputc(*p++,stdout);
}
```

stdout表示的是一个标准输出文件，即显示屏幕

程序运行结果：

```
This is an example.
```

【例 9-4】 使用 fputc()函数，把从键盘输入的字符串写入磁盘文件“c:\test2. txt”中。

fputc_file2.c:

```
#include <stdio.h>

main()
{
    FILE *fp;
    char ch;
    if((fp=fopen("c:\\test2.txt","w"))==NULL)
    {
      printf("cannot open this file.\n");
      exit(0);
    }
    while((ch=getchar())!='\n')
       fputc(ch,fp);
    fclose(fp);
}
```

以写文件方式打开文件时，如果文件不存在，程序会自动创建该文件

程序运行结果：

```
Hello XingJian College
```

【例 9-5】 使用 fputs()函数，在例 9-4 建立的文件“c:\test2. txt”中追加一个字符串。

fputs_file.c:

```c
#include <stdio.h>

main()
{
    FILE *fp;
    char appstr[11];
    printf("Input a string:");
    gets(appstr);
    if((fp=fopen("c:\\test2.txt","a"))==NULL)
    {
        printf("Cannot open file strike any key exit!");
        getch();
        exit(1);
    }

    fputs(appstr, fp);
    fclose(fp);
}
```

在文件中追加内容打开方式为“a”

程序运行结果：

```
Input a string:我有一个小毛驴!
```

【例 9-6】 使用 fwrite()函数，从键盘输入一批学生的数据，然后存储到磁盘文件“c:\stud. dat”中。

问题分析：学生信息比较多，需要创建学生信息结构体。

fwrite_file.c:

```c
#include <stdio.h>
struct
{  char name[20];
   long num;
   float score;
}stud;

main()
{   FILE *fp;
    char ch;
    if((fp=fopen("c:\\stud.dat", "wb"))==NULL)
    {
      printf("cannot open this file.\n");
      exit(0);
    }
    printf("输入学生信息: 姓名, 学号, 成绩. \n");
    do
    { scanf("%s%ld%f",stud.name,&stud.num,&stud.score);
      fwrite(&stud,sizeof(stud),1,fp);
      getchar();
      printf("继续输入学生信息吗? (y/n))?");
      ch=getchar();  getchar();
    }while(ch=='y');
    fclose(fp);
}
```

程序运行结果：

```
输入学生信息：姓名，学号，成绩。
王艳 2016001 85.5
继续输入学生信息吗？(y/n))?y
魏华 2016002 96.0
继续输入学生信息吗？(y/n))?n
```

【例 9-7】 使用 fprintf()函数，从键盘输入一批学生的数据，然后存储到磁盘文件“c:\stu_list. dat”中。

fprintf_file.c:

```c
#include<stdio.h>
struct stu
{
    char name[10];
    int num;
    int age;
    char addr[15];
}boya[2],*pp;
main()
{
    FILE *fp;
    char ch;
    int i;
    pp=boya;
    if((fp=fopen("c:\\stu_list.dat","wb+"))==NULL)
    {
        printf("Cannot open file strike any key exit!");
        getch();
        exit(1);
    }
    printf("\n输入姓名，学号，年龄，住址\n");
    for(i=0;i<2;i++,pp++)
        scanf("%s%d%d%s",pp->name,&pp->num,&pp->age,pp->addr);
    pp=boya;
    for(i=0;i<2;i++,pp++)
        fprintf(fp,"%s %d %d %s\n",pp->name,pp->num,pp->age,pp->addr);
    fclose(fp);
}
```

程序运行结果：

```
输入姓名，学号，年龄，住址
王艳 2016001 18 原平路55号
魏华 2016002 19 原平路58号
```

◆ 返回工作场景一

问题分析：请分析下面的程序，并尝试采用上面所学的其他文件打开方式及文件写操作完成本工作场景。

product_write.c:

```
#include <stdio.h>
#include <stdlib.h>
#define SIZE 5
struct product_t
{   int id;
    char name[10];
    float price;
    int stock;
    int flag;
};
struct product_t products[SIZE];
void save() /*农产品信息写到文件中*/
{   int i;
    FILE *fp;
    if((fp=fopen("soft_product.dat","wb"))==NULL)
    {   printf("文件打开失败！");
        exit(0);
    }
    for(i=0;i<SIZE;i++)
    {   if(fwrite(&products[i],sizeof(struct product_t),1,fp)!=1)
        {   printf("文件写入出错！");
            exit(0);
        }
    }
    fclose(fp);
}
main()
{   int i;
    printf("\n  请输入农产品信息:");
    for(i=0;i<SIZE;i++)
    {   printf("\n  ");
        scanf("%d%s%f%d",&products[i].id,products[i].name,&products[i].price,
              &products[i].stock);
        //标记1表示库存低于库存量下限,0表示不低于下限
        products[i].flag=products[i].stock<5?1:0;
    }
    save();
}
```

【挑战环节】

(1)任务要求：软件兴趣组有 5 位学生，每位学生有 3 门兴趣课程的成绩，请设计一个程序，从键盘输入以上数据(包括学生的学号、姓名和 3 门课程的成绩)，计算出每位学生的平均成绩，并将原有数据和计算出的平均分数存放在磁盘文件"c:\soft_stud_score.dat"中。

(2)演示执行：

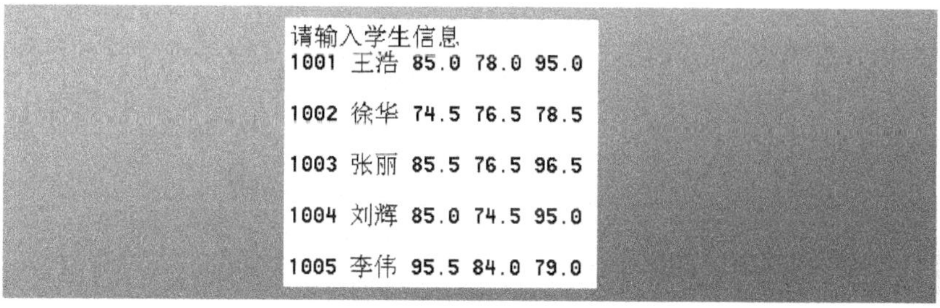

9.2 读文件任务训练

◆【导入】工作场景二：文件读取与解析

(1)问题描述：在工作场景一中采用二进制方式将农产品信息保存到文件中，由于二进制文件直接打开后是乱码，因此农产品信息管理系统需要读取该文件中的信息。请你为该系统设计一个程序读取该文件的信息并在屏幕上显示所有信息。

(2)问题分析：同样使用结构体构建农产品数据用于存放从文件中读取的信息。

(3)演示执行：

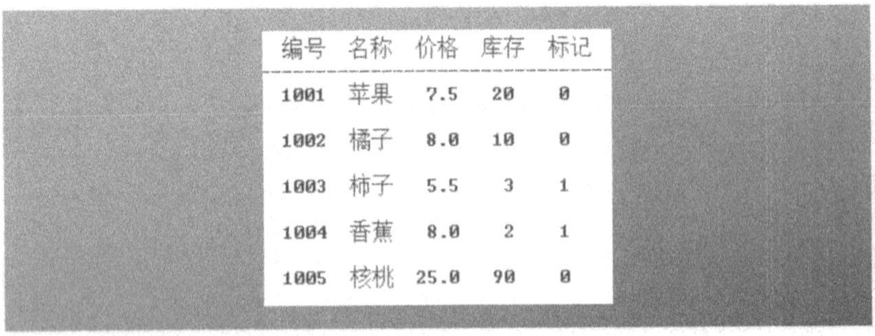

编号	名称	价格	库存	标记
1001	苹果	7.5	20	0
1002	橘子	8.0	10	0
1003	柿子	5.5	3	1
1004	香蕉	8.0	2	1
1005	核桃	25.0	90	0

涉及知识点

9.2.1 文件读操作

1. 字符的读函数——fgetc()函数

fgetc()函数主要处理的是从文件中读取单个字符的操作。

用 fgetc()函数从磁盘文件接收一个字符，fgetc()函数的调用形式为：

int fgetc(FILE *fp)；

例如：ch=fgetc(fp)；　　**fp为文件指针变量，ch为字符变量**

功能：从文件指针变量 fp 所指向的文件中，读入一个字符并赋给字符变量 ch，同时将读/写位置指针向前移动 1 个字节，即指向下一个字符。若执行 fgetc()函数时遇到文件结束符，则函数返回文件结束符 EOF(即－1)。

2. 字符串的读函数——fgets()函数

fgets()函数的功能是从指定的文件中读一个字符串到字符数组中，它的调用形式为：

char *fgets(char *buffer, int n, FILE *fp);

表示从文件中读出的字符串不超过$n-1$个字符

例如:fgets(str,n,fp);

功能:从 fp 所指向的文件中读出 $n-1$ 个字符送入字符数组 str 中。

3. 文件的数据块读操作——fread()函数

文件的数据块读操作是指对文件进行读操作时,一次读多个字节的数据。

fread()函数是把指定文件中的数据块读到内存中,fread()函数的调用形式为:

int fread(void *buffer,int size,int count,FILE *fp);

buffer是接受文件数据的内存首地址，size是一个数据块的字节数，count表示要读写多少个size字节的数据块，fp是文件指针

例如,以下程序可将前面建立的文件中每个学生的数据逐个读入 person 数组中,但文件的打开方式为读操作。

```
i=0;
fread(&person[i],sizeof(struct st),1,fp);
while(!feof(fp))
{
    i++;
    fread(&person[i],sizeof(struct st),1,fp);
}
```

应当指出,用 fread()函数和 fwrite()函数实行按记录读写,必须采用二进制形式。

4. 格式化读函数 fscanf()

fscanf()函数与前面使用的 scanf()函数的功能相似,都是格式化读函数。两者的区别在于 fscanf()函数的读对象不是键盘和显示器,而是磁盘文件。fscanf()函数的调用形式为:

int fscanf(FILE *fp,char format,varlist);

功能:从指定文件中按给定格式读数据。

程序 文件读操作使用示例

【例 9-8】 读出例 9-4 写入文件"c:\test2.txt"中的字符并显示在屏幕上。

fgetc_file.c:

```
#include <stdio.h>
main()
{
    FILE *fp;
    char ch;
    if((fp=fopen("c:\\test2.txt", "r"))==NULL)
    {
      printf("cannot open this file.\n");
      exit(0);
    }
    while((ch=fgetc(fp))!=EOF)
       putchar(ch);

    fclose(fp);
}
```

程序运行结果同例 9-4。

【例 9-9】 读出例 9-5 写入文件"c:\test2. txt"中的字符并显示在屏幕上。

fgets_file.c:

```
#include<stdio.h>
#define N 100
main()
{
    FILE *fp;
    char str[N];
    if((fp=fopen("c:\\test2.txt","r"))==NULL)
    {
        printf("Cannot open file strike any key exit!");
        getch();
        exit(0);
    }

    fgets(str,N,fp);
    printf("%s",str);
    fclose(fp);
}
```

程序运行结果：

```
Hello XingJian College我有一个小毛驴!
```

程序分析：本例定义了一个字符数组 str，共 500 个字节，在以读文本文件方式打开文件"c:\test2. txt"后，从中读出 500 个字符送入 str 数组，在数组最后一个单元内将加上'\0'，然后在屏幕上显示输出 str 数组。

fgets()函数用法小贴士

(1)在读出 $n-1$ 个字符之前，如遇到了换行符或 EOF，则读出结束。

(2)fgets()函数也有返回值，其返回值是字符数组的首地址。

【例 9-10】 读出例 9-6 写入文件"c:\stud. dat"中的字符并显示在屏幕上。

fread_file.c:

```c
#include <stdio.h>
struct
{
   char name[20];
   long num;
   float score;
}stud;
main()
{
     FILE *fp;
     if((fp=fopen("c:\\stud.dat", "rb"))==NULL)
     {
       printf("cannot open this file.\n");
       exit(0);
     }
     while(fread(&stud,sizeof(stud),1,fp)==1)
     {
       printf("\nname:%s\n",stud.name);
       printf("number:%ld\n",stud.num);
       printf("score:%f\n",stud.score);
     }
     fclose(fp);
}
```

程序运行结果：

```
name:王艳
number:2016001
score:85.500000

name:魏华
number:2016002
score:96.000000
```

【例 9-11】 读出例 9-7 写入文件"c:\stu_list.dat"中的字符并显示在屏幕上。

fscanf_file.c:

```c
#include<stdio.h>
struct stu
{
     char name[10];
     int num;
     int age;
     char addr[15];
}boyb[2],*qq;
main()
{    FILE *fp;
     char ch;
     int i;
     qq=boyb;
     if((fp=fopen("c:\\stu_list.dat","rb+"))==NULL)
     {    printf("Cannot open file strike any key exit!");
          getch();
          exit(1);
     }
     for(i=0;i<2;i++,qq++)
```

fscanf_file.c:

```
        fscanf(fp,"%s %d %d %s\n",qq->name,&qq->num,&qq->age,qq->addr);
    printf("\n\nname\tnumber age addr\n");
    qq=boyb;
    for(i=0;i<2;i++,qq++)
        printf("%s\t%5d %7d %s\n",qq->name,qq->num, qq->age, qq->addr);
    fclose(fp);
}
```

程序运行结果：

```
name      number        age addr
王艳      2016001        18 原平路55号
魏华      2016002        19 原平路58号
```

9.2.2　文件其他操作

前面介绍的对文件的读写方式都是顺序读写，即读写文件只能从头开始，顺序读写各个数据。但在实际问题中常要求只读写文件中某一指定的部分。为了解决这个问题，可移动文件内部的位置指针到需要读写的位置，再进行读写，这种读写称为随机读写。实现随机读写的关键是要按要求移动位置指针，这称为文件的定位。文件定位函数主要有两个，即 rewind()函数和 fseek()函数。

此外，在对文件进行读操作时，如果文件已经读到了末尾，就不能继续往下读了，所以测试文件是否到达末尾非常重要。

1. rewind()函数

rewind()函数的作用是使文件内部的位置指针重新返回文件的开头，rewind()函数的调用形式为：

int rewind(FILE *fp);

fp为指向某文件的文件指针，若成功使一个文件流fp的当前位置指针重新指向文件头，返回值为0，否则返回非0值

2. fseek()函数

fseek()函数的作用是使文件内部的位置指针根据位移量指向新的位置，fseek()函数的调用形式为：

fseek(文件类型指针，位移量，起始点)；

ANSI C 标准指定的“起始点”的名字及数字代表如表 9-2 所示。

表 9-2　**“起始点”的名字及数字代表**

起始点	名字	数字代表
文件开始	SEEK_SET	0
文件当前位置	SEEK_CUR	1
文件末尾	SEEK_END	2

“位移量”是指以“起始点”为基点，向前移动的字节数。ANSI C 要求其为 long 型数据。fseek()函数一般用于二进制文件。

3. feof()函数

对于文本文件的末尾判断,C 语言提供了一个文件结束标志 EOF,其值为－1。因为在文本文件中,数据都是以 ASCII 码的形式存放,而 ASCII 码的范围是 0～255,不可能出现－1,因此可以用 EOF 作为文件结束标志。

当把数据以二进制形式存放到文件中时,就会有－1 出现,因此不能采用 EOF 来判断当前文件是否到达了文件结尾。为解决此问题,C 语言提供了一个 feof()函数,feof()函数的调用形式为:

```
int feof(FILE *fp);
```

fp为指向某文件的文件指针,若到达文件末尾则返回非0值,否则返回0

程序　文件其他操作使用示例

【例 9-12】　对磁盘文件进行显示和复制两次操作。

rewind_file.c:

```
#include <stdio.h>
main()
{
    FILE *fp1,*fp2;
    fp1=fopen("d:\\test1.txt","r");
    fp2=fopen("d:\\test2.txt","w");
    /*读取文件1的信息并显示在屏幕上*/
    while(!feof(fp1))
        putchar(getc(fp1));
    /*文件指针返回文件1头*/
    rewind(fp1);
    /*读取文件1信息并保存到文件2中*/
    while(!feof(fp1))
        putc(getc(fp1),fp2);
    fclose(fp1);
    fclose(fp2);
}
```

程序运行结果:

```
学院信机系教师7月6日至7月15日参加了由上海市技师协会
主办的“FPGA嵌入式应用”师资培训,并顺利结业,获
“上海市职业培训专业教学法师资培训合格证书”。
```

【例 9-13】　文件“c:\stu_list.dat”中有 3 个学生数据,要求读入第 1、第 3 个学生数据并显示。

fseek_file.c:

```
#include <stdio.h>
#define MAX 1000
struct student_type
{   char name[5];
    int num;
    int age;
    char addr[11];
}stud[3];
```

fseek_file.c:

```c
main()
{   int i,nlen=0,len=0;/*nlen记录偏移长度，len记录当前行的长度*/
    FILE *fp;
    char str[MAX];
    if((fp=fopen("d:\\stu_list.dat ","rb"))==NULL)
    {   printf("can't open file\n");
        exit(0);
    }
    for(i=1;i<4;i++)
    {   fgets(str,255,fp);
        len=strlen(str);
        if(i%2!=0)
        {   /*文件指针跳转到第i行开始的地方*/
            fseek(fp,nlen,0);
            fread(&stud[i],len,1,fp);
            printf("i=%d,%s %d %d %s\n",i,stud[i].name,
               stud[i].num,stud[i].age,stud[i].addr);
        }
        nlen+=len;
    }
    fclose(fp);
}
```

程序运行结果：

```
王艳 20160001 18 原平路55号
李丽 20160003 18 原平路60号
```

◆ 返回工作场景二

问题分析：工作场景一中使用二进制方式打开文件，在读取工作场景二中的文件信息时同样采用二进制方式打开文件，即“rb”方式。

product_read.c:

```c
#include <stdio.h>
#include <stdlib.h>
#define SIZE 5
struct product_t
{   int id;
    char name[10];
    float price;
    int stock;
    int flag;
};
struct product_t products[SIZE];
main()
{   int i;
    FILE *fp;
    if((fp=fopen("soft_product.dat","rb"))==NULL)
    {   printf("文件打开失败！");
        exit(0);
    }
    printf("\n   编号   名称   价格   库存   标记\n");
    printf("-------------------------------------------------------");
    for(i=0;i<SIZE;i++)
```

product_read.c:
```
	{	if(fread(&products[i],sizeof(struct product_t),1,fp)!=1)
		{	printf("文件读取出错！");
			exit(0);
		}
		printf("\n  %-5d %s  %4.1f  %3d  %3d\n",products[i].id,
			products[i].name,products[i].price,products[i].stock,
			products[i].flag);
	}
	fclose(fp);
}
```

【挑战环节】

(1)任务要求：在工作场景一的挑战环节中，采用二进制方式将兴趣组学生的成绩保存到文件中，请设计一个程序读取该文件的信息并在屏幕上显示所有信息。

(2)演示执行：

姓名	学号	成绩1	成绩2	成绩3	平均分
王浩	1001	85.0	78.0	95.0	86.0
徐华	1002	74.5	76.5	78.5	76.5
张丽	1003	85.5	76.5	96.5	86.2
刘辉	1004	85.0	74.5	95.0	84.8
李伟	1005	95.5	84.0	79.0	86.2

9.3　能力拓展

(1)从键盘输入多名学生的成绩，每名学生有 3 门课的成绩，按照平均分进行排序，将已排序的学生数据保存到文件中。

(2)将文件中的指定字母或单词进行替换。

(3)编写一个小型通讯录，内容包括：学号、姓名、班级、联系电话、E-mail、QQ、住址。通过键盘输入数据，并将数据保存到文件中，能够通过查询显示某人的通信信息。

9.4　任务笔记

(1)按照数据在文件中的存储方式不同，文件可以分为文本文件和二进制文件。文件读写函数包括文本模式和二进制模式函数。

(2)文本模式格式化读写函数：fscanf()、fprintf()。

(3)文本模式未格式化读写函数：fgetc()、fputc()、fgets()、fputs()。

(4)打开和关闭文件的函数：fopen()、fclose()。

(5)以只读方式打开文件：

```
FILE    fp=fopen("文件名","r");
```

- FILE：声明在“stdio. h”文件中的结构体。
- fopen()：创建缓冲区和文件结构体，并返回指向结构体的指针。

(6) 常用文件打开模式：

- “r”：以文本模式打开文件用于读取。
- “w”：以文本模式打开文件用于写入。
- “rb”：以二进制模式打开文件用于读取。
- “wb”：以二进制模式打开文件用于写入。

(7)以文本模式在文件中读取或写入数据。

```
struct product_t p={1001, "apple",34.5,10,0};
fprintf(fp,"%d %s %f %d %d\n",p.id,p.name,p.price,p.stock,p.flag);
while(fscanf(fp,"%d %s %f %d %d\n",&p.id,p.name,&p.price,
            &p.stock,&p.flag)! =EOF)
```

(8)以二进制模式在一个文件中读取或写入数据。

```
struct product_t p={1001, "apple",34.5,10,0};
fwrite(&p,sizeof(p),1,fp);
while( fread( &p, sizeof(p), 1, fp )! = EOF )
```

(9)在文件中移动指针。

```
fseek( fp,100L,SEEK_SET );/* 把指针移动到离文件开头 100 个字节处 */
```

(10)ch = fgetc(fp);

读取一个字符，返回所读取的 ASCII 码值，并把指针移到下一个字符。

(11)逐行读取一个文件，直到文件的末尾。

```
char buff[100];
while( fgets( fp,buff,99)! = NULL )
```

实训题部分答案

实训题

1. 选择题

(1)C 语言中系统的标准输入文件是指(　　)。

A. 键盘　　B. 显示器C. 软盘D. 硬盘

(2)下述关于 C 语言文件操作的结论中，(　　)是正确的。

A. 对文件操作必须是先关闭文件

B. 对文件操作必须是先打开文件

C. 对文件操作顺序无要求

D. 对文件操作前必须先测试文件是否存在，然后打开文件

(3)如果需要打开一个已经存在的非空文件“FILE”并对其进行修改,正确的打开语句是(　　)。

A. fp=fopen("FILE","r");

B. fp=fopen("FILE","ab+");

C. fp=fopen("FILE","w+");

D. fp=fopen("FILE","r+");

(4)有以下程序:

```
main( )
{
    char a[]="abcdefg",b[10]="abcdefg";
    printf("%d %d\n",sizeof(a),sizeof(b));
}
```

执行后输出结果是(　　)。

A. 7 7　　B. 8 8 C. 8 10 D. 10 10

2. 填空题

(1)函数＿＿＿＿＿＿关闭文件。

(2)函数＿＿＿＿＿＿从指定文件读取一个字符。

(3)函数＿＿＿＿＿＿从指定文件读取一行字符。

(4)函数＿＿＿＿＿＿打开文件。

(5)函数＿＿＿＿＿＿将文件位置指针重新定义到文件中的指定位置上。

3. 程序设计题

(1)编写程序,建立 phone. txt 文件,由键盘输入 5 组表示学生姓名和电话号码的数据并存储到文件 phone. txt 中。

(2)编写程序,把上题中的学生信息从文件 phone. txt 中读取出来,并显示在屏幕上。

任务10 面面俱到——综合设计能力训练

知识目标

- 循环程序的设计方法；
- 数组程序的设计方法；
- 函数程序的设计方法；
- 指针程序的设计方法；
- 大数据处理程序的设计方法。

能力目标

- 具备结构化程序设计能力；
- 具备对知识点的综合应用能力。

素养目标

- 培养团队合作、沟通的能力；
- 培养知识自我查询和学习的能力。

训练途径

"C 语言程序设计"是一门实践性很强的课程，既要掌握概念，又要动手编程，还要在编程环境中调试程序。根据"C 语言程序设计"课程一体化教学以能力培养为核心的思想，在前面几个任务中已经充分学习了 C 语言程序设计的基本概念和语法的基础上，下面将强化编程思想，通过四类程序编程在解决实际问题中的应用，进一步领略编程的魅力。

10.1　循环程序设计实训

【导入】工作场景一：心算

(1)问题描述：心算是一种只凭思维及语言活动而不借助任何工具的计算方法。它能培养快速计算技巧，发展专注能力、记忆能力和思维能力。为了自测心算能力，现在开发一个心算自测程序。具体功能如下：

①程序随机产生三位数以内的 N(如 10)道算术题(为简单起见，只做加、减、乘、除运算)，要求输入答案。

②N 道题做完后，程序给出评语：

做对 90%以上——优秀；

做对 80%以上——良好；

做对 70%以上——不错；

其他——一般，还需努力。

③做完一轮后，可以选择是否进入下一轮，如果选择是，进入下一轮；否则，退出程序。

(2)问题分析：

①程序自动出题，每次给出的数是随机的，可以使用随机函数 rand 产生。此外，每次进行的四则运算也可以随机生成，设定加法——1，减法——2，乘法——3，除法——4。

②为了提高程序的可读性，降低主函数功能的复杂度，将出题以及对输入计算结果的判断和记分放在一个函数 test()中，通过主函数调用函数 test()完成。

③可以自主选择是否继续进入下一轮测试，使用循环进行判断，该循环放在主函数中。

(3)演示执行：

```
现在开始计算，请看题：
41-467=?-426
500-169=?345
478-358=?102
464*705=?2313678
281-827=?-666
491*995=?1467892
827+436=?1266
604+902=?1509
292+382=?674
716*718=?2980345
你的成绩为：一般，还需努力。
亲！你想继续吗（y/n）？
```

涉及知识点

10.1.1 随机函数

本场景采用随机函数 rand 产生随机的操作数和运算符。rand 函数可以返回一个 0 至 RAND_MAX(32767)之间的随机整数。RAND_MAX 和 rand 定义在头文件“stdlib. h”中。在本场景中，为了把 rand 函数返回的整数截取到 0～1000 的区间内，需要对其进行模 1000 的运算。同理，对其进行模 3 的运算，将产生 0～3 之间的随机整数。但是，若要用 1、2、3、4 分别代表加、减、乘、除四种运算，就需要对结果再加 1。

10.1.2 伪随机数序列

计算机产生的随机数都是伪随机数，即这个随机数序列有一个长度，因而会出现重复。运行工作场景一的程序可以发现，每次程序重新执行时，产生的题目都是相同的。为了弥补这个不足，可以使用随机数序列函数 srand，使 rand 函数产生不同的伪随机数序列。srand 函数的参数称为伪随机数序列种子。即不同的伪随机数序列种子，可以得到不同的伪随机数序列。因此，为了让 rand 函数每次产生不同的伪随机数序列，每次要给 srand 函数以不同的参数——种子。最好这个种子也是随机的。

一种办法是采用系统时间作为伪随机数序列种子，即：

srand((unsigned int) time(NULL));

在 rand 函数的前面加上上面的语句，就可以产生伪随机数序列。表达式“(unsigned int) time(NULL)”表示把时间转换为无符号的整数，作为 rand 函数的种子使用。

除此之外，还可以使用伪随机数初始化函数 randomize，动态产生伪随机数列。

需要注意，函数 srand 和 randomize 的头文件为“stdlib. h”，函数 time 的头文件为“time. h”。

【课堂实践 10-1】

请设计一个模拟商家展销活动中摇奖的程序，例如：

(1)共发出奖券 100000 张；

(2)头等奖 1 个；

(3)二等奖 2 个；

(4)三等奖 100 个。

◆ 返回工作场景一

calcul_test.c:

```
#include <stdio.h>
#include <stdlib.h>
#define TestNumber 10 /*每轮自测题数目*/
void test()
{   int alg_type;                /*四则运算类型*/
    int i,                       /*循环控制变量*/
        point=0,                 /*记录成绩*/
        numa=0,numb=0,           /*两个操作数*/
        result=0,                /*四则运算结果*/
```

calcul_test.c:

```
        answer=0;           /*输入的结果*/
    printf("\n  现在开始计算，请看题：\n");
    for(i=0;i<10;i++)
    {   numa=rand()%1000;   /*产生1000以内的随机数*/
        numb=rand()%1000;
        alg_type=rand()%3+1;  /*产生一个运算类型*/
        switch(alg_type)
        {   case 1: result=numa+numb;break; /*加法出题*/
            case 2: result=numa-numb;break; /*减法出题*/
            case 3: result=numa*numb;break; /*乘法出题*/
            case 4: result=numa/numb;break; /*除法出题*/
        }
        printf("  %d + %d =?",numa,numb);
        scanf("%d",&answer);          /*读取输入结果*/
        if(answer==result) point++;          /*记录积分*/
    }
    printf("你的成绩为：");
    switch(point/TestNumber*10)  /*得分百分比扩大10倍得整数*/
    {   case 10: case 9: printf("优秀。"); break;
        case 8:  printf("良好。"); break;
        case 7:  printf("不错。"); break;
        default: printf("一般，还需努力。");
    }
}
main()
{   char YesorNo ;
    test();
    while(1)
    {   printf("\n  亲！你想继续吗（y/n）?");
        scanf("%c",&YesorNo);
        if(YesorNo =='n'||YesorNo =='N') exit(0);
        if(YesorNo =='y'||YesorNo =='Y') test();
    }
}
```

10.2　数组程序设计实训

【导入】工作场景二：凯撒加密

（1）问题描述：凯撒加密（得名于 Julius Caesar）是一种古老的加密技术。该方法把一条消息中的每个字母用字母表中固定距离之后的那个字母代替。如果越过了字母 Z，会绕回到字母表的起始位置。例如，如果每个字母都用字母表中两个位置之后的字母代替，那么 Y 就被替代为 A，Z 就被替代为 B。

请编写程序，用凯撒加密对一条消息（称为明文）进行加密，同时将加密后的消息（称为密文）解密为原来的消息。用户需要输入待加密的消息和位移基数（称为密钥）。

（2）问题分析：

可以采用如下方法处理一些问题：

①假定消息的长度不超过 100 个字符。

②不是字母的字符不做改动。

③加密时不要改动字母的大小写。

④为了解决前面提到的绕回问题，可以使用表达式“'A'+((ch-'A')+n)%26”计算大写字母的密文，其中 ch 为存储字母，n 为移动基数。请思考计算小写字母密文的表达式，以及由密文获得明文的表达式。

(3)演示执行：

```
请输入明文：HelloWorld!IAm2016001
请输入密钥：5
加密后的密文：MjqqtBtwqi!NFr2016001
解密后的明文：HelloWorld!IAm2016001
```

涉及知识点

在本场景中，需要根据用户输入的字符串长度控制替代的循环次数，因此要计算字符串的长度。C 语言提供了求字符串长度的标准库函数——strlen()函数。其原型为：

unsigned int strlen (char *s)；

该函数求的是字符串 s 的实际长度，具体是从开始到遇到第一个'\0'(不包括结束字符'\0')即空值结束符之前的字符数目。如果只定义而没有给字符串赋初值，那么这个结果是不确定的，它会从 s 的首地址一直找下去，直到遇到'\0'停止。

需要注意，strlen 的头文件为“string. h”。

【课堂实践 10-2】

编写程序颠倒句子中单词的顺序。

请输入一个句子：You are so lovely that everyone likes you!

颠倒后的句子：You likes everyone that lovely so are you!

提示：使用循环方法逐个读取字符，将它们存储到一个一维 char 型数组中，当遇到句号、问号或者感叹号(终止符)时终止。然后用循环反向搜索数组，找到最后一个单词的起始位置。显示最后一个单词，再反向搜索倒数第二个单词。如此重复，直到搜索到起始位置。最后输出终止字符。

◆ 返回工作场景二

code_decode.c:

```c
#include <stdio.h>
#include <string.h>
#define LENGTH 100
//加密
void encrypt(char s[], int key){
    char ch = '\0';
    int i;
    for(i=0;i<strlen(s);i++){           /*strlen(s)获取s的长度*/
        if('a' <= s[i] && s[i] <= 'z')
            ch = 'a';
        else
            ch = 'A';
        if('A' <= s[i] && s[i] <= 'Z' || 'a' <= s[i] && s[i] <= 'z')
            s[i] = ch + (s[i] - ch + key) % 26;
    }
}
```

code_decode.c:

```
    //解密
    void decrypt(char s[], int key){
        char ch = '\0';
        int i;
        for(i=0;i<strlen(s);i++){
            if('a' <= s[i] && s[i] <= 'z')
                ch = 'z';
            else if('A' <= s[i] && s[i] <= 'Z')
                ch = 'Z';
            if('A' <= s[i] && s[i] <= 'Z' || 'a' <= s[i] && s[i] <= 'z')
                s[i] = ch - (ch - s[i] + key) % 26;
        }
    }
    main(){
        char s[LENGTH];
        int key = 0;
        printf("  请输入明文：");
        scanf("%s",s);
        printf("  请输入密钥：");
        scanf("%d",&key);
        encrypt(s,key);
        printf("  加密后的密文：%s",s);
        decrypt(s, key);
        printf("  解密后的明文：%s",s);
    }
```

10.3 函数程序设计实训

【导入】工作场景三：猜数游戏

(1)问题描述：猜数游戏很有趣并且规则很简单，一个出题者和若干个游戏者即可开始游戏。出题者写出任意一个数(以 1～100 为例，如写出 88)，再由所有游戏者按顺序每人说一个数。如果游戏者说的数大的话(如 99)，出题者就应该缩小范围（出题者应说"太大了"），再由下一个游戏者说出一个数；如果游戏者说的数小的话(如 11)，出题者再次缩小范围(出题者应说"太小了")，再由下一个游戏者说出一个数；直到游戏者说出出题者写出的数，游戏结束。

请你编写一个这样的小游戏，让程序出题，用户输入数。程序需要根据用户输入数的大小给出提示。

(2)问题分析：

采用如下方法处理一些问题：

①程序可以重复执行，所以需要加入循环。

②每次给出的数都应不一样，可以使用 srand 函数和 rand 函数产生。

③程序可以分为三大模块，一个模块产生随机数，一个模块判断用户输入的数是否猜对，一个模块循环控制游戏次数。每个模块的功能放在不同的函数中实现。

(3)演示执行：

```
|----------------------------------------|
|猜猜1到100之间的神秘数是？我猜我猜我猜猜猜!|
|----------------------------------------|
一个新的数已经选定。
输入你猜的数：56
你猜的数字太小了，继续猜吧。
输入你猜的数：78
你猜的数字太大了，继续猜吧。
输入你猜的数：65
你猜的数字太小了，继续猜吧。
输入你猜的数：70
你猜的数字太小了，继续猜吧。
输入你猜的数：76
你猜的数字太小了，继续猜吧。
输入你猜的数：77
猜中了！你猜了6次。
再猜一次？(y/n)
```

涉及知识点

虽然 guess_number. c 函数能够正常运行，但是该程序依赖于一个外部变量 secret_number，这是为了便于 choose_new_number 函数和 read_guess 函数访问该变量。但是在程序中，需要尽量避免外部变量的使用。因此，应该把变量 secret_ number 移入 main 函数中，为此，需要修改 choose_new_number 函数使函数返回新值。请思考应该如何修改。

guess_number2.c:

```c
/*项目名：猜数游戏*/
#include <stdio.h>
#include <stdlib.h>
#include <time.h>
#define MAX_NUMBER 100

int choose_new_number()     /*产生并返回随机数*/
{   srand((unsigned int) time(NULL));
    return rand()%MAX_NUMBER+1;
}

void read_guess(int secret_number)  /*读取用户输入的数，传入产生的随机数*/
{   int guess,num_guess=0;
    while(1)
    {   num_guess++;
        printf("  输入你猜的数：");
        scanf("%d",&guess);
        if(guess>secret_number)
            printf("  你猜的数太大了，继续猜吧。\n");
        else if(guess==secret_number)
        {   printf("  猜中了！你猜了%d次。\n",num_guess);
            return;
        }
        else
            printf("  你猜的数太小了，继续猜吧。\n");
    }
}

main()
```

guess_number2.c:

```
{    char command;
     int secret_number;
     printf("  |------------------------------------------|\n");
     printf("  |猜猜1到%d之间的神秘数是？ 我猜我猜我猜猜猜!|\n",MAX_NUMBER);
     printf("  |------------------------------------------|\n");
     do
     {    secret_number=choose_new_number();
          printf("  一个新的数已经选定。\n");
          read_guess(secret_number);
          printf("  再猜一次？(y/n)");
          scanf("%c",&command);
          printf("\n");
     }while(command=='y'||command=='n');
}
```

【课堂实践 10-3】

请模拟计算机和用户之间的火柴棒游戏。游戏规则如下：

(1)有 35 根火柴棒；

(2)计算机要求用户选择 1 根、2 根、3 根或 4 根火柴棒；

(3)用户选完后，计算机开始选择；

(4)谁选择了最后一根火柴棒，谁就被认为输了这场比赛。

◆ 返回工作场景三

guess_number.c:

```
/*项目名：猜数游戏*/
#include <stdio.h>
#include <stdlib.h>
#include <time.h>
#define MAX_NUMBER 100

int secret_number;            /*全局变量，程序给出的数*/
void choose_new_number()      /*产生随机数*/
{    srand((unsigned int) time(NULL));
     secret_number=rand()%MAX_NUMBER+1;
}

void read_guess()     /*读取用户输入的数，并判断是否猜对*/
{    int guess,num_guess=0;
     while(1)
     {    num_guess++;
          printf("  输入你猜的数：");
          scanf("%d",&guess);
          if(guess>secret_number)
               printf("  你猜的数太大了，继续猜吧。\n");
          else if(guess==secret_number)
          {    printf("  猜中了！你猜了%d次。\n",num_guess);
               return;
          }
          else
               printf("  你猜的数太小了，继续猜吧。\n");
     }
}

main()
```

guess_number.c:

```
{   char command;
    printf("  |------------------------------------------|\n");
    printf("  |猜猜1到%d之间的神秘数是？我猜我猜我猜猜猜！|\n",MAX_NUMBER););
    printf("  |------------------------------------------|\n");
    do
    {   choose_new_number();
        printf("  一个新的数已经选定。\n");
        read_guess();
        printf("  再猜一次？(y/n)");
        scanf("%c",&command);
        printf("\n");
    }while(command=='y'||command=='n');
}
```

10.4 指针程序设计实训

【导入】工作场景四：2048 游戏

(1)问题描述：

2048 游戏是一款益智游戏，具体游戏规则为：

①棋盘内随机出现两个数字 2 或 4；

②玩家可以选择上、下、左、右四个方向，若棋盘内的数字出现位移或合并，视为有效移动；

③玩家选择的方向上若有相同的数字则与之合并，每次有效移动可以同时合并，但不可以连续合并；

④合并所得的所有新生成的数字相加即为该步的有效得分；

⑤玩家选择的方向所在的行或列前方有空格则出现位移；

⑥每次有效移动一步，棋盘的空位(无数字处)随机出现一个数字(2 或 4)；

⑦棋盘被数字填满，无法进行有效移动，判负，游戏结束；

⑧棋盘上出现 2048，判胜，游戏结束。

(2)问题分析：

可以将程序分为四部分进行设计：第一部分为游戏开始，需要进行初始化；第二部分为画棋盘，包括游戏开始和数据更新时重画棋盘；第三部分为用户点击向上、向下、向左、向右键时的处理；第四部分为游戏结束判断。下面分别设计四部分程序。

(3)演示执行：

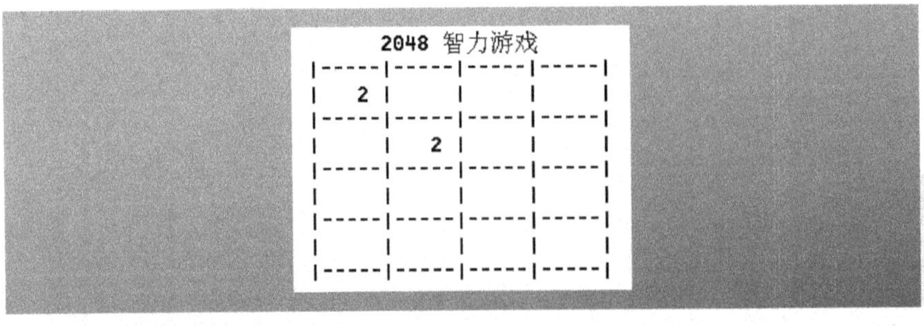

点击向右键之后：

```
      2048 智力游戏
|-----|-----|-----|-----|
|  2  |     |     |  2  |
|-----|-----|-----|-----|
|     |     |     |  2  |
|-----|-----|-----|-----|
|     |     |     |     |
|-----|-----|-----|-----|
|     |     |     |     |
|-----|-----|-----|-----|
```

【课堂实践 10-4】

请设计五子棋游戏程序。内容包括：

(1)画出五子棋盘；

(2)第一人点击下棋位置，在该位置放置一枚黑棋子；

(3)第二人点击下棋位置，在该位置放置一枚白棋子；

(4)判断双方是否有一方赢，如果一方赢或者棋盘下满则游戏结束，用户选择是否再下一盘；如果没有赢方，并且棋盘未满，游戏继续。

返回工作场景四

问题分析：

(1)第一部分为游戏开始，随机选取 2 个点，并将其初始化为 2。

2048_game.c:

```c
#include <string.h>
#include <ctype.h>
#include <stdlib.h>
#include <time.h>
#include <conio.h>
#include <math.h>
#include <stdio.h>
#include <stdbool.h>
#define MAX 4       //最大棋盘格数

int p[MAX][MAX];
int (*pane)[MAX]; //指针数组用于操作内存
void newgame()    //游戏开始
{   pane=p;
    int m,n,q,p;
    srand((unsigned)time(NULL));
    do
    {   memset(pane,0,sizeof(pane));
        /*随机选取2个不同的点进行初始化*/
        m=rand()%4;
        n=rand()%4;
        p=rand()%4;
        q=rand()%4;
        *(*(pane+m)+n)=*(*(pane+p)+q)=2; //将棋盘上的2个点初始化为2
    }
    while(m==p && n==q);
}
```

(2)第二部分为画棋盘，棋盘第一行和最后一行直接画，中间部分需要判断每个点是否有数据，如果有数据同时显示数据，否则为空。

2048_game.c:

```
void showpane()     //显示棋盘
{   int i,j,k;
    pane=p;
    printf("\n%44s\n","2048 智力游戏");
    printf("%26s","|");
    /*显示棋盘第一行*/
    for(i=0;i<=MAX-1;i++)
        printf("-----|");
    printf("\n");
    /*显示棋盘剩余部分*/
    for(i=0;i<=MAX-1;i++)
    {   printf("%24s"," ");
        for(j=0;j<=MAX-1;j++)
        {   /*该点无数据则显示为空,有数据则显示数据*/
            if(*(*(pane+i)+j)==0)
                printf("%2s%4s","|"," ");
            else
                printf("%2s%4d","|", *(*(pane+i)+j));
            if(j==MAX-1)
            {   printf("%2s","|");
                printf("\n");
                printf("%26s","|");
                /*显示棋盘最后一行*/
                for(k=0;k<=MAX-1;k++)
                    printf("-----|");
                printf("\n");
            }
        }
    }
}
```

(3)第三部分为读取用户输入的方向键,并处理该方向的操作。

①获取用户输入的方向键。

2048_game.c:

```
int GetDirection() //读取移动方向
{   int ret = 0;
    do
    {   int ch = _getch();
        if(isascii(ch))
        continue;
        ch = _getch();//获取键值
        switch(ch)
        {   case 72:
                ret = 2; // 上移方向
                break;
            case 75:
                ret = 1; // 左移方向
                break;
            case 77:
                ret = 3; // 右移方向
                break;
            case 80:
                ret = 4; // 下移方向
                break;
            default:
                break;
        }
    } while (ret == 0);
    return ret;
}
```

②点击向上键时。

2048_game.c:

```
void upMove() //点击向上键
{   int i,j,k;
    int temp;
    pane=p;
    /*按列搜索*/
    for(j=0;j<=MAX-1;j++)
        for(i=0;i<=MAX-1;i++)
        {
            temp=i;
            if(*(*(pane+temp)+j)==*(*(pane+temp-1)+j) &&*(*(pane+temp)+j)>0)
            {
                *(*(pane+temp-1)+j)=*(*(pane+temp-1)+j)*2;
                for(k=temp+1;k<MAX;k++)
                    *(*(pane+k-1)+j)=*(*(pane+k)+j);

                *(*(pane+MAX-1)+j)=0;
            }
            while(*(*(pane+temp)+j)>0 && *(*(pane+temp-1)+j)==0 && temp >0)
            {
                for(k=temp;k<MAX;k++)
                    *(*(pane+k-1)+j)=*(*(pane+k)+j);

                *(*(pane+MAX-1)+j)=0;
                temp--;

                if(*(*(pane+temp-1)+j)>0)
                {
                    i=j=0;
                    break;
                }
            }
        }
}
```

③点击向下键时。

2048_game.c:

```
void downMove() //点击向下键
{   int i,j,k;
    int temp;
    pane=p;
    /*按列搜索*/
    for(j=0;j<=MAX-1;j++)
        for(i=0;i<=MAX-1;i++)
        {
            temp=i;
            if(*(*(pane+temp)+j)==*(*(pane+temp+1)+j) && *(*(pane+temp)+j)>0)
            {
                *(*(pane+temp+1)+j)=*(*(pane+temp+1)+j)*2;
                for(k=temp-1;k>=0;k--)
                    *(*(pane+k+1)+j)=*(*(pane+k)+j);
                *(*(pane)+j)=0;
            }

            while(*(*(pane+temp)+j)>0 && *(*(pane+temp+1)+j)==0 && temp<MAX-1)
```

2048_game.c:

```
            {
                for(k=temp;k>=0;k--)
                    *(*(pane+k+1)+j)=*(*(pane+k)+j);
                *(*(pane)+j)=0;
                temp++;
                if(*(*(pane+temp+1)+j)>0)
                {
                    i=j=0;
                    break;
                }
            }
        }
}
```

④点击向左键时。

2048_game.c:

```
void leftMove() //点击向左键
{   int i,j,k;
    int temp;
    pane=p;
    /*按行搜索*/
    for(j=0;j<=MAX-1;j++)
        for(i=0;i<=MAX-1;i++)
        {   temp=j;
            if(*(*(pane+i)+temp)==*(*(pane+i)+temp-1) && *(*(pane+i)+temp)>0)
            {
                *(*(pane+i)+temp-1)=*(*(pane+i)+temp-1)*2;
                for(k=temp+1;k<MAX;k++)
                        *(*(pane+i)+k-1)=*(*(pane+i)+k);
                *(*(pane+i)+MAX-1)=0;
            }
            while(*(*(pane+i)+temp)>0 && *(*(pane+i)+temp-1)==0 && temp>0)
            {   for(k=temp;k<MAX;k++)
                    *(*(pane+i)+k-1)=*(*(pane+i)+k);
                *(*(pane+i)+MAX-1)=0;
                temp--;
                if(*(*(pane+i)+temp-1)>0)
                {
                    i=j=0;
                    break;
                }
            }
        }
}
```

⑤点击向右键时。

2048_game.c:

```
void rightMove() //点击向右键
{   int i,j,k;
    int temp;
    pane=p;
    /*按行搜索*/
    for(j=0;j<=MAX-1;j++)
        for(i=0;i<=MAX-1;i++)
```

2048_game.c:

```
        {   temp=j;
            if(*(*(pane+i)+temp)==*(*(pane+i)+temp+1) && *(*(pane+i)+temp)>0)
            {   *(*(pane+i)+temp+1)=*(*(pane+i)+temp+1)*2;
                for(k=temp-1;k>=0;k--)
                    *(*(pane+i)+k+1)=*(*(pane+i)+k);
                *(*(pane+i))=0;
            }
            while(*(*(pane+i)+temp)>0 && *(*(pane+i)+temp+1)==0 && temp<MAX-1)
            {   for(k=temp;k>=0;k--)
                    *(*(pane+i)+k+1)=*(*(pane+i)+k);
                *(*(pane+i))=0;
                temp++;
                if(*(*(pane+i)+temp+1)>0)
                {   i=j=0;
                    break;
                }
            }
        }
}
```

⑥生成新数据，首先搜索整个棋盘是否为空，如果为空，不添加新数据；如果不为空，随机选取空格，在该空格处添加新数据。

2048_game.c:

```
bool allNum() //搜索棋盘是否为空
{   int i,j;
    pane=p;
    for(i=0;i<MAX;i++)
     for(j=0;j<MAX;j++)
           if(*(*(pane+i)+j)==0)
               return false;
    return true;
}
int addNewNum() //添加新数
{   int p,q;
    int temp;
    pane=p;
    if(allNum())
        return 0;
    srand((unsigned)time(NULL));
    do
    {   p=rand()%MAX;
        q=rand()%MAX;
    }while(*(*(pane+p)+q)!=0);
    temp=rand()%2;
    if(temp==0)
        *(*(pane+p)+q)=2;
    else
        *(*(pane+p)+q)=4;
    return 0;
}
```

(4)第四部分为游戏结束判断。需要判断上、下、左、右四个方向能否继续移动。

①整个棋盘判断。

2048_game.c:

```c
int ifGameOver()//判断游戏是否结束
{
    int flag=0;
    if(testup()+ testdown() + testleft() + testright() == 0)
    {
        printf("%43s\n","Game Over!");
        flag=1;
    }
    return flag;
}
```

②上移方向判断。各方向上搜索时，需要判断该方向每个格子中是否有数据，如果有，该数据应该是 2 的次幂。

2048_game.c:

```c
int if2n(int x) //判断x是否是2的n次方
{   int n;
    int flag=0;
    for(n=1;n<=11;n++)
    {   if(x==pow(2.0,n))
        {   flag=1;
            return flag;
        }
    }
    return flag;
}

int testup()    //测试能否上移
{   int i,j;
    int flag=0;
    pane=p;
    for(j=0;j<=MAX-1;j++)
        for(i=0;i<MAX-1;i++)
            if((if2n(*(*(pane+i)+j)+*(*(pane+i+1)+j))==1)&&*(*(pane+i+1)+j))
                flag=1;
    return flag;
}
```

③下移方向判断。

2048_game.c:

```c
int testdown() //测试能否下移
{   int i,j;
    int flag=0;
    pane=p;
    for(j=0;j<=MAX-1;j++)
        for(i=MAX-1;i>0;i--)
            if((if2n(*(*(pane+i)+j)+*(*(pane+i-1)+j))==1)&&*(*(pane+i-1)+j))
                flag=1;
    return flag;
}
```

④左移方向判断。

2048_game.c:

```
int testleft() //测试能否左移
{   int i,j;
    int flag=0;
    pane=p;
    for(i=0;i<=MAX-1;i++)
        for(j=0;j<MAX-1;j++)
            if((if2n(*(*(pane+i)+j)+*(*(pane+i)+j+1))==1)&&*(*(pane+i)+j+1))
                flag=1;
    return flag;
}
```

⑤右移方向判断。

2048_game.c:

```
int testright()      //测试能否右移
{   int i,j;
    int flag=0;
    pane=p;
    for(i=0;i<=MAX-1;i++)
        for(j=MAX-1;j>0;j--)
            if((if2n(*(*(pane+i)+j)+*(*(pane+i)+j-1))==1)&&*(*(pane+i)+j-1))
                flag=1;
    return flag;
}
```

(5)程序集成,编写 main 函数。

2048_game.c:

```
int main()
{
    newgame();  //游戏初始化
    showpane(); //显示棋盘

    while(ifGameOver()==0)
    {
        int c=GetDirection();
        switch(c)
        {
        case 1:
            leftMove();
            break;
        case 2:
            upMove();
            break;
        case 3:
            rightMove();
            break;
        case 4:
            downMove();
            break;
        }

        addNewNum();    //添加新数
        system("cls"); //清屏
```

2048_game.c:

```c
            showpane();     //更新棋盘
        }

        printf("游戏结束\n");
        system("pause");
        return 0;
}
```

10.5 大数据处理程序设计实训

本次实训模拟完成大数据处理，所有数据使用随机函数随机生成，并平均存放到 4 个文件中，分别对 4 个文件进行处理，获得处理的数据个数和统计次数数据，并输出这 2 个数据。

请补充完成下面的程序。

(1)头文件与结构体数据准备。

BigData.c:

```c
#include <stdio.h>
#include <assert.h>
#include <stdlib.h>

#define MIX_NUM 100000
#define ITEM_NUM 10000

typedef struct Data
{
    int num;
    int times;
}Data;

```

(2)创建存放大数据的文件。

BigData.c:

```c
void CreatFile_BigData(const char* path)
{
                            ;//用于存放要处理的数据，使用path创建只写文件fw

    int tmp;

    for(int i=0;i<MIX_NUM;i++)
    {
        tmp=rand();  //生成随机数，作为要处理的数据
                ; //将随机数tmp写入文件fw中
```

BigData.c:

```
    }

                ; //关闭文件fw
}
```

(3)创建哈希文件,分析其中数据个数和统计次数。

BigData.c:

```
Data Hash_File(const char* path)
{
    int* arr=(int*)calloc(ITEM_NUM,sizeof(int)); //动态申请内存
                                  ; //使用path创建只读文件fr

    int tmp;

    while(fread(&tmp,sizeof(int),1,fr)>0)//一次从数据文件中读取一个数据
    {
        arr[tmp/4]++; //读取的数据压缩存放在数组中
    }

    Data pa={0};
    for(int i=0;i<ITEM_NUM;i++) //分析数据个数和统计次数
    {
        if(pa.times<arr[i])
        {
            pa.num=i*4+tmp%4; //数据个数
            pa.times=arr[i];  //统计次数
        }
    }

                ; //关闭文件fr
                ; //释放内存arr
                ; //返回数据pa
}
```

(4)将大数据均分到 4 个文件中,分别进行分析并综合分析出大数据的数据个数和统计次数。

BigData.c:

```
Data Max_Times(const char* path)
{
    int* arr=(int*)calloc(ITEM_NUM,sizeof(int));
                                  ; //使用path创建只读文件fr
    int tmp;
    char patharr[4][20];
    for(int i=0;i<4;i++)
    {
        sprintf(patharr[i],"%d.txt",i);//将格式化的字符串输出到目的字符串中
    }

    FILE* fw[4];
    for(int i=0;i<4;i++)
    {
        fw[i]=fopen(patharr[i],"wb");//根据patharr创建4个文件
    }
    while(fread(&tmp,sizeof(int),1,fr)>0)
    {
```

BigData.c:

```
        fwrite(&tmp,sizeof(int),1,fw[tmp%4]);//将数据文件中的数据均分为4份，分别写入上面创建的4个文件中
    }
    for(int i=0;i<4;i++)
    {
                    ;  //依次关闭fw数组中的四个文件
    }

    Data paArr[4];
    for(int i=0;i<4;i++)
    {
                                        ; //调用Hash_File函数分别分析patharr数组中的4个文件，结果存放在paArr数组中
    }
    int index=0;
    for(int i=0;i<4;i++)
    {
        if(paArr[index].times<paArr[i].times) //根据最大统计次数，记录数据
        {
            index=i;
        }
    }
    return paArr[index];
}
```

(5)创建 main 函数。

BigData.c:

```
int main()
{
    const char* path="BigData.txt";
                            ; //传递参数path创建大数据文件
                            ; //传递参数path分析大数据文件中的数据个数和统计次数
    printf("内存没有限制时统计数字=%d,次数=%d\n",pa.num,pa.times);

    return 0;
}
```

10.6 能力拓展

(1)输入一个 5×5 的整数数组，然后显示每行的和与每列的和，如下：

输入第一行:7 9 3 5 6

输入第二行:5 4 0 1 2

输入第三行:2 1 7 6 4

输入第四行:8 1 0 6 7

输入第五行:9 3 4 1 5

(2)编程测试两个单词是否为变位词(相同字母的重新排列)，例如：

输入第一个单词:Silent

输入第二个单词:Listen

两个单词是变位词。

输入第一个单词:Hello

输入第二个单词:Yellow

两个单词不是变位词。

(3)从键盘输入 10 个不同点的 x 坐标和 y 坐标，计算从第一个点到最后一个点的距离之和。

附录1　使用 Dev-C++开发程序的步骤

本书采用 Dev-C++作为 C 语言程序的开发工具。本书使用的版本为 Dev-C++5.11。

Dev-C++是一个运行在 Windows 下的 C/C++集成开发环境，是一款自由软件，遵守 GPL 许可协议分发源代码。该软件使用 MinGW32/GCO 编译器，遵循 C++标准，运行稳定。Dev-C++开发环境包括多页面窗口、工程编辑器及调试器等，在工程编辑器中集合了编辑器、编译器、连接程序和执行程序，并提供高亮度语法显示，可以减少编辑错误，具备完善的调试功能，适合初学者与编程高手的不同需求，是学习 C 语言或 C++语言的首选开发工具。其多国语言版中包含简繁体中文语音界面及技巧提示，还有英语、俄语等二十多个国家和地区语言供选择。

下面介绍 Dev-C++开发程序的步骤。

1. 建立项目文件

选择【文件】→【新建】→【项目】菜单命令，如附图 1-1 所示，在"新项目"对话框中选择"Empty Project""C 项目"选项，在"名称："下为项目取名，然后点击"确定"按钮，打开如附图 1-2所示的"另存为"对话框，点击"保存"按钮。

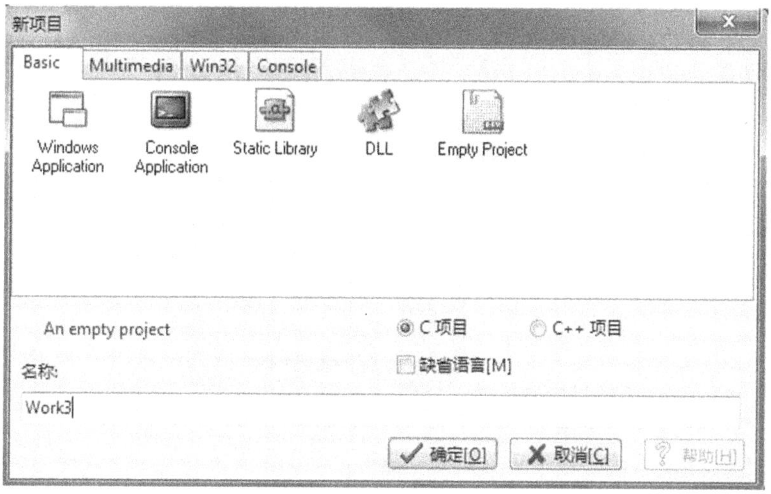

附图 1-1　"新项目"对话框

附图 1-2 “另存为”对话框

2. 建立源程序文件

点击【文件】→【新建】→【源代码】菜单命令，打开“Confirm”对话框，如附图 1-3 所示，点击“Yes”按钮。在“项目管理”刚创建的项目中出现“未命名 2”文件，如附图 1-4 所示，其右边即为该文件的代码编辑区，编辑完成后，将文件另存为.c 文件，如附图 1-5 所示。

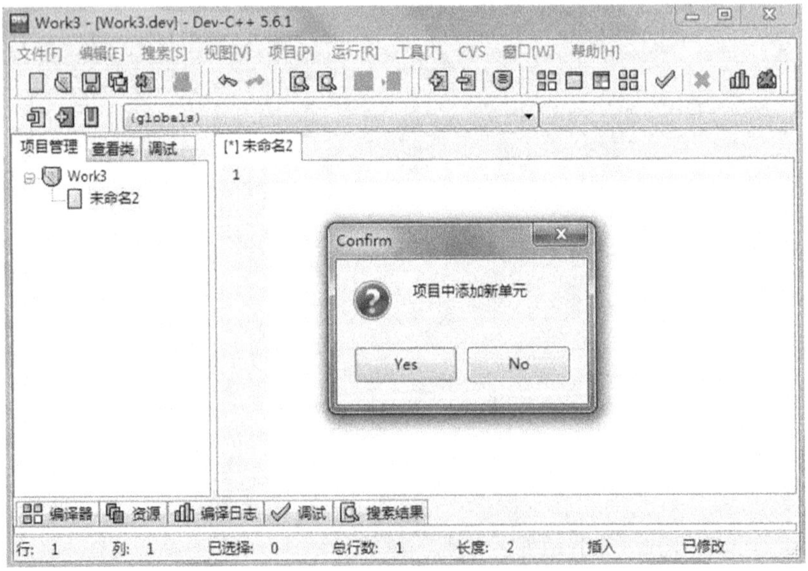

附图 1-3 创建源代码“Confirm”对话框

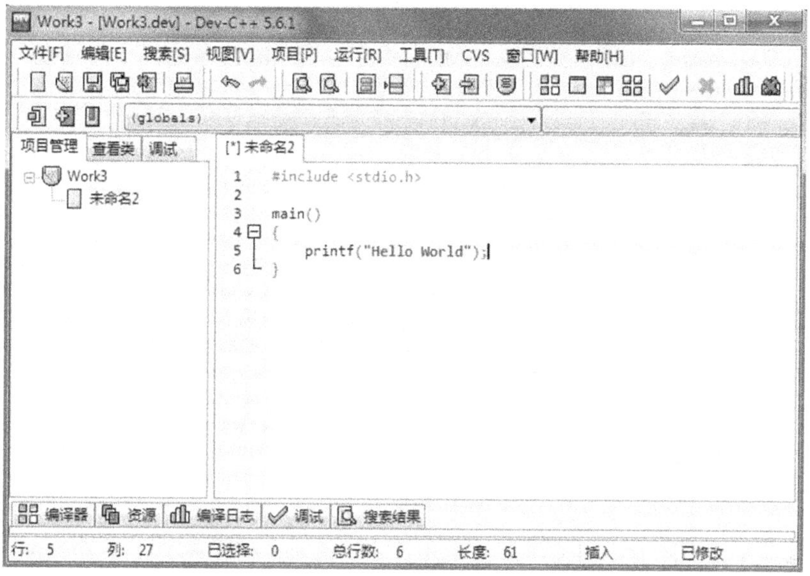

附图 1-4　编辑源文件

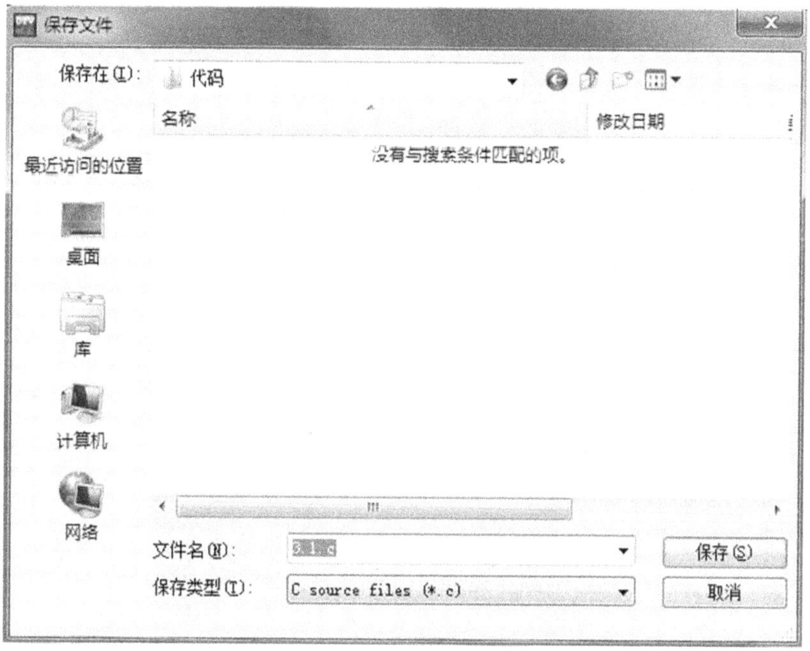

附图 1-5　将源文件另存为.c 文件

3. 编译源程序文件

选择【运行】→【编译】菜单命令，或者点击快捷键 F9，若没有编译错误，则出现如附图 1-6 所示的提示。若存在编译错误，则需根据错误提示修改问题，直到编译通过为止。

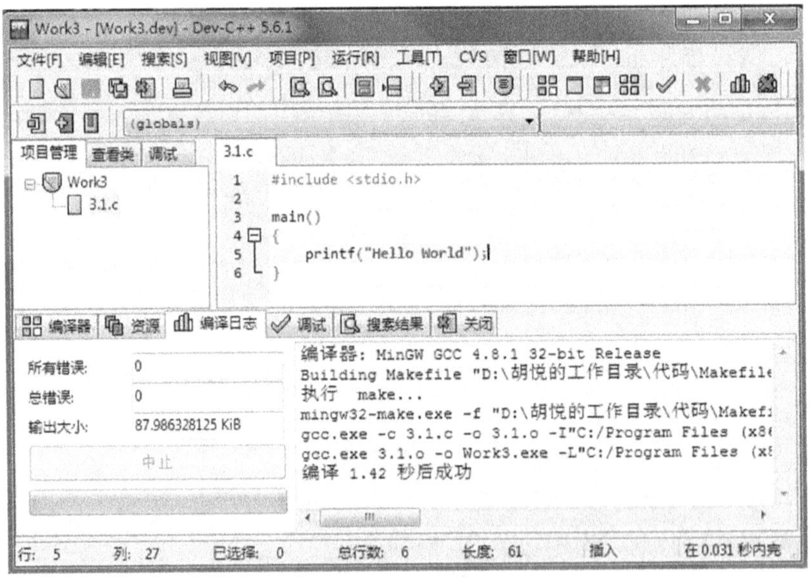

附图 1-6　源文件编译成功

4.运行可执行文件

选择【运行】→【运行】菜单命令，或者点击快捷键 F10。

附录 2　ASCII 码字符表

ASCII 码是美国信息交换标准代码(American Standard Code for Information Interchange)。ASCII 码字符集中包含基本字符与控制字符两部分,其中代码值为 32～127 的代码是基本字符,代码值为 0～31 的代码是控制字符。

控制字符一般是计算机发向外部设备的命令码,仅控制外部设备实现某些特定功能,并不给用户提供输出信息。

C 语言中的字符码采用 ASCII 码表示(附表 2-1)。

附表 2-1　**ASCII 码字符表**

ASCII 值	十六进制值	字符	ASCII 值	十六进制值	字符	ASCII 值	十六进制值	字符
000	0	BLANK NULL	018	12	↕	036	24	$
001	1	☺	019	13	!!	037	25	%
002	2	☻	020	14	¶	038	26	&
003	3	♥	021	15	§	039	27	'
004	4	♦	022	16	■	040	28	(
005	5	♣	023	17	↨	041	29	)
006	6	♠	024	18	↑	042	2A	*
007	7	●	025	19	↓	043	2B	+
008	8	◘	026	1A	→	044	2C	,
009	9	○	027	1B	←	045	2D	—
010	A	◙	028	1C	∟	046	2E	.
011	B	♂	029	1D	↔	047	2F	/
012	C	♀	030	1E	▲	048	30	0
013	D	♪	031	1F	▼	049	31	1
014	E	♫	032	20	(space)	050	32	2
015	F	☼	033	21	!	051	33	3
016	10	►	034	22	"	052	34	4
017	11	◄	035	23	#	053	35	5

续表

ASCII 值	十六进制值	字符	ASCII 值	十六进制值	字符	ASCII 值	十六进制值	字符
054	36	6	079	4F	O	104	68	h
055	37	7	080	50	P	105	69	i
056	38	8	081	51	Q	106	6A	j
057	39	9	082	52	R	107	6B	k
058	3A	:	083	53	S	108	6C	l
059	3B	;	084	54	T	109	6D	m
060	3C	<	085	55	U	110	6E	n
061	3D	=	086	56	V	111	6F	o
062	3E	>	087	57	W	112	70	p
063	3F	?	088	58	X	113	71	q
064	40	@	089	59	Y	114	72	r
065	41	A	090	5A	Z	115	73	s
066	42	B	091	5B	[	116	74	t
067	43	C	092	5C	\	117	75	u
068	44	D	093	5D	]	118	76	v
069	45	E	094	5E	^	119	77	w
070	46	F	095	5F	_	120	78	x
071	47	G	096	60	`	121	79	y
072	48	H	097	61	a	122	7A	z
073	49	I	098	62	b	123	7B	{
074	4A	J	099	63	c	124	7C	|
075	4B	K	100	64	d	125	7D	}
076	4C	L	101	65	e	126	7E	~
077	4D	M	102	66	f	127	7F	DEL
078	4E	N	103	67	g			

附录 3　C 语言运算符的优先级和结合性

在 C 语言中存在着大量不同的运算符，当多个运算符同时出现在同一表达式中时，就需要依据运算符的优先级进行运算(附表 3-1)。

附表 3-1　　运算符优先级

<table>
<tr><th>优先级</th><th>操作符</th><th>作用</th><th>操作数个数</th><th>结合性</th></tr>
<tr><td>1</td><td>()
[]
−>
.</td><td>圆括号
下标运算符
指向结构体成员运算符
结构体成员运算符</td><td></td><td>右结合</td></tr>
<tr><td>2</td><td>!
~
++
−−
−
*
&
sizcof</td><td>逻辑非运算符
按位取反运算符
自增运算符
自减运算符
负号运算符
指针运算符
地址与运算符
长度运算符</td><td>1</td><td>左结合</td></tr>
<tr><td>3</td><td>*
/
%</td><td>乘法运算符
除法运算符
求余运算符</td><td>2</td><td>右结合</td></tr>
<tr><td>4</td><td>+
−</td><td>加法运算符
减法运算符</td><td>2</td><td>右结合</td></tr>
<tr><td>5</td><td><<
>></td><td>左移运算符
右移运算符</td><td>2</td><td>右结合</td></tr>
<tr><td>6</td><td><,<=,>,>=</td><td>关系运算符</td><td>2</td><td>右结合</td></tr>
<tr><td>7</td><td>==
!=</td><td>等于运算符
不等于运算符</td><td>2</td><td>右结合</td></tr>
<tr><td>8</td><td>&</td><td>按位与运算符</td><td>2</td><td>右结合</td></tr>
<tr><td>9</td><td>^</td><td>按位异或运算符</td><td>2</td><td>右结合</td></tr>
<tr><td>10</td><td>|</td><td>按位或运算符</td><td>2</td><td>右结合</td></tr>
<tr><td>11</td><td>&&</td><td>逻辑与运算符</td><td>2</td><td>右结合</td></tr>
<tr><td>12</td><td>||</td><td>逻辑或运算符</td><td>2</td><td>右结合</td></tr>
</table>

续表

优先级	操作符	作用	操作数个数	结合性
13	?:	条件运算符	3	左结合
14	=,+=,-=,*=, %=,>>=,<<=, &=,^=,|=	赋值/位运算符	2	左结合
15	,	逗号运算符 (顺序求值运算符)		右结合

附录 4　C 语言速查表

C 语言中的常用数据类型、存储类型、操作符、转义字符、语句、指令等内容的总结，见附表 4-1～附表 4-7。

附表 4-1　　数据类型

数据类型符	取值范围	字节数	格式
signed char	－128～＋127	1	%c
unsigned char	0～255	1	%c
short signed int	－32768～＋32767	2	%d、%i、%0、%x
short unsigned int	0～65535	2	%u
long signed int	－2147483648～＋2147483647	4	%id
long unsigned int	0～4294967295	4	%iu
float	－3.4e38～＋3.4e38	4	%f
double	－1.7e308～＋1.7e308	8	%if
long double	－1.7e4932～＋1.7e4932	10	%lf

附表 4-2　　存储类型

存储类型	存储位置	默认值	作用域	生命周期
自动存储类型(auto)	内存	垃圾值	仅限于代码块	程序的控制未离开变量定义所在的代码块期间
寄存器存储类型(register)	CPU 寄存器	垃圾值	仅限于代码块	程序的控制未离开变量定义所在的代码块期间
静态存储类型(static)	内存	0	仅限于代码块	变量的值在不同的函数调用之间会被保留
外部存储类型(extern)	内存	0	全局	只要程序没有执行完，外部变量就不会消亡

附表 4-3　　**数组和结构体**

数组	结构体

一维数组 aname 由指定类型的 n 个元素组成。这种数组具有指定的类型和初始值(可选),声明形式如下:
type aname[n] ={val1,val2,…};
如果指定了初始值的完整列表,那么 n 可以省略。字符数组使用一对双引号中的字符串进行初始化。数组的合法下标范围是 0～n－1。多维数组的定义形式如下:
type aname[n1][n2]…={init_ list};
初始化列表中的值是按照“维的顺序”进行赋值的(最后一维首先开始)。下面是一些示例:
char name[]="anil"; /* 字符数组 */
/* 字符指针数组 */
char * days[]=
　{"Sun"," Mon", "Tue"};int mat[2] [4]
= {
　{ 2,4,5,8},
　{ −5,0,4, 7}
}; /* 2×4 的整型数组 */
struct emp e[100];
/* 结构体数组 */
	具有指定元素的结构体 sname 是用下列形式的语句声明的:
	struct sname
	{
	　element_ declaration;
	　element_ declaration;
	};
	struct snane variable_list;
	element_declaration 是类型,后面是一个或多个成员名。如果结构体的声明和变量列表的定义被组合在一起,那么 sname 是可选的。结构体元素可以使用点(.)操作符或－>操作符来访问。如果结构体元素是通过结构体变量访问的,那么可以使用点(.)操作符进行访问;如果结构体元素是通过结构体指针访问的,那么可以使用－>操作符进行访问。例如:
	struct emp
	{
	　char n[20] ; int age ;
	};
	struct emp e1 =
	　{"Anil",30}, * e2 = &e1;printf ("\n%s%d",e1. n,
	　e2. age) ;
	printf ("\n%s%d",e2 －> n,
	　e2 －> age) ;

附表 4-4　　**函数、联合体和 typedef**

函数	联合体	typedef

函数是采用下面的格式定义的:
ret_type name
(type arg1,
　type arg2,…)
{
　/* 声明本地变量 */
　statements ;
　return value ;
}
ret_ type 表示函数的返回类型。如果函数不返回任何值,或者函数返回的整数可以忽略,那么 ret_ type 可以是 void。如果函数接收或返回除了整数之外的其他值,那就有必要在函数的原型中指定这个值
	联合体允许使用多种方式访问同一内存位置。例如:
	union a
	{
	　int I;
	　char ch[2] ;
	};
	union a z;
	这个联合体占据的 2 个字节既可以通过 z. i 来整体访问,也可以通过 z. ch[0]和 z. ch[1]来单独访问其中的每一个字节。说明:联合体不能被初始化
		typedef 声明用来为数据类型提供新的名称。例如,在下面的代码中,struct employee 被重命名为 EMP。
		struct employee
		{
		　char name[20];
		　int age;
		};
		typedef struct employee EMP ;

附表 4-5 **表达式、指针和转义序列**

表达式	指针	转义序列
表达式可以包含变量名、函数名、数组名、常量、被调函数、数组元素或结构元素的引用等。把一个操作符(如赋值操作符)应用于一个或多个表达式的结果同样是表达式。表达式的两边可以加上圆括号。如果一个表达式中的每一项都是常量,那么这个表达式就是常量表达式	指针是一种变量,其中存储了其他变量或函数的地址。可使用下面的形式来声明指针: type * name; 下面是一些指针的例子: float numptr; /* numptr 指向浮点类型 */ struct complex cp; /* 指向 struct complex 的指针 */ if(cp -> real == 0.0) /* 如果 cp 指向的 complex 结构体的实部是 0.0 */ sptr = 'c'; /* 就在 sptr 指向的位置存储 'c' */ int(* fptr) ( ) ; /* fptr 指向一个返回 int 值的函数 */	\b 退格 \f 换页 \n 换行 \r 回车 \t 制表符 \\ 反斜线 \" 双引号 \' 单引号

附表 4-6 **语句总结**

语句	描述
break;	终止 for、while、do 或 switch 语句的执行
continue	跳过 do、for 或 while 循环中后续语句的执行,直接进入下一次循环
do statement; while (expr)	执行语句,直到 expr 为假。statement 至少执行 1 次
for (e1;e2;e3) statement;	表达式 e1 至少执行 1 次,然后按顺序重复执行 e1、statement 和 e3,直到 e2 为假。如果 c2 在第 1 次求值时就为假,statement 就不会被执行
goto label;	跳转到 label 后面的语句,后者必须与 goto 位于同一函数中
if (expr) statement;	如果 expr 为真,就执行 statement,否则就跳过 statement

if (expr)
statement1;
else
statement2;
	如果 expr 为真,就执行 statement1,否则执行 statement2

;(空语句)	用于实现 do、for 或 while 循环中必须存在语句的语法效果
return;	返回到调用函数,但不返回任何值
return expr	把 expr 的值返回给调用函数

续表

语句	描述

switch (iexpr)
{
case const1:
statement1;
break;
case const2:
statement2;
break;
default:
statement;
break;
}
	对 iexpr 进行求值,然后对结果与整型常量表达式 const1、const2 等进行比较。如果找到匹配的 case,就执行这个 case 后面的语句(直至遇到 break 语句)。如果没有找到匹配的 case,就执行 default 后面的语句(如果有的话)。iexpr 必须是整型表达式

while (expr) statement;	当 expr 为真时,重复执行 statement。如果 expr 在第 1 次求值时为假,statement 就不会被执行

附表 4-7　**预处理指令**

语句	描述
#define id text	当 id 以后出现在程序中时,它将被 text 替换。如果使用了 id(a1, a2,…)这种结构,那么参数 a1、a2 等在文本中出现的地方将由宏调用的对应参数替换
#if expr … #endif	如果常量表达式 expr 为真,那么直到#endif 的语句都将被处理,否则它们不被处理
#if expr … #else … #endif	如果常量表达式 expr 为真,那么直到#else 的语句都将被处理,否则#else 和#endif 之间的语句将被处理
#idef id … #endif	如果 id 已被定义(使用#define 或通过命令行),那么直到#endif 的语句都将被处理,否则它们不被处理 (#else 结构可选)
#ifndef id … #endif	如果 id 未被定义,那么直到#endif 的语句都将被处理 (#else 结构可选)
#include "file" 或 #include <file>	在程序中输入文件的内容。双引号表示首先在与源程序相同的目录中进行查找,然后在包含目录中进行查找;尖括号表示只在包含目录中进行查找
#undef id	取消 id 的定义
#pragma inline	告诉编译器:源程序中包含内联的汇编语句
说明:预处理语句可以跨越多行,只要每行的最后以反斜线(\)结尾即可。预处理语句可以嵌套	

参考文献

[1] 蔡红. C语言程序设计[M]. 武汉:武汉理工大学出版社,2007.

[2] 卡内特卡. C程序设计基础教程:第8版[M]. 李丽娟,等译. 北京:电子工业出版社,2010.

[3] KING K N. C语言程序设计:现代方法:第2版[M]. 吕秀锋,黄倩,译. 北京:人民邮电出版社,2010.

[4] 戴特尔P,戴特尔H. C语言大学教程:第6版[M]. 苏小红,李东,王甜甜,等译. 北京:电子工业出版社,2012.

[5] 苏传芳. C语言程序设计[M]. 2版. 北京:电子工业出版社,2011.

[6] 谭浩强. C程序设计[M]. 2版. 北京:清华大学出版社,1997.

[7] 贾学斌,宋海民. C语言程序设计[M]. 2版. 北京:中国铁道出版社,2011.

[8] 彭德林,柴方艳. C语言程序设计任务教程[M]. 北京:中国铁道出版社,2011.

[9] 廖雷. C语言程序设计[M]. 北京:高等教育出版社,2000.

[10] 赵克林,姜春茂,韩忠东. C语言程序设计教程[M]. 北京:北京工业大学出版社,2004.

[11] 夏宽理. C程序设计实例详解[M]. 上海:复旦大学出版社,1996.

[12] 计算机职业教育联盟. C/C++程序设计基础教程与上机指导[M]. 北京:清华大学出版社,2003.

[13] 陈道义. C语言程序设计[M]. 北京:中国水利水电出版社,2002.

[14] 蔡红. C语言程序设计与实训教程:上册[M]. 武汉:武汉大学出版社,2016.

[15] 胡悦. C语言程序设计与实训教程:下册[M]. 武汉:武汉大学出版社,2016.

[16] 亚沙万特. C语言程序设计[M]. 徐波,译. 北京:人民邮电出版社,2022.

[17] 普拉达. C Primer Plus(第6版)中文版[M]. 姜佑,译. 北京:人民邮电出版社,2021.

[18] 古斯泰特. 现代C:概念剖析和编程实践[M]. 刘红泉,译. 北京:机械工业出版社,2021.

[19] 刘宇容,张文梅. C语言程序设计:任务驱动式教程[M]. 北京:电子工业出版社,2016.